ÉTUDES MONTAIGNISTES
sous la direction de Claude Blum
13

Monstres et chimères
Montaigne, le texte et le fantasme

Cet ouvrage a été publié pour la première fois en 1993
dans la collection *Études montaignistes* dirigée par Claude Blum.

Fausta Garavini

Monstres et chimères

Montaigne, le texte et le fantasme

PARIS
CLASSIQUES GARNIER

Fausta Garavini est l'auteur de la traduction intégrale des *Essais* revue pour l'édition bilingue en collaboration avec André Tournon ; de l'édition du *Journal de voyage* et de deux autres ouvrages sur Montaigne : *Itinéraires à Montaigne. Jeux de textes* et *Montaigne. Politique, religion, culture*. Elle est coéditrice du volume *Carrefour Montaigne*.

Réimpression de l'édition de Paris, 1993.

ISBN 978-2-406-12810-6 (livre broché)
ISBN 978-2-8124-5394-6 (livre relié)
ISSN 0986-492X

AVERTISSEMENT

On sait que Montaigne a remanié à plusieurs reprises le texte des *Essais* : la première édition, en deux livres, parut en 1580 ; la suivante, en 1582, ne comporte que quelques modifications ayant trait essentiellement (mais pas uniquement) au voyage en Italie que l'auteur avait accompli entre-temps ; l'édition de 1588 s'enrichit d'un troisième livre et de plus de six cents additions aux livres précédents ; puis Montaigne continua à travailler sur un exemplaire de l'édition de 1588, dont il remplit les marges de corrections et d'additions, en vue d'une nouvelle édition que sa mort en 1592 l'empêcha de mener à bien.

Les éditions courantes présentent le dernier état du texte, en indiquant les différentes étapes de son élaboration selon la convention : A (1580) ; [A' (1582)], B (1588), C (interventions ultérieures). Il faut cependant signaler que ces sigles, entrés dans l'usage courant, ne désignent que l'*origine* des passages, c'est-à-dire qu'ils indiquent que c'est dans le texte de 1580 (A) ou dans celui de 1588 (B) qu'il faut chercher la première version d'un passage qui a peut-être été modifié par la suite. En aucun cas cette signalisation sommaire ne peut suffire à une exégèse correcte.

C'est seulement pour la commodité du lecteur que je renvoie aux éditions courantes actuelles, en indiquant la pagination des *Essais*, p.p. Villey et Saulnier, Paris, Presses Universitaires de France, 1965, et ensuite, entre crochets, celle des *Œuvres complètes*, p.p. Thibaudet et Rat, Paris, Gallimard («Bibliothèque de la Pléiade»), 1967. Mais j'ai suivi l'édition originale (reproduite par D. Martin, Slatkine Reprints, 1976) pour le texte de 1580, en modifiant éventuellement l'orthographe et la ponctuation pour en faciliter la lecture. Pour les phases suivantes je me suis référée à l'Edition Municipale p.p. Strowski et Gebelin, Bordeaux, Pech, et à l'édition Armaingaud, Paris, Conard, 1924-28. Je n'ai pas tenu compte des oscillations graphiques, inévitables dans une situation textuelle tellement confuse qu'aucune édition critique n'a vraiment pu l'éclaircir. Les italiques sont toujours miens, sauf pour les citations italiennes et latines, comme c'est le cas dans les éditions *princeps* des *Essais*.

A l'exception de *Le livre des monstres et des chimères* et *Le livre du veuvage*, inédits, les chapitres de ce livre avaient déjà été publiés sous une forme provisoire, avec des titres différents, et souvent en français. Lorsqu'il s'agit de publications italiennes, le texte était naturellement en italien.

Avaient paru en revue “Le livre parricide”, *Paragone*, 438, 1986 ; “Le livre témoin”, *Littérature*, 62, 1986 ; “Que vient faire le pouce ?”, *Paragone*,

434-36, 1986 ; "Le corps impur", *ibid.*, 482, 1990 ; "Le crime impuni", *Europe*, LXVIII, 729-730, 1990 ; "Le repaire de l'*oraliture*", *Ethnologie française*, 3, 1990 ; "Le maître du sens", *Saggi e ricerche di letteratura francese*, XXVI, 1987 ; "La tentation du suicide", *Travaux de littérature*, II, 1989 ; "La théâtralisation du fantasme", *Montaigne Studies*, I, 1989.

Avaient été présentés comme communications à des colloques, et publiés dans les actes de ces colloques : "Le vertige sadique" dans *Montaigne 1588-1988*, Colloque International de la Société d'Histoire littéraire de la France, *R. H. L. F.*, LXXXVIII, 5, 1988 ; "Cadavres guerriers" dans *Le Parcours des "Essais". Montaigne 1588-1988*, Colloque International Duke University – Chapel Hill University, Paris, Aux Amateurs de Livres, 1989 ; "La mort muette" dans *Montaigne et les "Essais". 1588-1988*, actes du Congrès de Paris (janvier 1988), Paris, Champion, 1990 / *B. S. A. M.*, série VII, 13-14-15-16, 1988-89.

"«Je suis Gascon, et si...»" a paru en italien comme contribution aux *Mélanges de langue et littérature occitanes, médiévales et modernes en l'honneur de Pierre Bec*, Poitiers, C. E. S. C. M., 1991, et "Le héros de plume" comme contribution en français à *L'Esprit et la Lettre. Mélanges offerts à Jules Brody*, Tübingen, Narr, 1991.

Pour cette publication-ci l'auteur a cru bon d'ajouter un chapitre et une conclusion à partir des communications faites aux colloques *Montaigne 1492-1992* (Université de Haïfa, avril 1992 ; publié sous le titre *Le Lecteur, l'Auteur et l'Écrivain*, Paris, Champion, 1993) et *Montaigne : Espace Voyage Ecriture* (Université de Thessalonique, septembre 1992 ; à paraître en 1994, Paris, Champion).

La traductrice remercie l'auteur pour les conseils donnés en cours de travail et après une lecture finale.

L'auteur quant à elle remercie Raymond C. La Charité, Robert Lafont, Marianne S. Meijer, Lino Pertile, Mario Richter, Marc Soriano, André Tournon, Ester Zago, qui l'ont aidée dans son travail, en lui apportant indications bibliographiques, appréciations, conseils ; et particulièrement Arnaldo Pizzorusso, initiateur de l'édition italienne. Le livre lui est dédié, en souvenir de vingt ans d'amitié et de collaboration.

INTRODUCTION

LE LIVRE DES MONSTRES ET DES CHIMÈRES

En écrivant, l'homme panse sa plaie : on l'a dit et répété. Mais on croit difficilement qu'un auteur comme Montaigne puisse écrire lui aussi pour liquider un malaise intime. Et pourtant : tout écrivain – ou du moins tout écrivain qui parle de lui – se bat à coups de plume contre une inquiétude essentielle. Montaigne n'a jamais cessé de faire remonter à la lumière des tendances et des pulsions cachées dans l'homme ; mais certains recoins sombres de ses textes, certaines profondeurs crépusculaires où s'agitent des mystères informes, où s'emmêle une sorte de nœud menaçant, laissent entendre que son écriture a, elle aussi, une origine émotionnelle. Ce champion de la lucidité écrit pour découvrir l'étranger qui est en lui – pour le neutraliser peut-être.

Mon travail trouve son fondement dans l'idée que les exigences du lecteur et du commentateur ne sauraient se satisfaire d'une confiance de principe dans la lucidité rationnelle, extrême et complète de l'auteur. Simple évidence ? Combien a pesé pourtant dans la réception des *Essais* (et dans certains cas continue à peser) le cliché du «livre de bonne foy», souvent compris de façon scolaire – avec sa suite inévitable : l'insistante conscience qu'a Montaigne de l'insuffisance des instruments intellectuels dont il dispose, l'expérience et l'amère vérification du si vain pouvoir de la raison, l'indéfectible engagement à détruire les impostures – même, ou surtout, celles du langage, en libérant l'écriture de l'ordre menteur de la rhétorique codifiée –, l'attentive perception de l'instabilité dans chaque aspect de la vie, qui investit jusqu'à son image, et même la reconnaissance des difficultés épineuses propres à ce projet de «description de soy-mesmes» (II, 6, 378c [358]), avec cependant l'obstination à tenter de le réaliser, en acceptant ses limites... On continue à insister sur ces intentions, ou sur d'autres, également affichées dans les *Essais* ; alors que ce qui fait l'intérêt d'un texte est ce qui en dément l'intention affichée. Ou alors : en décomposant la page de Montaigne, en analysant sa démarche, on cherche à mettre en évidence un sujet qui serait le metteur en scène et le maître de sa propre écriture (par réaction peut-être au Montaigne *nonchalant* et *primesautier* de portraits à présent heureusement jaunis), sans tenir compte de ce qui est exclu par la si claire et proclamée conscience de la mise en scène discursive. Il n'est donc pas superflu de rappeler qu'un texte n'est pas uniquement le produit d'une rationalité artistique consciente (et encore moins d'un parti pris de bonne foi).

Entendons-nous : dans les *Essais*, le projet et le travail de construction, au niveau de l'armature de la phrase, de la structure du chapitre, comme de l'architecture du livre, jouent un rôle important. Mon essai précédent, *Itinerari a Montaigne*, suivait justement le chemin de l'impérialisme de la raison, explorait dans l'écriture les catégories du *logos*. Il s'agit maintenant – c'est une opération complémentaire – d'explorer les espaces soustraits aux douanes du rationnel, les creux du discours où vibre la voix d'un Autre indomptable. Si on voulait parler en termes banalement psychanalytiques, on dirait que le discours est à certains endroits investi par une détermination symbolique qui manifeste l'expérience dysphorique du sujet.

Ce n'est certes pas la première fois que ces termes sont appliqués à Montaigne. Au contraire : une brise psychanalytique souffle depuis peu sur les *Essais*, en brouille les pages, en fait sauter les incrustations d'un savoir critique suranné. Dès qu'on bouscule l'agencement dû à l'impassibilité et à l'opiniâtre maîtrise de soi, cette écriture – qui plonge dans le circuit des pulsions – se révèle striée de couleurs diverses et criantes. Je ne me retrouve cependant dans aucune des clefs d'interprétation proposées à ce jour (tout en souscrivant, bien sûr, à tel ou tel point, ou même en reconnaissant ma dette vis-à-vis de certaines critiques) ; et je n'en expliquerai pas les raisons, qui apparaîtront clairement, j'espère, lorsque j'aurai explicité mon propos et surtout lorsque je l'aurai mis à l'épreuve dans les échantillons de lecture réunis dans ce volume.

I. L'ellébore de la folie

Je commencerai – c'est la règle – par le titre. Les monstres et les chimères sont naturellement ceux qui figurent dans le chapitre *De l'oisiveté* (on a coutume d'y reconnaître l'acte de naissance du livre) ; c'est ainsi que Montaigne définit les étranges produits que son esprit multiplie, en exprimant son intention de les mettre «en rolle» :

> Dernierement que je me retiray chez moy, deliberé autant que je pourroy de ne me mesler d'autre chose que de passer en repos, et à part, ce peu qui me reste de vie : il me sembloit ne pouvoir faire plus grande faveur à mon esprit, que de le laisser en pleine oysiveté, s'entretenir soy mesmes, et s'arrester et rasseoir en soy : ce que j'esperois qu'il peut meshuy faire plus aisément, devenu avec le temps plus poisant, et plus meur. Mais je trouve comme
>
> *variam semper dant otia mentem*
>
> que au rebours, faisant le cheval eschappé, il se donne cent fois plus d'affaire à soy mesmes, qu'il n'en prenoit pour autruy ; et m'enfante tant de chimeres et monstres fantasques les uns sur les autres, sans ordre, et sans propos, que pour en contempler à mon aise l'ineptie et l'estrangeté, j'ay commencé de les mettre en rolle, esperant avec le temps luy faire honte à luy mesmes (I, 8, 33a [34]).

Fantaisies, «rêveries», dont il faut – selon l'interprétation courante et banalisante – canaliser le flux capricieux pour éviter la dispersion de la pensée ? Je crois au contraire qu'on doit attribuer un sens bien plus fort à ces monstres et chimères, qui dans les premières lignes du chapitre sont comparés, et pour cause, aux «herbes sauvages et inutiles» et aux «amas et pieces de chair informe» qu'engendrent respectivement le ventre de la terre et le ventre des femmes[1]. Ce que Montaigne semble vouloir exprimer ici, c'est la constatation presque étonnée que des forces mystérieuses – venues d'où ? – se sont emparées de sa pensée consciente et rationnelle. Serait-il scandaleux de supposer que les forces découvertes par l'auteur – découverte certes fondamentale – en laissant son «esprit» libre et oisif «s'entretenir soy mesmes» pourraient être les fantasmes émergeant des profondeurs de son inconscient ?

Je tiens compte naturellement du fait que l'expression «chimeres et monstres fantasques» est, à cette époque, relativement fréquente, par exemple dans le domaine des arts figuratifs. Ces semblants informes ou difformes qui s'accumulent «sans ordre et sans propos» sont probablement en rapport avec les «peintures fantasques» du chapitre *De l'amitié*, où Montaigne esquisse une description de sa démarche (que suggère justement la comparaison avec la peinture), en rapprochant les *Essais* de «crotesques et corps monstrueux, rappiecez de divers membres, sans certaine figure, n'ayants ordre, suite ny proportion que fortuite» (I, 28, 183a [181]). Par ailleurs, Vasari définit les grotesques des «sconciature di mostri» et Cellini, à propos des décorations retrouvées dans la Domus Aurea, écrit que «mostri è il vero lor nome e non grottesche»[2]. Mais on sait que ce qu'on appelle lieu commun peut être, suivant le contexte, le lieu d'émergence du particulier ; et je ne juge pas arbitraire de lire dans cette métaphore (effleurée par les sombres lueurs de l'engendrement diabolique) comme une greffe de pensée magique qui aurait pris sur le tronc de la pensée rationnelle : le pressentiment des monstres de l'inconscient tel qu'il apparaît, du reste, dans d'autres pages des *Essais*.

---

1 «On pourrait [...] interroger ces hantises psycho-sexuelles de Montaigne : la menace conjointe de la terre et de la femme, et cette féminité de l'esprit en proie à la matérialité des émotions et des songes qui l'assiègent», E. Kushner, «Des brides pour un cheval eschappé...», *Rhétorique de Montaigne*, actes du Colloque de la Société des Amis de Montaigne (Paris, 14-15 décembre 1984), Paris, Champion, 1985, p. 51. On trouve une analyse dans le détail du chapitre I, 8 dans G. Mathieu-Castellani, *Montaigne. L'écriture de l'essai*, Paris, Presses Universitaires de France, 1988, p. 25-32.

2 «difformités monstrueuses» et «leur vrai nom c'est monstres, et non grotesques». G. Vasari, *Vite de' più eccellenti pittori, scultori e architettori*, éd. critique p.p. R. Bettarini, vol. I, Firenze, Sansoni, 1966, p. 144 ; B. Cellini, *La vita*, p.p. G. Davico Bonino, Torino, Einaudi, 1973, vol. I, p. XXXI. La métaphore remonte à Horace : à son sujet, et concernant sa diffusion en France, *cf.* G. P. Norton, «The Horatian Grotesque in Renaissance France : The Genesis of a Poetic Formula», *The Romanic Review*, LXV, 3 (1974), p. 157-74 et M. B. McKinley, *Words in a Corner. Studies in Montaigne's Latin Quotations*, Lexington, French Forum, 1981, p. 37 sqq.

Les mettre «en rolle», dit Montaigne : les enregistrer. Mais comment dire l'indicible, comment enregistrer l'inconscient ? Il s'agira plutôt de les mettre en rang, ces monstres, de les apprivoiser, de pactiser avec eux, pour se défendre de leur agression – pour se protéger de la névrose. Marie de Gournay, la *fille d'alliance* de l'écrivain, voyait dans cette œuvre «l'elébore de la folie» (dans la préface à l'édition qu'elle a publiée en 1635), à savoir une panacée pour les lecteurs. Qu'on y voie aussi un moyen de prévention *a parte subjecti* : sans cette peur du désordre mental, sans la terreur de la folie, sans tout le désarroi qui habitait Montaigne, les *Essais* n'existeraient peut-être pas[3]. Ce livre a pour fonction d'élaborer un discours rationnel qui brime les ruades de l'«esprit», donc qui tienne les «monstres » à distance ; abandonné à lui-même, ce «cheval eschappé» risque de se perdre dans les terrains vagues de l'indicible, en proie aux chimères dont les griffes pourraient mettre en pièces le sujet. Il faut le dompter, il faut que la parole le bride en l'attelant à la page, en réduisant ses écarts déréglés et bizarres à une allure simplement «vagabonde» (II, 6, 378c [358]), qu'on puisse suivre et décrire. En revendiquant l'ordre et la logique, le discours de Montaigne résiste au charme étrange de la folie, et mobilise contre elle la puissance rédemptrice de la parole raisonnable. L'écriture tend ainsi à dissimuler et à se dissimuler ce qui la meut, puisque «notre veiller n'est jamais si eveillé qu'il purge et dissipe bien à point les resveries, qui sont les songes des veillans, et pires que songes» (II, 12, 596c [581]). Les *Essais* : une thérapie sans fin, où le texte se double constamment d'un paratexte obsessionnel qui en sape les fondements.

Je pourrais dire aussi que les *Essais* sont à mes yeux un château baroque, compliqué, aux multiples entrées et aux pièces nombreuses, dont Montaigne tente de chasser des monstres toujours envahissants : un dédale d'évidences tortueuses, où les fantasmes, frappés parfois de l'éclair de la raison, ou le plus souvent repoussés dans les recoins obscurs, enfermés dans les souterrains, reparaissent au tournant d'une phrase, s'insinuent dans les intervalles de silence. Mais la comparaison avec un château qui logerait les monstres dans ses oubliettes détourne de la juste compréhension du problème : il est peut-être plus exact de dire que c'est l'écriture elle-même qui engendre des fantasmes, qu'elle tente en même temps de brider, tandis que d'autres sont peut-être en train de sourdre de la page, qu'il faut aussi brider – et ainsi de

---

[3] *Cf.* l'excellente analyse de G. Nakam, «Montaigne, la mélancolie et la folie», *Etudes montaignistes en hommage à Pierre Michel*, p.p. C. Blum et F. Moureau, Paris, Champion, 1984, p. 195-213 (reprise par l'auteur dans son livre *Montaigne. La manière et la matière*, Paris, Klincksieck, 1992). Il est également question du «désordre intérieur» chez R. J. Morrissey, *La Rêverie jusqu'à Rousseau*, Lexington, French Forum, 1984, pour qui la rêverie de Montaigne finit par être une «folie bien apprivoisée» (p. 37-42). Pour M. A. Screech, *Montaigne and Melancholy. The Wisdom of the "Essays"*, London, Duckworth, 1983 (qui cependant fait un usage tendancieux du texte), la sagesse des *Essais* est une forme de résistance au danger de la folie.

suite. Il se passe d'étranges phénomènes dans les blancs que Montaigne creuse entre les mots qu'il trace. Le texte ne parle pas nécessairement de ce qu'il dit, et ce qui compte le plus c'est peut-être ce qu'il ne dit pas, mais qu'il montre d'un signe qu'il faut voir.

Je ne me réfère pas, bien sûr, à cette technique de la désignation ou de l'expression allusive si souvent utilisée dans les *Essais* : «en ces mémoires, si on y regarde, on trouvera que j'ai tout dict, ou tout désigné. Ce que je ne puis exprimer, je le montre au doigt» (III, 9, 983b [961])[4]. Il ne s'agit plus, je le répète, de s'arrêter aux structures d'un discours, parfaitement discipliné le plus souvent, pour en démonter les rouages : au contraire, dans l'optique que j'adopte ici il ne faut surtout pas se laisser prendre au piège de la logique persuasive dont est pétrie chaque proposition : il faut mettre en œuvre ce qu'on appelle désormais une «lecture du soupçon», focaliser le regard sur les endroits où le mécanisme se grippe, où se produit la fêlure, en somme où le contrôle se relâche et l'écriture révèle des pulsions qui échappent à la vérification du sujet écrivant ; c'est alors peut-être qu'on saisira ce qui est et qui reste indicible, mais qui transparaît sous ce qui est dit.

Pour cette lecture, menée en deçà d'une frontière bien déterminée, je cherche l'aide de la psychanalyse, mais sans abandonner l'approche littéraire. Je veux dire que ce qui m'intéresse au premier titre, c'est de vérifier l'histoire et la cohérence d'une personne littéraire, de travailler sur des implications textuelles, et non sur des modèles psychanalytiques, c'est enfin de déceler les interférences de l'inconscient et d'un langage littéraire, en conservant une intention précisément de critique littéraire. Il ne s'agit donc pas de céder à la vague de la vulgate freudienne (ou à d'autres courants plus ou moins hétérodoxes), pour chercher, dans l'existence individuelle de l'écrivain, le traumatisme d'une catastrophe initiale qui doive être dissimulée (ou dite de manière autre, dans d'autres formes, sans en parler), et qui serait à l'origine de toute création. C'est le vécu qui nourrit une œuvre, certes ; mais il est tout aussi certain qu'on ne peut pas attribuer aux circonstances vécues toutes les fermentations du sens, qui, elles, ne surgissent pas du passé objectif, mais du réel déjà filtré, transformé en éléments subjectifs. Ce qui m'intéresse, ce n'est pas de psychanalyser Michel de Montaigne, c'est d'interroger le texte des *Essais* ; en évitant si possible (mais est-ce possible ? ou vraiment opportun ?) ce que Lucien Febvre considérait, avec un brin de naïveté, comme le péché suprême de l'historien : le fait de projeter sur un texte du XVIe siècle des problèmes, schémas et grilles d'interprétation dérivés du présent (il est vrai

---

4 En relation avec ce passage, *cf.* les subtiles applications (surtout concernant la fonction des «titres indiciels») de A. Tournon, «Tout dire ou tout désigner», *R. H. L. F.*, LXXXVIII, 5 (1988), p. 923-33.

que de cette manière on peut parfois comprendre ce qu'est effectivement capable de nous dire, et de signifier pour nous, la culture du passé : c'est une autre façon de lire, précieuse dans certains cas).

Donc : écouter simplement la voix du texte, la voix qui vient de loin, derrière le discours-écran par lequel Montaigne se protège contre ses propres obsessions. Parce que la raison n'est jamais, et pour personne, une donnée définitivement acquise : c'est une victoire sur les tendances profondes, fragile, limitée, continuellement remise en question. Et contre l'absurde pari de la volonté consciente de dire l'inconscient, les monstres que le scripteur ne saurait «mettre en rolle» laissent toutefois leur trace dans ce travail qui vise à les mettre en déroute. Une trace précise j'entends, qu'on remarque dans un texte donné, à un moment donné, et signifiante seulement pour ce qui arrive *hic et nunc* dans le processus de production du texte (souvent sans que l'écrivain en soit conscient, et parfois contre lui) : dans aucun cas on ne pourra déduire de ces signes des conclusions qui investissent la totalité de l'œuvre ou qui entraînent un jugement clinique sur l'individu. Si par exemple on identifie dans tel passage, dans telle phrase, l'interdit du sexe, cela ne signifie pas que dans d'autres pages les questions sexuelles ne soient pas traitées de façon libre, ou même impudique : ce sont deux lieux textuels différents, donc non incompatibles. Et ce qui est dit ne doit pas entraver pour le lecteur la connaissance du non-dit (ou réciproquement).

Ceci vaut pour certains montaignistes qui se laissent aller à congeler une expression fugace en un dit définitif, à clouer l'auteur à tel geste ou à tel autre érigés éventuellement en «air universel» pour coordonner et interpréter tous ses comportements (II, 1, 332b [315]) – lui qui ne voulait pas représenter «l'estre» mais décrire «le passage [...] de jour en jour, de minute en minute» (III, 2, 805b [782]), persuadé que «nous sommes tous des lopins, et d'une contexture si informe et diverse, que chaque piece, chaque moment, faict son jeu» (II, 1, 337a [321]), et qu'il est impossible de «voir deux opinions semblables exactement, non seulement en divers hommes, mais en mesme homme à diverses heures» (III, 13, 1067b [1044]). L'individu n'est qu'une multiplicité incompréhensible de sujets instantanés[5], une mosaïque de *je*

[5] A. Compagnon, «On ne peut rien dire de si absurde qui n'ait été dit par quelque philosophe», *Columbia Montaigne Conference Papers*, p.p. D. M. Frame et M. B. McKinley, Lexington, French Forum, 1981, p. 47-59. Cette communication synthétise la thèse centrale du livre de Compagnon, *Nous, Michel de Montaigne*, Paris, Seuil, 1980 (à mon avis contestable sur d'autres points) ; *cf.* aussi, du même, «L'écriture de l'instant dans les *Essais*», *R. H. L. F.*, LXXXVIII, 5 (1988), p. 839-48. Voir aussi S. Rendall, «Montaigne and the principle of non-correction», *Le Parcours des "Essais". Montaigne 1588-1988*, Colloque International Duke University-Chapel Hill University, p.p. M. Tetel et G. Mallary Masters, Paris, Aux Amateurs de Livres, 1989, p. 253-62 ; Rendall explique dans une perspective analogue la résistance de Montaigne à réduire les différences dans son texte, à effacer les premières phases d'écriture : l'effort de les éliminer «is seen as an illegitimate denial of the essential plurality of the self» (p. 257) ; chose que j'avais par ailleurs suggérée dans une étude (1969) que je me permets de

(«Moy à cette heure et moy tantost sommes bien deux», III, 9, 964c [941]) qui varient selon les contingences et les occasions du discours. Ce sont là les fragments épars dans les *Essais* d'une sorte de "théorie du sujet" (la lettre et la méthode en moins). En dernière analyse, c'est le manque absolu de confiance dans l'identité personnelle comme quelque chose de fixe, qui justifie et rend possible l'anomalie de l'écriture de Montaigne : une écriture de la subjectivité qui ne tend pas à coaguler le moi mais plutôt à le dissocier, à le disperser (en partie aussi pour fuir l'immobilité du masque qu'on voudrait lui imposer de l'extérieur), et qui par conséquent ne correspond à aucune des formes reconnues (qui toutes supposent, d'une manière ou d'une autre, la confiance dans l'unité identitaire de l'être : j'en reparlerai d'ici peu). «Je n'ay rien à dire de moy entièrement, simplement et solidement, sans confusion et sans meslange, ny en un mot» (II, 1, 335c [319]), cela signifie que *je* a quelque chose à dire, à chaque instant, sur sa «volubilité et discordance». Le sujet n'existe qu'en tant qu'être de langage, dans les différents *je* du discours. Et le langage véhicule des fragments de fantasmes, qui, à l'insu du sujet, déterminent l'orientation de son discours...

II. A la chasse aux monstres

S'il s'agit de dénicher les monstres qui obsédaient Montaigne, et qui l'ont poussé à écrire pour leur échapper, il faut naturellement commencer par la première rédaction, en relisant attentivement les *Essais* de 1580, et surtout les chapitres vraisemblablement les plus anciens (selon les dates proposées par Villey, et plus ou moins acceptées aujourd'hui encore)[6]. Cette façon de procéder me semble à conseiller même en dehors de ma propre théorie de lecture : les *Essais* (comme beaucoup d'autres œuvres d'ailleurs) jouissent d'un intérêt critique discontinu, qui se concentre essentiellement sur certains chapitres, dont on fournit des explications nombreuses et différentes, voire contradictoires ; alors que d'autres – les chapitres du début surtout[7] –, laissés

---

rappeler, reprise dans *Itinerari a Montaigne*, Firenze, Sansoni, 1983, ch. 5. D'autre part, et dans une autre optique, sur la variabilité des opinions de Montaigne en fonction des occasions du discours, *cf.* J. Holyoake, *Contextual and Thematic Interference in Montaigne's "Essais"*, Sheffield Academic Press, 1986 : mais dans sa perspective, la nécessité d'identifier dans le texte les interférences inconscientes – que Montaigne, en choisissant une forme ouverte, aurait "délibérément" sollicitées afin de parvenir à une meilleure connaissance de soi (chapitre 7, p. 101-6 : "Interference and Involuntary Self-revelation") – répond justement à l'unique intention d'expliquer la diversité des attitudes de l'auteur en fonction des contextes (en l'occurrence, à propos de certains thèmes de base : *Nature, Le vulgaire, Ignorance, Jugement*). Je voudrais rappeler que sur cette problématique des choses définitives avaient déjà été dites par J.-Y. Pouilloux : *Lire les "Essais" de Montaigne*, Paris, Maspero, 1969, p. 25 sqq.

6 P. Villey, *Les Sources et l'Évolution des "Essais" de Montaigne*, 2 volumes, Paris, Hachette, 1908, 2e édition 1933.

7 Exception faite pour I, 1, analysé à plusieurs reprises, et particulièrement dans cet ouvrage-ci, *cf. in fine* ch. 14. D'autres chapitres du début (I, 2, 3) ont parfois suscité des lectures

dans l'ombre de façon plus ou moins systématique, ont rarement fait l'objet d'une analyse spécifique, d'un examen attentif et réfléchi. Et ce au grand préjudice de l'intelligence de l'ensemble. Ces chapitres sont en effet susceptibles d'éclairer à la fois les ressorts de l'écriture de Montaigne, les rapports du sujet à son texte, et de nous renseigner sur quelques intuitions vraiment profondes auxquelles le scripteur parvient au fil de sa réflexion sur des thèmes apparemment banals.

Dans un deuxième temps, il faut évidemment examiner ce qu'apportent les additions (et ce que signifient les suppressions). Le travail que j'ai fait dans ce sens – et qui dépasse les résultats consignés dans ce volume – me semble conduire à une évidence fondamentale (bien qu'à modalités éventuellement variables, articulées de façon différente selon les textes) : les rédactions successives, enregistrées dans l'édition de 1582, dans celle de 1588, et dans les additions et les corrections manuscrites de ce qu'on appelle l'exemplaire de Bordeaux[8], ne font qu'enrichir, en la confirmant, la version primitive. Les «allongeails» n'introduisent pas d'inflexions ou de décalages par rapport aux problèmes du sujet tels qu'ils apparaissent dans l'édition de 1580 ; sur ce plan, le texte reste ce qu'il était, en gardant son opacité, ou vice versa sa transparence. Cependant, il peut arriver que Montaigne, en se relisant, se trouve aux prises avec des «monstres» imparfaitement apprivoisés, et qu'il cherche – en effaçant, en rajoutant, en réécrivant – à panser les blessures qui saignent, à combler les fissures qu'il découvre, ou plutôt qu'il soupçonne, dans sa première rédaction : ces interventions révèlent alors les soubresauts du moi, qui se cabre contre ce qui risquerait de le mettre radicalement en question. Il arrive aussi que, pendant qu'il soigne les blessures et comble les fissures, d'autres se produisent, pas nécessairement à la même page, mais peut-être dans les additions à d'autres chapitres. Dans la plupart des cas, ces effets à distance sont très éclairants. Parfois au contraire les additions plus tardives, tout en confirmant les nœuds problématiques du texte, les relâchent d'une certaine façon ; et dans cette perspective elles apparaissent moins

discutables ou franchement fausses : H.-H. Ehrlich, *Montaigne : la critique et le langage*, Paris, Klincksieck, 1972 ; R. D. Cottrell, *Sexuality / Textuality. A Study of the Fabric of Montaigne's "Essais"*, Columbus, Ohio State University Press, 1981.

8 Il s'agit, comme on le sait, d'un exemplaire de l'édition de 1588 sur les marges duquel Montaigne continua à travailler jusqu'à sa mort. Il n'est pas clair si l'édition de Marie de Gournay (1595) était basée sur une copie de ces annotations autographes faite par Pierre de Brach ou plutôt sur un autre exemplaire préparé par Montaigne lui-même, comme l'affirme (sur la trace de Richard Sayce) D. Maskell, «Quel est le dernier état authentique des *Essais* de Montaigne ?», *Bibliothèque d'Humanisme et Renaissance*, LX (1978), p. 85-103 et id., «Montaigne correcteur de l'exemplaire de Bordeaux», *B. S. A. M.*, série V, 25-26 (1978), p. 57-71 ; selon cette thèse, l'exemplaire dit de Bordeaux (actuellement conservé à la Bibliothèque municipale) serait une sorte de brouillon moins fiable que l'édition de 1595. Sur l'histoire des éditions des *Essais*, *cf.* mon livre *Itinerari a Montaigne*, cit., ch. 5.

dramatiques, c'est-à-dire moins touchantes, que ne l'était la version originale, où ces ganglions se montrent enflés, douloureux, maux sans solution.

Cela suffit pour combattre l'hypothèse – toujours présente à l'horizon critique – d'un caractère "impersonnel" des chapitres les plus anciens, classés comme de pures collections d'anecdotes et d'*exempla* que Montaigne tire de ses lectures : c'est dans un second temps, affirmait le louable Villey, que la conception de la «peinture du moi» fera surface dans les *Essais*, et que l'écrivain déversera sur la page ses confidences plus ou moins intimes. Cette mise en place équivaut à fonder le critère de "personnalité" ou d'"impersonnalité" d'un texte, sur le fait que l'auteur y parle plus ou moins de lui[9] ; alors que, nous le savons, le sujet parle *toujours* de lui... (à savoir : le sujet textuel, et non cette *mimesis* d'âme, chair et os qu'on fait coïncider avec l'individu Montaigne, et que l'on s'obstine à découvrir dans le «livre consubstantiel à son autheur», II, 18, 665c [648] – consubstantiel précisément à l'auteur, et non à l'homme[10] : de toute façon en littérature la vérité du sujet ne peut être qu'une vérité représentée ; de cela aussi, je reparlerai).

Bien entendu, de l'eau a coulé sous les ponts, et la légende de l'"impersonnalité" des premiers *Essais* a déjà été mise en doute. On a constaté non seulement que des éléments "personnels" sont facilement repérables dans les couches textuelles probablement les plus anciennes ; on a ensuite remarqué que même là où le *moi* n'est pas le sujet de l'énoncé, on peut relever les effets d'une stratégie de l'énonciation qui déplace la valeur référentielle de l'*exemplum* ; et enfin que la thèse "évolutionniste" de Villey est à revoir entièrement, puisqu'il n'y a pas lieu de dissocier, dans les *Essais*, le contenu anecdotique et le message idéologique[11]. On en déduit donc qu'aucun chapitre n'est à proprement parler "impersonnel" : Montaigne *se* dit dès le début, il a commencé à écrire pour *s*'écrire (pour «mettre en rolle» ses «chimères et monstres fantasques»).

---

9 Cette vision réductrice résiste même chez ceux qui, tout en remettant en question la thèse de Villey, se bornent à relever des traces de "confidences" dès les premiers chapitres (*cf.* H. E. Genz, «First traces of Montaigne's progression towards self-portraiture», *Symposium*, XVI, 3 [1962], p. 206-12). J.-P. Boon, «Emendations des emprunts dans le texte des *Essais* dits "stoïciens" de Montaigne», *Studies in Philology*, 65 (1968), p. 147-62, cherche au contraire à prouver que Montaigne parvient à projeter sa propre personnalité à travers l'altération de certaines de ses "sources". Un point de vue plus nuancé est adopté aussi par R. C. La Charité, «Montaigne's Early Personal Essays», *The Romanic Review*, LXII, 1 (1971), p. 5-15.

10 *Cf.* M. E. Blanchard, «Le sujet en histoire littéraire : tradition et trahison», *Œuvres et Critiques*, VIII, 1-2 (1983), p. 9-28 (surtout p. 20-21) ; et aussi, parmi d'autres, G. Mathieu-Castellani, *Montaigne. L'écriture de l'essai*, cit., p. 15-16, 38, 84.

11 L. D. Kritzman, *Destruction / Découverte. Le fonctionnement de la rhétorique dans les "Essais" de Montaigne*, Lexington, French Forum, 1980 ; J. Brody, *Lectures de Montaigne*, *ibid.*, 1982.

S'il en est ainsi, on en déduit nécessairement aussi que les anecdotes qu'il rapporte, les *exempla* qu'il extrait de ses lectures ou expériences, ne répondent pas seulement – comme le voudraient la plupart des critiques[12] – à l'intention générale de constituer un entrepôt de curiosités, un répertoire d'attitudes qui illustreraient la variété et les contradictions de la nature humaine. Or, ces anecdotes signifient que le sujet est directement et intimement touché par les comportements qu'il observe chez ses semblables et qu'il enregistre comme autant de témoignages, soit de tendances qu'il reconnaît en lui-même, soit, au contraire, de penchants qui lui seraient étrangers. Tout cela l'amène logiquement à réfléchir à la diversité et aux incohérences de notre nature, mais d'une certaine façon c'est secondaire. Le point principal est l'interrogation sous-entendue par chaque exemple : *qu'est-ce que je ferais, moi, Michel de Montaigne, dans des circonstances analogues ?* Interrogation qui résume, à la limite, toute l'entreprise des *Essais* : "s'essayer", c'est se mettre dans la peau des autres, c'est essayer de vivre, par l'entremise d'autrui, toutes les expériences qu'on ne peut vivre dans son quotidien ; c'est élargir sa vie réelle par les directions infinies de ses vies possibles. Ce n'est pas par hasard que Wayne C. Booth (*The Rhetoric of Fiction*) fait une place à Montaigne parmi les prédécesseurs de *Tristram Shandy*... En somme, sans prétendre faire de Montaigne un romancier, en lui attribuant un mimétisme imaginaire, sa démarche ne me semble pas très éloignée de celle de certains conteurs. Par exemple, dans l'*Heptaméron*, les devisants se mettent personnellement en cause, en substituant à la conduite d'un protagoniste du récit celle qu'ils auraient adoptée eux-mêmes dans des circonstances semblables, en s'engageant donc dans une réflexion qui les amène à exposer leurs propres choix : si bien qu'on peut dire que leurs propos forment «le discours principal, tandis que les récits ne sont plus qu'arguments ou exemples»[13]. En définitive, les exemples que l'écrivain accumule ne sont jamais anodins, dans la mesure où ils ne servent pas uniquement à illustrer une attitude humaine : si Montaigne les transcrit – soit pour s'y reconnaître, soit pour s'en démarquer – c'est parce qu'ils se rapportent à un problème qui le concerne. Les personnages évoqués sont des masques du sujet.

---

12 Certains se sont posé d'une façon plus subtile la question de la nature complexe et problématique de l'*exemplum* dans les *Essais*, *cf.* R. L. Regosin, «Le miroüer vague. Reflections on the example in Montaigne's *Essais*», *Œuvres et Critiques*, VIII, 1-2 (1983), p. 73-86 ; cependant personne à ma connaissance n'a suggéré une interprétation analogue à celle que je vais proposer.

13 G. Mathieu-Castellani, «Le jeu de l'histoire et du discours dans l'*Heptaméron* de Marguerite de Navarre», *Cahiers de l'U. E. R. Froissart*, 3 (1978), p. 66. La relation entre l'*exemplum* et la nouvelle est par ailleurs un sujet largement traité : je renvoie au récent volume de C. Delcorno, *Exemplum e Letteratura. Tra Medioevo e Rinascimento*, Bologna, Il Mulino, 1989.

La question de l'implication du sujet dans les anecdotes qu'il choisit, que nous devons nous poser d'emblée, appelle un corollaire indispensable : le sens latent du choix n'est pas toujours délivré clairement dans le texte, au contraire, la plupart des exemples peuvent paraître parfaitement opaques. A cette opacité maintenue parmi les clartés offertes est imputable l'indifférence de la critique à l'égard de ces chapitres, considérés à peu près comme des assemblages bruts d'exemples : autant d'énigmes qui parcourent la transmission de l'œuvre, et qui sont habituellement évacuées dans les commentaires. Alors qu'à la limite, plus les exemples semblent muets, plus ils sont susceptibles de révéler le sens profond qui travaille le sujet, et qui échappe au travail de son jugement. Il importe de se demander ce que ces exemples impliquent tacitement, de s'interroger sur le non-dit qui enveloppe l'anecdote citée, pour comprendre que peut-être l'écrivain découvre, en citant, beaucoup plus et autre chose qu'il ne croit ; l'accent est mis non sur un fait illustrant un certain comportement, mais sur le fait que ce comportement est un miroir où le sujet se regarde, parfois sans s'en douter.

Lorsque, par exemple, Montaigne disserte *Du parler prompt ou tardif* (I, 10), derrière l'argumentation concernant l'éloquence et les dons nécessaires aux prêcheurs et aux avocats apparaît le problème du sujet scripteur – l'obsession de rester muet – dont le malchanceux Poyet est d'une certaine façon l'ambassadeur (ce n'est pas un hasard si le texte glisse, peu après, vers la confidence personnelle, en passant de l'acte de parole à l'acte d'écriture, donc aux *Essais*). Le roi égyptien Psammenitus, le cardinal de Lorraine, et les autres personnages hébétés par la douleur, et incapables de l'exprimer qui défilent dans le chapitre *De la tristesse* (I, 2), représentent eux aussi la peur de l'écrivain : le cauchemar de la parole inhibée. C'est ensuite la hantise de son propre cadavre (le fantasme de la survivance du cadavre) qui nous est donnée à lire dans *Nos affections s'emportent au delà de nous* (I, 3), à travers les exemples évoqués. Et dans le chapitre *De la constance* (I, 12), le marquis del Guasto et Laurent de Médicis sont, dans une certaine mesure, les interprètes du dialogue que le moi prudent et timoré de Montaigne engage avec son surmoi héroïque, en posant implicitement la question : que ferais-je, moi, sous le feu des canonnades ? Et on pourrait continuer…

Cette manière de comprendre les exemples au niveau de la version originale rebondit évidemment sur l'interprétation des additions : surtout, mais pas exclusivement, lorsque des anecdotes supplémentaires ont été introduites, qui vont dans la direction des précédentes. Si on pense (suivant Villey) que la relecture effectuée par Montaigne vise essentiellement à compléter la première rédaction en améliorant un texte imparfait, on aura tendance à classer les additions en fonction d'une typologie un peu sommaire, que je schématise par souci de brièveté :

1) les nouveaux exemples, insérés au cours des interventions successives, auraient pour fonction de combler les lacunes du texte ou de l'enrichir d'un supplément d'informations là où la première version pouvait sembler trop laconique ;

2) les confidences personnelles qui s'ajoutent en 1588 et jusqu'en 1592 devraient interpoler dans les chapitres les plus neutres des éléments qui correspondent à la conception de la «peinture du moi» qui s'est désormais imposée comme le thème fondamental des *Essais* ;

3) enfin, les considérations générales, les réflexions d'ordre philosophique, serviraient à dégager l'universel des manifestations du plus particulier : la «peinture du moi» vaut en effet seulement comme échantillon de la description de l'«humaine condition».

Cette interprétation ne résiste pas à l'analyse critique contemporaine. Il est clair qu'en attribuant à Montaigne le souci de remanier ses premiers chapitres pour qu'ils s'inscrivent mieux dans la ligne générale de l'œuvre, on met au premier plan le souci de l'œuvre : on trahit donc dans leur essence même les intentions de l'écrivain qui, tout en fabriquant un livre – et qui plus est *the Book of the Self* – considère l'opération scripturale non pas comme une fin, mais comme un moyen[14] : le moyen par lequel il se cherche et cherche à se définir dans sa multiplicité même. Or, si nous entendons les *Essais* comme une aventure de la connaissance, non comme la *peinture*, mais comme la *recherche* du moi (des différents moi), il sera possible, si je ne m'abuse, de fournir une réponse à l'interrogation qui parcourt toute la critique montaigniste : au-delà de l'intention de «representer le progrez de (ses) humeurs» (II, 37, 758a [737]), de la tension vers une adhérence maximale du *je* à la page, au-delà aussi de cette pratique réflexe d'écriture qui fonde la structure même de l'essai, qu'est-ce qui pousse Montaigne à revenir sans cesse sur son texte ? Ou, plus précisément : qu'est-ce qui le pousse à s'arrêter et à intervenir à certains endroits plutôt qu'à d'autres ? A apporter des modifications, à insérer des «allongeails» dont le texte n'aurait pas besoin – et qui en effet, à d'autres endroits et dans des conditions textuelles analogues, ne sont pas insérés ? Je pense qu'il y a une force obscure qui rouvre les blessures non cicatrisées (et certaines des lectures que je propose ici vont confirmer, j'espère, mon affirmation).

On pourra alors reprendre le schéma auparavant tracé de façon sommaire pour le modifier en conséquence :

---

14 Cfr. R. L. Regosin, *The Matter of my Book : Montaigne's "Essais" as the Book of the Self*, Berkeley, University of California Press, 1977 ; mais ici je me réfère surtout à l'œuvre de A. Tournon, *Montaigne. La glose et l'essai*, Presses Universitaires de Lyon, 1983, fondamentale à maints égards, et en premier lieu pour une définition de l'écriture réflexe de l'essai.

1) les nouveaux exemples – n'apportant parfois aucun élément nouveau – que Montaigne ajoute au fur et à mesure signifient qu'en se relisant, il se trouve aux prises avec un problème non réglé : s'il revient ainsi sur le point névralgique de sa première rédaction, ce n'est pas pour enrichir un répertoire d'anecdotes, mais pour continuer, à travers ces anecdotes, à répertorier – inconsciemment – ses fantasmes ;

2) de même, les confidences "personnelles" insérées au deuxième (ou troisième ou énième) niveau semblent souvent autant d'aveux qui explicitent la première personne implicite dans la version précédente, en indiquant que le sujet est effectivement engagé dans ce qu'il avait d'abord relaté sur le mode du récit impersonnel ;

3) en ce qui concerne les réflexions d'ordre philosophique, je persiste à les placer sur un second plan, par rapport à l'instance fondamentale qui est toujours de se dire. Dans certains cas, elles peuvent avoir pour rôle de diluer l'angoisse, de noyer les «monstres» du sujet dans la mer sombre et houleuse de la condition humaine.

Mon but ici n'est pas de fournir une recette bonne pour toute occasion, en l'occurrence pour tout chapitre des *Essais* ; j'ai simplement constaté sa validité pour un certain nombre d'entre eux. De plus : j'avoue (si je peux me permettre, s'agissant d'anecdotes, une notation… anecdotique et personnelle) avoir été très frappée par une coïncidence singulière. J'avais décelé, dans *Nos affections s'emportent au delà de nous*, l'obsession (dont je parlais plus haut) d'une vie du corps possible après sa mort, dont est donné en exemple le cas d'Édouard Ier d'Angleterre : il avait demandé que son cadavre fût bouilli, et que, sa chair ensevelie, ses ossements fussent conservés pour que son fils les emportât avec lui en guerre, comme un talisman de victoire. J'avais aussi élucidé le sens latent de *Coustume de l'isle de Cea* et surtout de l'intérêt de Montaigne pour le suicide de la vieille dame de Céa (une île que l'Antiquité appelait de vrai Céos), dont la mort est organisée comme un spectacle somptueux[15]. Dans l'exemplaire des *Apophtegmes* de Conrad Lycosthenes, retrouvé récemment par Etienne Ithurria, une main anonyme, qui pourrait bien être celle de Montaigne, a tracé, sous la rubrique *De ducis præsentia, quæ multum confert ad victoriam*, un sibyllin *c. de E.*, à résoudre en «corps de Edouard». Et sous la rubrique *De morientium monitis*, une autre annotation, *fac val max 71 d'une bonne femme vieille*, fait évidemment allusion à l'épisode de la vieille de Céos qui figure dans les *Essais* (dont la source est justement les *Factorum et dictorum memorabilium libri IX*, de Valère Maxime). Montaigne, si c'est de

15 *Cf.* dans ce volume "Cadavres guerriers" et "Le trône de Hiéron". Giovanni Pascoli a consacré un de ses *Poemi Conviviali* aux vieux de Céos, où la coutume est synthétisée par le vers «chi non può bene, male in Ceo non viva» (qui ne peut vivre bien, qu'il ne vive pas mal à Céos).

lui qu'il s'agit, aurait donc noté sur son *Lycosthènes* deux *exempla* parmi d'autres, qui, transférés dans les *Essais*, ont retenu quelques siècles plus tard mon attention de "chasseuse de monstres".

Ce n'est pas la preuve par trois... mais c'est un indice sans doute significatif de ce mécanisme que j'ai cherché à éclaircir : les épisodes que Montaigne choisit, les faits qu'il sélectionne dans les *summæ exemplorum*, dans ces couches fossiles de la mémoire collective, sont peut-être ceux où il reconnaît la marque du processus de formation de sa personne, le sédiment de sa propre expérience symbolique.

III. Gloses, genre, genèse

Il est maintenant nécessaire de rendre compte de la toute récente découverte du *Lycosthènes* (et en poser par hypothèse l'utilisation). Etienne Ithurria, spécialiste de cinéma et télévision à l'université de Toulouse, l'a trouvé par hasard au marché aux puces près de Saint-Sernin. Cet exemplaire (Paris, Jacques Dupuis, 1560) des *Apophtegmata* en latin du docte compilateur allemand[16] est constellé de plus de six mille menues annotations manuscrites, qui présentent avec le texte des *Essais* une quantité de coïncidences pour le moins impressionnante. Le glossateur a la même culture que Montaigne, présente même certains de ses tics : André Tournon fait remarquer à juste titre que, si ce n'était pas Montaigne, c'était son sosie... Et, comme l'enseigne Sherlock Holmes, convoqué par Ithurria[17], «When you have eliminated the impossible, whatever remains, however improbable, must be the truth».

Nous voici donc introduits probablement dans le laboratoire de Montaigne, là où commence à prendre forme l'idée des *Essais*, où du moins sont triées et coordonnées les substances qui entreront dans la composition. Plus précisément : ces *marginalia*, matériaux grossiers, débris disparates, *ne sont pas* des notes préparatoires en vue de la fabrication du livre ; elles sont en revanche la carte du paysage non tant culturel que mental – et éventuellement psychologique – dont les *Essais*, ce produit élaboré obéissant

16 Conrad Lycosthenes (Conrad Wolfart), originaire de Rouffach, en Alsace, adepte de la Réforme, fit ses études et vécut à Bâle, où il mourut en 1561. Lorsque Montaigne en septembre 1580 s'arrête dans la ville suisse – centre de tolérance religieuse où cohabitaient calvinisme, luthérianisme et catholicisme – il y rencontre, entre autres, Theodor Zwinger, beau-fils de Lycosthenes et auteur d'un *Theatrum vitæ humanæ* (1565) basé sur la collection d'*exempla* faite par son beau-père. Pour ce qui concerne les implications culturelles et idéologiques du passage de Montaigne à Bâle, *cf.* ma contribution «De l'usage de la pierre dans les affaires religieuses d'Europe», *Montaigne et l'histoire*. Actes du Colloque de Bordeaux (1988), textes réunis par Cl.-G. Dubois, Paris, Klincksieck, 1991.

17 E. Ithurria, «Le Lycosthènes, ou Montaigne et l'Europe», *Europe*, LXVIII, 729-730 (1990), p. 112-27.

à des principes spécifiques d'organisation interne, s'engagent à vérifier les chemins. Ce ne sont pas seulement (faut-il le dire ?) les sujets et les arguments qui comptent, mais la façon de les utiliser, à savoir le réseau de renvois que les notes de lecture tissent entre les concepts, et sur lesquels pourra s'établir un discours qui produira naturellement un autre sens. Seule une interprétation attentive, dynamique et intelligente des gloses du *Lycosthènes* [18] saura en reconnaître le sens, en parcourant à nouveau les itinéraires de Montaigne sur la frontière incertaine entre le pays de la lecture et celui de l'écriture, en reconstruisant les subtiles opérations alchimiques qui convertissent le vil métal des annotations en l'or du processus de la création. C'est alors qu'on pourra mesurer toute l'importance de cette découverte.

A condition cependant que le *Lycosthènes* ne remette pas à la mode la thèse d'une filiation des *Essais* avec ces compilations dont le XVIe siècle était gourmand : *Adages* et *Apophtegmes* d'Erasme, *Lectiones antiquæ* de Celio Rodigino, commentaires *De honesta disciplina* de Pietro Crinito, *Officina* de Ravisius Textor, *Epistres dorées* (traduction française des *Epístolas familiares*) de Guevara ... enfin, toute cette catégorie de *leçons* que Villey avait évoquée, en attirant l'attention sur le cadre culturel où les *Essais* viennent prendre place tout en le dépassant. Mais ses suggestions prudentes ont été récemment reprises et radicalisées : la *leçon* pourrait être littéralement le prototype de l'*essai*, une même matrice rhétorique serait à la base de l'une comme de l'autre. Pour justifier cette improbable dérivation, il ne suffit pas, me semble-t-il, d'affirmer que ces recueils acquièrent un statut de "genre" autonome dans la mesure où la compilation engendre son propre commentaire par la mise en œuvre embryonnaire du matériau accumulé ; et que le lieu commun devient ainsi «*objet* d'un *sujet* qui, non content de copier, médite aussi sur les lieux et leur imprime sa marque individuelle», en exprimant à son tour son opinion, en affirmant son rôle de juge[19]. Si les *Essais* n'étaient que cela – qu'une greffe de jugements individuels sur le tissu de la compilation – il y aurait lieu de se demander en quoi consiste leur originalité (à savoir : ce qui fait des *Essais* non une reproduction tautologique, mais, éventuellement, une variante transformationnelle de ce type de discours). Et si

---

18 Ayant travaillé sur les notes de Montaigne en marge à César, F. Goyet offre des indications très intéressantes dans «A propos de "Ces pastissages de lieux communs" (Le rôle des notes de lecture dans la génèse des *Essais*)», première partie dans le *B. S. A. M.*, série VII, 5-6 (1986), p. 11-26, et deuxième partie *ibid.*, 7-8 (1987), p. 9-30.

19 Je me réfère à M. Beaujour, *Miroirs d'encre*, Paris, Seuil, 1980 ; *cf.* spécialement le chapitre "Les compilations et l'essai à la Renaissance", dont je tire cette citation (p. 183) en paraphrasant le reste. A. Tournon, *Montaigne. La glose et l'essai*, cit., observe à juste titre (p. 403, n. 4) que Montaigne refuse la taxinomie des recueils de *leçons* en la perturbant constamment, et échappe ainsi à la «matrice rhétorique» qui informerait les *Essais*, ainsi qu'aux analyses de M. Beaujour, qui doit faire recours aux *Essays* de Bacon pour étayer ses hypothèses. – Il est implicite que les *loci communes* sont ici les répertoires de citations.

leur originalité consiste dans la remise en question de la fixité factice de toute doctrine, dans la mise en évidence de la contingence de la pensée, dans l'interrogation du sujet scripteur sur lui-même, dans la déconstruction enfin du savoir acquis et de ses formes, dans la critique du ton doctoral qui imprègne les différents recueils de *leçons* – cela suffit à exclure que le propos de Montaigne descende par voie directe et positive de «ces pastissages de lieux communs» qui «servent à nous montrer, non à nous conduire» (III, 12, 1056c [1033]). La filiation, si elle existe, sera alors négative, *a contrario* : procédé qui n'est certainement pas étranger à Montaigne, «qui (s)'instrui(t) mieux par contrariété que par exemple et par fuite que par suite» (III, 8, 922b [899])... Si on veut saisir la naissance des *Essais* dans la mise en œuvre scolaire des lieux communs moraux, il faut du moins analyser suivant quels modes, à travers quelles métamorphoses s'organise ce texte, qui transmue les modèles culturels de l'humanisme en une écriture de la subjectivité. En effet, «l'invention au présent d'un discours "sur" le sujet de l'énonciation ne se sépare pas de la récapitulation d'une culture dont l'humanisme de la Renaissance reste la source et le modèle»[20] et dont le fonctionnement reste, en grande partie, à analyser.

On aborde ainsi un autre (faux) problème agité par la critique récente : la constitution de soi comme sujet à partir de la collection du déjà-dit peut avoir à nos yeux «quelque chose de paradoxal»[21]. Le doute que Foucault avance, pour le chasser aussitôt, apparaît par contre ailleurs sous forme d'affirmation (c'est moi qui souligne) : «*paradoxalement*, le texte parvient à brosser un autoportrait réputé "fidèle" en se mesurant toujours aux "autres" et aux "autheurs" dans le jeu illusoire de la référentialité [...] La plénitude de la "consubstantialité" entre le livre et son auteur ne trouverait donc sa justification que par le biais du discours des autres – ce qui ne serait pas le moindre *paradoxe* des métamorphoses de Montaigne»[22]. On abuse peut-être un peu de cette notion de paradoxe (d'ailleurs très prisée au XVIe

[20] M. Beaujour, *ibid.*, p. 204. Je reprendrai ce problème à la fin de mon ouvrage.

[21] M. Foucault, «L'écriture de soi», *Corps écrit*, 5 (1983), p. 9. *Cf.* une discussion de ce texte de Foucault par P. Hadot, «Réflexions sur la notion de "culture de soi"», in *Michel Foucault philosophe*, Rencontre internationale (Paris, janvier 1988), Paris, Seuil, 1989, p. 261-68.

[22] F. Rigolot, *Les Métamorphoses de Montaigne*, Paris, Presses Universitaires de France, 1988, p. 192-93. Déjà A. Glauser, *Montaigne paradoxal*, Paris, Nizet, 1972, considérait comme un paradoxe (parmi beaucoup d'autres) «partir des lectures, mais pour s'en détacher» (p. 62). Mais il avait été observé par la suite que «there cannot be creation *ex nihilo* of book of self[...], everything derives from something else, extends and transforms pre-existant matter», R. L. Regosin, «Sources and Resources : the "Pretexts" of Originality in Montaigne's *Essais*», *Sub-stance*, 21(1978), p. 113.

siècle)...[23]. En ce qui concerne la contradiction qu'on pense trouver dans les *Essais* entre la présence envahissante du discours d'autrui (de l'intertexte, si l'on veut) et l'intention d'une écriture propre et personnelle, je ferai d'abord observer que, comme nous le savons depuis Bakhtine, mais comme Montaigne lui-même le savait depuis Sénèque, on ne peut pas parler «tout fin seul» (III, 12, 1055b [1033]). L'écrivain qui se propose de décrire «principalement (ses) cogitations, subject informe» (II, 6, 379c [359]) est inévitablement confronté à sa culture, à la tradition, qui lui fournissent les catégories grâce auxquelles il peut situer ses réflexions et ses fantasmes. Le tissu culturel est le fond sur lequel tout texte se découpe, le déjà-dit est le lieu d'émergence du sujet en tant que producteur de discours : non seulement parce que la *koinè* culturelle canalise en quelque sorte sa production ; mais surtout parce qu'elle pousse le sujet à répondre aux questions qu'elle pose, qu'elle l'amène à se situer par rapport à ce qu'elle propose. Le dialogue avec les autres auteurs, le choc des opinions, constituent pour le moi l'indispensable provocation extérieure qui lui permet d'actualiser son potentiel d'invention, de formuler l'idée latente[24] – tout en utilisant (cela va de soi) le même langage.

C'est plutôt ici qu'il y a paradoxe : dans la contradiction entre l'unicité du sujet et l'unité du système linguistique et culturel où se place le lecteur-scripteur. La question qui se pose à Montaigne – conscient des limites de l'actualisation d'une parole à lui dans un discours qui ne lui appartient pas – est à la rigueur «de savoir comment exploiter au mieux cette parole. C'est-à-dire, continuer à parler une parole propre dans le texte de la tradition, en demeurant conscient que seule la référence constante à cette tradition permet sur son autre face un discours qui la découd»[25]. Parce qu'il n'existe pas de langage qui ne soit "recyclé" (aucun écrivain n'a inventé son langage, quand bien même il en aurait eu l'ambition prométhéenne), et qu'ainsi le problème

---

23 Comme exemple d'un emploi qui tombe dans l'abus, on peut citer le livre de B. C. Bowen, *The Age of Bluff. Paradox and Ambiguity in Rabelais and Montaigne*, Urbana, University of Illinois Press, 1972.

24 Sur ce point, *cf.* M. Jeanneret, «Rabelais et Montaigne : l'écriture comme parole», *L'Esprit créateur*, XVI, 4 (1976), p. 83, et la version plus récente du même essai, «Je parle au papier», *Europe*, LXVIII, 729-730 (1990), p. 14-25. *Cf.* aussi, du même, *Des mets et des mots*, Paris, Corti, 1987, p. 264 sqq., et les conclusions, toujours stimulantes, de T. Cave, *The Cornucopian Text. Problems of Writing in the French Renaissance*, Oxford, Clarendon Press, 1979.

25 M. E. Blanchard, «Le sujet en histoire littéraire», cit., p. 17. Le rapport entre Montaigne et le discours traditionnel devrait être encore examiné dans le détail ; G. Defaux a démontré, concernant les *Cannibales*, que «Montaigne ne fait en réalité rien d'autre que de recourir à un type de discours déjà constitué [...], solidement ancré dans la tradition humaniste occidentale, et dont il se contente consciencieusement d'appliquer les recettes et les règles» (*Marot, Rabelais, Montaigne : l'écriture comme présence*, Paris-Genève, Champion-Slatkine, 1987, p. 172-73).

réside seulement dans l'appropriation et le réajustement par le sujet de la langue et des discours qui le précèdent.

Comme l'a vu l'un des maîtres de la linguistique contemporaine, le *je* se constitue par rapport à l'*aliud*, et «la conscience de soi n'est possible que si elle s'éprouve par contraste [...] C'est dans une réalité dialectique englobant les deux termes [le *moi* et l'*autre*, l'individu et la société] et les définissant par relation mutuelle qu'on découvre le fondement linguistique de la subjectivité»[26]. Comment le *je* scripteur peut-il se définir autrement que par rapport à la société dont il parle, et qui parle à travers lui avec le langage qui appartient à tous ? Chaque écriture de la subjectivité oscille inévitablement entre deux types de discours, menés par un *je* et un *il*, où *il* est l'Autre, la machine de la culture et de l'écriture, avec ses lieux communs, son encyclopédie aliénée, ses fantasmes envahissants. En d'autres termes : les lieux communs sont utilisés par le sujet «comme les repoussoirs qui le constituent dialectiquement, et le montrent aux prises avec l'Autre qui le hante et dont il tente de se dégager»[27]. Le texte, tout texte, mais surtout le texte-réflexe, qui parle de lui-même, se produit comme une dispute entre *je* et l'*autre* : «Les autres forment l'homme ; je le recite» (III, 2, 804b [782]) n'est que le fragment le plus souvent cité parmi tous ceux où ce débat est explicitement inscrit.

En découle une fois encore de manière évidente – en soi, et par rapport à ce qui précède – la nécessité à laquelle il a été fait allusion de chercher les signes de l'inscription du sujet en dehors du simple domaine du *je* linguistique (du domaine "personnel" qui a été si souvent circonscrit comme l'espace de la «peinture du moi»). C'est sur la charnière mobile du *il* et du *je* que s'articule, d'une manière forcément titubante et obscure, le processus (le drame ?) de la construction du sujet, qui, pour s'exprimer, est contraint de suivre le seul parcours possible, celui de la culture et du langage communs, et qui en même temps, pour se condenser en tant que sujet affirmant sa spécificité, est obligé de dévier par ruse de ce parcours.

Il va de soi que c'est dans cette perspective qu'il faut considérer la pratique de la citation dans les *Essais*. Le sujet scripteur dialogue en effet avec sa culture essentiellement "par personne interposée", c'est-à-dire à travers d'autres subjectivités : en ce sens qu'il saisit le discours culturel à travers les séquences discursives qui portent la trace d'une voix énonciatrice, dans les choix stylistiques et dans l'organisation du matériau verbal. Le jeu des citations est un «art de conférer» par lequel Montaigne "essaie" le discours

---

26 E. Benveniste, *Problèmes de linguistique générale*, Paris, Gallimard, 1966, p. 260.

27 M. Beaujour, *Miroirs d'encre*, cit., p. 19-21.

d'autrui[28]. De l'autre texte est saisi et utilisé l'élément signifiant, le fragment pertinent dans un processus scriptural d'assimilation qui s'invente au moment même du choix, et qui se reconduit par des remodélisations successives. Ni parole gelée, non modifiable, ni simple matériau transformable : la citation est un noyau d'énergie verbale qui dynamise le texte où elle se loge (pour s'en trouver modifiée à son tour). Aussi est-ce par ce travail d'une écriture qui se constitue seulement en organisant à nouveau celle des autres, et qui dérive presque systématiquement sur les signifiants, que les *Essais* se séparent de la tautologie "encyclopédique" et se situent sur le versant de l'invention et de l'imaginaire. L'analyse de ce travail peut montrer à travers quels mécanismes Montaigne déjoue le pouvoir phagocytaire de la citation («Comme quelqu'un pourroit dire de moy que j'ay seulement faict icy un amas de fleurs estrangeres [...]», III, 12, 1055b [1033]). Si une chance existe pour le sujet de parler tout en étant parlé, d'écrire tout en étant écrit, elle est bien dans ces opérations textuelles (intertextuelles) : brèche ouverte dans la barrière des stéréotypes, à travers laquelle le sujet peut se sauver, en se délimitant dans la pluralité des autres, pour (se donner l'illusion de) se dire, à son tour, avec sa propre voix et se représenter dans sa propre énonciation.

Le rappel des compilations en vogue au XVIe siècle englobe la question du genre des *Essais*, et celle de leur genèse.

Je n'aurais pas parlé de la première, qui me semble tellement inutile et désuète, si elle n'était pas, encore maintenant, l'objet de tant de débats. Les *Essais* sont un livre déconcertant, et le déclarer inclassable est sans doute une facilité. Mais je me demande s'il est profitable de s'obstiner à le classer à tout prix, à le faire entrer, tant bien que mal, dans un "genre" : notion abstraite, schématique et réductrice au possible, qui, suivant Giovanni Macchia, «évolue pour se dissoudre, pour se corrompre», et qui se désagrège sous le choc des personnalités. En effet, selon un autre maître, Gianfranco Contini, les définitions génériques ne servent qu'à percevoir de façon plus nette la situation particulière. Si bien que, au risque de... me confiner dans le «sous-genre» du «commentaire-de-texte-qui-ne-se-soucie-pas-de-genres»[29], je doute

---

28 G. Defaux, «Ecriture et *essai* chez Montaigne», *Montaigne et les "Essais". 1588-1988*, actes du Congrès de Paris (janvier 1988), p.p. C. Blum, Paris, Champion, 1990 (*B. S. A. M.*, série VII, 13-14-15-16 [1988-89]), p. 108. Je me permets de rappeler mes amorces critiques concernant les habitudes de Montaigne lecteur, son éventuelle utilisation des compilateurs et la fonction sémaphorique des citations dans mon étude «La formula di Montaigne» (1967), reprise dans *Itinerari a Montaigne*, cit., ch. 1. Voir aussi C. Brousseau-Beuermann, *La Copie de Montaigne. Etudes sur les citations dans les "Essais"*, Paris-Genève, Champion-Slatkine, 1989, et M. Magnien, «"Latiniser en Fançoys" : citation et imitation dans les *Essais*», *Montaigne in Cambridge*, Proceedings of the Cambridge Montaigne Colloquium (7-9 april 1988), Cambridge, 1989, p. 7-23.

29 G. Genette, *Introduction à l'architexte*, Paris, Seuil, 1979, p. 86.

fort de la valeur heuristique des discussions autour du genre, et je penche pour un type d'analyse immanente et relativiste ; il me semble qu'un livre, et ce livre-ci surtout, n'est pas comparable à un pion qu'on déplacerait sur l'échiquier selon les exigences du jeu classificatoire.

Mais on s'est souvent penché ces dernières années sur la possibilité de classer les *Essais* sous une étiquette ou une autre. Autobiographie ? Certes non : «il n'y a pas de récit suivi, ni d'histoire systématique de la personnalité»[30]. A la limite, le programme de Montaigne correspondrait plutôt à «une *anti*-biographie, puisque la narration autobiographique se voit dépourvue des catégories qui la constituent traditionnellement : un enchaînement linéaire ou chronologique des actions, une segmentation du temps déterminée par le sens»[31]. Un journal intime, alors ? L'écriture au présent, qui est le propre du journal, semble se rapprocher davantage de l'intention de Montaigne : rendre compte de soi «de jour en jour, de minute en minute» (III, 2, 805b [782]) ; mais une composante décisive (soulignée par Blanchot)[32] demeure exclue du texte : l'accrochage au calendrier, dans une continuité que l'éventuelle intermittence ne fait que confirmer, et qui implique la contingence du quotidien, l'écume de l'éphémère.

Ni autobiographie donc, ni journal intime – en dépit des rapports entretenus avec ces formes –, le texte de Montaigne ne se laisse définir que négativement. Pourtant les tentatives pour l'annexer à une quelconque famille d'écrits ne cessent pas, par exemple à la famille hétérogène nommée *autoportrait*, qui correspondrait à la formule : «Je ne vous raconterai pas ce que j'ai fait, mais je vais vous dire qui je suis»[33]. Exprimée en ces termes, une telle intention me semble difficile à attribuer en toute impunité à un écrivain qui a obstinément répété son incapacité à se définir lui-même, si ce n'est par la conscience d'une incontournable fragmentation. Si Montaigne déclare «Ce ne sont mes gestes que j'escris, c'est moy, c'est mon essence» (II, 6, 379c [359]), ce *moi*, qui ici vaut par opposition à *mes gestes*, a un statut tout à fait provisoire : «Je ne vise icy qu'à découvrir moy mesmes, qui seray par adventure autre demain, si nouveau apprentissage me change» (I, 26, 148a [147]). Qu'on se souvienne surtout de la phrase déjà citée : «Je n'ay rien à dire de moy entierement, simplement, et solidement, sans confusion et sans

---

30 C'est pourquoi Ph. Lejeune exclut les *Essais* de son *Autobiographie en France*, Paris, Colin, 1971, p. 57. Pour une analyse attentive et lucide des "Prospettive e dilemmi dell'autobiografia", *cf.* A. Pizzorusso, *Ai margini dell'autobiografia*, Bologna, Il Mulino, 1986, ch. IX.

31 C. Blum, «La peinture du moi et l'écriture inachevée», *Poétique*, 53 (1983), p. 64.

32 M. Blanchot, *Le Livre à venir*, Paris, Gallimard, 1959, p. 271 ; *cf.* aussi B. Didier, *Le Journal intime*, Paris, Presses Universitaires de France, 1976, *passim*.

33 M. Beaujour, *Miroirs d'encre*, cit., p. 9.

meslange, ny en un mot» (II, 1, 335c [319]). Les *Essais*, un autoportrait ? Une série d'approximations tout au plus, fondées, comme je le disais plus haut, sur la consciente impossibilité de fixer une identité personnelle, sur la conviction qu'il y a autant de *je* que d'occasions de la vie et du discours. A la limite, quelque chose comme un album d'esquisses, d'instantanés même, qui n'éliminent pas le temps de pose, mais qui le réduisent au minimum, et qui permettent la prise de vue d'un sujet en mouvement.

Il suffit. Quant à l'autoportrait, je dirai seulement que l'utilité de ce concept m'échappe : de ce dénominateur si large qu'il englobe, avec les *Essais* de Montaigne, les *Confessions* de saint Augustin, l'*Ecce Homo* de Nietzsche ou le *Roland Barthes par Roland Barthes*, et qui franchit des ruptures culturelles aussi profondes que la Renaissance et le Romantisme (ce qui nous pousse à projeter sur les *Essais* des notions – autobiographie, journal intime, autoportrait – nécessairement marquées du sens acquis dans la production des deux derniers siècles). En fin de compte, je déplore qu'on ait fait couler tant d'encre pour démontrer que *Un autoportrait n'est pas une autobiographie* [34]. Mais je déplore aussi qu'en excluant les *Essais* de ces deux catégories – autobiographie et autoportrait – et en reconnaissant la singularité d'une écriture définie (trop hâtivement) comme dépourvue d'antécédents, et ne pouvant être inscrite en aucun genre déterminé, on parvienne à la faire rentrer au plus vite dans le cadre d'un… genre nouveau, créé pour l'occasion, et qu'on finisse par parler de l'*essai* «en tant que genre *autonome*, créant ses propres lois et fixant ses propres conventions»[35].

Pour ma part, tout en cherchant à me soustraire et à soustraire les *Essais* au piège du genre, je me contenterai d'une définition bien vague, qui désigne simplement une pratique : celle de l'écriture de soi – seuil défaillant où se croisent et se confondent l'autobiographie, le journal, l'autoportrait… et l'*essai*, comme pratique, justement, comme méthode, et non comme genre. Cette précision est indispensable : *essai*, chez Montaigne, désigne une attitude

---

34 C'est le titre de la contribution de C. B. Brush à *Œuvres et Critiques*, VIII, 1-2 (1983), p. 153-67 (à laquelle je renvoie pour son rapide parcours des critiques qui ont placé les *Essais* dans la rubrique de l'autobiographie). Pour une analyse de la métaphore de l'autoportrait dans les *Essais*, *cf.* R. L. Regosin, *The Matter of my Book*, cit., ch. 8, et l'article successif : «Figures of the self : Montaigne's Rhetoric of Portraiture», *L'Esprit créateur*, XX, 1 (1980), p. 66-80. On trouve une utile mise au point "en creux" dans G. Defaux, *Marot, Rabelais, Montaigne*, cit., p. 190 sqq. Je signale à la seule fin de ne rien omettre le récent ouvrage de M. E. Blanchard, *Trois portraits de Montaigne : essai sur la représentation à la Renaissance*, Paris, Nizet, 1990, entièrement construit sur la problématique du portrait (et sur la relation entre portrait littéraire et pictural).

35 G. Mathieu-Castellani, *Montaigne. L'écriture de l'essai*, cit., p. 8 sqq. Le même auteur, en réfléchissant à «La notion de genre» (dans le recueil publié par G. Demerson *La Notion de genre à la Renaissance*, Genève, Slatkine, 1984, p. 17-34), avait affirmé la nécessité d'inscrire chaque texte dans une «série», en dressant «des familles historiques de textes pratiquant la même écriture» (p. 30). Du volume tout entier se dégage, malgré tout, un sentiment d'incertitude quant à l'efficacité de la spéculation sur les genres.

mentale, et non une entité littéraire qui coïnciderait avec les subdivisions du livre, pour lesquelles le seul terme approprié, employé par l'auteur, est *chapitre* ; de telle sorte qu'on peut dire que l'*essai* est à l'œuvre dans chaque chapitre, mais que chaque chapitre n'est pas un *essai* [36].

Pour mieux m'expliquer : que l'on songe (élément essentiel, et qui n'est pas là pour tout ramener à mon propos) à la formule rappelée plus haut : «Ce ne sont mes gestes que j'escris, c'est moy, c'est mon essence». Il s'agit d'une intuition fulgurante traduite ici en programme d'écriture. Parler de clarté, de lucidité extraordinaire de la part de Montaigne, c'est peu dire : je ne connais pas, à sa date, d'exemples qui lui soient comparables. En se débarrassant ainsi de ses «gestes», en d'autres termes de la chronologie, Montaigne se situe dans l'achronie de l'inconscient. S'il s'était mis à rédiger une autobiographie en alignant les événements dans leur ordre de succession, il aurait été contraint de théâtraliser les masques du moi ; par contre, en cherchant son «essence», il balaie les ombres de son temps biographique, il élimine la lanterne magique de l'expérience revécue (réinterprétée, réinventée) : sans rien d'autre devant lui – sauf ce qu'on pourrait nommer le désir d'écrire à l'état pur – il peut franchir le pas qui l'autorise, alors qu'il dit *je*, à laisser apparaître ses fissures de sujet. A cet endroit la passion de l'écriture – absolue, exclusive – vient coïncider avec la révélation, avec la lumineuse découverte de soi ; en d'autres termes, les deux folies – le désir d'écrire et l'écriture du désir (ce même désir, dont je devrai reparler, qui se nomme La Boétie) – s'additionnent ; et la seule manière de les neutraliser, de rester "en deçà", sur le terrain de l'équilibre et de la santé, bien qu'en touchant à la frontière de l'inconscient, sera une écriture rationnelle, contrôlée, réfléchie (qui réfléchit sur ses propres mécanismes), capable d'absorber et de recomposer les déchirures : l'écriture de l'*essai*.

Je disais plus haut que le problème du genre côtoie, sous certains aspects, celui de la genèse. En fait aucun texte ne naît orphelin, sans ancêtres : et si la pratique scripturale des *Essais* ne peut trouver son vrai prototype dans les recueils des compilateurs, il faudra voir quels sont les autres terrains où s'est nourrie cette écriture de la subjectivité : il est entendu qu'on ne cherche pas une forme, mais une disposition. «Ce n'est pas dans les *Leçons*, florilèges, mélanges de son époque, mais dans l'épître et le dialogue antique, que se trouvent les impulsions qui ont agi sur la forme de sa propre langue, pour ne

---

[36] H. Friedrich déjà (*Montaigne* [1949], trad. franç. de R. Rovini, Paris, Gallimard, 1968, p. 353-56) précise que l'*essai* est une méthode, mais il emploie ensuite le terme comme synonyme de *chapitre*. J'ai moi-même cédé à cet usage dans mes écrits précédents. Pour une analyse plus approfondie de la pratique de Montaigne, *cf.* A. Tournon, *Montaigne. La glose et l'essai*, cit.

rien dire ici des *Œuvres morales* de Plutarque», suggérait déjà Friedrich[37], et le rappel des *Moralia* ainsi que des lettres est devenu un leitmotiv de la critique montaigniste. Bien que ces indications, souvent reprises, n'aient pas été approfondies, je n'ai pas l'intention de m'arrêter sur les *Lettres à Lucilius* (je négligerais de toute façon la correspondance de Cicéron, qui répond à des critères différents), dont Montaigne a pu s'inspirer pour la transcription de sa vie intérieure (le registre des impressions plus que des actions, des activités propres à l'*otium* – on sait bien que ce n'est pas un oxymoron – plus que des événements extérieurs), pour le choix du ton familier de la communication, et surtout pour cet exercice d'ouverture, d'exposition de soi au regard d'autrui, qui se déploie dans le rapport épistolaire (et qui en quelque sorte est le prélude à la publication). Il m'intéresserait par contre – pour ne pas dépasser l'horizon de la culture gréco-romaine – d'arrêter mon attention sur l'autre modalité de l'écriture de soi, qui avait joué dans l'Antiquité un rôle fondamental, et dont les compilations de la Renaissance représentent l'avatar sclérosé : les *hypomnemata* [38].

A l'encontre des sèches chrysalides des *leçons*, les *Essais* réinventent et renouvellent l'exercice vital sur lequel débouchaient ces calepins. Dans les *hypomnemata* l'usage était en effet de transcrire, pour mémoire, des citations, des exemples, des faits auxquels on avait assisté ou dont on avait lu le récit, des réflexions personnelles ou venues d'autrui ; et ce, pour constituer non pas un magasin d'objets inertes, mais un réservoir de matériel utilisable pour la méditation ultérieure. Donc ces notes voulaient éviter précisément la fixité de la chose écrite, cause de paresse mentale, pour solliciter continuellement les mécanismes intellectuels, en favorisant la possibilité de variations, d'additions, d'interprétations différentes, bref d'une réactualisation permanente et d'une réactivation personnelle – qui par la suite pouvait éventuellement prendre la forme d'une écriture plus organisée. C'est une pratique secourable par laquelle l'esprit assimile la substance des lectures ou de l'expérience, et en fait sa propre structure.

Mais attention : «Aussi personnels qu'ils soient, ces *hypomnemata* ne doivent pas cependant être compris comme des journaux intimes, ou comme ces récits d'expérience spirituelle [...] qu'on pourra trouver dans la littérature chrétienne ultérieure. Ils ne constituent pas un "récit de soi-même" ; ils n'ont pas pour objectif de faire venir à la lumière du jour les *arcana conscientiæ* dont l'aveu [...] a valeur purificatrice». Il s'agit «non de dire le non-dit, mais de capter au contraire le déjà-dit ; rassembler ce qu'on a pu entendre ou lire, et

37 H. Friedrich, *op. cit.*, p. 368.

38 Je cherche ici à synthétiser les pages de M. Foucault, «L'écriture de soi», cit. Concernant certaines idées présentes dans les lignes qui suivent, *cf. infra* le ch. 10. 1, "Le repaire de l'*oraliture*".

ceci pour une fin qui n'est rien de moins que la constitution de soi»[39]. En effet la matière disparate des lectures – un choix volontaire d'éléments hétéroclites – doit être absorbée et unifiée, non pas dans un ensemble composé artificiellement, mais dans l'acte constitutif des *hypomnemata* – à savoir dans le geste même de l'écriture – et de leur consultation – donc dans la lecture et la relecture.

Jusqu'à ce jour je n'ai pas trouvé de description s'approchant plus que celle-ci de la pratique constitutive des *Essais*, de ce processus continu de lecture-écriture-relecture du déjà-écrit, qui épouse, qui confond même, le sujet et le texte. La fonction de cet exercice, à travers le processus d'appropriation qui se met ainsi en œuvre, est de former, à partir de tout ce que la lecture a accumulé, un *corps* qui n'est pas un corps de doctrine, mais qui, suivant la métaphore de la digestion si souvent employée dans les *Essais*, est le corps même de celui qui, en transcrivant ses lectures, les a justement *incorporées* : à savoir, le corps du «livre consubstantiel à son autheur»... En effet, comme on l'a déjà dit, l'auteur ne constitue son propre texte qu'en disloquant et en réorganisant d'autres textes d'autres auteurs ; et le sujet textuel, le *je* de la "consubstantialité", n'est que «l'opérateur de ce déplacement»[40].

IV. Congé

Je ferme ainsi le cercle, et il ne me reste plus grand-chose à dire dans ce domaine. Entre l'expérience d'une lecture active où le sujet cerne naturellement les problèmes qui le travaillent (le *Lycosthènes* peut en être en quelque sorte le témoin) et le texte réflexe des *Essais*, j'aurais tendance à placer une phase d'écriture virtuelle et intermédiaire qui pourrait prendre la forme embryonnaire d'une espèce de *hypomnemata* ; et qui aurait pu se structurer sous la forme apparentée des lettres, si le destinataire privilégié n'avait fait défaut. Au lieu des *Essais* nous aurions peut-être eu des *Epistulæ morales ad Stephanum Boetianum*, en langue vulgaire.

Mais à ce stade, la question de la genèse du livre selon les modalités d'écriture qui lui sont propres revient à celle de la genèse *tout court* de la vocation d'écriture de Montaigne ; c'est à cela que sont consacrées les trois premières études de ce volume. Quelques mots pour illustrer la répartition de la matière.

39 M. Foucault, *art. cit.*, p. 8 (je continue à le résumer). C'est pourquoi il n'est pas possible de comparer les *Essais* aux "confessions" (de saint Augustin, en premier lieu), comme le fait au contraire M. Beaujour, *Miroirs d'encre*, cit.

40 M. E. Blanchard, «Le sujet en histoire littéraire», cit., p. 20-21. Mais sur ce point essentiel il faut voir aussi la contribution de S. Rendall, «*Mus in pice* : Montaigne and Interpretation», *Modern Language Notes*, 94, 2 (1979), p. 1056-71.

Le premier triptyque (LE LIVRE CÉNOTAPHE), tout en adoptant une perspective qui se veut différente, insiste sur des directions déjà explorées par la critique : le sens, pour la formation du sujet scripteur, des deux deuils successifs qui frappent l'individu. Car il ne faut pas oublier que Montaigne reconnaît lui-même avoir été poussé à écrire par «une humeur mélancolique [...] produite par le chagrin de la solitude» (II, 8, 385a [364]) ; et que le premier texte de la plume de Montaigne que nous connaissions est la lettre à Pierre Eyquem, «par laquelle il s'affirmait écrivain sur un sujet entre tous essentiel pour lui : la mort de La Boétie. Avoir dédié à son père le récit de la mort de son ami était déjà un acte significatif. Le publier à cette date, deux ans après la mort du dédicataire, constitue un geste littéraire fondamental, par lequel, en fait, de façon posthume, mais publique, et d'autant plus solennelle, Montaigne se justifiait aux yeux de son père de ses renoncements et de sa vocation»[41]. En premier lieu donc La Boétie et sa mort (*Le livre du veuvage*) ; ensuite Pierre Eyquem et sa mort (*Le livre parricide*) ; enfin le sens de la publication, en 1580, du livre né après (*post hoc ergo propter hoc*) ces deux décès, tentative pour pactiser avec la mort et pour se sauver par l'écriture (*Le livre témoin*).

Jusque là, on règle ses comptes avec les morts, en cherchant à sonder les mystères d'une amitié incomparable, à identifier les tensions dans le rapport avec un père exemplaire, à capter enfin la fonction du «livre de bonne foy». Dans la deuxième section (LE REGISTRE DES PEURS), les fantasmes se mettent à vivre, les monstres prennent d'assaut le sujet, qui tente d'élever des barrières fragiles, des refuges provisoires contre l'invasion. Si l'obsession fondamentale (ainsi qu'il devrait être clair) est celle de l'inhibition de parole, équivalente de l'annulation de soi, il en découle que la défense la plus solide, voire la seule possible, est précisément la prise de parole (de la parole rationnelle) qui se réalise dans l'écriture. Au rapport du sujet avec ses fantasmes se superpose le rapport (apaisant) de l'auteur avec son livre.

Et même le rapport avec «le seul livre au monde de son espece» (II, 8, 385c [364]), qui, offert sans crainte à qui voudra le lire, fera office d'auto-justification – comme c'est toujours le cas pour l'écriture de soi. La troisième section (LE THÉÂTRE DES DÉFENSES) examine donc quelques-unes de ces structures de compensation (après les textes de la peur, les textes de l'assurance et du pouvoir : la répartition est évidemment artificielle) que le sujet met en œuvre non seulement pour bâillonner ses fantasmes, mais aussi pour légitimer ses propres comportements, et en fin de compte pour revêtir l'habit de l'arbitre du jugement. Magistrat réticent et démissionnaire,

---

41 G. Nakam, *Montaigne et son temps, les événements et les "Essais"*, Paris, Nizet, 1982, p. 130. Je reprendrai quelques aspects de ce problème *infra*, "Le héros de plume".

Montaigne assume, sur l'"autre scène"[42], la robe du juge, ou le sceptre du roi. Rappelons-nous que cette scène n'est pas le lieu de la confusion et du désarroi : elle est au contraire le théâtre d'une liturgie salvatrice.

D'autre part, l'ordonnance des chapitres représente aussi, d'une certaine façon, le diagramme de mon travail. Dans la première et la deuxième partie, en suivant les *traces* repérables d'un sens différent de celui que le texte dispose de manière magistrale, on tente de s'enfoncer dans ses failles, contre les certitudes rationnelles, vers les phases de la construction du sujet. Verticale ou paradigmatique, l'analyse se contente d'une telle incertitude, masquée (selon Montaigne lui-même) en monstres et fantasmes (la recherche, plus profonde encore, du traumatisme, d'une architecture originelle de l'inconscient, de la logique de l'autre scène, ne rentrait pas – je l'ai précisé – dans mes intentions, ni dans mes compétences).

Dans la troisième partie on dégagera plutôt des disjonctions logiques, des solutions de continuité thématique, sur lesquelles Montaigne trame son art d'écrire, mais qui jusqu'à présent n'avaient pas été assez mises en lumière (surtout dans les chapitres considérés comme peu personnels). De telles fractures, produites par l'instabilité textuelle, sont encore des failles, à utiliser éventuellement, comme les autres, pour s'engouffrer vers le point névralgique et obscur de la psyché. Mais ici on choisira de rester en surface, pour une étude horizontale et syntagmatique, au niveau de la mise en scène.

On pourrait dire, en somme, que le livre enquête d'abord sur l'identité des monstres, et qu'ensuite il observe leur présentation sur la scène théâtrale. On se faufile dans les coulisses, on descend vers l'échafaudage sombre et mystérieux des dessous de la scène, on remonte ensuite vers l'avant-scène, mais pour y reconnaître, jusque dans l'emphase spectaculaire, les malformations et les malaises à la racine du *je*.

Enfin, il va de soi que ma chasse aux monstres bat seulement quelques pistes. J'ai déjà dit pourquoi il m'a semblé opportun de privilégier (de manière non exclusive) les textes qu'on suppose les plus anciens, habituellement négligés. En dehors de ce livre, sinon de mon travail, restent des chapitres longs et tardifs (on sait que les deux choses vont souvent ensemble) que j'ai laissés de côté à regret.

En ce qui concerne les deux premiers livres, il peut s'agir, concrètement, d'un obstacle quantitatif : les chapitres trop étendus ne se prêtent pas au type de compte rendu ponctuel que j'adopte ici. Reste exclu surtout l'apport du livre III. C'est dire que l'objet de mon attention est toujours la rédaction de

42 Cette expression freudienne a été reprise, comme on le sait, par O. Mannoni, *Clefs pour l'Imaginaire ou L'Autre Scène*, Paris, Seuil, 1969.

1580 (les phases ultérieures de l'écriture sont examinées comme des variations par rapport à la version première).

Je tiens à préciser qu'il s'agit là d'un choix. Non seulement je suis persuadée que c'est la version de 1580 qui peut nous révéler le sujet Montaigne ; mais je pense aussi que les *Essais* de 1588 sont dans une certaine mesure un autre livre, un livre différent (plus coulant, dirais-je, plus discursif et inventif : donc splendide, mais moins utile à ma démonstration). S'en rendre compte n'est pas facile. Il faut repousser radicalement les conditions et habitudes de lecture actuelles, viciées par l'usage des éditions courantes : en passant sous silence des passages entiers de la première édition, ensuite supprimés ou remaniés, en réduisant le livre de 1580 au rang de phase embryonnaire (préparation du produit "perfectionné" que seront les *Essais* de 1588 et de 1595), la présentation synoptique, avec simplement la marque des principales "couches" du texte, fait perdre de vue l'intégralité de ce livre, et induit essentiellement à des déformations de perspective d'importance capitale (je le signalerai dans certains cas). Je ne reprendrai pas ici la problématique que j'ai tenté de mettre en évidence il y a vingt ans déjà, en montrant la nécessité d'une édition des *Essais* fondée sur le principe qu'il ne s'agit pas d'un seul livre, mais de trois livres distincts[43]. Je me borne à souligner que, si ces *Monstres et Chimères* contredisent beaucoup de lieux communs de la critique montaigniste, c'est aussi parce qu'ils se fondent sur le texte de 1580.

D'ailleurs, «tout mouvement nous descouvre» (I, 50, 302c, [290]), chaque partie des *Essais* nous découvre Montaigne, ou plutôt *un* Montaigne. De mon point de vue, un monstre est aux aguets à chaque page, entre chaque ligne. La chasse est ouverte, vous y êtes conviés.

---

43 Je renvoie à ma contribution «Per un'edizione critica degli *Essais*» (1969), reprise dans *Itinerari a Montaigne*, cit., ch. 5. Parmi ceux qui ont souligné l'intérêt de la première édition, il faut rappeler S. Zweig, *Montaigne*, Paris, Presses Universitaires de France, 1982, p. 75. Mais jusqu'à présent, même lorsque les spécialistes travaillaient largement sur la première version (par exemple, dans des perspectives pourtant très éloignées, O. Naudeau, *La Pensée de Montaigne et la Composition des "Essais"*, Genève, Droz, 1972, et R. D. Cottrell, *Sexuality / Textuality. A Study of the Fabric of Montaigne's "Essais"*, cit.), ils n'en assumaient pas la spécificité. L'idée des deux éditions des *Essais* (1580 et 1588) considérées comme des livres différents, est défendue maintenant par F. Charpentier dans toutes ses interventions (même dans la plus récente : «"Pour qui escrivez-vous ?". La figure du lecteur dans le troisième allongeail», *Le Parcours des "Essais". Montaigne 1588-1988*, cit., p. 71-80) ; la nécessité de relire le texte de 1580 dans l'édition originale est soutenue par E. M. Duval, «Le début des "Essais" et la fin d'un livre», *R.H.L.F.*, LXXXVIII, 5 (1988), p. 896-907 ; et on sent généralement chez les spécialistes les plus attentifs aux problèmes textuels des signes d'insatisfaction grandissante par rapport aux éditions synoptiques courantes, et au système de signalisation adopté depuis Villey : *cf.* par exemple D. Maskell, «The Evolution of the *Essais*», *Montaigne : essays in memory of Richard Sayce*, p.p. I. D. McFarlane et I. Maclean, Oxford University Press, 1982, p. 13-34 (surtout les p. 31-33, qui s'accordent parfaitement avec ce que j'avais relevé jadis).

PREMIÈRE PARTIE

LE LIVRE CÉNOTAPHE

CHAPITRE 1

LE LIVRE DU VEUVAGE

Toute amitié est un mystère. D'où le charme exercé sur tous les lecteurs par le chapitre *De l'amitié* (I, 28) : le plus célèbre des *Essais* (avec *De l'institution des enfans*), un texte fondamental et vraisemblablement un texte “fondateur”, dans la mesure où il ordonne peut-être l'architecture entière de l'œuvre.

C'est en effet dans les premières lignes de ce chapitre que Montaigne propose la comparaison bien connue entre ses écrits et les grotesques en peinture, exprimant son intention, modifiée par la suite, de placer le discours *De la servitude volontaire* d'Etienne de La Boétie, ou *Contre Un*, comme un «tableau riche, poly et formé selon l'art», au milieu de ces grotesques que seraient les *Essais* : Michel Butor a déduit de ce propos une suite de réflexions et de rapprochements tendant à démontrer que l'entreprise tout entière se structure symétriquement par rapport à ce centre[1]. D'autre part et tout à la fois, le tombeau élevé à La Boétie dans ces pages nous amène à nous interroger sur le lien qui unissait les deux hommes et sur l'importance que la perte de l'ami a pu avoir sur la vocation d'écrivain de Montaigne : d'autres passages des *Essais* également connus et cités semblent désigner La Boétie – ou du moins sa figure fixée *post mortem* pour mémoire – comme le seul vrai destinataire d'une œuvre qui sans sa mort ne serait peut-être pas née. Privé de son interlocuteur privilégié, Montaigne continuerait à lui parler en écrivant et en entretenant ainsi une “correspondance” qui aurait pu effectivement revêtir une forme épistolaire, si l'ami était resté en vie : «Et eusse prins plus volontiers ceste forme à publier mes verves, si j'eusse eu à qui parler. Il me falloit, comme je l'ay eu autrefois, un certain commerce qui m'attirast, qui me soustinst et souslevast» (I, 40, 252c [246]).

Je ne reviendrai pas sur la reconstruction de Butor : j'ai déjà dit ailleurs ce que j'en pense[2], et il n'est pas de mon intention ici d'analyser les éléments structurels des *Essais*. La fonction “centrale” – dans tous les sens du terme –

---

1 M. Butor, *Essais sur les Essais*, Paris, Gallimard, 1968 (mais déjà publié comme présentation à l'édition des *Essais* en «10/18», Paris, Union Générale d'Editions, 1964).

2 *Cf.* mon chapitre 3, "L'architettura della fabbrica", dans *Itinerari a Montaigne*, Firenze, Sansoni, 1983.

des chapitres 28 et 29 est évidente de toute façon (au sein d'un livre qui en contient 57) : le premier en tant que prologue au deuxième, où devait prendre place justement le *Discours de la servitude volontaire* : Montaigne, qui avait lu et apprécié ce texte avant même d'en rencontrer l'auteur, lui attribue la valeur particulière de premier intermédiaire de cette amitié. En l'intégrant aux *Essais* il entend peut-être réaliser le vœu mystérieux exprimé par la Boétie sur son lit de mort : «Mon frère, mon frère, me refusez-vous donques une place ?»[3]. Mais l'usage politique et déviant qui a été fait de ce traité détourne Montaigne de son propos, et le pousse à remplacer le *Discours* par d'autres productions de l'ami disparu : les vingt-neuf sonnets qui figurent dans les premières éditions de l'œuvre, précédés d'une dédicace à Madame de Gramont, «la grande Corisande». Par la suite, sur l'exemplaire de Bordeaux, l'écrivain les supprime avec la simple mention «Ces vers se voient ailleurs», tout en laissant sa dédicace inchangée : la "place" de La Boétie reste vide, mais les *Essais* sont une sorte de cénotaphe consacré à sa mémoire ; si bien qu'on peut voir dans le «trou» (chapitre 29) «où ne se trouvent ni La Boétie, ni son *Contr'un*, ni ses sonnets, mais un simple renvoi, une métaphore du tombeau vide près duquel l'ange Michel désigne la résurrection de son ami en ce corps autre que sont les *Essais*, corps et cénotaphe unique pour les deux hommes unis par une amitié aussi divine que la fureur poétique»[4]. Dans une certaine mesure, comme il a été aussi remarqué, si la mort de La Boétie a vraiment un rôle générateur dans l'écriture des *Essais*, c'est parce que dans les *Essais* l'auteur parle à l'ami défunt au moins autant que celui-ci lui parle : la voix de La Boétie se fait entendre à travers celle de Montaigne et vient strier sa page (surtout là où demeurent des accents stoïciens d'autocontrôle serein, mais aussi là où l'idéal stoïcien est entamé par la conscience de la fragilité de l'être ; dans ce cas, c'est l'image de La Boétie mourant qui agirait sur Montaigne : il se montre impassible à ses familiers, mais révèle à son "frère"

---

3 Montaigne, *Œuvres complètes*, «Bibliothèque de la Pléiade», Paris, Gallimard, 1967, p. 1359.

4 M. Beaujour, *Miroirs d'encre*, Paris, Seuil, 1980, p. 312-13. De nombreux critiques ont souligné le poids de la mort de La Boétie non seulement sur la biographie de Montaigne, mais sur la naissance même de son écriture (certains ont prêté une attention particulière à la lettre adressée à son père sur la mort de La Boétie, qui est la première preuve de l'écrivain Montaigne). Aux contributions qui seront citées au fur et à mesure dans ces pages on peut ajouter : D. G. Coleman, *The Gallo-Roman Muse : Aspects of Roman Literary Tradition in Sixteenth-Century France*, Cambridge University Press, 1979, ch. 7 ; S. Rendall, «*Mus in pice* : Montaigne and Interpretation», *Modern Language Notes*, 94, 2 (1979), p. 1056-71 ; G. A. Pérouse, «La lettre sur la mort de La Boétie et la première conception des *Essais*», *Montaigne et les "Essais", 1580-1980*, actes du Congrès de Bordeaux (1980), Paris-Genève, Champion-Slatkine, 1983, p. 65-76 ; G. Defaux, *Marot, Rabelais, Montaigne : l'écriture comme présence*, *ibid.*, p. 201-2 et 209-17 ; P. Henry, *Montaigne in Dialogue*, Anma Libri (Stanford French and Italian Studies), 1987, p. 73-100 ; F. Charpentier, «Ecriture et travail du deuil dans les *Essais*», *R. H. L. F.*, LXXXVIII, 5 (1988), p. 828-38 ; C. Blum, «De la *Lettre sur la mort de La Boétie* aux *Essais*, allongeail ou répétition ?», *ibid.*, p. 934-43.

Michel sa vulnérabilité) ; face à une telle interpénétration, les témoignages explicites de cette amitié – notamment le chapitre dont il est question – apparaissent finalement peu significatifs[5].

Cela dit, les questions posées par ce texte énigmatique me semblent loin d'être résolues. En sondant les replis du panégyrique de l'amitié, on peut tirer de précieuses indications sur le sujet Montaigne : sur ses rapports affectifs et sur son rapport avec La Boétie. Je ne me flatte pas de tenir en la matière des propos définitifs, d'autant plus que pour l'essentiel, d'autres l'ont fait pendant que j'y songeais[6]. En fréquentant Montaigne, il est certes difficile de ne pas se mesurer avec ce problème ; et certains détails, peut-être essentiels, non encore éclaircis, peuvent être mis en évidence par un nouvel angle de lecture. Je me décide donc à affronter à mon tour ce «subject vulgaire et tracassé en mille endroits des livres», ne serait-ce que pour coordonner, contester ou confirmer des choses déjà dites, en somme pour faire le point de la question : en souhaitant jeter quelque clarté, chemin faisant, sur des tournants du parcours restés dans l'ombre. La meilleure voie est, je crois, d'analyser le texte en le lisant d'abord dans sa version originale de 1580, et d'examiner ensuite les apports de l'édition de 1588 et de l'exemplaire de Bordeaux.

I. La voix du sang ou la difficulté des sentiments

Venant à parler de l'exceptionnelle amitié qui le liait à La Boétie, Montaigne établit entre un tel lien et les autres affections une série de comparaisons. Le procédé – distinguer l'amitié des autres types d'inclinations – est une variante du modèle aristotélicien (*Ethique à Nicomaque*) répandu à la Renaissance ; mais le discours que Montaigne tisse sur la trame de la tradition est significatif, mettant en lumière ce qui touche à sa vision des relations humaines.

Le premier sentiment qui est exclu de la comparaison, parce qu'il est tout à fait inadéquat, est l'amour filial, «Car des enfans aux peres c'est plutost respect qu'amitié» ; dans ce cas fait donc défaut cette «communication» dont se nourrit l'amitié, puisque les pères ne peuvent pas confier à leurs enfants leurs pensées secrètes, et que les enfants n'ont pas le droit d'adresser à leurs pères «les advertissemens et corrections qui est un des premiers offices d'amitié» (184a [183]). Ce sont des paroles claires et graves, qui disent ce qu'a

---

5 *Cf.* A. Wilden, «*Par divers moyens on arrive à pareille fin* : a Reading of Montaigne», *Modern Language Notes*, 83, 4 (1968), p. 588, et surtout B. Weller, «The Rhetoric of Friendship in Montaigne's *Essais*», *New Literary History* (The University of Virginia), 9 (1978), p. 503-23.

6 Les pages les plus convaincantes, à travers leurs différentes interprétations, me semblent être celles de B. Weller, *art. cit.*, et de F. Charpentier, «Figure de La Boétie dans les *Essais* de Montaigne», *Revue française de psychanalyse*, 1 (1988), p. 175-89.

dû être le rapport tant (trop) célébré entre Michel et Pierre Eyquem : on peut pour le moins en déduire que la confiance et l'intimité faisaient entre eux défaut. Le comportement de son père, loin de susciter ou permettre au fils une familiarité à son égard, l'intimidait : et probablement Michel gardait en son for intérieur les critiques qu'il aurait voulu lui faire. Qu'il ait conçu une certaine acrimonie à l'égard de ce «bon père que Dieu (lui) donna» (III, 13, 1100b [1079]), tout en continuant à chanter ses louanges (nous le verrons plus loin dans le même chapitre), ce serait une réaction absolument naturelle. Et on ne s'étonnera pas dans cette perspective que la phrase suivante évoque les pays «où par usage les enfans tuoient leurs peres» ou réciproquement : pour éviter – dit Montaigne – que les uns fassent obstacle aux autres, comme cela peut arriver : d'ailleurs, «naturelement l'un dépend de la ruine de l'autre».

Nous sommes face à un de ces passages des *Essais* qui en font un livre extraordinaire, bouleversant même, et dont cependant on n'a pas saisi la "modernité". Ici, sur le ton impassible du constat clinique est en fin de compte énoncée une conception des rapports familiaux – et de leurs influences pathogènes réciproques – qui ne sera formulée explicitement que des siècles plus tard. A la limite, on pourrait parler d'un pré-freudisme de Montaigne : l'écrivain a compris que le rapport avec le père ne peut être que conflictuel, et que le parricide est une réaction nécessaire[7]. Cette conviction, exprimée dans les termes aseptisés et généraux d'une loi naturelle, prend toutefois racine dans la situation du sujet même, comme semble l'indiquer le paragraphe qui suit, tout aussi bouleversant, où le soutien des philosophes conforte le refus de «cette cousture naturelle» :

> Il s'est trouvé jusques à des philosophes desdaignans cette cousture naturelle, tesmoing celuy qui quand on le pressoit de l'affection qu'il devoit à ses enfans pour estre sortis de luy, se mit à cracher, et cela, dict-il, en est aussi bien sorty (185a [183]).

Refus et répugnance : les enfants sont des excréments, des déjections de notre corps, qui engendre tout aussi bien des poux et des vers (précise une addition du niveau B) et à l'égard duquel Montaigne manifeste un dégoût insurmontable.

---

7 *Cf.*, dans ce volume, "Le livre parricide". Il m'arrivera de souligner encore d'autres points communs à ces deux écrits, largement complémentaires. Dans les deux cas les contributions de F. Charpentier – qui seront citées au moment voulu – apportent des précisions essentielles. Il est clair, j'espère, que si je ne tiens pas compte d'autres lectures psychanalytiques qui relient de manière plus ou moins superficielle (ou mécanique) les deux relations et les deux deuils de Montaigne (son père et son ami) – certes fondamentaux pour l'émergence de son écriture –, c'est qu'elles ne prennent pas garde au caractère conflictuel du rapport entre Montaigne et «le meilleur père qui fut oncques» (II, 12, 440a [416]).

Une répugnance analogue pour la sphère corporelle se dégage de l'autre métaphore appliquée aussitôt après, à la suite de Plutarque, au rapport fraternel :

> Et cet autre que Plutarche vouloit induire à s'accorder avec son frere, je n'en fais pas, dict-il, plus grand estat pour estre sorty de mesme trou.

Dans un cas comme dans l'autre, il y a donc une aversion instinctive pour les liens du sang, qui dérive de l'inconscient, et que le sujet travaille à justifier par des arguments rationnels. La «soudure fraternelle» est ainsi dépréciée par rapport à l'amitié, en ce qu'elle est polluée par des questions d'intérêt : il n'est vraiment pas arbitraire de rapporter cette indication à l'expérience négative de l'auteur, abondamment confirmée par les documents[8]. En tout cas, le lien du sang est loin de garantir une affinité de tendances, de goûts, de sentiments entre père et fils ou entre frères : «C'est mon fils, c'est mon parent, mais c'est un homme farouche, un meschant, ou un sot». Et puis l'«obligation naturelle» réduit l'espace du libre choix, sur lequel uniquement se fonde l'amitié.

Dans cette dissertation figure un certain nombre de lieux communs, tirés des classiques (ou éventuellement de Raymond Sebond)[9] ; mais l'important réside dans le mode de leur réutilisation par le scripteur, qui les relie dans un réseau portant la marque de sa perception personnelle : dans l'intention de faire l'apologie de l'amitié, Montaigne se laisse aller à une critique des liens de consanguinité qui jette sur son "roman familial" une lumière crue et coupante. Et, dans cette lumière, la déclaration aussitôt ajoutée pour souligner l'excellence de ce meilleur des pères et l'entente fraternelle qui régnait au château

> Ce n'est pas que je n'aye essayé de ce costé là tout ce qui en peut estre, ayant eu le meilleur pere qui fut onques et le plus indulgent jusques à son extreme vieillesse, et estant d'une famille fameuse de pere en fils, et exemplaire en cette partie de la concorde fraternelle (185a [184])

prend aussitôt la couleur d'une justification rapidement fabriquée par le système de défense du sujet scripteur. Il est clair que pour Montaigne le sang, c'est de l'eau – c'est du moins ce que dit ce texte (il se peut qu'ailleurs, dans un contexte différent, le lien de parenté et de descendance soit revendiqué, pour mettre en valeur l'appartenance à une lignée) : on n'est pas aussi décidé à opposer parenté et amitié, en proclamant haut et fort le droit à des attaches fondées uniquement sur le choix personnel, si la connaissance qu'on a eue de ces liens familiaux n'est pas antinomique de l'idée même d'affection. Ou mieux : si on n'a pas éprouvé à la première personne le mélange ambigu des

---

8 *Cf. infra*,"Le livre parricide".

9 Je renvoie aux notes de Villey dans le tome IV (*Sources*) de l'Edition Municipale.

sentiments, et éventuellement la friction, sinon l'incompatibilité, entre un rapport d'amitié et ce qu'on appelle amour filial ou fraternel.

II. «Dulcis amor», ou la confusion des sentiments

Ayant fait taire la voix du sang, Montaigne doit confronter l'amitié avec d'autres rapports qui dépendent, au contraire, de notre libre choix, comme «l'affection envers les fames» : feu intense et brûlant, mais aveugle et volubile, feu de fièvre qui, d'après l'expérience du scripteur, s'éteint et se dissipe dans la jouissance[10]. Quant aux mariages, ce sont des accords où entrent en jeu trop de considérations extérieures, trop d'intérêts... Sans compter le fait que l'âme féminine n'est pas apte au sentiment, noble et saint, de l'amitié.

Des propos aussi misogynes ne peuvent étonner : Montaigne est, en cela, fils de son temps, et il rassemble dans ces lignes une bonne dose d'idées courantes (il conviendrait quand même d'analyser, dans ce cas aussi, les termes de l'adhésion du sujet à ce qu'on appelle un lieu commun). Ainsi définie, l'amitié est de fait un sentiment exclusivement viril, en accord avec la préférence exprimée ailleurs dans les *Essais* (où la brutalité de l'entente masculine glisse au sado-masochisme de l'amour hétérosexuel : «J'ayme une société et familiarité forte et virile, une amitié qui se flatte en l'aspreté et vigueur de son commerce, comme l'amour, és morsures et esgratigneures sanglantes», III, 8, 924b [902]), et qui renvoie aux idéaux de la chevalerie. Et on a une autre indication non dépourvue d'intérêt, lorsque, en parlant des «affections volages» de sa jeunesse, l'auteur éprouve le besoin de déclarer «ces deux passions [*scil.* l'amitié parfaite pour La Boétie et les amours passagères] sont entrées chez moy en connoissance l'une de l'autre, mais en comparaison jamais : la premiere maintenant sa route d'un vol hautain et superbe, et regardant desdaigneusement cette cy passer ses pointes bien loing au dessous d'elle» (186a [184]) ; presque comme si ces deux entités n'étaient pas incommensurables, puisque de nature différente. Au contraire, l'accent mis sur la distance semble réunir les deux sentiments, en ramenant la différence à une simple question de niveau haut ou bas, d'un plus ou d'un moins, dans le cadre de "passions" de même nature. (N'est-ce pas d'ailleurs en faisant recours à l'amour féminin et en s'inventant amoureux «par art» que Montaigne parvient à surmonter le choc de la mort de La Boétie ? «Je fus autrefois touché d'un puissant desplaisir [...] je m'y fusse perdu à l'avanture si je me fusse simplement fié à mes forces. Ayant besoing d'une vehemente

---

10 Peut-on parler d'un "donjuanisme" de Montaigne ? *Cf.* F. Charpentier, «Figure de La Boétie...», cit., p. 180-81 (qui souligne aussi le goût de Montaigne pour l'amitié virile, dont je parlerai plus loin).

diversion pour m'en distraire, je me fis, par art, amoureux, et par estude, à quoy l'aage m'aidoit. L'amour me soulagea et retira du mal qui m'estoit causé par l'amitié», III, 4, 835b [813]).

Le rapprochement des deux passions continue : en effet, si les amours féminines ne sont pas à la hauteur du nœud sacré de l'amitié, d'autre part l'amitié, cet accord vivant des âmes, durable et saint – apanage des hommes – est un rapport merveilleux, mais incomplet parce qu'uniquement spirituel. Bien sûr, «s'il se pouvait dresser une telle accointance libre et volontaire, où non seulement les ames eussent cette entiere jouyssance : mais encore où les corps eussent part à l'alliance, il est vraysemblable que l'amitié en seroit plus pleine et plus comble». Serait donc parfait le lien qui permettrait la fusion des âmes et en même temps des corps. Malheureusement, le sexe faible «par nul exemple n'y est encore peu arriver, et cet autre licence Grecque est justement abhorrée par nos mœurs» (186-87a [185])... En d'autres termes : n'était le blâme du monde – et la censure du sur-moi – c'est dans la relation homosexuelle que pourrait être réalisée la plénitude de l'union dans la chair et dans l'esprit.

J'essaie de ne pas forcer le texte, et de procéder avec le maximum de prudence : le fait de constater le manque d'aptitude des femmes pour l'amitié ne peut pas ne pas amener un bon humaniste à prendre en compte la solution antique du problème. Il faut toutefois relever ce qui est explicite dans cette page dans l'état de rédaction de 1580 : le fantasme d'une parfaite symbiose des âmes et des corps, à savoir ce qui agit dans ce qu'on appelle "homosexualisme" : le désir de l'expérience homosexuelle comme issue et sublimation de la communion intellectuelle. On admettra facilement en outre que le traitement réservé ici à la "licence grecque" est curieux : éliminée en une ligne ou à peine plus, et sans autre argument que l'abomination publique : le sujet cache son propre mouvement répréhensif derrière l'écran de la condamnation générale et habituelle (la sodomie est «abhorrée» de fait, même si à la cour d'Henri III, que Montaigne connaît et fréquente, les amours homosexuelles sont largement pratiquées)[11]. Le thème est tabou, et l'écrivain évite de l'aborder. Mais c'est tout son discours sur l'amitié qui en porte la marque : les accents employés pour distinguer l'amitié pour La Boétie des amitiés ordinaires, nouées «par quelque occasion ou commodité», appartiennent au registre du langage amoureux. Il est utile à ce point de relire le passage où Montaigne tente justement d'exprimer l'inexprimable :

> Si on me presse de dire pourquoy je l'aymois, je sens que cela ne se peut exprimer, il y a ce semble au delà de tout mon discours, et de ce que j'en

11 Mais de toute façon Montaigne n'aime pas la cour des Valois : *cf. infra*, "Je suis Gascon, et si...".

> puis dire, je ne sçay quelle *force divine et fatale* mediatrice de cete union. Ce n'est pas une particuliere consideration, ny deux, ny trois, ny quatre, ny mille. C'est je ne sçay quelle quint'essence de tout ce melange, qui ayant *saisi* toute ma volonté, l'amena se plonger et *se perdre* dans la sienne. Je dis *perdre* à la verité, ne luy reservant rien qui luy fut propre ne qui fut sien (188-89a [186-87]).

Il ne fait pas de doute qu'il est ici question d'un sentiment amoureux : sorti de son contexte et lu isolément, on comprendrait mal que ce passage soit relatif à l'amitié, dans la mesure où le lexique employé est habituellement appliqué à la passion. Manifestation du destin ou du vouloir divin, cette «force divine et fatale», puissance mystérieuse et mal définie, est une force d'amour. Les autres représentations de cette amitié parfaite, qui apparaissent dans les pages successives, renvoient également à la grammaire amoureuse. En effet, après avoir développé l'exemple de Tiberius Gracchus et Caius Blosius, et ensuite celui d'Eudamidas, Charixenus et Aretheus, pour montrer le «mystère» de l'union totale des vouloirs qui se réalise dans l'amitié vraie, Montaigne fait, à propos de ce dernier trio, la remarque suivante :

> Cet exemple est bien plein, si une condition en estoit à dire, qui est la multitude d'amys : car cete parfaicte amitié, de quoy je parle, est indivisible : chacun se donne si entier à son amy, qu'il ne luy reste rien à departir ailleurs [...] Les amitiez communes on les peut departir [...] mais cete amitié, qui possede l'ame et la régente en toute souveraineté il est impossible qu'elle soit double (191a [190]).

En termes de proverbe : amour et seigneurie n'ont pas de compagnie. A savoir : ainsi que le pouvoir, l'amour n'admet ni interférences ni compétition ; l'exclusivité est le caractère propre à la passion.

L'ambiguïté atteint ensuite son mode le plus intense et dramatique face au motif crucial de la mort et de l'absence, lorsque Montaigne en vient à parler de sa condition de demi-vivant après la perte de La Boétie :

> car à la verité si je compare tout le reste de ma vie [...] aux quatre ou cinq années qu'il m'a esté donné de jouir de la douce compagnie et societé de ce personnage, ce n'est que fumée, ce n'est qu'une nuit obscure et ennuyeuse, depuis le jour que je le perdi [...] je ne fay que trainer languissant, et les plaisirs mesmes qui se offrent à moy, au lieu de me consoler me redoublent le regret de sa perte. Nous estions à moitié de tout. Il me semble que je luy desrobe sa part [...] J'estois des-jà si faict et accoustumé à estre deuxiesme par tout, qu'il me semble n'estre plus qu'à demy : il n'est action ou imagination, où je ne le trouve à dire (193a [192]).

La douleur poignante de cette perte qui rend les jours sombres et obscurs comme les nuits (est-il vraiment nécessaire de citer Pétrarque ou sa descendance ?), la solitude qui transmue chaque joie en tristesse, le concept même de partition de l'être, conviennent essentiellement à un contexte sentimental et passionnel – même s'il faut préciser que l'ami peut dire de son ami qu'il est «la moitié de moi-même», selon une tradition qui va d'Aristote à Horace (*«animæ dimidium meæ»*, *Carm.* I, 3, 8), cité ensuite par saint Augustin (*Confessions* IV, iv, 11) et dont on entend l'écho dans le sonnet CXIII de Pétrarque, à propos de Sennuccio Del Bene. Pour ajouter encore une preuve de la diffusion de cette formule, on peut citer Bartolomeo da San Concordio dont le ton n'est pas sans rappeler celui de Montaigne : «Ben disse uno dell'amico suo, ch'era la metade dell'anima sua : ché veramente i'senti' che l'anima mia e quella di quello mio amico fu una in due corpi, e però a me era in orrore ezandio la vita, ché, morto lui, io non volea mezzo vivere»[12]. Tous ces témoignages rassemblés montrent, depuis l'antiquité classique, la variété des vibrations de l'*amor* pris au sens large, et la confusion de timbre entre amitié, passion et autres affections.

Ne parlent pas autrement les poètes latins auxquels Montaigne, à son habitude, fait recours ici aussi, en citant les soupirs et les lais par lesquels Virgile, Térence, Horace et Catulle expriment leur douleur pour la mort respectivement d'un père (Anchise pleuré par Enée), d'un fils (de son absence se désespère l'*Heautontimoroumenos*), d'un ami (Quintilius Varus) et d'un frère (dans le célèbre poème de Catulle). Si on exclut les vers d'Horace – les moins signifiants peut-être, dans ce contexte – les autres voix ne se réfèrent pas à des liens d'amitié mais de parenté : ceux-là mêmes qui, au début du chapitre, paraissaient ne pas soutenir la comparaison[13]. Pour rester dans l'axe du propos développé par Montaigne, on pourrait arguer que l'amitié vraie, telle qu'il l'a connue, est si rare et indescriptible que le langage pour traduire cette émotion doit être emprunté à d'autres contextes. Surtout au contexte poétique («car les discours mesmes que l'antiquité nous a laissé sur ce subject, me semblent laches au pris du sentiment que j'en ay», 192a [191-92]) ; en effet, à l'intérieur du vaste domaine poétique de l'*amor*, les langages et même les sentiments sont, sinon interchangeables, du moins indistincts, perméables et, dans une certaine mesure, interpénétrables. C'est après tout le message de Catulle, qui alterne les sanglots amoureux pour la mort de son frère avec les furieux élans du désir pour Lesbie, et qui avec une ardeur égale s'abandonne à l'attachement pour ses amis : dans le monde tendre et brûlant de ses poèmes, des passions différentes se confondent et parlent avec les mêmes accents. Et si pour Montaigne le latin était ici, comme à d'autres endroits, la langue véhiculaire de l'indicible ?

---

12 «Quelqu'un a bien dit de son ami qu'il était la moitié de son âme : car vraiment je sentis que mon âme et celle de mon ami étaient une seule dans deux corps, donc je tins la vie même en horreur, parce que, après sa mort, je ne voulais pas vivre à moitié».

13 C'est une remarque de B. Weller, *art. cit.*

En somme, bien qu'il affirme que l'essentiel de l'amitié est dans le libre choix de la volonté qui élit un compagnon, Montaigne présente ensuite son amitié avec La Boétie comme dictée par une force surnaturelle et fatale, comme un sentiment absolument indescriptible, un mystère inexplicable. A vouloir mettre les points sur les *i*, l'art périt. Ainsi les passions se fanent si elles cherchent à se définir : il ne faut pas éclaircir l'insidieuse confusion des sentiments, nommer ce qui ne peut être nommé, sans courir le risque d'en détruire la magie... Et le privilège de l'amour entre deux hommes est justement de pouvoir se contenter du nom d'amitié – à condition de préciser : incomparable.

Peut-on, à partir de là, s'interroger sur la substitution du *Discours de la servitude volontaire* par les vingt-neuf sonnets ? Le *Discours* a été éliminé, nous dit Montaigne, parce que déjà «mis en lumière et à mauvaise fin, par ceux qui cherchent à troubler et changer l'estat de notre police sans se soucier s'ils l'amenderont», et c'est une raison suffisante. Il est tout aussi logique et plausible que ce texte soit remplacé par des inédits retrouvés récemment que Montaigne n'avait pu inclure dans son édition des œuvres de l'ami défunt (1571). On est cependant frappé par le fait qu'il s'agit de poèmes brûlants d'amour, où est exprimé – cela va de soi – le principe de l'unicité et de l'exclusivité de ce sentiment, sur un ton définitif («Mon amour c'est le fil auquel se tient ma vie») qui contredit le caractère tout aussi exclusif que Montaigne avait attribué à son amitié avec La Boétie. Comme l'avait souligné Merleau-Ponty[14] : «Son amitié avec La Boétie fut exactement le genre de lien *qui nous esclave à autrui* [...] Pour lui, exister, c'est exister sous le regard de son ami», et un tel attachement, on l'a vu, ne semble pas admettre de compétition. Cependant je ne crois pas qu'on puisse déceler une quelconque tendance à l'autopunition chez Montaigne lorsqu'en accordant à l'ami défunt le privilège de s'exprimer au cœur de son propre livre, il lui donne la parole en ces vers désespérés et passionnés, adressés à un autre objet d'amour[15]. On pourrait y voir à la rigueur une sorte de tentative d'appropriation et de dénigrement des liens dans lesquels La Boétie s'était laissé prendre. Mais les «affections volages» qui attachent les hommes à l'autre sexe avaient déjà été discréditées dans les pages précédentes, et ramenées à la mesure d'amourettes superficielles et passagères, de toute façon inférieures à l'amitié virile. Dans un sens, l'exhibition explicite de ces sonnets fougueux n'est qu'un moyen de souligner le peu de poids à attribuer à ces poèmes, sinon comme témoignages

---

14 M. Merleau-Ponty, *Signes*, Paris, Gallimard, 1960, p. 261-62.

15 *Cf.* J. Mehlman, «La Boetie's Montaigne», *The Oxford Literary Review*, IV, 1 (1979), p. 45-61, où sont proposées d'autres hypothèses spécieuses, par exemple, toujours à propos des sonnets, «the remarkable displacement out of politics into an erotic realm of the question *servitude volontaire*» (p. 48).

de talent poétique : dans la dédicace à la «grande Corisande», la «belle et noble ardeur» juvénile qui les avait dictés est minimisée, «subject folatre et desreglé» ; quant aux poèmes plus tardifs, que La Boétie avait adressés à sa future épouse, et que Montaigne avait déjà publiés, dans cette même dédicace à Corisande ils sont décrits comme imprégnés de «je ne sçay quelle froideur maritale». Il est clair en somme que face au rapport sublime qui l'a lié à Montaigne, les relations amoureuses du défunt ne comptent pas.

Ou, du moins, Montaigne n'entend pas en tenir compte. Sa décision conclusive, de biffer ces sonnets dans l'exemplaire de Bordeaux, pour la raison – captieuse – de leur publication ailleurs (mais on sait qu'il n'y a pas de trace de cette édition, censément datée entre 1588 et 1592), pourrait être encore un témoignage du caractère contradictoire, tourmenté et douloureux de ce rapport. En effet, pourquoi la publication autonome de ces textes aurait-elle dû empêcher leur maintien à leur place, à l'intérieur des *Essais* ? Cette suppression semble répondre à un mobile plus précis et secret, peut-être d'ordre symbolique : pour signifier presque que la dépouille de La Boétie est irrécupérable. Ce dont je parlerai plus loin.

III. La réciprocité difficile

Entre-temps nous sommes déjà sur la voie des modifications apportées au texte des *Essais*, dont l'analyse est indispensable pour confirmer ce qui a été dit jusqu'ici. Un pas en arrière, rapidement, pour signaler les interventions en 1588 : en substance, un paragraphe qui insiste sur la différence entre les amitiés communes et «cette souveraine et maistresse amitié» dont il ne faut pas mêler les règles (190b [188]) ; et deux citations d'Horace, non sans importance, mais qui ne déplacent pas l'aiguille de la balance. En effet, la première («*et ipse Notus in fratres animi paterni*», *Carm.* II, 2, 6), insérée à propos de la concorde fraternelle qui régnait au château de Montaigne, ne fait qu'accentuer le ton d'*excusatio non petita* qu'on avait déjà relevé dans ce passage ; la deuxième, variation sur le thème de la partition de l'être («*Illam meæ si partem animæ tulit / Maturior vis, quid moror altera [...]*», *Carm.* II, 17, 5), ajoute une note pathétique supplémentaire (Montaigne transfère au passé et transforme en complainte funèbre la plainte d'Horace sur l'hypothèse de la mort de Mécène).

Sont en revanche importantes les additions sur l'exemplaire de Bordeaux, à commencer par celle sur la «licence Grecque» (187-88c [185-86]) : Montaigne précise qu'elle ne serait pas comparable à la «parfaicte union et convenance» de l'amitié, à cause de la «necessaire disparité d'aages et difference d'office entre les amants». La description qui suit, et qui s'applique plus à la pédérastie qu'à l'homosexualité masculine en général, évolue cependant vers un éloge implicite des «salutaires amours de Hermodius et d'Aristogiton» et se clôt sur la définition «que c'estoit un amour se terminant en amitié», à confronter d'ailleurs avec «la définition Stoïque de l'amour : "*Amorem conatum esse amicitiæ faciendæ ex pulchritudinis specie*"» (Cic., *Tusc.*, IV, 34). Le moins qu'on puisse dire, c'est que le fantasme des légendaires amitiés masculines de l'Antiquité, de ton plus ou moins homosexuel, hante l'inconscient de Montaigne. Mais bien plus étranges me semblent les lignes qui suivent, et qui, à ma connaissance, n'ont jamais arrêté le regard des critiques :

> Je revien à ma description, de façon plus equitable et plus equable. *"Omnino amicitiæ, corroboratis iam confirmatisque ingeniis et aetatibus, iudicandæ sunt"* [Cic., *De amicitia*, 20]

Je trouve improbable que Montaigne ait voulu dire ce que les commentateurs lui font dire, à savoir «[Je reviens à ma description] d'une espèce d'amitié plus juste et plus égale» (P. Coste, puis Armaingaud et Villey)[16] ; il s'agit probablement d'un des endroits où s'est exercée une censure inconsciente. Ce n'est pas l'amitié décrite qui est plus juste et plus égale, mais la disposition de l'auteur à ce sujet, de l'auteur qui a mûri – comme l'indique avec certitude la citation de Cicéron – et dont le jugement a changé avec le temps.

Changé, mais dans quel sens, et quelle est la direction de cette phrase ? C'est difficile à dire, j'avoue mon hésitation. L'écrivain peut vouloir jeter de l'eau sur les braises : la longue addition, qui spécifie que la «licence Grecque» était fondée sur la différence d'âge entre l'amant et l'aimé et sur la beauté de ce dernier, tendrait à éloigner le fantasme de l'homosexualité, et la formule «façon plus equitable et plus equable» signifierait que les années permettent à Montaigne de percevoir la différence entre amour et amitié de manière plus nette que ne le montrait la première rédaction (ce qui finirait par confirmer la lecture traditionnelle). Ou, au contraire... après la dissertation sur la pédérastie, visant à établir les distinctions nécessaires, l'accent mis sur la communion spirituelle et surtout les modalités de la conclusion contribueraient à confondre davantage les frontières entre les deux sentiments ; si bien que le fait de se poser «de façon plus equitable et plus equable» signifierait que désormais le nœud a été défait, que l'énigme a été déchiffrée, et qu'on ose penser en termes d'amitié amoureuse.

L'équivoque restera très probablement sans solution : elle est impénétrable, voilée par le langage amphibologique. Dans les faits, quelle que

---

16 J'ai été, moi aussi, induite en erreur par le commentaire de Villey, et je l'ai suivi en traduisant cette phrase (Montaigne, *Saggi*, trad. F. Garavini, Milano, Adelphi, 1966 et rééditions ultérieures, p. 250).

soit l'interprétation choisie, cette phrase prépare une autre addition très significative ; dans le paragraphe suivant, le caractère inexprimable (et déjà énoncé) de l'amour entre Montaigne et La Boétie se condense au niveau C dans une des formules les plus réussies et connues des *Essais* :

> Si on me presse de dire pourquoy je l'aymois je sens que cela ne se peut exprimer (c) qu'en respondant : Parce que c'estoit luy ; parce que c'estoit moy.

En examinant l'exemplaire de Bordeaux Villey remarque que cette addition manuscrite a été faite en deux temps : Montaigne a d'abord écrit «parce que c'estoit luy», qu'il a ensuite complété par «parce que c'estoit moy». La trouvaille de la réciprocité n'est donc pas immédiate ; fait d'autant plus singulier qu'il se répète peu après, à maintes reprises et sur des modes différents.

Suivons l'ordre. Montaigne insère une autre addition assez considérable après la phrase sur la «force divine [(c) inexplicable] et fatale, médiatrice de cette union», pour informer le lecteur que lui et La Boétie s'étaient cherchés l'un l'autre, à cause de ce que l'un savait de l'autre, avant de se rencontrer «par hazard en une grande feste et compagnie de ville» (188c [187]) : cette précision m'a toujours semblé signifiante. Les deux personnages sont conseillers au parlement de Bordeaux, ils auraient pu se connaître tout à fait normalement pendant les séances de cette cour ; peut-être les méandres du cœur perturbent-ils le fil chronologique et détournent les faits ? Peut-être Montaigne dissimule-t-il ce détail, de même qu'il omet toute allusion à son passé dans la magistrature, qui ne correspondait certainement pas à ses aspirations[17] ? Le fait est que la scène de la rencontre est traitée précisément comme une *scène* : comme la scène classique en littérature de la rencontre où naît l'amour. Dépouillé de l'habit quotidien de sa charge, La Boétie est transféré dans un décor différent, où il apparaît lui-même différent, dans le rôle d'un autre personnage. Et cet "ailleurs" est le lieu d'une grande fête, un spectacle somptueux et baroque. Dans le souvenir et dans l'imaginaire de Montaigne, ce sont les planches où se produit – coup de foudre et coup de théâtre – le sacre de l'enchantement amoureux. Ensuite, dans les additions, l'écrivain continue à passer des fils interchangeables sur la trame de ce sentiment, qu'il redessine comme réciproque («Nous nous cherchions avant que de nous estre veus [...] nous nous embrassions par noz noms», *ibid.*). Et si en 1580 il avait attribué au *Discours de la servitude volontaire* – source première de son intérêt, voire de sa fascination, pour La Boétie – l'importance capitale de texte médiateur de la relation, sur l'exemplaire de Bordeaux il cite

---

17 *Cf. infra*, "Le héros de plume". Sur la scène de la rencontre pendant la fête, *cf.* encore F. Charpentier, «Figure de La Boétie...», cit., p. 181-82.

la satire latine «par laquelle il [La Boétie] excuse et explique la precipitation de nostre intelligence, si promptement parvenue à sa perfection» (*ibid.*), presque pour souligner que La Boétie avait été ravi par un enthousiasme analogue, et pour réaffirmer une sorte d'enamourement mutuel. C'est une donnée d'autant plus intéressante que Montaigne semble oublier ici le vrai sujet de cette satire (l'ami lui administre une leçon de morale, en le mettant en garde contre les amours faciles et en le poussant vers les plaisirs tranquilles de la vie conjugale) pour n'en retenir que le début, la partie d'introduction «dans laquelle, en effet, La Boétie rappelle la naissance d'une amitié ("amor") qui avait alors un peu plus d'un an d'âge, et qui atteignit immédiatement son "summum". Le véritable sujet du poème n'est pas là»[18]. Un travail analogue a été fait sur le passage qui suit – que j'avais signalé plus haut à cause de l'emploi d'un langage passionnel – où se réalise, dans un deuxième temps seulement, la formule de réversibilité qui restait tronquée dans la première version :

> (a) Ce n'est pas une particuliere [(c) speciale] consideration, ny deux, ny trois, ny quatre, ny mille : c'est je ne sçay quelle quinte essence de tout ce meslange, qui, ayant saisi toute ma volonté, l'amena se plonger et se perdre dans la sienne ; (c) *qui, ayant saisi toute sa volonté, l'amena se plonger et se perdre en la mienne, d'une faim, d'une concurrence pareille.* (a) Je dis perdre, à la verité, ne *nous* reservant rien qui *nous* fut propre, ny qui fut *ou sien ou mien* (189 [187]).

La construction spéculaire, la mise en valeur de l'exacte égalité dans l'élan, sont donc une acquisition tardive, un ajout sur manuscrit. Pendant des années Montaigne a imprimé et réimprimé son livre en y consignant une image univoque et unilatérale de lui-même et de son rapport avec La Boétie ; pendant des années il a déclaré son identification avec son ami, son annulation dans l'autre, sans expliciter si l'affection était réciproque : il a donc vécu cette liaison, dans le souvenir, comme une partie solitaire, sans attribuer à l'autre joueur des coups analogues aux siens. La réciprocité sur l'exemplaire de Bordeaux signifierait-elle alors un regret tardif, le soupçon d'une correspondance moins parfaite, d'une symbiose moins totale qu'il ne l'avait cru, et la tentative de l'exorciser par la symétrie de la formule ? Ou bien l'acte ultime d'une lutte secrète pour la priorité, dissimulée sous l'apparence d'une égalité supposée[19] ? L'écrivain est tourmenté par le regret brûlant de cette

[18] G. Nakam, «Sur deux héros des *Essais*, Alcibiade, Julien l'Apostat», *Actes du Congrès de l'Association Guillaume Budé*, Paris, Les Belles Lettres, 1975, p. 653 n. (étude reprise par l'auteur dans son livre *Montaigne. La manière et la matière*, Paris, Klincksieck, 1992).

[19] En ce qui concerne le regret, *cf.* F. Charpentier, «Figure de La Boétie...», cit., p. 183, et en ce qui concerne la lutte secrète pour la priorité, *cf.* B. Weller, qui cependant désigne le moment crucial de la dispute dans la suppression du *Discours de la servitude volontaire* (*art. cit.*, p. 509). Sur ces modifications, il y avait déjà eu les réflexions de R. L. Regosin, *The Matter of my Book : Montaigne's "Essais" as the Book of the Self*, Berkeley, University of California Press,

perte ; mais ne serait-il tourmenté aussi par les souvenirs, tout aussi brûlants, de quelque inaccomplissement secret ?

D'autres paroles enflammées sortent de sa plume dans ce crépuscule de l'écriture, pour confirmer le mystère de l'amitié et de l'indéfectible union des volontés incarnée par Tiberius Gracchus et Caius Blosius. Enfin, deux additions encore trouvent place en marge à ce chapitre. La première accentue le concept, déjà exposé clairement dans la version primitive, du caractère exclusif de l'amitié parfaite, unique et indivisible : «Si deux en même temps demandoient à estre secourus, auquel courriez-vous ? S'ils requeroient de vous des offices contraires, quel ordre y trouveriez vous ? [...] L'unique et principale amitié descoust toutes autres obligations [...]» (191c [190]). La deuxième introduit l'idée, absente dans la première rédaction, de la complétude de l'entente, qui doit être totale et profonde, qui doit investir tous les aspects de la vie ; alors que les amitiés ordinaires peuvent être choisies en fonction des services requis :

> Il ne peut chaloir de quelle religion soit mon medecin et mon advocat. Cette consideration n'a rien de commun avec les offices de l'amitié qu'ils me doivent. Et, en l'accointance domestique que dressent avec moy ceux qui me servent, j'en fay de mesmes. Et m'enquiers peu, d'un laquay, s'il est chaste ; je cherche s'il est diligent. Et ne crains pas tant un muletier joueur qu'imbecille, ny un cuisinier jureur qu'ignorant [...] A la familiarité de la table j'associe le plaisant, non le prudent : au lict, la beauté avant la bonté ; en la société du discours, la suffisance, voire sans la preud'hommie. Pareillement ailleurs (192c [191]).

Or, entre les deux concepts – l'exclusivité de l'amitié et sa plénitude – court un lien plus intrinsèque et plus subtil qu'il n'apparaît à première vue. Un lien que je définirais utilitaire, et dont je tâcherai d'examiner les nœuds.

Exclusivité : on a bien dit que c'est la caractéristique de la passion, et elle devrait impliquer réciproquement une réponse tout aussi exclusive (très intéressantes à cet égard quelques lignes ajoutées puis effacées sur l'exemplaire de Bordeaux, au chapitre *Des trois commerces* : «Et certes meshui n'oserai me pleindre d'estre aimé si peu en aimant si peu ; et n'ayant pas ci devant jamais aymé en bon escient sans revenche», III, 3, 820 [798])[20]. Affection mutuelle, services réciproques, c'est de cela que se tisse la trame de l'amour aimé, mais le sceau qui décrète son caractère exceptionnel est dans le fait que chacun des deux amis (intransigeants symbiotes) occupe dans le cœur

---

1977, p. 15-18 ; A. Tournon, *Montaigne. La glose et l'essai*, Presses Universitaires de Lyon, 1983, p. 121-24 ; F. Rigolot, «Montaigne's Purloined Letters», *Yale French Studies*, 64 (1983), p. 145-66, repris dans *Les Métamorphoses de Montaigne*, Paris, Presses Universitaires de France, 1988, p. 64 sqq.

20 Ce passage n'est pas signalé dans l'édition Villey, alors qu'il est reproduit en note dans la «Bibliothèque de la Pléiade» (p. 1622).

de l'autre la première place ou mieux, la place unique. Si La Boétie a possédé – et possède – l'âme de Montaigne, à son tour Montaigne doit avoir possédé de façon tout aussi totale, intense et jalouse l'âme de La Boétie. Ou c'est ce qu'il a dû croire, pour pouvoir se raconter la fable merveilleuse de cette amitié, et vouer à la mémoire du défunt un culte privilégié. Avec la mort de La Boétie a donc disparu le seul être pour qui Montaigne était (se sentait) unique ; le seul par qui il se sentait parfaitement compris, comme le déclare un passage fameux et cependant supprimé sur l'exemplaire de Bordeaux :

> Je sçay bien que je ne lairray apres moy aucun respondant si affectionné bien loing et entendu en mon faict comme j'ay esté au sien. Il n'y a personne à qui je vousisse pleinement compromettre de ma peinture : luy seul jouyssoit de ma vraye image, et l'emporta. C'est pourquoy je me deschiffre moy-mesme, si curieusement (III, 9, 983b [961]).

Donc le seul qui lui donnât la précieuse impression d'être irremplaçable. En perdant La Boétie, Montaigne a perdu sa propre justification : l'ami était en quelque sorte le miroir qui lui renvoyait son semblant et qui lui rendait compte de ses réactions, de ses opinions, de son être même (d'où l'urgence de se recréer dans l'écriture). Comme «essence» – sans «gestes» – Montaigne n'existe ainsi que dans le regard de l'autre. C'est ici, sur la nécessité et l'utilité du rapport, que se greffe le principe de sa plénitude (qui va avec celui d'exclusivité). En effet Montaigne a tendance à se *servir* des amitiés communes, lui-même le déclare ouvertement, en sélectionnant ses relations en fonction des compétences de chacun, et en *utilisant* les personnes selon les avantages qu'il peut en tirer : le compagnon amusant convient à table, le compagnon cultivé à la conversation, et ainsi de suite. Par contre dans l'amitié authentique «les offices et les bienfaits, nourrissiers des autres amitiez, ne meritent pas seulement d'estre mis en compte» (190a [189]). Cependant, on exige de l'ami unique le service le plus grand, le plus fondamental, pour lequel il faut absolument qu'il présente «un beau visage à tout sens» (II, 17, 659a [643]) afin que la communion des volontés soit complète, et l'accord sans réserve : on lui demande de témoigner pour nous, de légitimer notre existence.

En somme Montaigne, qui a l'intention de tirer le plus grand profit de toute fréquentation, ne renonce pas à ce rôle de prédateur[21] dans le cas de la très haute amitié dont il entonne l'éloge funèbre. La fonction – sublime – de La Boétie a été, et demeure, de lui renvoyer l'image de lui-même, pour qu'il puisse s'aimer dans son ami.

21 Sur cette attitude de Montaigne, *cf. infra*, "Le maître du sens".

IV. Entre la fascination et la revanche

Un lien de ce type ne repose pas nécessairement sur une consonance idéologique : lorsqu'on parle d'accord, d'entente, on fait allusion essentiellement à une communion de sentiments. Se demander quelles pouvaient être les possibilités objectives d'harmonie et les éventuels points de friction entre Montaigne et La Boétie n'a guère d'intérêt[22] ; en revanche, il y a un sens à se demander quelle image de La Boétie, quelle appréciation de ses qualités émerge du flot d'éloges qui coule de la plume de Montaigne. Car tous les comptes ne tombent pas juste. Et sans vouloir les faire cadrer de force, j'estime qu'il ne faut se rendre qu'après avoir exploré toutes les possibilités, avoir épuisé tous les questionnements que le texte nous réserve encore.

Ce n'était pas seulement la personnalité, mais encore la personne de La Boétie qui exerçait sur Montaigne une telle emprise : d'autres passages des *Essais* le disent assez. On a déjà souligné l'addition au chapitre *De la phisionomie*, où La Boétie est rapproché de Socrate pour l'aspect physique :

> Socrates, qui a esté un exemplaire parfaict en toutes grandes qualitez, j'ay despit qu'il eust rencontré un corps et un visage si vilain, comme ils disent, et disconvenable à la beauté de son ame, (c)luy si amoureux et si affolé de la beauté. Nature luy fit injustice. (b)Il n'est rien plus vraysemblable que la conformité et relation du corps à l'esprit. (c)"*Ipsi animi magni refert quali in corpore locati sint : multa enim è corpore existunt quæ acuant mentem, multa quæ obtundant*". Cettuycy parle d'une laideur desnaturée et difformité de membres. Mais nous appellons laideur aussi une mesavenance au premier regard, qui loge principallement au visage, et souvent nous desgoute par bien legeres causes : du teint, d'une tache, d'une rude contenance, de quelque cause inexplicable sur des membres bien ordonnez et entiers. La laideur qui revestoit une ame tres-belle en La Boitie estoit de ce predicament (III, 12, 1057c [1034-35]).

«Il fallait bien – commente Françoise Charpentier – qu'un essai sur la physionomie, si important par sa place terminale, parle de La Boétie, associe La Boétie à Socrate. N'y a-t-il pas là en outre une sorte de litote pour rappeler que La Boétie, avec un rude visage, était bel homme ? Mais l'aveu n'en vient qu'au temps des ajouts manuscrits (en même temps que le rappel de la passion de Socrate pour la beauté...)»[23].

Mais les additions manuscrites contiennent une autre indication encore, et encore plus significative, qui, à ma connaissance, a toujours échappé à la critique, peut-être parce que Montaigne lui-même l'a supprimée ; on sait qu'il n'y a que l'Édition Municipale, et en partie celle de «La Pléiade», pour

22 *Cf.* G. Nakam, *Montaigne et son temps, les événements et les "Essais"*, Paris, Nizet, 1982, p. 62-63.

23 F. Charpentier, «Figure de La Boétie...», cit., p. 188.

enregistrer ce que Strowski appelait le «Montaigne inédit», à savoir les ratures, les repentirs – qui cependant doivent trouver place pour le moins «dans les marges des *Essais*, livre écrit lui-même en marge des livres, en marge d'une vie, et pris dans un jeu vivant de marges», comme l'écrivait Thibaudet. C'est parfois dans ces marges que se révèle le sujet : dans le rapport immédiat à la page, sur laquelle il déverse son premier jet, vif et audacieux, et dans la censure qui intervient pour le brimer – c'est justement le cas dans cette autre annotation sur La Boétie, qui prend place dans le chapitre *De la praesumption* (je souligne la phrase supprimée) :

> c'estoit vrayment un'ame pleine et qui montroit un beau visage à tout sens ; *je lisois sous sa robe longue une vigueur soldatesque* ; un'ame à la vieille marque et qui eut produit de grands effects, si sa fortune l'eust voulu (II, 17, 659a-c [643]).

Il n'est pas sûr qu'ici la censure vienne de l'auteur : «Cette suppression ne paraît pas de la main de Montaigne», notent Strowski et Villey. Gardons-nous donc de toute considération mal assurée sur une éventuelle action du sur-moi de Montaigne, et contentons-nous (ce n'est pas rien) de cet aveu, tout à fait lisible sous la rature rapide. La phrase est bien sûr à deux niveaux : le plus superficiel concerne la force morale de La Boétie, son caractère fier ; et la vigueur martiale soulignée par opposition à la robe du magistrat doit être mise en rapport avec l'hiatus entre l'épée et la toge dont Montaigne a constamment souffert – Montaigne, qui occulte toute référence à cette charge de magistrature qui néanmoins les réunissait, mais qui les réunissait sur un mode négatif, les deux étant contraints (aux yeux de l'auteur) à des fonctions trop lointaines de leurs ambitions. En somme, dans cette perspective la «vigueur *soldatesque*» de La Boétie doit être rapprochée du «vivre *soldatesque*» de Julien l'Apostat (II, 19, 670a [652]) : rapprochement non hasardeux, si la figure de l'empereur correspond spéculairement à celle de La Boétie, et si c'est là une des deux occurrences dans le livre du terme «soldatesque»[24].

On se souviendra que l'autre occurrence intervient à propos de la définition que Montaigne donne du langage qu'il préfère : «non pedantesque, non fratesque, non pleideresque, mais plustost *soldatesque*» (I, 26, 172a [171]), où la qualité guerrière est une fois encore, et pour cause, opposée à la manière du barreau. On se souviendra aussi que ce langage coïncide emblématiquement avec l'idiome gascon situé «au dessus de nous, vers les

---

[24] M. Butor (*Essais sur les Essais*, cit.) relève justement que le centre arithmétique du livre II (ch. 19, *De la liberté de conscience*) est axé sur la figure de Julien l'Apostat, un exilé dans son temps, comme La Boétie (qui occupe le chapitre central du livre I) le fut dans le sien. – On parle des deux seules occurrences du terme *soldatesque* en faisant référence au texte pour ainsi dire définitif, sans tenir compte des passages effacés (que même R. E. Leake n'enregistre pas dans sa *Concordance des "Essais" de Montaigne*, Genève, Droz, 1981).

montaignes», que Montaigne trouve «singulièrement beau, sec, bref, signifiant, et à la verité un langage masle et militaire plus qu'autre que j'entende» (II, 17, 639a [622]). En somme le diptyque conjugue et superpose martialité et masculinité : l'ardeur militaire et la vigueur virile ne font qu'un (c'est un *topos* bien rodé). Et par cette conjonction on peut atteindre le niveau le plus profond de la phrase sur la «vigueur soldatesque» de La Boétie : vigueur mâle, qui ne concerne pas seulement les dons de l'esprit, mais aussi ceux du corps. La séduction subie par Montaigne est à la fois morale et physique. En dépit d'une rude résistance, la parole extorque au scripteur sa confession, met au jour (une fois encore à l'époque tardive des additions manuscrites) ce qui était enseveli : de ce lieu peut-être commun se dégage une énergie maïeutique, qui entr'ouvre le règne des ténèbres et qui en découvre les secrets.

C'est là la part de la fascination. Mais comment Montaigne pourra-t-il justifier aux yeux de la postérité le charme qui l'a pris ? En prétendant démontrer l'indémontrable (avant la reddition : «Parce que c'estoit luy, parce que c'estoit moy»), en voulant expliquer les raisons d'une affinité élective, en rassemblant les preuves de l'excellence de l'ami perdu, l'écrivain récolte un butin bien maigre. Au début du chapitre *De l'amitié*, *La servitude volontaire* est un produit de jeunesse «gentil et plein ce qu'il est possible», mais dans les dernières lignes il devient un texte rédigé à dix-huit ans (comme indiqué dans l'édition de 1580) voire à seize (comme le corrige l'exemplaire de Bordeaux) «par manière d'exercitation seulement, comme subject vulgaire et tracassé en mille endroits des livres» : admettons sans en tirer des conclusions hâtives[25] que c'est un jugement un peu sec. Sans compter que l'apparente modestie de Montaigne («car ma suffisance ne va pas si avant que d'oser entreprendre un tableau riche, poly et formé selon l'art») indique plutôt un net refus du fini, du systématique, de l'artistique, voire de l'artificiel, et que par conséquent l'assimilation de la *Servitude* à ce tableau "parfait" semble presque dépréciative. Bref, si Montaigne a voulu dédier ses "grotesques" à la mémoire de son ami, cette mise en scène bancale ne peut que surprendre. Certes, la conception même des *Essais* comme œuvre en devenir suffirait à expliquer le fait que Montaigne n'ait pas effacé la trace de ses intentions successives, enregistrant au contraire l'alternance de ses choix changeants ; mais ce qu'il faut remarquer au premier titre, c'est que le *Discours* est présenté d'emblée de manière non seulement mesurée, mais même distante et froide, presque comme si Montaigne voulait surtout en excuser les défauts. Quant aux *Mémoires sur l'édit de Janvier*, il en est à peine question, sans qu'ils

[25] On rappellera ici les thèses de A. Armaingaud, selon qui Montaigne, après la nuit de la Saint-Barthélémy, aurait mis main au texte de son ami pour le transformer en un libelle contre Henri III et le communiquer aux réformés.

paraissent dignes de retenir l'attention. Et les sonnets : on a vu comment ceux que Montaigne a publiés en 1571 sont taxés de «froideur maritale» ; les autres, plus vivaces, plus ardents, sont des bourgeons de la «plus verte jeunesse», loués pour l'«invention» et la «gentillesse», mais enfin légers, sans épaisseur[26]...

Des jugements tièdes, prudents, voire limitatifs, probablement suggérés par le souci que les écrits du défunt ne donnent pas la pleine mesure de ses talents. La médiocrité des reliques est effectivement évidente, et Montaigne se hâte de préciser que La Boétie aurait pu mieux faire... Et c'est ainsi que l'hypothèse d'un "mieux" prend la forme d'un doublet des *Essais* ! «Si, en l'aage que je l'ai conneu, plus avancé, il eut pris un tel desseing que le mien, de mettre par escrit ses fantasies, nous verrions plusieurs choses rares et qui nous approcheroient bien pres de l'honneur de l'antiquité». Cette définition conjecturale des résultats que l'ami aurait pu atteindre, s'il avait pris le même chemin, met en évidence la claire conscience qu'a Montaigne de l'importance et de l'originalité de son propre dessein, et souligne donc implicitement la supériorité intellectuelle de l'"inventeur" des *Essais*.

C'est ici qu'on trouve peut-être la part de la rivalité et de la revanche. En clair : lorsqu'il s'est "retiré", Montaigne avait sûrement l'intention d'honorer la mémoire de son ami, en intégrant ses reliques à ses propres pages : par élan de douleur passionnée, par désir de fixer de quelque façon concrète le nœud de cette union. S'agissait-il aussi d'une admiration objective pour les seuls papiers qui restaient du défunt ? Cela se peut : à ce moment-là, Montaigne n'est pas encore l'auteur des *Essais*, il ne se juge peut-être pas en mesure d'égaler les quelques textes de La Boétie, pour maigres qu'ils soient. Mais de ses dispositions et intentions à ce moment, nous ne savons rien. Nous savons par contre, parce que cela apparaît en évidence dans *De l'amitié*, que lorsqu'il rédige la forme définitive du chapitre Montaigne est désormais conscient de la valeur de ses «fantasies», et de la modestie (en comparaison) des preuves

---

26 A. Glauser avance quelques doutes concernant l'embarras de Montaigne dans sa présentation du *Discours* dans son *Montaigne paradoxal*, Paris, Nizet, 1972, p. 134 ; *cf.* aussi le chapitre "Amitié" dans F. Gray, *La Balance de Montaigne : exagium / essai*, *ibid.*, 1982. Mais il faut compléter le tableau des hésitations de Montaigne en lisant les dédicaces (A Monsieur de l'Hospital, A Monsieur de Foix) qui accompagnent son édition des œuvres de La Boétie (in *Œuvres complètes*, cit., p. 1363-1370), comme le souligne avec justesse G. Defaux, *Marot, Rabelais, Montaigne*, cit., p. 212-13. Reste ce *Mémoire* qu'on dit de La Boétie : en fait, un texte très décevant ou en tout cas vicié par son simplisme, un produit intellectuellement médiocre, sauf dans son honnêteté et dans la noblesse des intentions. Depuis que Paul Bonnefon l'a publié, en 1917 et en 1922, personne à ma connaissance n'a contesté cette attribution ; qui est peut-être à revoir, malgré la contribution de M. Gutwirth («Montaigne et les causes perdues de l'histoire», *Montaigne. Regards sur les "Essais"*, p.p. Lane M. Heller et Felix R. Atance, Waterloo, Ontario, Wilfrid Laurier University Press, 1986, p. 99-100), et la nouvelle édition de M. Smith : E. de La Boétie, *Mémoire sur la pacification des troubles*, Genève, Droz, 1983.

laissées par son ami[27]. La tension de ce texte, ses fêlures, ses distorsions dérivent du contraste entre d'une part la fidélité à un sentiment encore vivant, la volonté de ne pas renoncer au propos amoureux originel, et d'autre part le jugement formulé et conforté entre-temps par la conscience acquise de ses propres capacités.

C'est sur ce versant, ou plutôt sur la ligne de crête qui sépare entente et dispute, entre attrait et heurt, qu'on peut enfin chercher la réponse à l'élimination des vingt-neuf sonnets sur l'exemplaire de Bordeaux : qui signifierait alors la courageuse reconnaissance de la séparation entre le corps (la personne physique, les qualités humaines et morales) de La Boétie, et le *corpus* de ses écrits (qui ne suffit pas à prouver des dons exceptionnels) ; et donc lui adresser cette lettre d'amour infinie que sont les *Essais* est la seule façon de lui promettre une postérité (comme Epicure et Sénèque l'assuraient à leurs correspondants, I, 40, 252a [245]).

Le *corpus* de La Boétie est irrécupérable et inutile. Les *Essais* sont véritablement un cénotaphe. Et si l'intention initiale était d'un monument qui tirait sa valeur de sa consécration à La Boétie, maintenant c'est La Boétie qui tire sa grandeur de ce monument. Qui cependant est né de sa mort.

V. Une fiction nécessaire : l'amour de loin

Dans une certaine mesure, les *Essais* croissent et prospèrent en se nourrissant de La Boétie, dont ils cultivent et corrompent le souvenir par les mystérieuses alchimies de la mémoire. Dans une mesure que je tenterai de préciser : on peut dire que Montaigne a tiré profit de la mort de l'ami, comme par le passé il lui était arrivé de tirer profit de ses absences occasionnelles :

> J'ay tiré autrefois usage de nostre esloingnement et commodité. Nous remplissions mieux et estandions la possession de la vie en nous separant : il vivoit, il jouissoit, il voyoit pour moy, et moy pour luy, autant plainement que s'il y eust esté. L'une partie demeuroit oisifve quand nous estions ensemble : nous nous confondions. La separation du lieu rendoit la conjonction de nos volontez plus riche. Cette faim insatiable de la presence corporelle accuse un peu la foiblesse en la jouyssance des ames (III, 9, 977b [955]).

A une telle température sentimentale, le départ momentané et le trépas définitif peuvent produire des effets analogues : d'une façon ou de l'autre, il s'agit toujours d'expérimenter les vertus de l'amour de loin, qui s'exalte et se

27 Je suis d'accord ici avec F. Rigolot, *Les Métamorphoses de Montaigne*, cit., p. 74-75. La lecture radicalement différente de E. M. Duval, «Rhetorical composition and "open form" in Montaigne's early *Essais*» (*Bibliothèque d'Humanisme et Renaissance*, XLIII [1981], p. 269-87) n'élimine pas à mes yeux les interrogations sur les tensions internes de I, 28.

sublime dans la séparation, et de vérifier le *topos* d'"une ame dans deux corps", qui à la limite fait de la mort un événement sans relief. L'impossible seul peut garantir la durée du désir ; et le désir seul engendre l'écriture. Ce passage semble indiquer que Montaigne comprend les jeux secrets de la présence et de l'absence (la présence de l'autre est absence à moi-même ; l'absence de l'autre me permet de retrouver mes facultés et mon identité), donc qu'il découvre que La Boétie était «a necessary fiction – necessary for the project of the *Essais* and for Montaigne's self-discovery, but finally transcended by both enterprises»[28].

Je n'ai pas l'intention ici de démythifier une des plus illustres douleurs de la littérature française. L'existence de Montaigne peut être «une nuit obscure et ennuyeuse» en comparaison des quatre années passées dans la «douce compagnie et societé» de son ami (I, 28, 193a [192]) ; et même plusieurs saisons plus tard la nostalgie de sa présence ranime les pointes d'une douleur assoupie, comme aux Bains de Lucques, dix-huit ans après la mort de La Boétie («Ce même matin, écrivant à M. Ossat, je tombai en un pensement si pénible de M. de La Boétie, et y fus si longtemps sans me raviser, que cela me fit grand mal»)[29]. Au niveau textuel cependant (dans le processus de production du texte), le seuil entre la vie et la mort est aboli et Montaigne «posits La Boétie's death as the site of an impossible *jouissance* that ties them together even as it exiles La Boétie in death and Montaigne in solitude and absence ritualized as mourning»[30]. C'est dans la contrée de l'absence qu'on peut célébrer la fête de l'union désirée, et que celui qui reste peut partager avec celui qui n'est plus le "lieu-parti" du long veuvage. Qu'on songe à ce que Montaigne écrivait à Henri de Mesmes sept ans après la mort de l'ami : «De vray, il se loge encore chez moy si entier et si vif, que je ne le puis croire ny si lourdement enterré, ny si entierement esloigné de nostre commerce»[31]. La communion annule (sans toutefois la réduire) la distance, possession et dépossession ont lieu dans l'ombre de la pensée et dans le travail du sens : «Indeed, the *privation* itself becomes *jouissance* : "Est-ce pas un pieux et

---

28 B. Weller, *art. cit.*, p. 519-20. *Cf.* aussi O. Mannoni, *Clefs pour l'Imaginaire ou l'Autre Scène*, Paris, Seuil, 1969, p. 106 : «Les écrivains ont généralement besoin de théories personnelles, originales ou très banales, il n'importe, pour se masquer, dirait-on, la réalité de ce qu'ils font. Dante ne peut pas, sans appeler à son secours toute la théologie et toute la métaphysique médiévales, essayer de nous expliquer quelque chose qu'il ne nie aucunement, à savoir que chez lui le désir d'écrire a besoin du soutien d'un autre désir dont il ne connaît, dont nous ne connaissons pas la véritable économie, mais dont il sait, dont nous savons de quel (faux) nom le désigner : ce nom, c'est Béatrice. Montaigne en fait autant à l'égard de La Boétie».

29 Montaigne, *Journal de Voyage*, p.p. F. Garavini, Paris, Gallimard «Folio», 1983, p. 277.

30 B. Schlossman, «From La Boétie to Montaigne : the place of the text», *Modern Language Notes*, 98, 5 (1983), p. 893. Je me permets d'extraire des phrases avec lesquelles je suis d'accord d'un article qui pour d'autres aspects me semble fourvoyer son lecteur.

31 Montaigne, *Œuvres complètes*, cit., p. 1362.

plaisant office de ma vie, d'en faire à tout jamais les obsèques ? Est-il jouissance qui vaille cette privation ?" [...] The only possible recourse is a visionary one : "La jouyssance et la possession appartiennent principalement à l'imagination"»[32].

Malade de mal d'amour, Montaigne, qui ne savait pas le nom du lien qui l'attachait à La Boétie, a fini par se convaincre que le mystère douloureux de l'appauvrissement et du renoncement peut se renverser dans le mystère joyeux de l'harmonie recomposée des volontés. La peine de l'exil ne s'efface pas ; mais il faut accepter cette perte, et même la restaurer et la gérer. Déjà dans la lettre à Pierre Eyquem, la mort de La Boétie est «rivissuta nell'unica chiave in cui Montaigne poteva riviverla : quella letteraria»[33]. Et de ce point de vue aussi les *Essais* sont une thérapie, où l'écriture tâche de racheter les charges de la vie et de délivrer de ses hypothèques un sentiment naturellement impur, trouble et par moments peut-être conflictuel. Parce que rien n'existe à l'état pur en nature – ni en littérature.

On peut esquisser en conclusion le diagramme du rapport entre Montaigne et la figure de La Boétie, articulé sur trois moments, en relation dialectique plus qu'en succession chronologique :

1) la première phase est l'enamourement, l'admiration, la sujétion. Dans cette amitié incomparable il y a un Sénèque, qui est La Boétie, et un Lucilius, qui est Montaigne, qui se place de lui-même en position de disciple[34]. L'inconscient de Michel transfère sur cet ami-maître l'image virile du père :

---

32 B. Schlossman, *art. cit.*, p. 906. Les deux passages des *Essais* sont extraits l'un de II, 8, 396c [376] (la phrase est raturée dans l'exemplaire de Bordeaux : il faut remarquer qu'elle prend place dans une description acide des rapports familiaux), et l'autre de III, 9, 975b [953].

33 «revécue sur le seul mode qui permettait à Montaigne de la revivre : le mode littéraire», L. Pertile, «*"An vivere tanti est ?"* Considerazioni sulla morte di La Boétie», *Studi Francesi*, 44 (1971), p. 204. Je suis d'accord avec les conclusions de cette étude, tout en demeurant perplexe sur ses prémisses, qui cependant méritaient d'être discutées (alors que la critique les a négligées). Je saisis donc cette occasion pour ajouter un codicille. Pertile trouve étonnants et extraordinaires deux silences de Montaigne : le premier concerne la formule *An vivere tanti est ?* que Montaigne place sur les lèvres de l'ami mourant dans la lettre à son père (*éd. cit.*, p. 1358) et qu'il reprend dans les *Essais* (III, 13, 1085b [1064]), mais sans faire allusion à La Boétie. Je n'estime pas nécessaire ici d'exiger de Montaigne une référence explicite. L'autre silence concerne le chapitre II, 13, *De juger de la mort d'autrui*, où, parmi tant d'exemples de nobles agonies, celle de l'ami n'est pas citée. On pourrait objecter, de façon réaliste, que la rapidité de sa fin (neuf jours de maladie, trois seulement d'agonie) ne permet pas de l'inscrire parmi les «morts estudiees et digerees», dont le plus haut exemple est donné par Socrate. Dans cette lettre il ressort que La Boétie, malade, tenait des discours stoïques lorsqu'il ne craignait pas encore de mourir ; et que, affaibli et à demi inconscient, il n'a plus la même attitude. Reste que Montaigne fait peu de cas de «la resolution et la constance en celuy qui ne croit pas encore certainement estre au danger» (II, 13, 607a [590]), et, encore une fois, que le texte semble prendre autour d'un grumeau de malaise intime.

34 *Cf.* sur ce point M. Beaujour, «*Consideration sur Ciceron* (I, XL) : l'alongeail comme marque générique : la lettre et l'essai», *Actes du Colloque International Montaigne (1580-1980)*, Duke University-University of North Carolina, p.p. M. Tetel, Paris, Nizet, 1983, p. 22.

Pierre Eyquem, ancien soldat de la guerre d'Italie, cachait lui aussi une vigueur militaire sous la robe du magistrat ;

2) la figure de La Boétie résiste et resplendit dans le halo de ce charme par-delà la coupure opérée par la mort. Montaigne dépouille le souvenir de cette relation des déchets du quotidien, la tire hors du contexte exigu de la magistrature et isole dans un éclat exceptionnel l'effigie d'un personnage de taille héroïque. Mais la mort de ce personnage l'a en quelque sorte délivré d'un état de dépendance psychique. Si bien que, tout en sublimant la figure de l'ami disparu, Montaigne regagne sa propre autonomie, devient homme, se fait écrivain ; et à travers le livre se déroule une lente inversion des rôles, en débat et jamais définitive. Si les *Essais* sont le fac-similé d'une interminable lettre *ad Stephanum Boetianum*, c'est parce que Montaigne, mûri et vieilli, peut revêtir l'habit d'un Sénèque face à un Etienne-Lucilius à qui la mort a donné une immuable jeunesse, tout en le privant des enrichissements et des approfondissements que l'âge apporte. Certes Montaigne ne monte pas en chaire, parce que, comme Sénèque, il sait que qui enseigne s'instruit, et qu'on a toujours besoin de l'aide des autres. Le viatique d'Etienne ne peut cesser de l'accompagner, de même que ne cesse d'agir sur son inconscient le legs de Pierre Eyquem ;

3) c'est donc dans le livre, dans le même livre, que s'accomplit l'"invention" de la figure de l'ami, avec celle du père. C'est à la page, donc à la postérité, qu'est confiée la mémoire des deux personnages, élevés sur un même piédestal : Etienne de La Boétie et Pierre Eyquem.

Mais avec Pierre Eyquem on entre dans un autre chapitre : le suivant.

CHAPITRE 2

LE LIVRE PARRICIDE

«Ma quello che si instaura e si celebra negli *Essais* fu davvero un patriarcato ?». Extrêmement pertinente, la question posée par Giovanni Macchia[1] vise le cœur d'un problème qui n'est que partiellement exploré. A part quelques voix discordantes, les exégètes, les plus anciens comme les plus récents, ne cessent de souligner le vif attachement de Montaigne à son père, et ils insistent sur cette figure hors du commun, qui jaillit du livre avec les traits du modèle parfait ; même les légères hésitations exprimées par certains d'entre eux ne peuvent que bigarrer un portrait sinon idyllique, du moins extrêmement positif, inspiré par la conviction générale que Pierre Eyquem fut, dans la réalité et aux yeux de Montaigne, en tout point ressemblant à l'image que celui-ci se faisait du père idéal qu'il se souhaitait en tant que fils. Or, je pense opportun de réaffirmer, même au sujet de Montaigne, le thème originel et fondateur – très lisible dans les *Essais* – du conflit avec le père. C'est un nœud que la critique laisse sans solution, et qu'il faut cependant démêler, avec des doigts légers si possible, et maniant avec précaution la vulgate freudienne.

I. Où l'on tente de se convaincre que Michel de Montaigne eut, et fut persuadé d'avoir, un père (presque) parfait

D'emblée, il convient de chercher à circonscrire l'image de Pierre Eyquem telle qu'elle se dessine dans le livre, en parcourant les principaux lieux où il

---

1 «Est-ce vraiment un patriarcat qui s'instaure et se célèbre dans les *Essais* ?» Il s'agit de la préface aux *Quaderni di Montaigne* de G. Debenedetti, Milano, Garzanti, 1986. Ces notes, prises en préparation du premier cours universitaire qu'il avait tenu à Messine en 1956, étaient restées inédites, et ont été publiées trente ans plus tard ; elles ne démentent pas l'image d'un des plus intelligents critiques italiens, mais il en résulte que Debenedetti ne connaissait Montaigne (et la bibliographie critique et le texte même des *Essais*) que d'une manière superficielle, et que son ignorance dans ce cas précis a fait dériver son intelligence vers des lectures pour le moins peu défendables. C'est ce que je soutenais dans la première version de ces pages, parue dans *Paragone*, 438 [1986] ; j'ai par la suite modifié mon texte, en le détachant de cette circonstance, d'autant plus que la référence négative aux *Quaderni* est tout à fait superflue pour ma démonstration. Je tiens cependant à rappeler ici l'origine de mon intervention, pour qu'elle demeure un hommage à la vigilante autocritique de G. Debenedetti (ce n'est pas un hasard s'il s'est abstenu de publier ses notes), et, plus généralement, une prise de position contre certaines opérations éditoriales à titre posthume dont on souhaiterait qu'elles soient mieux menées. Il y a différentes manières de nuire à un écrivain, quelle que soit sa forme d'écriture ; dont celle qui consiste à racler les fonds de tiroirs, pour allonger sans aucun critère une liste de publications qu'il avait lui-même soigneusement sélectionnées.

est décrit, comme homme d'abord, et ensuite comme père (donc dans ses rapports avec Michel).

L'homme semble doué de vertus que son fils admire et lui envie peut-être : pour l'essentiel, un esprit pratique dont Michel se sent incapable, et qui se manifeste, par exemple, dans l'activité déployée par son père pour agrandir, améliorer et embellir la propriété des Montaigne. Michel, quant à lui, fait de son mieux pour imiter ces dons domestiques, il travaille pour «achever quelque vieux pan de mur», mais c'est plus par respect pour la mémoire de son père que pour sa propre satisfaction (III, 9, 951b-c [928]). Ces occupations ne l'amusent décidément pas, et il le regrette, surtout parce qu'il se rend compte qu'il pourrait en tirer profit pour mieux vivre :

> Je voudrois qu'au lieu de quelque autre piece de sa succession, mon pere m'eust resigné cette passionnée amour qu'en ses vieux ans il portoit à son mesnage. Il estoit bien heureux de ramener ses desirs à sa fortune, et de se sçavoir plaire de ce qu'il avoit. La philosophie politique aura bel accuser la bassesse et sterilité de mon occupation, si j'en puis une fois prendre le goust comme luy. Je suis de cet avis, que la plus honnorable vacation est de servir au publiq et estre utile à beaucoup (*ibid.*, 952b [929]).

Les qualités administratives du défunt – qui lui avaient valu la gratitude et l'estime de ses concitoyens lorsqu'il fut maire de Bordeaux – se révèlent aussi dans le chapitre *D'un defaut de nos polices*, où Pierre Eyquem est défini comme un «homme, pour n'estre aydé que de l'experience et du naturel, d'un jugement bien net», et où est rapportée son idée de créer dans les villes une sorte de *bureau des rencontres*, à savoir «certain lieu designé, auquel ceux qui eussent besoing de quelque chose, se peussent rendre, et faire enregistrer leur affaire à un officier estably pour cet effect [...] Et semble que ce moyen de nous entr'advertir apporteroit non legiere commodité au commerce public. Car à tous les coups il y a des conditions, qui s'entrecherchent : et pour ne se pouvoir rencontrer laissent les hommes en extreme necessité» (I, 35, 223a [220] ; il faut remarquer que cette proposition offre à Montaigne l'occasion de citer les cas de Lelius Gregorius Giraldus et de Sebastianus Castalio, morts tous les deux dans une indigence extrême, et qui auraient pu recevoir quelque secours éclairé si leurs conditions avaient été connues de tous). Dans une addition manuscrite au même chapitre l'auteur louera – et se reprochera de ne pas avoir suivi – l'habitude paternelle de faire tenir «à celuy de ses gens qui lui servoit à escrire, un papier journal à inserer toutes les survenances de quelque remarque, et jour par jour les memoires de l'histoire de sa maison» (*ibid.*, 224c [221]).

Sens pratique, jugement sûr, qualités administratives, telles sont les principales vertus d'un homme par ailleurs médiocrement cultivé, et cependant aimant la culture, trop peut-être : au point de recevoir les savants «comme personnes sainctes, et ayans quelque particuliere inspiration de sagesse divine : recueillant leurs sentences et leurs discours comme des oracles, et avec d'autant plus de reverance et de religion, qu'il avoit moins de loy d'en juger : car il n'avoit nule cognoissance des lettres» (II, 12, 439a [415]). Mais ici le fils prend ses distances de l'attitude révérencieuse du père à l'égard des érudits ; et le paragraphe se clôt sur la phrase lapidaire : «Moy je les ayme bien, mais je ne les adore pas». Or, il faut remarquer que Pierre Eyquem n'était pas si ignorant en matière de lettres... Montaigne semble minimiser exagérément sa culture, en insistant sur ses limites, et en soulignant par contre le penchant pour l'action chez un individu ramené ainsi à une mesure positive mais assez élémentaire. Les raisons de l'auteur tiennent peut-être à la nécessité de se différencier de cette image paternelle qui le domine – et avec laquelle il ne peut rivaliser dans le domaine pratique – pour s'affirmer, en revanche, en tant qu'homme d'étude et d'écriture.

Mais n'anticipons rien, et relevons pour le moment que dans les *Essais* le portrait de l'homme Pierre Eyquem est tracé d'une plume certainement affectueuse ; le sommet est cette addition tardive au chapitre *De l'yvrongnerie*, d'où ressort une image de ferme sobriété, loyauté et dignité, outre que de vigueur virile : de taille petite mais bien proportionné, le visage brun et agréable, habile et souple dans tous les exercices physiques, le vétéran des guerres d'Italie savait encore, la soixantaine passée, «se jetter avec sa robe fourrée sur un cheval, faire le tour d'une table sur son pouce, ne monter guere en sa chambre sans s'eslancer trois ou quatre degrez à la fois» (II, 2, 343-44c [325-26]).

Mais il ne suffit pas de reconnaître à l'homme Pierre Eyquem certaines qualités qui n'ont pas grand-chose à voir avec le rôle paternel, pour reconnaître aussitôt son excellence dans ce rôle... Il faudra donc, pour y voir clair, concentrer notre attention sur les passages où apparaît la figure de Pierre Eyquem en tant que père.

Dans les *Essais* ce père n'est représenté comme tel que dans une fonction de pédagogue : donc sous un aspect assez limité de sa relation avec son fils, chronologiquement pour le moins. L'éducation dispensée à Michel est une matière assez connue pour qu'il ne semble pas nécessaire de s'y arrêter, et encore moins de formuler des soupçons. Les méthodes libérales expérimentées sur l'enfant sont amplement illustrées dans le célèbre chapitre *De l'institution des enfans* (I, 26). Est particulièrement connue l'initiative de Pierre Eyquem, sur laquelle Michel insiste, de lui faire apprendre le latin dans la pratique quotidienne, si bien que tous ceux qui l'entouraient – non seulement son précepteur, mais son père, sa mère, et les serviteurs – devaient s'adresser à lui dans cette langue. Si Montaigne ici parle sérieusement, «la sua natura di uomo agile, intelligentemente leggero, superiormente spiritoso, non può difendersi dal far sprizzare l'irresistibile commedia di tutta quella gente costretta a chi sa quali acrobazie di maccheronico per rifabbricarsi con un latino d'accatto un parlare quotidiano, e magari a piegare quel *latinorum* per farne le moine, le parolette con cui vezzeggiare quel piccolo Michel, scherzare con lui, farlo ridere : un latino ridotto e forse storpiato a linguaggio infantile, linguaggio in miniatura»[2]. Tout compte fait, il y a peut-être dans cette page des *Essais*, qui apparemment loue les principes pédagogiques d'origine érasmienne mis en œuvre pour Michel, un écho de cette ironie dubitative et inavouée qui dénonce aussi (nous l'avons vu dans II, 12) la benoîte dévotion de Pierre Eyquem pour les savants.

Toujours est-il que l'histoire de l'éducation de Michel s'achève sur une crise : Pierre Eyquem ne persévère pas dans son système novateur, cède à l'opinion commune et met Michel au collège, avec les conséquences largement exposées dans le même chapitre. Et nous pourrons nous demander : «Non finì il figlio col vedere nel padre, già ardito, animoso educatore, un pavido e timoroso conformista ? Non si può parlare anche per il personaggio Montaigne di una "perdita del padre" ?»[3]. Peut-être. Tenons compte de cette précieuse suggestion. Mais au lieu de concentrer mon attention sur cette "crise", je préfère cerner des données laissées habituellement dans l'ombre, et qui sont pourtant essentielles pour mettre en lumière le rapport père-fils. Il n'est pas sûr que, d'après ces pages, l'éducation reçue par Michel doive être comprise comme une tentative exemplaire : demandons-nous plutôt si Michel a vraiment tiré profit d'une formation de ce type. Ne serait-ce pas de là que viendrait le souci persistant de son incapacité, maintes fois déclarée, pour la vie pratique et publique ? Le grand rêve de Montaigne, comme de toutes les personnes introverties, était de se produire dans une vie active, extravertie... Mais la vie active est une guerre, et certes Montaigne n'était pas aguerri.

---

2 «sa nature d'homme souple, léger avec intelligence, supérieurement malicieux, ne peut s'empêcher de faire étinceler l'irrésistible comédie de tous ces gens obligés à on ne sait quelles acrobaties macaroniques pour se fabriquer avec un latin d'occasion une langue quotidienne, et peut-être à plier ce *latinorum* pour en faire les cajoleries, les petits mots qui câlineraient le petit Michel, l'amuseraient, le feraient rire : un latin ravalé, et peut-être déformé en langage enfantin, langage en miniature», G. Debenedetti, *op. cit.*, p. 41. Je suis heureuse d'utiliser ici quelques-unes des remarques subtiles que Debenedetti a disséminées parmi beaucoup de méprises dans ses *Quaderni*.

3 «Le fils n'a-t-il pas fini par voir dans son père, qui fut un éducateur hardi et entreprenant, un simple et timide conformiste ? Ne pourrait-on pas parler, à propos du personnage de Montaigne aussi, d'une "perte du père" ?» C'est la question que G. Macchia pose à la suite de Debenedetti, *op. cit.*, p. XI.

II. Où l'on retourne la médaille, et on lit sur le revers ce que Montaigne (ne) dit (pas) de son père

Puisqu'on a le plus souvent insisté sur les mérites de ces méthodes pédagogiques, il est peut-être utile, pour rétablir l'équilibre, d'exhumer les doutes que quelques critiques (peu nombreux) ont émis sur leurs inconvénients éventuels – qui, à y regarder de près, sont désignés par Montaigne lui-même : ayant été traité avec une douceur extrême, il est devenu incapable d'efforts, inapte à l'action, impropre à vivre dans la réalité. L'étude sans dogmatisme, sans méthode et sans règle («[mon père] avoit esté conseillé sur tout de me faire gouster la science et le devoir par une volonté non forcée et de mon propre desir, et d'eslever mon ame en toute douceur et liberté, sans rigueur et contrainte», I, 26, 174a [174]) favorise certes la réflexion et l'esprit critique, mais elle ne renforce pas la discipline de la volonté ; et si en des circonstances ordinaires, une formation de cette sorte peut faire pencher à la rêverie un naturel introverti, «que peut devenir un homme ainsi formé dans les circonstances où vit Montaigne, en pleines guerres civiles, et dans le pays le plus bouleversé par ces guerres ?»[4] Mais il y a plus : le chapitre *De l'institution des enfans* révèle, à la relecture, une contradiction évidente : l'éducation que Montaigne a reçue par décision de ce père dont il parle avec une amoureuse reconnaissance ne correspond que partiellement (la part de la liberté) aux méthodes qu'il expose et théorise.

Résumons brièvement. En ce qui concerne les sciences et les lettres, le précepteur doit habituer son élève à penser avec sa propre tête, à n'admettre aucune opinion sur la foi de l'autorité, à digérer ce qu'il apprend. Dans cet apprentissage, le commerce des hommes et le voyage dans des pays étrangers ont autant de valeur que les livres ; or, pour ce que nous en savons, l'enfant Michel n'a pas voyagé, contrairement à ce qui est ici conseillé :

> Je voudrois qu'on commençast à le promener dès sa tendre enfance : et premierement, pour faire d'une pierre deux coups, par les nations voisines qui ont le langage plus esloigné du nostre, et auquel, si vous ne la formez de bon'heure, la langue ne se peut façonner (I, 26, 153a [152]).

Nous savons par contre qu'il a été élevé «au giron de ses parents», ce qui n'est pas une bonne chose, parce que les parents tendent à être excessivement attentifs à leur rejeton :

> Cet' amour naturelle les attendrist trop et relasche, voire les plus sages. Ils ne sont capables ny de chastier ses fautes, ny de le voir nourry grossierement, comme il faut, et sans delicatesse. Ils ne le sçauroient

[4] P. Barrière, *La Vie intellectuelle en Périgord, 1550-1800*, Bordeaux, Delmas, 1936, p. 111. A propos des avantages et désavantages de l'éducation de Montaigne, et des opinions des critiques en la matière, *cf.* R. Trinquet, *La Jeunesse de Montaigne*, Paris, Nizet, 1972, p. 374-82.

> souffrir revenir suant et poudreux de son exercice, ny le voir hazarder tantost sur un cheval farouche, tantost un floret au poing, tantost un'harquebouse. Car il n'y a remede : qui en veut faire un homme de bien, sans doubte il le faut hazarder un peu en cette jeunesse, et souvent choquer les regles de la medecine. Et puis, l'authorité du gouverneur, qui doit estre souveraine sur luy, s'interrompt et s'empesche par la presence des parens. Joint que ce respect que la famille luy porte, la connoissance des moyens et grandeurs de sa maison, ce ne sont à mon opinion pas legieres incommoditez en cet aage (*ibid.*, 153-54a [152-53]).

C'est le résumé et la critique des dégâts que comporte le système éducatif appliqué à Michel, qui a grandi au château, couvé par l'œil peut-être trop tendre de ses parents, placé au centre du monde (d'un monde familial qui se pliait à la méthode pédagogique qu'on avait choisie pour lui), éloigné de ces rudes exercices qui auraient pu le fortifier. Et une addition manuscrite, sur la nécessité de «roidir» non seulement l'âme, mais aussi les muscles de l'enfant, vient s'insérer dans ce passage, et se révèle fort intéressante :

> Je sçay combien ahanne la mienne en compagnie d'un corps si tendre, si sensible, qui se laisse si fort aller sur elle. Et apperçoy souvent en ma leçon, qu'en leurs escris mes maistres font valoir, pour magnanimité et force de courage, des exemples qui tiennent volontiers plus de l'espessissure de la peau et durté des os. J'ay veu des hommes, des femmes et des enfans ainsi nays qu'une bastonade leur est moins qu'à moy une chiquenaude ; qui ne remuent ny langue ny sourcil aux coups qu'on leur donne [...] Il le faut rompre à la peine et aspreté des exercices, pour le dresser à la peine et aspreté de la desloueure, de la colique, du caustere, et de la geaule, et de la torture. Car de ces dernieres icy encore peut-il estre en prinse, qui regardent les bons, selon le temps, comme les meschans. Nous en sommes à l'espreuve. Quiconque combat les loix, menace les plus gens de bien d'escourgées et de la corde (*ibid.*, 153-54c [152-53]).

Il est clair que Montaigne s'aperçoit n'être pas fait pour les difficultés et les menaces de son temps, et qu'il suggère implicitement qu'une éducation plus dure et sévère l'aurait mieux préparé.

D'autres considérations suivent : il convient que le précepteur inspire à son disciple le goût pour la liberté de jugement, la curiosité pour toutes choses, la faculté de profiter non seulement des enseignements de la philosophie, mais aussi du grand spectacle du monde. Il ne faut donc pas emprisonner l'enfant, en l'obligeant à peiner sur les livres quatorze ou quinze heures par jour : l'instruction sera insensiblement présente à tous les moments de la journée «sans obligation de temps et de lieu» (165a [164]), et elle inclura des jeux et des exercices (l'insistance là-dessus est significative), la course, la lutte, la danse, la chasse, les chevaux et les armes ; sans violence, ni force – et surtout sans les méthodes punitives employées dans les collèges –, il faut habituer l'enfant non aux châtiments, mais à la sueur et au froid, au vent et au soleil, et à tous les risques qu'il devra apprendre à mépriser (165a-c [165]). Il faut aussi combattre ses répugnances et ses manies, qui ont peut-être des racines cachées, mais qui peuvent être corrigées si on s'y prend à temps :

> L'institution a gaigné cela sur moy, il est vray que ce n'a point esté sans quelque soing, que sauf la biere, mon goust est accommodable à toutes choses dequoy on se paist. Le corps encore souple, on le doit à cette cause plier à toutes façons et coustumes (166a [166]).

(Et pourtant le *Journal de voyage* témoigne de toutes les répugnances dont souffrait Montaigne, bien qu'il prétende pouvoir s'adapter à tous les usages...)

Enfin, à propos du trop long, trop vain apprentissage de la grammaire et de la rhétorique, Montaigne parle de l'expédient utilisé par son père, de lui faire apprendre le latin comme une langue vivante. Mais attention : le tableau légèrement ironique (on l'a précédemment indiqué) de la latinisation de tout son milieu familial, et même des villages environnants, est précédé par une autre phrase significative :

> Je voudrois premierement bien sçavoir ma langue, et celle de mes voisins, où j'ay plus ordinaire commerce ; c'est un bel et grand agencement sans doubte, que le Grec et Latin, mais on l'achepte trop cher. Je diray icy une façon d'en avoir meilleur marché que de coustume, qui a esté essayée en moy mesmes : s'en servira qui voudra (173a [172]).

La clôture, si expéditive, ne semble pas proposer cette expérience comme modèle ; en tout cas, l'accent est mis d'abord sur la façon d'épargner le temps et la fatigue dans l'apprentissage des langues classiques, plutôt que sur l'utilité (néanmoins reconnue) du grec et du latin, langues auxquelles Montaigne semble presque préférer une parfaite maîtrise du français (qu'à son avis il ne possède pas suffisamment), voire du gascon ou de l'italien[5]. En fin de compte, il aurait peut-être mieux valu que Pierre Eyquem fît voyager son fils, pour que celui-ci apprît les langues des «nations voisines», plutôt que de l'élever chez lui, en latin de surcroît, pour ensuite se raviser, et l'envoyer au collège...

C'est pourtant à cet endroit que sont tissées les louanges de «la prudence et l'affection d'un si bon pere», et que Montaigne attribue uniquement aux défauts de son naturel (mou, lent, tendant à la paresse) le peu de résultats obtenus par cette éducation. Reste que, tout en l'envoyant au collège, son père continua à veiller attentivement sur lui : «il n'est possible de rien adjouster au soing qu'il eut, et à me choisir des précepteurs très suffisans, et à toutes les autres circonstances de ma nourriture, en laquelle il reserva plusieurs façons particulieres, contre l'usage des colleges» (175a [174])... Mais n'avait-il pas

---

[5] Concernant la situation linguistique de Montaigne, à la croisée du français, du latin et du gascon, et ses opinions en la matière, je me permets de renvoyer à mon *Itinerari a Montaigne*, Firenze, Sansoni, 1983 (ch. 2, "Lingua al trivio"), et *infra*, "Les voix et l'écriture".

été dit qu'il faut entraîner et habituer le garçon aux efforts, aux difficultés, à toute espèce de nourriture ? Au contraire, même au collège Michel continue à être élevé dans le coton. Mais il se réjouit d'avoir été confié à un précepteur complice, qui, feignant de ne pas s'en apercevoir, le laisse lire en cachette les auteurs qui lui plaisent, lui permettant ainsi de conserver intact ce goût des livres que les lectures forcées étouffent irréparablement. Aucune contrainte : même au collège de Guyenne, il n'a eu qu'un guide, doux et mesuré au point de devenir peut-être nuisible :

> Car les principales parties que mon pere cherchoit à ceux à qui il donnoit charge de moy, c'estoit la douceur et facilité des moeurs : aussi n'avoint les miennes autre vice que la pesanteur et mollesse. Le danger n'estoit pas que je fisse mal, mais que je ne fisse rien. Nul ne prognostiquoit que je deusse devenir mauvais, mais inutile. On y prevoyait de la stupidité, non pas de la malice (175-76a [175]).

Et un ajout manuscrit insiste : «Je sens qu'il en est advenu de mesmes. Les plaintes qui me cornent aux oreilles sont comme cela : "Oisif ; froid aux offices d'amitié et de parenté et aux offices publiques ; trop particulier"» (176c [175]).

Récapitulons : Montaigne prend position contre les méthodes coercitives, les plus fréquentes à son époque, qui ne produisent que des ânes chargés de livres : «on leur donne à coups de fouët en garde leur pochette pleine de science, laquelle, pour bien faire, il ne faut pas seulement loger chez soy, il la faut espouser» (c'est la phrase de conclusion du chapitre, 177a [177]). Il est en conséquence reconnaissant envers son père de l'avoir préservé de tels dangers, en l'ayant soumis à une pédagogie inhabituelle qui lui a permis de développer le plaisir de la lecture et le goût pour l'exercice critique. Mais sa gratitude ne va pas plus loin : le fait même de théoriser une éducation visant à former un homme pratique et actif sonne comme une critique latente de l'éducation qui fut la sienne, qui ne lui a pas appris à vivre et qu'il se garde bien de proposer comme modèle, même s'il en souligne les aspects positifs.

Une précision : on a bien tenté d'éduquer aussi bien le corps que l'esprit de Michel – mais avec peu de résultat. C'est ce que prouve le passage où, en se comparant à son père en habileté et gaillardise, il dénonce toutes ses déficiences : «A la danse, à la paume, à la lutte, je n'y ay peu acquerir qu'une bien fort legiere et vulgaire suffisance : à nager, à escrimer, à voltiger et à sauter, nulle du tout» (II, 17, 642a [625]). On a donc voulu faire de lui un parfait gentilhomme, mais il ne semble pas avoir été soumis à ces épreuves qu'il conseille pour endurcir aussi bien le physique que le moral ; loin de là, il insiste sur la mollesse de sa règle, et y décèle la raison de sa réticence face à l'effort, à l'engagement, à l'inquiétude :

> eslevé en mon enfance d'une façon molle et libre et n'ayant lors mesme souffert nulle subjection forcée, je suis devenu par là incapable de

> sollicitude, jusques là, que j'ayme qu'on me cache mes pertes et les desordres qui me touchent. Au chapitre de mes mises je loge ce qu'il me couste à nourrir et entretenir ma nonchalance (etc., *ibid.*, 643a [627] : ce passage sera ensuite remanié).

On ne peut pas dire que les méthodes de Pierre Eyquem soient exaltées ; ne le sont que ses bonnes intentions.

Mais – disions-nous – dans les *Essais* la description du comportement du père à l'égard de son fils ne dépasse pas le stade de son éducation. Que se passe-t-il ensuite, après ses années de collège ? Quelles relations s'établissent entre Michel, devenu jeune homme, et adulte ensuite, et ce Pierre Eyquem que Montaigne peindra sous un jour favorable et séduisant, tour à tour cavalier adroit, sage administrateur, magistrat honnête, mais qu'il ne représente jamais avec l'habit et les attributs du rôle paternel ? Si nous ignorons cette donnée, nous célébrerons aussi, suivant le rite, l'apologie du «meilleur pere qui fut onques» (I, 28, 185a [184] ; les mêmes termes reviennent dans II, 12, 440a [416]), sans remarquer que dans les *Essais* le panégyrique ne va pas au-delà de cette formule banale. Si nous la retenons se posera la question inévitable : Pierre Eyquem, tel que nous le présentent les *Essais*, correspond-il vraiment à la figure du père exemplaire que Montaigne trace dans *De l'affection des peres aux enfans* (II, 8) ?

C'est en effet surtout dans ce chapitre que sont exposées les caractéristiques du bon père, esquissées en creux par opposition aux défauts, à éviter, du "mauvais" père – excès d'avarice et d'autorité – ; elles se résument dans la mise en place selon justice et raison des deux axes essentiels de ce rapport : l'argent et l'affection. La question des biens apparaît au premier plan, occupe beaucoup d'espace, et semble la plus importante aux yeux de Montaigne : le père ne devra pas se montrer près de ses sous, gardien jaloux de ses richesses ; dès que possible, il fera participer ses enfants à la gestion du patrimoine, et ensuite, ayant ressenti en lui-même les atteintes de la vieillesse, il se retirera sagement pour faire place aux jeunes (387-88a [367] ; 391a [370-71]). Sur le plan affectif, il devra éviter les attitudes sévères et tyranniques, non seulement inutiles, mais même à effet contraire ; il devra nourrir pour ses enfants une amitié consciente (et non cette affection irrationnelle, qui est plutôt propre à la nature maternelle), et gagner leur amitié «par une douce conversation» (392a [372]). Le leitmotiv de ces pages est une péroraison en faveur de l'amour (raisonné) et contre la force, que Montaigne confirme dans une addition du niveau B :

> J'accuse toute violence en l'education d'une ame tendre, qu'on dresse pour l'honneur et la liberté. Il y a je ne sçay quoy de servile en la rigueur et en la contraincte ; et tiens que ce qui ne se peut faire par la raison, et par

> prudence et adresse, ne se faict jamais par la force. On m'a ainsin eslevé. Ils disent qu'en tout mon premier aage je n'ay tasté des verges qu'à deux coups, et bien mollement (389b [368-69]).

On a ici une référence précise non aux vertus du bon père en général, mais à celles de Pierre Eyquem, et à la façon dont Montaigne lui-même a été élevé. Mais on est encore dans le domaine éducatif, où l'écrivain continue à plaider en faveur de la liberté. Pour le reste, il faut être attentif : l'équivalence parfaite entre le portrait (de Pierre Eyquem) et le modèle (du bon père) est un présupposé non démontré ; celui qui a fourvoyé la plupart des lecteurs, qui tendent à croire que Montaigne a tiré ces préceptes de l'exemple vivant de son propre père. On a au contraire le droit d'être sérieusement perplexe.

Sur le plan affectif du rapport, le doute peut sembler déplacé si on prend pour argent comptant les vagues attestations d'estime et d'affection filiales dont les *Essais* sont parsemés. Mais beaucoup d'incertitudes apparaissent à propos de l'attitude devant les biens (d'ailleurs étroitement liée au rapport humain et affectif). Pierre Eyquem n'a-t-il vraiment rien à voir avec l'image, présentée comme négative, de ce père décrépit et presque mort qui continue à jouir égoïstement de son patrimoine, tout en laissant ses enfants «par faute de moyen, perdre leurs meilleurs années sans se pousser au service public et connoissance des hommes» (388a [367]) ? Ressemble-t-il vraiment en revanche à cette hypothèse que Montaigne dessine positivement dans la suite du chapitre, en indiquant ce que, en tant que père, il jugerait bon de faire à l'égard de ses fils ? Je leur laisserais l'utilisation de la maison et des biens, dit-il ; je garderais pour moi quelque autorité sur l'administration, parce que je crois que c'est une grande satisfaction, pour un vieux père, d'orienter ses fils, de les suivre, de les instruire sur la bonne gestion des affaires ; aussi ne me priverais-je pas de leur compagnie : je vivrais non parmi eux – pour ne pas les gêner avec ma vieillesse et mes maladies –, mais près d'eux, dans un logement confortable et séparé (392a [371-72]).

Rien n'autorise à supposer que Pierre Eyquem se soit ainsi comporté ; dans ce chapitre, aucune allusion à l'attitude de *ce* père-*là* qui puisse confirmer l'image tracée abstraitement du bon père. Pourquoi Montaigne, en traitant des questions patrimoniales, n'aurait-il pas introduit l'exemple concret de Pierre Eyquem (comme il le fait pour les questions éducatives) ? Son silence pourrait ne pas être signifiant, c'est-à-dire qu'il pourrait signifier implicitement que les choses se sont passées comme il était souhaitable ; mais ne pourrait-il pas aussi signifier cet aveu implicite : que la conduite de Pierre Eyquem n'a pas exactement coïncidé avec celle qui est (à plus forte raison) recommandée ici ?

Sur un point, pour le moins, Pierre Eyquem a appliqué la règle prêchée par Montaigne (et qu'il a lui-même suivie) dans l'organisation de son existence, en se mariant assez tard, à trente-trois ans (II, 2, 344c [326]). En effet, «il ne nous faudroit pas marier si jeunes que nostre aage vienne quasi à se confondre avec le leur» [*scil.* des enfants], puisque «Un gentilhomme qui a trente-cinq ans, il n'est pas temps qu'il fasse place à son fils qui en a vingt», en se déshabillant avant le moment de se coucher (II, 8, 389a [369] et 390-91a [370]). Cependant, même vieillissant, il ne s'est pas démis de son autorité, il n'a pas abandonné la conduite de la maison, si adaptée à son tempérament, il n'a pas cédé d'un pouce les rênes des affaires domestiques. C'est ce qui est dit, en toutes lettres, bien qu'en passant, à d'autres endroits des *Essais*, où il convient maintenant de puiser.

La maison de Montaigne – observe-t-on au début de l'*Apologie de Raimond Sebond* – était ouverte aux savants par volonté de ce père «qui l'a jouye [(b) commandée] cinquante ans et plus» (II, 12, 438a [415]), à savoir jusqu'à son dernier jour : devenu seigneur de Montaigne à la mort de son père Grimon, en 1519, Pierre, qui meurt en 1568, a en fait commandé pendant *presque* cinquante ans ; mais le compte par excès de son fils (joint à la correction de 1588) semble souligner la durée extrême de cette autorité. En effet, Michel déclare encore : «Je me suis pris tard au mesnage. Ceux que nature avoit faict naistre avant moy m'en ont deschargé long temps» (III, 9, 949b [926]) ; ici le pluriel comprend les deux parents (mais je parlerai de la mère plus loin). Sans doute ne tenait-il pas à assumer le poids des affaires domestiques («J'avois desjà pris un autre pli, plus selon ma complexion», *ibid.*), sans doute est-il content de pouvoir s'en désintéresser, et, en avançant dans l'âge, souhaite-t-il, faute d'une descendance mâle, un gendre qui le soulagerait entièrement de ces tâches (*ibid.*, 953b [930]). Pierre, au contraire, animé même «en ses vieux ans» d'un amour fervent pour le «mesnage» (*ibid.*, 952b [929]), ne laissait probablement à son fils (fût-il consentant) aucune marge d'autorité.

Dégagé des soucis que comporte l'administration d'un patrimoine, Michel ne semble pas avoir joui d'une marge d'aisance financière équitable, si l'on s'en tient au témoignage consigné dans le chapitre *Que le goust des biens et des maux depend en bonne partie de l'opinion que nous en avons*, où il traite, entre autre, de son rapport avec l'argent :

> J'ay vescu en trois sortes de condition, depuis estre sorty de l'enfance. Le premier temps, qui a duré près de vingt années, je le passay, n'ayant autres moyens que fortuites, et despendant de l'ordonnance et secours d'autruy, sans estat certain et sans prescription. Ma despence se faisoit d'autant plus allegrement et avec moins de soing qu'elle estoit toute en la temerité de la fortune. Je ne fus jamais mieux. Il ne m'est oncques advenu de trouver la bourçe de mes amis close ; m'estant enjoint au delà de toute autre necessité la necessité de ne faillir au terme que j'avoy prins à m'acquiter. Lequel ils m'ont mille fois alongé, voyant l'effort que je me faisoy pour leur satisfaire (I, 14, 62-63b [63]).

Ainsi Michel, pendant presque vingt ans après la fin de son "enfance" (ce terme a dans les *Essais* sa valeur latine, couvrant une période qui va jusqu'à la dix-huitième, voire la vingt-cinquième année) – plus ou moins donc jusqu'à l'âge de trente-cinq ans, c'est-à-dire jusqu'à la mort de Pierre Eyquem ! – est resté dans une position de dépendance, soumis à un pouvoir paternel qui ne lui fournissait pas les moyens de satisfaire ses besoins et qui l'obligeait à faire recours aux bourses plus généreuses de ses amis. A la rigueur on peut déduire de ces lignes que le jeune magistrat (sa charge de conseiller, même si peu rémunératrice, devait bien lui valoir des émoluments) était fort dépensier. On peut aussi nuancer, préciser qu'à l'âge de trente-trois ans, lorsqu'il s'est marié avec Françoise de la Chassaigne (qui de son côté apportait une dot intéressante), Montaigne reçoit de son père le quart des revenus du domaine, à l'exception du château. Le fait est que ce compte, une fois encore exagéré, semble souligner l'excessive parcimonie du père ; et que ce témoignage est étrangement proche – et sans doute n'est-ce pas un hasard - de l'image du "mauvais père" qui, dans *De l'affection des peres aux enfans*, couve jalousement ses richesses en laissant ses fils dans la gêne. Si bien que dans la phrase

> Voulons nous estre aimez de nos enfans, leur voulons nous oster l'occasion de souhaiter nostre mort (combien qu'à la verité nulle occasion d'un si horrible souhait ne peut estre ny juste, ny excusable) ? accommodons leur vie raisonnablement de ce qui est en nostre puissance (II, 8, 389a [369])

on peut déceler un aveu (variante opaque, mais qui n'en reste pas moins intelligible, de celui d'Ivan Karamazov) : qui n'a jamais souhaité la mort de son père ?

Un autre chapitre des *Essais* (qui me semble avoir échappé aux lectures critiques) est sans doute fondamental pour l'interprétation de la relation père-fils. C'est *De l'aage* (I, 57), qui ne contient aucune référence personnelle, mais qui traite, de même que *De l'affection des peres aux enfans* avec lequel il entretient un rapport spéculaire, de la question de l'entrée des jeunes dans la vie active.

La première partie porte sur la durée moyenne de l'existence : en prenant le contre-pied de l'opinion courante, Montaigne observe que la mort par vieillesse, que nous appelons "naturelle", est rare, singulière, extraordinaire ; est fréquente par contre la mort que nous appelons, de façon impropre, prématurée, due aux mille accidents qui peuvent nous frapper. Le sujet qui parle ici est confronté au problème de la mort imminente parce qu'il sait que, selon le cours ordinaire des choses, il a déjà dépassé le temps de vie qui peut lui être concédé : après la trente-cinquième année l'on vit en sursis et l'horloge peut s'arrêter à tout instant. Or, c'est lorsqu'on pense avoir peu de temps devant soi qu'on réfléchit au temps perdu ; en effet, Montaigne en vient à critiquer ce «vice des loix» qui veut qu'on ne puisse disposer de ses biens et jouir d'une autonomie effective qu'à vingt-cinq ans seulement :

> C'est un vice des loix mesmes d'avoir cette fauce imagination : elles ne veulent pas qu'un homme soit capable du maniement de ses biens, qu'il n'ait vingt cinq ans ; et à peine conservera il jusques lors le maniement de sa vie [...] Quant à moy, j'estime que nos ames sont denoüées à vingt ans ce qu'elles le doivent estre : et qu'elles peuvent tout ce qu'elles pourront jamais. Jamais ame, qui n'ait donné en cet aage la preuve plus evidente et certaine de sa force et valeur, ne la donna depuis [...] De toutes les belles actions humaines qui sont venuës à ma cognoissance, de quelque sorte qu'elles soient, je penserois en avoir plus grande part, à nombrer celles qui ont esté produites, et aux siecles anciens et au nostre, avant l'aage de trente ans, que celles qui l'ont esté après (I, 57, 327a [312-13]).

Le problème le concerne directement ; et si à cet endroit un ajout manuscrit insère les exemples d'Hannibal et de Scipion, dans la rédaction de 1580 le texte poursuit, sans solution de continuité :

> Quant à moy, je tiens pour certain que depuis cet aage là et mon esprit et mon corps ont plus diminué qu'augmenté, et plus reculé que avancé. Il est possible qu'à ceux qui emploient bien le temps, la science et l'experience croissent avec la vie : mais la vivacité, la promptitude, la fermeté et autres parties bien plus nostres, plus importantes et essentielles, se fanissent et s'alanguissent. Je me plains donc des loix, non pas dequoy elles nous laissent trop long temps à la besongne, mais dequoy elles nous emploient trop tard. Il me semble que, considerant la foiblesse de nostre vie, et à combien d'escueils ordinaires et naturels elle est exposée, on n'en devroit pas faire si grande part à la naissance, à l'oisiveté et à l'apprentissage (*ibid.*, 327-28a [313-14]).

Dans cette proclamation véhémente de l'opportunité d'être mis à l'épreuve au plus tôt, d'entrer dans la vie précocement, on peut voir, je pense, le regret éprouvé par Montaigne de ne pas avoir eu une telle occasion, d'avoir dû perdre trop de temps pendant ses meilleures années. Sans doute le blâme dépasse-t-il ici la simple conduite de Pierre Eyquem, pour atteindre les institutions – qui cependant apparaissent comme une fausse cible : son père est coupable d'avoir suivi la coutume (et l'erreur) commune.

Ainsi qu'on le dit en psychanalyse et dans sa vulgarisation, on n'entre dans la vie que par le meurtre du père : le parricide est une saine et nécessaire réaction du sujet qui tente de se constituer en tant que tel. Par-delà l'affection manifestée par Montaigne à l'égard du «meilleur pere qui fut onques», les passages cités laissent soupçonner un mouvement inconscient de révolte. Cet homme qui pense qu'à vingt ans on est déjà capable de tout faire est probablement entré dans la magistrature, en tant que conseiller à la cour des aides de Périgueux, à vingt-quatre ans (selon les biographes les plus récents)[6], tout en demeurant soumis à l'autorité paternelle indéfectible et pas très indulgente ; il a dû attendre jusqu'à trente-trois ans pour pouvoir disposer d'une part des revenus du domaine et jusqu'à trente-cinq pour hériter du titre, du château et pour administrer enfin son existence... Deux ans plus tard, il vendra sa charge, et s'adonnera tout entier à l'écriture. «Pour cultiver son moi, il faut de l'argent», disait Barrès (*Un homme libre*) : les *Essais* naissent aussi (non seulement, certes) de la «retraite» rendue possible par une indépendance financière survenue tardivement[7] ; et non sans difficultés, on va le voir.

III. Où l'on va chez le notaire et l'on règle quelques questions de famille peu exemplaires

Jusqu'à présent on a lu les *Essais*. Il est temps de faire parler les faits et les documents, qui, comme le savent les spécialistes de Montaigne, ne font que confirmer ces lectures. Je ne rappellerai ici que quelques données, suffisantes pour mettre en lumière les difficultés de la relation de Montaigne avec son père ; sans l'illusion qu'il puisse s'agir d'un éclaircissement définitif, étant donné que même des commentateurs modernes et avisés ignorent les apports – essentiels, dans ce cas – des recherches d'archives, persévèrent dans l'exaltation de la figure du bon père Pierre Eyquem, et brodent avec une douce naïveté sur l'affection filiale de Michel[8].

Il apparaît en effet que Pierre Eyquem fit deux testaments. Le premier, daté du 4 février 1560 (Pierre avait à peu près soixante-cinq ans, et Michel vingt-sept), institue sa femme, Antoinette de Louppes, usufruitière jusqu'à sa mort de la totalité des biens mobiliers et immobiliers appartenant au testateur, avec la tâche de pourvoir, à sa complète discrétion, aux besoins des fils. Michel, l'aîné, l'héritier légitime selon la logique, est complètement destitué, et on peut imaginer sa réaction, qui d'ailleurs se reflètera plus tard dans le chapitre *De l'affection des peres aux enfans* :

> J'ai veu encore une autre sorte d'indiscretion en aucuns peres de mon temps, qui ne se contentent pas d'avoir privé pendant leur longue vie leurs

---

6 *Cf.* R. Trinquet, *La Jeunesse de Montaigne*, cit., p. 597-601.

7 Sur ce point, et sur le rapport de Montaigne avec l'argent, *cf.* G. Nakam, *Montaigne et son temps, les événements et les "Essais"*, Paris, Nizet, 1982, p. 122-23 (mais elle définit «positif et reconnaissant» le rapport de Montaigne avec son père), et id., *Les "Essais" de Montaigne, miroir et procès de leur temps*, *ibid.*, 1984, p. 38-56.

8 Les documents que je citerai sont bien connus, depuis la publication de Th. Malvezin, *Michel de Montaigne, son origine, sa famille*, Bordeaux, 1875, et souvent repris par les biographes qui ont suivi. Pour une mise au point avec des apports plus récents, *cf.* J. Marchand, «Documents originaux relatifs à Montaigne et à sa famille», *B. S. A. M.*, série IV, 19 (1969), p. 9-42. Voir aussi N. Z. Davis, «A Renaissance text to the historian's eye : the gifts of Montaigne», *Journal of Medieval and Renaissance Studies*, 15, 1 (1985), p. 47-56, article à la documentation très dense, qui lit *Essais*, II, 8 à la lumière de l'histoire sociale et familiale dans la Gascogne du XVIe siècle, et des données tirées des «coutumes».

> enfans de la part qu'ils devoyent avoir naturellement en leurs fortunes : mais laissent encore après eux à leurs femmes cette mesme authorité sur tous leurs biens, et loy d'en disposer à leur fantasie (II, 8, 396a [376]).

L'exemple qui suit, en citant François de Montmorency, détourne l'attention du véritable objet de ces lignes, qui est Michel de Montaigne, maltraité et certainement offensé par les décisions de Pierre. Il n'est pas possible d'imaginer ce qui l'a poussé à priver son fils de ses droits (peut-être le penchant dépensier de Michel, son incapacité au "ménage"), ni de déterminer ce qui sept ans plus tard l'a décidé à modifier ses dernières volontés (Michel s'était entre-temps marié, peut-être offrait-il de meilleures garanties s'étant rangé ?).

Le fait est que le 22 septembre 1567 Pierre rédige un deuxième testament qui annule le précédent (mais sans guérir la blessure infligée au fils aîné), où Michel est institué héritier universel, avec le devoir minutieusement détaillé de pourvoir à sa mère et à ses frères. Et on se souvient de ce passage dans le chapitre *De l'amitié*, où Montaigne, dissertant de l'excellence de ce sentiment, déclare qu'il est incomparable et incompatible aussi bien avec le lien entre parents et enfants qu'avec celui entre frères, liens qui peuvent être facilement souillés par des questions d'intérêt ; si bien que le codicille

> Ce n'est pas que je n'aye essayé de ce costé là tout ce qui en peut estre, ayant eu le meilleur pere qui fut onques et le plus indulgent jusques à son extreme vieillesse, et estant d'une famille fameuse de pere en fils, et exemplaire en cette partie de la concorde fraternelle (I, 28, 185a [183-84])

a tout le ton d'une *excusatio non petita*[9]...

Mais ce deuxième testament étonne surtout par le soin maniaque avec lequel sont précisés les droits d'Antoinette de Louppes : tant qu'elle restera «en chaste viduité», elle devra jouir d'une somme conséquente, et de certaines parties du château, dont les frontières sont soigneusement délimitées : telle pièce, tel côté de la cuisine (qui devra donc être divisée), tel passage et tel couloir... Et s'il arrive que la mère et le fils ne puissent vivre en bonne entente sous le même toit, Michel devra allouer à sa mère une rente annuelle, et l'installer dans une autre résidence correspondant à sa condition.

Tant de précautions de la part de Pierre Eyquem, évidemment inspirées par des considérations pessimistes sur la possibilité d'une cohabitation harmonieuse, semblent renvoyer l'écho d'incompatibilités criantes et porter la marque d'un conflit probablement très ancien entre la mère et le fils[10].

---

9 Sur ce point, *cf.* le chapitre précédent, "Le livre du veuvage".

10 «Les précautions mêmes de Pierre Eyquem dans son testament semblent prouver son peu d'espoir dans la bonne entente : prévoyant "l'incompatibilité d'humeur" entre la mère et le fils, il stipule des clauses précises, comme s'il se défiait du désintéressement de l'une et de la générosité de l'autre» (P. Barrière, *Montaigne gentilhomme français*, Bordeaux, Delmas, 1948,

Parlons donc de cette mère dont les *Essais* ne parlent jamais. Son absence – qui est frappante, si on la compare à la vigueur de la présence du père – a été remarquée à plusieurs reprises, et attribuée souvent à un manque d'amour de la part de Montaigne, ou même à une réticence honteuse due aux origines juives d'Antoinette de Louppes[11]! Il n'y a pas lieu de s'arrêter sur l'incertitude de cette hypothèse. On pourra par contre remarquer que, si les *Essais* ne traitent pas de la mère, ils traitent des mères, et ce en des termes peu flatteurs. C'est ce qui arrive, ainsi qu'on l'a vu, dans *De l'affection des peres aux enfans*, là où Montaigne lance ses foudres contre ces pères qui, non contents d'avoir privé leurs fils de la part qui leur était due, à leur mort laissent aux épouses la pleine autorité sur les biens de famille (comme Pierre Eyquem dans son premier testament...) : s'il est juste que les mères s'occupent de l'administration du patrimoine tant que les enfants n'ont pas l'âge d'assumer cette tâche, leur pouvoir ne doit pas dépasser les limites de temps strictement nécessaires. Mais, en se corrigeant, l'écrivain poursuit :

> Bien seroit il toutefois à la verité plus contre nature de faire dépendre les meres de la discretion de leurs enfans. On leur doit donner largement dequoy maintenir leur estat selon la condition de leur maison et de leur aage, d'autant que la necessité et l'indigence est beaucoup plus mal seante et malaisée à supporter à elles qu'aux masles, il faut plustost en charger les enfans que la mere (II, 8, 397a [377]) ;

dans ces recommandations – protéger les mères, les préserver de l'avilissement d'une sujétion financière et du besoin – on pourrait peut-être lire un accent de tendresse secrète, inavouée, et débusquer l'image de la vieille mère envers laquelle il faut déployer soin et attention. Il est pourtant fort improbable que l'ombre d'Antoinette soit passée «nella maniera più silenziosa e anonima, in questo breve frammento. Silenziosa e anonima come forse Antoinette, per quanto ci è dato arguirne, si tenne, e fu tenuta, nella famiglia Montaigne»[12].

---

p. 63). Depuis le XIXe siècle, de nombreuses recherches existent aussi sur Antoinette de Louppes ; l'étude la plus récente et perspicace est celle de F. Charpentier, «L'absente des *Essais* : quelques questions autour de l'essai II, 8, *De l'affection des peres aux enfans*», *B. S. A. M.*, série VI, 17-18 (1984), p. 7-16.

11 *Cf.* R. Trinquet, *op. cit.*, p. 117-59 : l'hypothèse d'une ascendance juive d'Antoinette de Louppes est fragile, n'a jamais été démontrée, et demeure cependant tellement répandue que tous la donnent pour certaine en l'exploitant éventuellement dans une optique antisémite (Barrès en tirait un argument pour dénoncer le mépris affiché par Montaigne à l'égard des valeurs chrétiennes, avec ce qui s'ensuit...), ou, au contraire, en y trouvant l'explication de la tendance autobiographique des *Essais*, chose singulière dans la France du XVIe siècle (Américo Castro).

12 «dans ce bref fragment de la manière la plus silencieuse et anonyme. Silencieuse et anonyme, comme, à ce que nous savons, fut l'attitude d'Antoinette elle-même et la manière dont elle fut considérée dans la famille Montaigne», G. Debenedetti, *op. cit.*, p. 9-10. C'est probablement la plus grosse bévue de Debenedetti, qui a consacré quelques pages très sensibles, qui pouvaient être évitées, à ramener au premier plan le personnage de la mère de Montaigne, dont il a mal interprété le rôle.

Certes, toute absence peut être renversée en présence, tout silence est éloquent : mais celui de Montaigne sur sa propre mère peut vouloir dire simplement le peu d'importance attribué à la figure maternelle chez quelqu'un qui s'intéresse surtout à la formation de l'homme sur le plan moral et intellectuel, rôle dévolu exclusivement au père. Sans compter que son père est décédé depuis longtemps lorsque l'auteur commence à en tisser l'éloge (donc avec tous les égards dus à un mort, et avec le respect que la mort exige) ; alors que sa mère, toujours vivante, toujours au château (où elle est restée, malgré les prévisions découragées de Pierre Eyquem), occupe la réalité, et ne peut entrer dans le livre. D'autre part, comment tirer de ces pages, qui réservent à la mère un ministère et une autorité purement naturels, une discrète et secrète apologie de sa fonction ? La proposition bienveillante est aussitôt contredite par le texte lui-même : les dégâts de l'amour maternel, animal et irrationnel, sont amplement soulignés dans le paragraphe suivant (qui dans la rédaction de 1580 n'est séparé de l'autre que par quelques lignes en faveur de la loi salique) :

> Il est aussi dangereux de laisser à leur jugement la dispensation et distribution de nostre succession, selon le chois qu'elles feront des enfans, qui est à tous les coups inique et fantastique. Car cet appetit desreglé et goust malade qu'elles ont au temps de leurs groisses, elles l'ont en l'ame en tout temps. Communement on les void s'adonner aux plus foibles et malotrus, ou à ceux, si elles en ont, qui leur pendent encore au col. Car, n'ayant point assez de force de discours pour choisir et embrasser ce qui le vaut, elles se laissent plus volontiers aller où les impressions de nature sont plus seules et plus apparentes : comme les animaux, qui n'ont cognoissance de leurs petits ni goust de la parenté que pendant qu'ils leur pendent à la mamelle (*ibid.*, 399a [379]).

Une supposition en vaut une autre : pour ce que nous en savons, c'est peut-être Antoinette de Louppes qui est représentée dans cette description blessante, peut-être a-t-elle eu un faible pour ses derniers-nés. Et dans les exhortations de Montaigne à protéger les vieilles mères on pourrait lire une autre *excusatio*, voire une palinodie embarrassée. Mais pour sortir de tous ces "peut-être", et pour faire sortir la mère des coulisses où la relèguent les *Essais*, pour vérifier si cette hypothèse est recevable, au lieu de solliciter nos complexes sentiments filiaux, il faut nécessairement avoir recours une fois encore aux documents.

Quelques dates, d'abord. Ayant épousé Pierre Eyquem en 1528, Antoinette a cinquante-sept ans lorsqu'elle devient veuve en 1568. Elle survivra de beaucoup, non seulement à son mari mais même à Michel, et mourra, nonagénaire, en 1601, après avoir dicté en 1597 son testament, qui commence ainsi :

Au nom du Père, du Fils et du Saint-Esprit, Amen ! Je, Antoinette de Louppes, me reconnaissant mortelle, chargée d'années, près de la fin de mes jours, ai fait ce mien présent testament solennel en la forme qui s'ensuit : Premièrement, je supplie mon bon Dieu et Créateur, par l'intercession de notre Seigneur Jésus-Christ, de recevoir mon âme lorsqu'elle sera séparée de mon corps et me donner lieu en son Paradis et la vie éternelle [...] Il est notoire que j'ai travaillé l'espace de quarante ans en la maison de Montaigne avec mon mari, en manière que par mon travail, soin et ménagerie, ladite maison a été grandement évaluée, bonifiée et augmentée ; de quoi et de ce que dessus feu Michel de Montaigne, mon fils aîné, a joui paisiblement par mon octroi et permission, et, depuis son décès, Léonor de Montaigne, fille dudit feu Michel de Montaigne, mon fils, tient et possède presque tous les biens délaissés par ledit feu sieur de Montaigne, mon mari, étant très riche et opulente. Par ainsi ne doit rien prétendre de mes biens et hérédité[13].

Donc, pendant ses quarante ans de mariage Antoinette a collaboré activement avec son mari à l'administration du domaine (qu'on se rappelle la phrase des *Essais* déjà citée «Je me suis pris tard au mesnage. Ceux que nature avoit faict naistre avant moy m'en ont deschargé long temps»), en donnant preuve de ces vertus domestiques qui semblent être les seules que Montaigne apprécie dans une femme («La plus utile et honnorable science et occupation à une femme, c'est la science du mesnage», III, 9, 975b [952]), et que probablement son fils aussi lui reconnaissait. Ce n'est qu'à la mort de Pierre Eyquem, lorsque Michel devient le seigneur du château, qu'Antoinette en abandonne la direction, à contrecœur, comme nous allons voir. En effet, à ce moment-là, en marge des complexes affaires autour de la succession, se déroule une petite et peu édifiante comédie (tragédie ?) familiale.

Scène I. A sa mort Pierre Eyquem a laissé le deuxième testament – quatre pages de sa main – dont l'exécuteur sera son frère Pierre de Goujac. Le 7 juillet 1568 se réunissent au château, en présence du procureur, du juge et de plusieurs notables, la veuve Antoinette et les quatre garçons aînés (manque le dernier, Bertrand, qui n'a que huit ans), à savoir : Michel, Thomas, Pierre et Arnauld. Il s'agit d'attester l'authenticité du document. Pierre de Goujac, Michel et les notables convoqués le reconnaissent comme autographe en identifiant l'écriture du défunt. Antoinette déclare «n'estre sufisante de juger de telz affaires» ; quant à Thomas, Pierre et Arnauld, ils répondent «qu'ilz n'estoient pas là comme tesmoings»... Cela pourrait ressembler à une conjuration tramée contre Michel, l'aîné et l'héritier, par sa mère et ses frères cadets, probablement excédés par l'annulation du testament précédent, qui, en laissant à la veuve le pouvoir sur tout l'héritage, lui aurait aussi permis de le répartir autrement entre ses fils.

---

13 Ce début du testament est rapporté aussi par P. Stapfer, *La Famille et les Amis de Montaigne*, Paris, Hachette, 1896, p. 52-53.

Michel prend alors la parole, et tête nue, le béret à la main, il s'adresse longuement à sa mère avec des promesses d'obéissance, en lui certifiant qu'il respectera les volontés du testateur et qu'il paiera les sommes prévues. Si toutefois Antoinette «ne veult accepter les offres et estimations de son dire», Michel se déclare prêt à tout mettre par écrit, noir sur blanc ; à cela la mère répond «qu'elle pourveut de conseil», donc qu'elle a l'intention, sinon de présenter un recours («*[se] pourvoir* : recourir à une autorité qui a droit de casser une décision», Littré, *s. v.*), du moins de faire appel à un homme de loi pour lui demander conseil.

Scène II. Deux jours plus tard, le 9 juillet, la veuve fait faire une copie conforme du testament (reconnu olographe). Antoinette prend donc ses précautions : même en tenant compte des habitudes de l'époque et du goût fort répandu pour les actes notariés, on ne peut dire que dans cette famille les rapports soient empreints d'une confiance réciproque.

Scène III. Par acte daté du 23 août on liquide la succession de Pierre Eyquem. Ni la veuve, ni le fils mineur, Bertrand, ni les trois filles ne sont présents ; paraissent devant le notaire les trois aînés, qui approuvent le testament et cèdent à Michel tout l'héritage. L'affaire semble close, mais…

Scène IV. Une semaine plus tard, avec un autre acte, daté du 31 août, Michel définit sa situation à l'égard de sa mère : celle-ci ne pourra prétendre à l'administration du domaine, et elle n'exercera son autorité que sur les logements et les serviteurs que ce document lui attribue.

La brève comédie s'achève ainsi avec la "défaite" d'Antoinette, qui continuera d'habiter le château dans des conditions confortables, quoique dans une situation marginale ; mais elle fera encore entendre sa voix, à de nombreuses reprises peut-être, et sûrement à une occasion avérée par un autre… acte notarié. A la mort de son fils Arnauld (survenue à vingt-trois ans de façon accidentelle, lors d'une partie de jeu de paume, où une balle l'a frappé à la tête, *cf. Essais*, I, 20, 85a [84], où Montaigne rapporte cet épisode), la chaîne en or qu'il avait l'habitude de porter à son cou a été retrouvée dans le coffret de Françoise de La Chassaigne. Certains biographes en ont tiré parti pour introduire dans la comédie – si peu romanesque, toute concentrée sur l'argent ! – le motif piquant de l'adultère, en supposant une relation entre la femme de Montaigne et le beau-frère de celle-ci : hypothèse fantaisiste, qui ne nous intéresse pas ici. Mais que fait la mère ? Elle réclame la chaîne, qui lui sera restituée avec un contrat en bonne et due forme daté du 23 mai 1569[14].

---

[14] *Cf.* A. Nicolaï, *Montaigne intime*, Paris, Aubier, 1941, p. 75-77, qui énonce cette hypothèse de l'adultère, reprise ensuite par D. M. Frame, *Montaigne's Discovery of Man*, New York, Columbia University Press, 1955, p. 32. Mais on peut consulter avec profit D. M. Frame, *Montaigne. A Biography*, New York, Harcourt, Brace and World Inc., 1965, pour un parcours biographique complet.

Anonyme et silencieuse, Antoinette de Louppes ? Bien au contraire, on la dirait batailleuse et jalouse de ses prérogatives. Chargée d'années, ayant besoin de soutien et dépendant de la généreuse et affectueuse libéralité de son fils ? Au contraire, pourvue par le legs de son mari d'une fortune suffisante, qu'en tout cas elle défend bec et ongles. Relisons son testament et notons la formule «par mon octroi et permission», qui semble confirmer, à plusieurs années de distance, l'orgueil opiniâtre d'une autorité qu'elle a soigneusement préservée : un peu comme si Antoinette se référait moralement au premier testament de son mari en le considérant seul légitime, et voulait ignorer le second, en suggérant qu'en fait son fils aîné n'aurait pu jouir de ses privilèges d'héritier absolu que grâce à ses concessions (à elle qui sans doute renâclait à remettre l'administration du domaine dans des mains aussi inexpérimentées ; et sans doute déçue plus tard par le peu de soin de Michel pour le "ménage"). Le fait est que son testament sonne comme une revanche amère, presque acide : Antoinette ne laisse à Léonor, la fille et l'héritière de Michel, que des bagatelles et désigne comme successeurs de ses propres biens les deux fils vivants : Thomas de Beauregard et Bertrand de Mattecoulon.

En conclusion : on n'est jamais trop prudent lorsqu'on interprète les silences d'un texte ; réaliser un montage à peu près logique et structuré entre le non-dit des *Essais* et le dit des actes notariés est une opération à risque, le point de suture des séquences semble inévitablement arbitraire. Mais dans ce cas précis l'insondable silence de Montaigne sur la figure maternelle pourrait bien signifier une censure des faits révélés par les documents, et des rapports qu'on peut supposer à partir de ces faits. Même dans les meilleures familles il y a toujours quelque compte – affectif ou économique – à régler.

IV. Où l'on parle encore du père et du fils, mais aussi du livre (et de la reconstruction de la réalité dans le livre)

Revenons au chapitre *De l'affection des peres aux enfans*, dont on n'a pas épuisé les suggestions. On a mesuré la bonne volonté qu'il faut pour en donner une lecture disons sans malice, pour interpréter de façon positive un texte qui, sous le prétexte énoncé par le titre, glisse en réalité vers l'argumentation opposée et traite des mauvais rapports entre parents et enfants, surtout relativement aux affaires de biens et d'héritage, et se poursuit sur une diatribe contre les femmes[15].

---

15 On trouve de la perplexité déjà chez P. Barrière, *Montaigne gentilhomme français*, cit., p. 52 : «Tels passages des *Essais* sur les rapports entre les pères et les enfants, sur les pères qui gardent la fortune pour eux et n'ont pas peur d'incommoder leurs fils, sont plutôt inquiétants». Mais il faut surtout lire l'excellente analyse de F. Charpentier, «Accepter la mairie : un déchiffrement», *Les Écrivains et la Politique dans le Sud-Ouest de la France autour des années 1580*, actes du Colloque de Bordeaux (1981), Presses Universitaires de Bordeaux, 1982, p. 37-44.

Mais il y a autre chose : à partir de là Montaigne en vient à parler de la "paternité" intellectuelle – bien plus importante à ses yeux que la physique – à savoir du livre-fils (de *ce* livre) bien plus sien qu'un enfant de chair :

> Car ce que nous engendrons par l'ame, les enfantements de nostre esprit et de nostre suffisance, sont produicts par une plus noble partie que la corporelle, et sont plus nostres : nous sommes pere et mere ensemble en cette generation, ceux cy nous coustent bien plus cher et nous apportent plus d'honeur, s'ils ont quelque chose de bon. Car la valeur de nos autres enfans est beaucoup plus leur que nostre : la part que nous y avons est bien legiere ; mais de ceux cy toute la beauté, toute la grace et excellence est nostre. Par ainsi ils nous representent et nous rapportent bien plus vivement que les autres (II, 8, 400a [380-81]).

L'idée est étayée par une cascade d'exemples tirés de l'Antiquité ; mais plus tard, en revenant sur cette page, l'écrivain introduit deux additions qui manifestent ce qui était implicite, en se référant directement aux *Essais* :

> (b) Et je ne sçay si je n'aymerois pas mieux beaucoup en avoir produit ung [*scil.* un enfant], parfaictement bien formé, de l'acointance des muses, que de l'acointance de ma femme.
>
> (c) A cettuy-cy, tel qu'il est, ce que je donne, je le donne purement et irrevocablement, comme on donne aux enfans corporels : ce peu de bien que je luy ay faict, il n'est plus en ma disposition ; il peut sçavoir assez de choses que je ne sçay plus, et tenir de moy ce que je n'ay point retenu et qu'il faudroit que, tout ainsi qu'un estranger, j'empruntasse de luy, si besoin m'en venoit. Il est plus riche que moy, et je suis plus sage que luy (*ibid.*, 401-2 [383]).

On peut évidemment en déduire que le livre est pour lui un substitut du fils (du fils mâle qu'il n'a pas eu)[16] ; mais on peut en inférer surtout des considérations sur le rapport avec son père, à l'égard duquel l'élaboration des *Essais* joue en quelque sorte le rôle d'agent libérateur. En schématisant, la relation de Michel avec la figure paternelle peut s'articuler en trois phases :

1) la première, indubitablement conflictuelle, est celle de la frustration et de la révolte à l'égard d'un père qui l'a déçu à maintes reprises. Il y a au moins trois occasions de conflit, par ordre chronologique et d'importance croissante : la "crise" qui intervient lors de l'expérience pédagogique, avec le choix du collège qui s'ensuit ; la générosité pour le moins limitée de Pierre Eyquem, qui ne fournit pas à son fils des moyens de subsistance conformes à sa condition ; enfin, le premier testament, qui le prive de tous ses droits au bénéfice de sa mère ;

Et, du même auteur, «L'absente des *Essais*», cit., qui rappelle avec pertinence le passage de I, 28 où, en exaltant l'amitié en comparaison des autres liens, Montaigne se débarrasse des liens du sang avec les métaphores du «crachat» et du «trou» (*cf. supra*, "Le livre du veuvage").

16 *Cf.* A. Compagnon, *Nous, Michel de Montaigne*, Paris, Seuil, 1980, avec lequel je ne suis pas toujours d'accord (ces pages le montrent) tout en pouvant souscrire à certains points.

2) la deuxième est celle de la revanche par l'écriture. Libre (grâce à la mort du père et au deuxième testament) de gérer son existence, Michel, désormais seigneur de Montaigne, tend à se détacher de l'image paternelle jusqu'à s'y opposer. Enclin d'abord («quelques années», qui remplace le précédent «quatre ou cinq années») à exagérer ses nouvelles responsabilités et l'importance de l'argent, il thésaurise les richesses dont enfin il dispose ; puis il se guérit de cette maladie ridicule, et vit «du jour à la journée», en faisant «courir (sa) despence quand et (sa) recepte» (I, 14, 64-65b-c [64-66]). C'est ainsi qu'il refuse les rôles qui furent ceux de Pierre (non seulement les fonctions publiques, mais aussi la sage administration des biens), pour affirmer son incompatibilité avec de telles occupations et pour s'affirmer en revanche dans le domaine de la méditation et des lettres, à travers la rédaction du livre qu'il a entre-temps commencé. En somme, il s'agit pour Montaigne de conquérir son autonomie ; il s'agit de se démarquer du modèle humain de Pierre Eyquem pour construire de soi une image contraire, en assumant ses défauts (incapacité pour la vie pratique, répugnance au "ménage") et même en les valorisant, en les faisant servir à la réalisation d'un produit intellectuel. Il est évident que cette opération ne se fait pas sans difficultés, sans un conflit du sujet avec lui-même (ses répugnances sont toujours souffertes comme autant de fautes, et il persiste à se nier en tant que «faiseur de livres», à vouloir exister «ailleurs qu'en papier», II, 37, 784a [764]), peut-être aussi avec son entourage (dans les «plaintes qui [lui] cornent aux oreilles», I, 26, 176c [175] et dans d'autres allusions de ce type on a l'impression d'entendre l'écho des objections et réprimandes de sa famille). Mais les pages s'accumulent, le livre grossit, et Montaigne ne tarde pas à prendre conscience de l'importance de sa «sotte entreprise» (II, 8, 385a [364], en exorde justement au chapitre *De l'affection des peres aux enfans*, qui ainsi s'ouvre et se clôt sur la thématique du livre) ;

3) ayant ainsi gagné son indépendance – aussi bien matérielle que morale – et fait ses preuves, Montaigne peut rétrospectivement intérioriser l'image de son père défunt, témoigner dans son livre des "vertus" de Pierre Eyquem (surtout de celles qui lui sont le plus étrangères, alors qu'il minimise sa culture, dont il exagère les limites)[17], bref consigner à la page le portrait positif du «meilleur pere qui fut onques», en passant sous silence déceptions et conflits.

---

[17] Sur les positions de Montaigne quant aux facultés intellectuelles de son père, *cf.* F. Charpentier, «Accepter la mairie», cit. ; mais aussi M. Gutwirth, «Montaigne pour et contre Sebond», *R. S. H.*, XXXIV, 134 (1960), p. 175-88, qui montre comment, à travers Sebond, Montaigne règle aussi ses comptes avec sa crise œdipienne. Et, sur l'ambiguïté de cette relation, L. D. Kritzman, «Pedagogical Graffiti and the Rhetoric of Conceit», *Journal of Medieval and Renaissance Studies*, 15, 1 (1985), p. 69-83. Je reviendrai sur cette question, avec une perspective autre, dans la dernière partie de ce livre, *cf. infra*, "Le héros de plume".

Je m'arrête là. Cette enquête, structurée uniquement sur la confrontation entre les documents et le texte des *Essais*, permet, grâce à son parti pris "positiviste", de dévoiler les doux leurres et les subterfuges inconscients dont la critique se protège pour éviter le vrai problème : l'ambiguïté – de fond, c'est peu dire – des sentiments de Montaigne à l'égard du père (et sa rancœur à l'égard de la mère). Ambiguïté que l'écriture, devenue thérapeutique, tente de résoudre, en permettant au sujet de prendre ses distances avec cette figure oppressante d'un père à la fois viril et maternel.

Thérapie interminable. Les desseins secrets du livre corrigent le texte blessé de l'existence, comblent des lacunes, rectifient des déformations, introduisent des leçons conjecturales. Mais quel livre, si le travail est à reprendre constamment ? Et que signifie, alors, la première publication, en 1580 ?

Après ce qu'on a dit, on peut provisoirement supposer qu'elle signifie une libération. «Le livre dont Montaigne fait hommage au roi Henri III est secrètement un livre dont il se débarrasse»[18]. C'est en tout cas un livre clos. Il faut probablement s'interroger sur la date d'impression pour sonder la signification de ce rachat.

---

18 F. Charpentier, «Accepter la mairie», cit., p. 42.

CHAPITRE 3

LE LIVRE TÉMOIN

Pourquoi l'avis *Au lecteur* est-il daté du 1er mars 1580 ?

La question – simple mais qui jusqu'ici ne semble pas avoir eu de réponse ni même avoir été posée – découvre une évidence : né le dernier jour de février 1533, Montaigne signe son ouvrage le lendemain de son quarante-septième anniversaire. Hasard ? Coquetterie sans autre signification ? On le croit difficilement. Dans un texte qui manifeste à plusieurs reprises une attention accordée à la symbolique des nombres, surtout des années, cette date doit avoir un sens.

Je m'empresse de préciser que je n'entends pas me divertir – d'autres l'ont déjà fait – à des calculs compliqués et sans doute oiseux, visant à démontrer mathématiquement l'architecture des *Essais* : lorsqu'on joue avec les chiffres, on finit toujours par trouver quelque combinaison et par la trouver signifiante. Je m'abstiens donc d'essayer les possibilités du 47, dont on pourrait éventuellement tirer quelques constatations du genre : le chapitre I, 47 porte sur l'incertitude de notre jugement, thème fondamental de l'œuvre ; le nombre des chapitres des deux premiers livres, c'est-à-dire de l'ensemble de l'édition de 1580, est 94, donc le double de 47…

Il est cependant hors de doute, à un autre niveau, que Montaigne est très sensible aux échéances chronologiques, sur lesquelles il bat la mesure de son existence. La première preuve, éclatante, en est fournie par la date de sa «retraite», soigneusement fixée dans l'inscription de sa «librairie» : «*aet. 38, pridie cal. mart., die suo natali*». Ici non plus il ne peut s'agir d'une coïncidence, mais d'un rapport souligné avec soin : le jour du retour à soi – qui finit par coïncider, fût-ce *a posteriori*, avec le jour inaugural de la rédaction du livre – est précisément un anniversaire. Et l'anniversaire «c'est l'instant où l'année tourne sur elle-même, forme avec elle-même un anneau, s'annule et recommence»[1].

---

1 Je dois cette idée et ses développements à J. Derrida, *Otobiographies. L'enseignement de Nietzsche et la politique du nom propre*, Paris, Galilée, 1984, p. 53. Dans les pages qui suivent, j'aurai recours à d'autres formules derridiennes, qui m'ont paru particulièrement heureuses et applicables à mon sujet… sans qu'on puisse dire que Nietzsche soit Montaigne, et dans le cadre d'une réflexion nécessairement différente.

Que peut signifier, alors, le *lendemain* d'un anniversaire ?

I. La quarante-septième année

Arrêtons-nous, pour l'instant, sur la première date. «L'an du Christ 1571, âgé de trente-huit ans», Montaigne, «*dum se integer*», est cependant habité, et depuis longtemps, par la pensée de la mort :

> il n'est rien de quoy je me soie *dès tousjours* plus entretenu que des imaginations de la mort, *voire en la saison la plus licentieuse de mon aage*, parmy les dames et les jeux : tel me pensoit empesché à digerer à par moy quelque jalousie, ou l'incertitude de quelque esperance, cependant que je m'entretenois de je ne sçay qui, surpris les jours precedens d'une fievre chaude et de la mort, au partir d'une feste pareille, et la teste pleine d'oisiveté, d'amour et de bon temps, comme moy, et qu'autant m'en pendoit à l'oreille (I, 20, 87a [85-86]).

Ce chapitre I, 20 – que le repère temporel inscrit dans le texte («Il n'y a justement que quinze jours que j'ay franchi 39 ans») permet de dater, au moins en partie, au mois de mars de 1572 – est globalement une réflexion d'origine stoïcienne sur les moyens de se préparer à la mort (*Que philosopher c'est apprendre à mourir*), de l'apprivoiser et d'en atténuer la crainte à l'aide d'une méditation constante. Ce thème est peut-être moins intériorisé ici qu'il ne le sera plus tard, dans des chapitres postérieurs : en pleine possession de ses forces, l'écrivain s'exerce pour ainsi dire à froid sur ce problème capital. C'est là du moins l'avis de la plupart des critiques, quoique les études récentes aient nuancé l'interprétation traditionnelle : selon Villey le point de vue de Montaigne sur cette question aurait changé du tout au tout entre 1572 et 1588, jusqu'à ce douzième chapitre du troisième livre qui serait en contradiction formelle avec le vingtième du premier.

Un décalage subsiste entre les deux chapitres, mais décalage n'est pas contradiction. Si certaines affirmations de III, 12 («*Tota philosoforum vita commentatio mortis est*. Mais il m'est advis que c'est bien le bout, non pourtant le but de la vie ; c'est sa fin, son extremité, non pourtant son object», 1051-52c [1028]) semblent contredire assez nettement quelques-unes des formules essentielles de I, 20 («Le but de nostre carriere c'est la mort, c'est l'object necessaire de nostre visée», 84a [82]), il faut se garder d'opposer grossièrement la mort «but de la vie» de *Que philosopher c'est apprendre à mourir* à la mort «bout de la vie» de *De la phisionomie*. Je reviendrai sur ce point. Retenons plutôt qu'à des années d'écart Montaigne semble adopter une attitude identique. Hanté par le fantasme de la mort, dès le début il met toutes ses forces en œuvre pour le combattre, en ouvrant dans les pages de I, 20 un espace scénique extraordinaire, et en montant une pièce de l'imaginaire, avec une prosopopée de la Nature, où celle-ci apprend à l'homme comment dominer sa peur : un texte allocutoire, théâtral (dont la matrice est Lucrèce, avec quelques emprunts à Sénèque), où sont déployés tous les artifices – apostrophes, exclamations, interrogations, anaphores... – utilisés par la rhétorique de persuasion[2]. Tout cela ne suffit pas à mettre en fuite les terreurs funèbres, prêtes à se condenser à nouveau en clôture de ce chapitre, dans l'épouvantable cérémonial de l'agonie «en nos maisons» décrit à la dernière page. Mais il est clair que dès avant 1580 Montaigne s'est entraîné et endurci ; il a compris que la préparation à la mort est un élément indispensable de l'art de vivre ; que le «sçavoir mourir nous afranchit de toute subjection et contrainte» (I, 20, 87a [85]) ; donc que le «general et principal chapitre de sçavoir vivre» comprend l'«article de sçavoir mourir» (III, 12, 1052c [1029]).

Par ailleurs, en laissant de côté la comparaison plus ou moins superficielle entre les deux chapitres en question, une lecture attentive et diachronique de *Que philosopher c'est apprendre à mourir* – dont les additions successives, contemporaines des "grands" chapitres du troisième livre et les additions sur l'exemplaire de Bordeaux doublent presque la longueur – révèle que le message «ne semble guère varier sensiblement au regard de son contenu brut entre l'édition de 1580 et celle de 1595»[3]. Cet *ars moriendi* tôt découvert et longuement exercé ne sera jamais démenti. Non seulement la pensée de la mort s'inscrit dans le texte dès le début ; mais elle est déjà maîtrisée comme étant un aspect essentiel et inéluctable de notre condition.

Il ne s'agira certes pas d'une conquête définitive : nous aurons l'occasion de voir comment, et combien de fois, la figure de la mort refait surface dans le livre, malgré les défenses disposées par l'écriture. Mais il est intéressant de noter ici qu'avec le temps cette défense – une cuirasse de stoïcisme artificiel – ne change pas vraiment. Cette carapace de sagesse volontaire et volontariste est la seule protection sur laquelle Montaigne puisse compter contre l'assaut des spectres : mourir est aussi naturel que naître, on quitte la scène comme on y est entré ; si on sait le recevoir, le viatique de mère Nature est la seule règle qui permette un bon usage de la vie et de la mort.

Dans la laborieuse conquête de la sérénité, l'aventure rapportée dans II, 6 *De l'exercitation* joue certainement un rôle fondamental. Montaigne y raconte, on s'en souvient, une chute de cheval accidentelle – survenue

---

2 A. Tournon, «Les prosopopées ironiques dans les *Essais*», *Rhétorique de Montaigne*, actes du Colloque de la Société des Amis de Montaigne (Paris, 14-15 décembre 1984), Paris, Champion, 1985, p. 113-21, cherche à montrer comment Montaigne utilise jusqu'à en abuser les artifices de la tradition rhétorique «pour faire entendre, à travers eux, une parole véridique jusqu'à l'aveu de ses pouvoirs de leurre» (p. 121).

3 J. Brody, *Lectures de Montaigne*, Lexington, French Forum, 1982, p. 144 (c'est la conclusion de son excellente étude de ce chapitre).

«pendant nos troisiesmes troubles ou deuxiesmes» –, avec la perte de connaissance qui s'ensuivit : expérience cruciale, sans aucun doute, car approche analogique de la mort. La mort l'a effleuré, mais n'a pas voulu de lui. Montaigne découvre alors que l'agonie n'est pas ce tourment qu'évoquaient les *artes moriendi* traditionnels. C'est un doux glissement dans le sommeil du néant, dont il garde un souvenir marquant autant que bénéfique : pour l'écrivain revenu à la vie, la peur de la mort est désormais sinon apprivoisée, du moins apprivoisable.

Il est vraisemblable que cette expérience a eu pour lui «une valeur créatrice déterminante» de libération intérieure préliminaire d'où prit naissance le mouvement qui animera les *Essais* [4]. Celui qui se lance dans l'aventure de l'écriture est un homme qui a éprouvé physiquement le *continuum* de la mort et de la vie, qui donc a compris qu'on vit toujours en sursis et que le passage d'un état à l'autre est le franchissement d'un seuil très ténu.

Il est tout aussi vraisemblable que l'accident est de 1568. Montaigne avait trente-cinq ans. Il le rapporte quatre ans plus tard (selon le texte de 1580, modifié par la suite : «et me sens encore *quatre ans après* de la secousse de cette froissure», II, 6, 377a [357]) : la rédaction de ce chapitre pourrait donc être strictement contemporaine (1572) de celle de *Que philosopher c'est apprendre à mourir*.

On saisit mieux, à partir de là, le sens de l'«exercitation» sur la mort qui parcourt l'exercice de l'écriture. Ayant «essayé par effect» la ressemblance entre l'agonie et le sommeil (ce qu'il avait toujours imaginé «contre l'opinion de plusieurs, et mesme d'Estienne de La Boetie», *ibid.*, 374a [354-55]), Montaigne ajoute à cet *essai* «par effect» les *"essais"* (I, 20 ; II, 6) de la méditation et de l'analyse. C'est à l'aide de cette pierre de touche, de cette aventure de la mort personnellement vécue à trente-cinq ans environ, que, dans *Que de philosopher c'est apprendre à mourir*, il peut se poser la question

---

4 Je reprends, en l'atténuant à peine, l'analyse de G. Nakam, *Montaigne et son temps, les événements et les "Essais"*, Paris, Nizet, 1982, p. 108-11 (qui propose aussi des indications utiles pour dater l'accident). Mais S. Rendall avait déjà remarqué à ce propos : «The event is the only one in the *Essais* which resembles the kind of turning point or crisis frequently described in autobiography» («The Rhetoric of Montaigne's Self-Portrait : Speaker and Subject», *Studies in Philology*, LXXIII, 3 [1976], p. 292). *Cf.* aussi C. B. Brush, «Montaigne Tries out Self-Study», *L'Esprit créateur*, XX, 1 (1980), p. 23-35, et T. Conley, «Un test de style», *Œuvres et Critiques*, VIII, 1-2 (1983), p. 195-209. Sur les implications rhétoriques et narratologiques du récit de Montaigne, *cf.* R. L. Regosin, «The Text of Memory : Experience and Narration in Montaigne's *Essais*», *The Dialectic of Discovery : Essays on the Teaching and Interpretation of Literature presented to Lawrence E. Harvey*, Lexington, French Forum, 1984, p. 145-58. Et, pour une étude des notions de la vie et de la mort chez Montaigne, on revient toujours au beau livre de A. Tenenti, *Il senso della morte e l'amore della vita nel Rinascimento*, Torino, Einaudi, 1957, p. 398-427 (trad. franç. *Sens de la mort et amour de la vie à la Renaissance en Italie et en France*, Paris, L'Harmattan, 1983).

de la durée moyenne de l'existence, de l'âge auquel on quitte la vie : âge qu'on peut évaluer selon «l'effect et l'experience» autour de la trente-cinquième année, plutôt avant qu'après (I, 20, 84-85a [83]). Et c'est sûrement au crible de ce souvenir revécu et réessayé que Montaigne peut à trente-neuf ans enregistrer cette prise de conscience : «Par le commun train des choses, tu vis desjà pieça par faveur extraordinaire. Tu as passé les termes accoustumez de vivre» (*ibid.*). Ce qui présuppose le passage par la mort ; ou mieux : l'accident, décrit comme une simulation de l'expérience extrême et en même temps comme l'occasion d'une régression vitale, opère la conjonction entre l'impossibilité d'écrire sa propre mort et le paradoxe de l'autographie, à savoir la question : «Qu'est-ce que s'écrire soi-même s'il n'est pas possible d'écrire sa propre mort ?» C'est pourquoi «L'écriture de soi et sa question sont des *marginalia* de l'écriture de sa propre mort ou de son impossibilité : le supplément d'un manque»[5].

Autant dire que l'ouvrage dont la rédaction est à peine commencée se situe dans une sorte d'au-delà de la vie. Ou dans une nouvelle vie.

La question de la durée moyenne de l'existence, et la réponse qui y est donnée, réapparaissent en des termes strictement analogues à la fin du premier livre, dans le chapitre *De l'aage* (qu'aucune indication ne permet de dater avec certitude). On est frappé par l'abondance des renvois ponctuels, sur la «façon dequoy nous establissons la durée de nostre vie», sur l'étrange folie qui nous fait appeler «naturelle» la seule mort par vieillesse, et qui au contraire est «rare, singulière et *extraordinaire*», privilège que nature nous accorde «*par faveur particulière*» (I, 57, 326a [312]) : où résonne le «tu vis desjà pieça *par faveur extraordinaire*» de I, 20. Et on retrouve aussi la référence au «*commun train des choses*» et l'allocution «*tu as passé les termes accoustumez de vivre*» :

> Par ainsi mon opinion est de regarder que l'aage auquel nous sommes arrivez, c'est un aage auquel peu de gens arrivent. Puis que d'*un train ordinaire* les hommes ne viennent pas jusques là, c'est signe que nous sommes bien avant. Et puis que *nous avons passé les limites accoustumez*, qui est la vraye mesure de nostre vie, nous ne devons esperer d'aller guiere outre (*ibid.*).

---

5 L. Marin, *La Voix excommuniée*, Paris, Galilée, 1981 ("Le tombeau de Montaigne", p. 133-56 ; *cf.* p. 134 pour cette citation). L. Marin souligne à juste titre la relation qui s'installe, dans ce chapitre II, 6, entre le récit de la mort (niveau A) et l'interrogation sur l'écriture de soi que développe l'addition finale de l'exemplaire de Bordeaux. Le trajet de ce texte est donc «aussi un trajet dans le temps même de l'entreprise des *Essais*» (*ibid.*). A travers les *Essais*, la quasi-impossibilité de communiquer sa propre expérience (non seulement le récit de la mort, mais ce que transcrit toute écriture de soi est une expérience singulière et incommunicable) se transforme en choix de l'écriture comme moyen de se connaître, donc comme «art de vivre» (*ibid.*, p. 151-55). Je reviendrai plus loin sur l'addition du niveau C qui complète ce chapitre.

L'insistance sur *ordinaire / extraordinaire* indique qu'il s'agit, une fois de plus, de renverser l'opinion courante en présentant la longévité comme *exceptionnelle*, et comme *normale* par contre la mort "prématurée".

Mais il y a autre chose. Ce chapitre s'ouvre sur l'exemple du jeune Caton, objectant à ceux qui voulaient l'empêcher de se donner la mort que, vu son âge, on ne pouvait lui reprocher d'abandonner la vie trop tôt. «Si n'avoit il que quarante huict ans – commente Montaigne –. Il estimoit cet aage là bien meur et bien avancé, considerant combien peu d'hommes y arrivent». Certes, il n'est pas légitime de voir dans cette remarque un indice de l'âge que pouvait avoir l'écrivain lorsqu'il rédigeait ces lignes. Reste que, au début du chapitre et à la fin du livre, il inscrit le terme auquel il est "raisonnable" de clore son existence.

Le motif est répandu : en plus de la "source" directe (le *Caton* de Plutarque traduit par Amyot), on peut sans doute lire ici l'écho de toute une typologie traditionnelle qui situe le seuil de la vieillesse entre la quarantième et la cinquantième année[6]. Mais le fait que Montaigne reprenne le *topos* n'est sûrement pas dépourvu de sens.

La référence est encore plus précise dans le chapitre final du second livre (et de tout l'ouvrage, dans l'édition de 1580), probablement composé peu avant la publication, où l'écrivain déclare explicitement : «d'avoir vescu quarante six ans pour ma part n'est-ce pas assez ? quand ce sera le bout de ma carriere, elle est des plus longues».

A noter la correction qui intervient sur l'exemplaire de Bordeaux, où Montaigne remplace «avoir vescu quarante six ans» par «avoir vescu *sain* quarante *sept* ans» (II, 37, 764 [743]). Cette contre-vérité biographique (les atteintes de la gravelle commencent en 1578, et ce chapitre en fait état) confirme la valeur symbolique du quarante-septième anniversaire : tout se passe comme si, en se relisant, l'écrivain avait voulu d'une part indiquer avec précision non pas l'âge (46 ans) auquel il avait effectivement rédigé ces lignes, mais celui (47 ans) auquel il avait publié les *Essais* pour la première fois, et qui renvoie à la date inscrite dans l'avis *Au lecteur* ; et de l'autre mettre en évidence que la première rédaction du livre avait coïncidé avec «la meilleure part de (son) aage».

Notons aussi que c'est au début de ce chapitre qu'on apprend que «ce fagotage de tant de diverses pieces [...] s'est basty à diverses poses et intervalles», et qu'on rencontre l'affirmation bien connue : «Au demeurant, je ne corrige point mes premieres imaginations par les secondes [une addition

6 H. Friedrich, *Montaigne*, trad. franç. de R. Rovini, Paris, Gallimard, 1968, p. 250-51.

sur l'exemplaire de Bordeaux précise : «ouy à l'aventure quelque mot, mais pour diversifier, non pour oster»]. Je veux representer le progrez de mes humeurs, et qu'on voye chaque piece en sa naissance. Je voudrois avoir commencé plustost et prendrois plaisir à reconnoistre le trein de mes mutations» (*ibid.*, 758a [737]). Est ainsi soulignée la fidélité à soi qui pousse l'écrivain à enregistrer ses changements successifs et par conséquent lui interdit de modifier ses premiers textes. Autrement dit, le livre se déclare changeant et égal à lui-même, non identique à sa première ébauche, mais l'assumant et la confirmant. La quarante-septième année englobe tout ce qui a été vécu et écrit jusque-là.

Et puisqu'on parle de "variantes", il faut noter encore qu'au moment de faire paraître la nouvelle édition de son ouvrage, Montaigne remplace le «premier de Mars mille cinq cens quatre vingts» de l'avis par «ce 12 juin 1588» : date qui n'a apparemment aucune signification particulière, mais qui semble simplement indiquer le jour où les *Essais*, revus et augmentés, sortaient des presses de Langelier. Ultérieurement, sur l'exemplaire de Bordeaux il restitue la date primitive, comme s'il s'était rendu compte de l'opportunité d'en confirmer la valeur probable : l'œuvre, abandonnée à l'imprimeur pour la première fois en 1580, lorsqu'il a quarante-sept ans, est achevée ; tous les «allongeails» qui viennent après «ne condamnent point la premiere forme» (III, 9, 964c [941]), meilleure sans doute, dans la mesure où elle reflète les années où l'écrivain était en meilleure forme.

Cette conscience du vieillissement, évidente dans les rédactions de niveau B et C (on lit en particulier dans la même page, III, 9, 964c [941] : «Mes premieres publications furent l'an mille cinq cent quatre vingts. Depuis d'un long traict de temps je suis envieilli, mais assagi je ne le suis certes pas d'un pouce», etc.) est cependant présente déjà dans la version de 1580, surtout dans *De l'aage* :

> Quant à moy je tiens pour certain que depuis cet aage là [il s'agit ici de la trentième année] et mon esprit et mon corps ont plus diminué qu'augmanté, et plus reculé que avancé (I, 57, 327a [313]).

Mais c'est en 1579-80, à la veille de la première publication, que le sentiment de la dégradation se fait le plus aigu, et que se creuse la conscience de la désagrégation non seulement du corps, mais du «moi». Dans le chapitre II, 17 (*De la praesumption*), après avoir parlé de sa «santé forte et constante», Montaigne précise :

> J'estois tel, car je ne me considere pas à cette heure, que je suis engagé dans les avenues de la vieillesse ayant [(b) pieça] franchi les quarante ans. Ce que je seray doresnavant ce ne sera plus qu'un demy estre : ce ne sera plus moy, je m'eschape tous les jours, et me desrobe à moy mesme (II, 17, 641-42a [625]).

Et encore, dans *De la ressemblance des enfans aux peres*, à propos de l'honneur qu'il serait vain d'espérer de ces «sotises» :

> Car outre ce que cette peinture morte et muete desrobera à mon estre naturel, elle ne se raporte pas à mon meilleur estat, mais beaucoup descheu de ma premiere vigueur et allegresse, tirant sur le flestry et le rance. Je suis sur le fond du vaisseau, qui sent tantost au bas et à la lye (II, 37, 784a [764-65]).

Une limite semble être atteinte, celle précisément de la quarante-septième année, au-delà de laquelle les possibilités de l'être seront bien plus sérieusement compromises. La limite de la vieillesse. C'est de cette limite, fixée dans l'avis *Au lecteur* et confirmée par la restitution de la date primitive sur l'exemplaire de Bordeaux, que la publication du livre tire son sens.

II. Mort et survie dans le livre

En effet, si l'édition de 1580 s'ouvre et se ferme sur les quarante-sept ans du scripteur et sur le *memento mori* qui accompagne la conscience de l'âge, un autre thème, qu'il est temps d'aborder, se trouve évoqué aussi bien au début qu'à la fin de l'ouvrage, dans l'avis *Au lecteur* et dans l'apostrophe à Madame de Duras, qui ne se laissent pas lire séparément : dans les deux textes s'exprime l'exigence de l'accord entre ce qui a été vécu et ce qui a tenté de s'écrire. C'est la question, étroitement liée au sentiment de la mort, de la destination, donc de la vie du livre.

«A ce que m'ayant perdu...». Il a été noté que «dans l'avis *Au lecteur*, toute l'entreprise d'écrire se place dans la perspective de la mort – mais pour arracher aussitôt ce livre à la mort et en faire l'image vivante, survivante, d'un être qui ne se résigne pas à être oublié»[7]. A la suite de cette remarque il convient sans doute de souligner qu'il est ici question de l'être, non de l'écrivain. L'avis le dit clairement, qui cherchant à définir le destinataire de l'écrit, vise surtout à définir son destinateur : l'"écrivant" n'est qu'un creux, une absence, l'écrivain est nié au bénéfice de la pulsion communicative.

On s'est beaucoup interrogé sur ce texte qui, malgré ses professions de modestie plus ou moins attendues, échappe en partie aux lois du genre. Non seulement parce qu'il ne s'adresse pas – comme c'était souvent la règle – à un personnage illustre, à un mécène dont le nom pourrait conférer un certain crédit à l'œuvre – Montaigne n'est ni un professionnel de l'écriture, ni un solliciteur de faveurs – ; mais surtout parce que le simple lecteur auquel il s'adresse se trouve brusquement escamoté au profit des «parens et amis», seuls véritables destinataires, et franchement éconduit dans la phrase finale,

---

7 J. Starobinski, *Montaigne en mouvement*, Paris, Gallimard, 1982, p. 49.

qui le met en garde contre la futilité de l'entreprise en lui déconseillant d'employer «(son) loisir en un subject si frivole et si vain». Congé donné à tout lecteur inadéquat ? Coquetterie d'auteur qui privilégie un public restreint de *happy few*[8]? Je ne crois pas que le ton désinvolte de ces lignes soit en contradiction avec ce qui précède ni avec la publication même de l'œuvre. Faisons la part de l'ironie – ironie de protocole, qui, comme chez d'autres auteurs, démarque le texte en y laissant la marque du genre – mais ne déclinons pas l'invite singulière qui nous y est faite.

Que Montaigne s'adresse à la fois au petit cercle des «parens et amis» et à un lecteur virtuel indéfini, donc à un large nombre de lecteurs potentiels, n'a rien en soi de bien étonnant. Telle est l'ambivalence de l'acte d'écrire, ainsi qu'elle est définie notamment par Bakhtine :

> L'auteur ne peut jamais se livrer entièrement, lui-même et toute son œuvre verbale, à la volonté complète et *définitive* des destinataires présents ou proches (les descendants proches peuvent se tromper également) et il imagine toujours (en en étant plus ou moins conscient) une sorte d'instance supérieure de compréhension répondante. [...] Cela découle de la nature du discours, qui veut toujours être *entendu*, qui cherche toujours une compréhension répondante, et ne s'arrête pas à la compréhension *la plus proche*, mais se fraie un chemin de plus en plus loin (sans limites)[9].

Ces lecteurs potentiels, il ne s'agit pas tellement de les congédier, plutôt de les informer de ce qu'ils trouveront dans le livre, ou de les avertir qu'ils n'y trouveront pas ce que normalement ils s'attendraient à y trouver. Car ce livre n'a pas pour but le «service» du public, ni par ailleurs la «gloire» de l'auteur : ce sont là les raisons conventionnelles pour lesquelles les œuvres se recommandent d'ordinaire. En y opposant sa fin «domestique et privée», Montaigne construit tout son texte sur une cascade de *distinguo* qui, en s'éclairant et se confirmant réciproquement, expliquent en même temps la pirouette finale – expliquent qu'elle n'en est pas une. Tous les mots sont à peser chez ce subtil peseur de mots. L'antinomie soulignée ici est celle du privé et du public, du livre et de l'œuvre, de l'homme et de l'auteur. Mais il suffit, pour l'effacer, que le lecteur virtuel (et souhaité) se place à son tour dans la situation d'un destinataire proche, qu'il se lie à Montaigne par une relation d'ordre personnel : il s'extrairait ainsi de la multiplicité des lecteurs inconnus, et en surgirait différent.

Ce lecteur éventuel se condense évidemment au plus haut point dans l'«honneste homme» qui, ayant lu le livre dans cette perspective, sortira de l'anonymat et cherchera à rejoindre le signataire de l'œuvre, auquel il sera déjà

---

8 *Ibid.*, p. 45-46.

9 M. Bakhtine, *Estetika...*, cité par T. Todorov, *Critique de la critique*, Paris, Seuil, 1984, p. 60-61.

attaché par ce que les *Essais* lui auront fourni d'«une longue connoissance et familiarité» (III, 9, 981b [959]). Dans ce vœu – «O un amy !» – se projette peut-être le rêve de renouveler le miracle de la rencontre avec la Boétie : «Nous nous cherchions avant que de nous estre veus...» (I, 28, 188c [187]) ; et on se rappellera que Montaigne dit avoir été préparé à cette rencontre par la lecture du *Discours de la servitude volontaire* (*ibid.*, 184a [182]). Bref, tout lecteur est concerné, à condition qu'à travers le livre il essaye de connaître celui qui l'a écrit : en quoi un inconnu réussira peut-être mieux que les destinataires immédiats... «Plaisante fantasie : plusieurs choses que je ne voudrois dire à personne, je les dis au peuple, et sur mes plus secretes sciences ou pensées renvoye à une boutique de libraire mes amis plus feaux» (III, 9, 981c [959]).

On a pertinemment observé que la présence dans l'avis *Au lecteur* des parents et amis, à côté du lecteur virtuel indéfini, signifie que «même ceux-là qui le côtoyaient chaque jour ne le connaissaient pas, "au fond"», donc qu'ils vont découvrir dans les *Essais* ce que le narrateur était seul à pouvoir peindre[10], en nourrissant «*plus entiere et plus vifve*, la connoissance qu'ils ont eu de (luy)». Ces comparatifs par ailleurs n'impliquent pas nécessairement une allusion à une éventuelle supériorité du livre («peinture morte et muete» !) sur l'«estre naturel» : ils sont là pour accentuer la valeur de *nourrissent*. Seule compte cette connaissance active que les destinataires proches ou lointains prendront du signataire après sa mort, en le retrouvant dans le livre où il s'est trouvé. D'où «l'insistance particulièrement marquée, dans l'introduction, sur l'inanité de l'œuvre : comme si Montaigne voulait ici interdire au lecteur de chercher dans son livre autre chose que lui»[11].

Or la présence de ces destinataires privés (auxquels le lecteur inconnu est invité à se joindre) signifie précisément la même interdiction. Le fait que le scripteur choisisse de s'adresser à des personnes réelles et concrètes, appartenant à son milieu même, souligne l'individualité existentielle du *je* qui parle dans les *Essais*, en garantit en quelque sorte la référentialité en lui permettant d'échapper à la généralité d'un *je* exemplaire. C'est bien «*je*, Michel de Montaigne», individu historique et mortel, qui signe le livre et qui fait corps avec ce qu'il écrit : pour conjurer la mort. Montaigne proclame ici la vérité qu'il a inventée – son identification totale avec son livre – et à laquelle il se cramponne pour pouvoir continuer à vivre. En fait l'écriture est une navette vers l'ailleurs de soi : le sujet perçoit et restitue non tant ce qu'il est et ce qu'il vit, mais plutôt ce qui le porte au-delà, qui le pousse hors de l'horizon

10 C. Blum, «La peinture du moi et l'écriture inachevée», *Poétique*, 53 (1983), p. 60.

11 A. Tournon, *Montaigne. La glose et l'essai*, Presses Universitaires de Lyon, 19[…] p. 94.

quotidien, dans les contrées de l'invisible, vers un soi-même qu'il ne connaît pas. Et cependant cet ailleurs est le seul lieu où *je* peut se condenser, tout en étant conscient de son morcellement, exactement comme «je, Michel de Montaigne», personnage discontinu et fuyant mais autour duquel tourne l'écriture. La force insidieuse de ce texte est dans la faille entre Michel et le livre, que cette syllabe – *je* – tente de colmater.

Si telle est la volonté de Montaigne, s'identifier avec son livre, faut-il le croire lorsqu'il dit qu'il ne fait que se peindre («Car c'est moy que je peins») ? Ces déclarations ne satisfont plus personne : les *Essais* dépassent et débordent à tout moment l'annonce, inscrite dans l'avis, de l'autoportrait. D'abord parce que tous les problèmes de l'époque font irruption dans le texte ; deuxièmement et surtout parce que les traits "personnels" qui s'y trouvent contenus «ne sont pas des informations sur le caractère de l'auteur, mais les indices de la conscience qu'il en prend. Le miroir ne fait pas surgir un simulacre, il reflète un regard»[12]. Montaigne ne se peint que pour mieux s'apercevoir qu'il ne rentre pas dans son image, pour «reconnaistre le trein de (ses) mutations». Le sens de la "peinture du moi" dont il est question ici, et la principale fonction de cet avertissement est précisément de se rattacher à la vie concrète, de jeter dans le quotidien l'ancre d'un vaisseau qui autrement pourrait se perdre dans la haute mer de la recherche de soi. C'est pourquoi il faut «rappeler que tout ce qu'on peut lire en ces pages a pour support cet être contingent : un certain gentilhomme périgourdin [...] le personnage concret que connaissent ses "parens et amis", avec ses humeurs, ses convictions, ses incertitudes et ses rétractations»[13], seul garant de tout ce que le texte dit. Dans ce sens (je reprends la conclusion de Tournon), les premiers mots des *Essais* («C'est icy un livre de bonne foy») sont à prendre à la lettre.

De même que, à quelques nuances près, l'avis tout entier est à prendre à la lettre. Les *Essais* sont (comme tout autre livre) un legs destiné à faire vivre la mémoire du testateur. Mais ce que Montaigne veut léguer à la postérité n'est pas une œuvre ou un portrait, c'est un «propre *tesmoignage*», comme le précisera cette longue addition de l'exemplaire de Bordeaux au chapitre *De l'exercitation*, en marge au récit de la mort :

> Mon mestier et mon art, c'est vivre. Qui me defend d'en parler selon mon sens, experience et usage, qu'il ordonne à l'architecte de parler des bastimens non selon soy, mais selon son voisin ; selon la science d'un autre, non selon la sienne [...] A l'adventure, entendent ils que je *tesmoigne* de moy par ouvrages et effects, non nuement par des paroles

---

12 *Ibid.*, p. 268.

13 *Ibid.*, p. 293. A. Tournon a été le premier à comprendre pleinement le sens de ces déclarations. Son analyse de l'avis *Au lecteur* doit être d'ailleurs située dans la perspective d'ensemble de son travail, fondamental à plusieurs égards.

> [...] Les effects diroyent plus de la Fortune que de moy. *Ils tesmoignent leur roole, non pas le mien* [...] Ce ne sont mes gestes que j'escris, c'est moy, c'est mon essence (II, 6, 379c [359]).

Moi qui vais mourir, mais dont ce livre sera le témoin. Parce qu'un témoin est au sens propre ce qui sert à faire connaître, et au sens concret celui qui atteste par sa présence même la véracité de ce qu'il dit. Les *Essais* ne cherchent pas «la faveur du monde» : ils seront la *présence* de l'être au monde.

Le livre qui a pris la place d'un être vivant – de La Boétie disparu – sera le substitut, la «vraye image» de Michel de Montaigne, sa parole vivante et vitale. En dépit de sa conviction, en filigrane dans son texte, que les paroles sont impuissantes, Montaigne a une confiance prodigieuse dans la parole comme vie et comme présence[14] : une confiance désespérée et émouvante. C'est en quoi consiste l'opération salvatrice qui structure les *Essais* – comme nous pourrons le voir à d'autres occasions.

Le même entrelacement de motifs – l'âge, la mort, la destination (privée) et la fonction du livre – apparaît dans l'apostrophe à Madame de Duras qui intervient dans le chapitre final du deuxième livre par une sorte de métalepse : «Madame, vous me trouvates sur ce pas dernierement que vous me vintes voir» (II, 37, 783a [763]). Un être concret, échappé du temps vécu vient s'insérer dans le temps de l'écriture : la frontière est abolie entre l'écrivain qui rédige et le gentilhomme périgourdin qui reçoit dans son château la visite d'une dame amie. C'est sur cette frontière mouvante que le gentilhomme se déclare «prest d'abandonner le commerce des hommes» et que l'auteur exprime son désir : que ceux qui ont connu l'homme puissent reconnaître «ses conditions et facultés» exposées «au naturel» dans ses écrits : «peinture morte et muete», oui, mais de toute façon «corps solide» qui pourra «durer quelques années ou quelques jours après (luy)» (*ibid.*). C'est toujours l'usage de la lecture qui pourra transmuer la lettre morte du livre en production vivante : à condition que cette lecture fasse revivre l'«estre naturel». Il serait superflu de rappeler les autres phrases célèbres de cette apostrophe, qui vont absolument dans le même sens : «Quel que je soie, je le veux *estre ailleurs qu'en papier* [...] J'ay mis tous mes efforts à former ma vie. Voilà mon mestier et mon ouvrage. Je suis moins faiseur de livres que de nulle autre besoigne», et surtout : «Je ne cherche aucunement qu'on m'aime et estime mieux *mort que vivant*» (*ibid.*, 783a [764]).

---

14 Sur le logocentrisme de Montaigne, et de tout le XVIe siècle, *cf.* G. Defaux, *Marot, Rabelais, Montaigne : l'écriture comme présence*, Paris-Genève, Champion-Slatkine, 1987 (voir surtout l'introduction et les pages 204 sqq.).

Le livre veut donc être ce que du *vivant* il est possible de retenir. C'est pourquoi la structure de *captatio* de l'avis, ainsi que de cette apostrophe, déborde vers l'imminence d'un avenir qui n'est pas celui de la gloire, mais celui de la survie de l'être. Par définition, le message ne peut se laisser entendre au présent, il est intempestif et anachronique. Dans le présent il y a l'être, vivant encore ; le livre – posthume – qui représente la justification de sa vie et qui vivra à sa place, est le moi futur.

A ce revenant, le livre, est confié le rôle d'un sosie, d'une doublure : «Tant y a qu'en ces mémoires, si on y regarde, on trouvera que j'ay tout dict, ou tout designé [...] Je ne laisse rien à desirer et deviner de moy. Si on doibt s'en entretenir, je veus que ce soit veritablement et justement. Je reviendrois volontiers de l'autre monde pour démentir celuy qui me formeroit autre que je n'estois, fut ce pour m'honorer» (III, 9, 983b [961]).

III. L'écriture sans fin

Livre posthume, quoique signé et publié à quarante-sept ans. En fermant la boucle, je reviens sur la question de la date : «ce premier de Mars mille cinq cens quatre vingts» qui n'est pas le jour de l'anniversaire, mais le lendemain : autrement dit le premier jour de l'*après*, lorsque la quarante-septième année est tout à fait révolue.

1571, la date de la «retraite» était un anniversaire "natal". Il désignait le jour de la naissance et en même temps de la deuxième naissance, la naissance à soi : il ne s'agissait plus désormais de vivre dans le monde et pour le monde, mais d'élaborer un art de vivre. En effet, l'idée qu'au-delà de la trente-cinquième année l'on ne vit plus qu'en sursis signifiait, avec l'acceptation de la mort, la liberté face à la vie : on ne vit véritablement que lorsqu'on est prêt à partir, car on sait que le temps nous est compté, que l'horloge peut s'arrêter à chaque instant. Le passage par la mort simulée représenté par la chute de cheval marquait l'avènement de cette seconde naissance.

1580, le lendemain du jour anniversaire est-il un anniversaire "mortel" ? Il marque une rupture fondamentale. C'est le jour d'un enterrement. Montaigne n'enterre pas ici ses quarante-sept ans : c'est la mort qu'il enterre, pour sauver ce qui était vivant dans sa vie, le temps qui s'est écoulé, celui de la santé physique et mentale, et qui devra revenir dans le livre.

Plus tard le livre sera à nouveau ouvert, les «allongeails» s'accumuleront pour combler le retard, pour tenter une fois encore de cerner la figure mobile, la structure en mouvement de ce "moi" qui continue quand même à vivre. Comment se dire et se sentir soi-même, identique à soi-même tout au long d'une vie ? Spécialement lorsqu'on vit à une époque qui change constamment les points de repère, inverse la valeur des signes, triche avec la mémoire et contraint à se réécrire sans cesse. Les *Essais* de 1588 seront un autre livre. Ce qui ne déplace en rien la question : au contraire, la comparaison habituelle entre I, 20 et III, 12 (j'avais promis d'y revenir) aide ici à comprendre les termes de ce jeu de la mort et de la vie (par l'écriture). En 1572 Montaigne n'a pas encore écrit les *Essais*, il vient seulement d'aborder l'expérience de l'écriture de soi : la mort peut lui apparaître comme un «but», puisque selon le modèle courant elle est sanction de la vie (*cf.* aussi I, 19, *Qu'il ne faut juger de nostre heur qu'après la mort*). En 1586 (date approximative de la rédaction de III, 12) les *Essais* sont écrits et continuent à s'écrire : l'écriture en transformation fait corps avec la vie, qui prend sens à travers elle ; et la mort n'est plus que le «bout» d'une immense phrase terminée par accident.

Entre ces deux moments, dans l'intervalle de cette double méditation sur la mort se situe justement la première parution du livre, qui est à la fois un testament achevé (d'où la date anniversaire) et un «registre de durée» qui pour rester authentique doit continuer à se modifier[15]. Car en modifiant le rapport au lecteur, l'avis modifie aussi le statut du livre, qui ne peut se clore comme il le ferait s'il était objet d'art ou véhicule de savoir. Miroir de l'être, il en reflète les métamorphoses, voire la déchéance inévitable de la vieillesse, «puissante maladie, et qui se coule naturellement et imperceptiblement», sans que nous sachions où elle pourra nous mener (III, 2, 817b [796]). Peu importe : «A toutes avantures, je suis content qu'on sçache d'où je seray tombé» (*ibid.*). Ainsi le lecteur est toujours renvoyé aux *Essais* de 1580 ; et le crédit que lui donne son «poil gris» n'amène pas Montaigne à changer d'attitude quant au message qu'il souhaite délivrer :

> Je me suis avancé le plus que j'ay peu vers ma reparation et reglement lors que j'avoy à en jouir. Je seroy honteux et envieux que la misere et desfortune de ma decrepitude eut à se preferer à mes bonnes années saines, esveillées, vigoureuses ; et qu'on eust à m'estimer non par où j'ay esté, mais par où j'ay cessé d'estre. A mon advis, c'est le vivre heureusement, non, comme disoit Antisthenes, le mourir heureusement qui faict l'humaine felicité. Je ne me suis pas attendu d'attacher monstrueusement la queuë d'un philosophe à la teste et au corps d'un homme perdu ; ny que ce chetif bout eust à desadvouër et desmentir la plus belle, entiere et longue partie de ma vie (*ibid.*, 816c [794]).

En 1580 Montaigne a donc bien voulu fixer sa mort par publication ; mais il a su naître ainsi d'une troisième naissance : celle de l'écrit. C'est alors que commence à ses yeux la vie du livre «membre de (sa) vie» (II, 18, 665c [648]) : cette addition sur l'exemplaire de Bordeaux, où l'auteur s'interroge

---

[15] Je renvoie à ce que j'avais écrit en 1969 à ce sujet, dans un article repris par la suite dans *Itinerari a Montaigne*, Firenze, Sansoni, 1983, ch. 5. Sans connaître cette étude, C. Blum a traité à son tour la question de l'«écriture inachevée» (*art. cit.*).

une fois de plus sur la fonction de son écriture, ne fait que confirmer la fin «domestique et privée» que l'avis lui assignait, en ce sens qu'il s'agit d'un livre «d'une occupation propre [...] non d'une occupation et fin tierce et estrangere comme tous autres livres» (*ibid.*).

C'est là ce qui forme et fait "tenir" cet étrange récit qu'on dit "autobiographique". Le signataire n'y raconte pas sa vie ; le livre – défense et illustration de l'art de bien vivre et de bien mourir – rejoue cette vie sur son propre déroulement.

DEUXIÈME PARTIE

LE REGISTRE DES PEURS

CHAPITRE 4

QUE VIENT FAIRE LE POUCE ?

Si un anthropologue moderne se posait la question du sens du pouce dans les civilisations classiques, sans doute noterait-il dans son carnet des remarques analogues à celles que Montaigne enregistre dans le chapitre II, 26, *Des pouces*. Mais, aussi évident que soit l'intérêt pour l'anthropologie dans les *Essais*, y relever les orientations et une formulation actuelle des problèmes propres à cette discipline serait pour le moins illicite...

D'où l'impression déconcertante qui ressort de la lecture de ce chapitre, le plus déconcertant peut-être de tout l'ouvrage. Pourtant la construction – une série de références au pouce tirées de diverses lectures, sans la moindre allusion personnelle, le moindre commentaire d'ordre général – correspond à celle d'autres textes du premier ou deuxième livre, dont la structure peut sembler strictement analogue : les plus brefs, au caractère de centon, ceux précisément que Villey définissait comme des «essais impersonnels», et dont la rédaction, loin d'appartenir à la première période, s'étale tout au long des années suivantes (*Des pouces* pourrait être daté de 1578). Mais enfin, il ne semble pas possible d'attribuer à la question du pouce l'intérêt pratique que présenterait à la limite *Des postes* (II, 22) pour un homme qui aime aller à cheval et qui se pose le problème de la rapidité d'information, ou *Des senteurs* (I, 55) pour un gentilhomme qui vit en société.

Nous sommes face à un texte absolument opaque, qui ne semble rien laisser transparaître des raisons qui ont poussé l'auteur à traiter cette question. De plus, le chapitre traverse les différentes versions de l'œuvre en demeurant presque intact : Montaigne le relit soigneusement, ainsi que tous les autres, comme le montrent les menues variations de forme, les corrections de style (il n'y a pas une page dans tous les *Essais* qui échappe à ce travail), mais il ne le modifie pas : il se borne à ajouter vers la fin deux exemples supplémentaires, un au niveau B, l'autre au niveau C, concernant des amputations ou des blessures subies au pouce en guise de punition. Soit dit en passant, sans appuyer sur ce qui a déjà été souligné : c'est un des nombreux cas de figure propres à contredire la thèse de Villey, qui considère la rédaction de 1580 comme imparfaite, perfectible dans la direction de la personnalisation, et justifie donc les interventions successives par le désir d'approfondir la «peinture du moi» et d'enrichir et de compléter dans cette perspective les chapitres les plus anodins. Concis, compilatoire, sec et avare dans sa première version : tel demeure *Des pouces* jusqu'à l'exemplaire de Bordeaux.

Que peut-on espérer tirer d'un texte qui aligne des exemples de l'importance du pouce chez les Barbares, les Grecs et les Latins ; et d'autres exemples ensuite, concernant toujours l'Antiquité, de blessures ou d'amputations du pouce ?

En avançant dans l'obscurité, à tâtons, on peut peut-être chercher une première lueur dans les autres passages des *Essais* où apparaît le pouce.

Négligeons les deux occurrences de III, 9 où le *pouce* n'est qu'une unité de mesure («Depuis d'un long traict de temps je suis envieilli, mais assagi je ne le suis certes pas d'un *pouce*», 964c [941] ; «Mes moeurs mesmes, qui ne disconviennent de celles qui courent à peine de la largeur d'un *poulce*...», 991c [969]). Mais arrêtons-nous sur II, 12 où, à propos de la corruption de la science, Montaigne signale, tout en s'en moquant, que «le lieu de Mars loge au milieu du triangle de la main, *celui de Venus au pouce*» (560a [542]).

On peut rire de l'astrologie. Mais le fait est que les autres occurrences du mot *pouce* dans les *Essais* sont, d'une façon ou d'une autre, liées à l'érotisme. Peut-être l'allusion à l'agilité de son père, qui à soixante ans faisait «le tour de la table sur son *pouce*» (II, 2, 344c [326]) n'a-t-elle pas beaucoup de poids, même si elle s'insère dans un discours qui porte sur le charme séducteur de Pierre Eyquem et sur sa gaillardise avec les femmes. Ni le fait que le *pouce* en tant qu'unité de mesure («Un homme qui pense ailleurs ne faudra point, à un *pousse* près, de refaire tousjours un mesme nombre et mesure de pas...», II, 17, 650a' [634]) réapparaît dans un contexte qui traite de l'indocilité de certains membres (et implicitement du membre viril). Mais dans III, 5 («Je hay de le voir, pour un *pouce* de chetive vigueur qui l'eschaufe trois fois la semaine, s'empresser et se gendarmer de pareille aspreté, comme s'il avoit quelque grande et legitime journée dans le ventre : un vray feu d'estoupe», 887b [865]) nous sommes justement dans le domaine des (rares et brèves, à cause de l'âge) érections du membre.

Tout cela n'a rien d'étonnant : depuis l'astrologie jusqu'à la psychanalyse, le pouce, lieu de Vénus, est un symbole phallique.

Est-il arbitraire de relire le chapitre *Des pouces* dans cette lumière ?

L'exorde part de Tacite pour citer la coutume de certains rois barbares qui, pour sceller un pacte, avaient l'habitude de

> joindre estroictement leurs mains droites l'une à l'autre, et s'entrelasser les *pouces* ; et quand, à force de les *presser, le sang en estoit monté au bout*, ils les blessoient de quelque legere pointe, et puis se les entresuçoient.

Le pouce percé et le sang qui en sort sont ici des métaphores du membre gonflé et de l'éjaculation.

Aussitôt, et sans transition, il est dit, avec l'appui des médecins, que

> les *pouces* sont les *maistres doigts* de la main, et que leur etymologie Latine vient de *pollere*, qui signifie exceller sur les autres [l'explication est supprimée au niveau C].

Le latin *pollere* signifie en effet “être puissant”. La paronomase pourrait induire à le rapprocher de *polluere*, “mouiller, souiller, séduire [une femme]” ; rapprochement point incongru, puisque, en poursuivant, après avoir rappelé qu'aussi bien les Grecs que les Latins considèrent le pouce comme «une autre main», «une main entiere», Montaigne ajoute la citation des épigrammes de Martial :

> *Sed nec vocibus excitata blandis*
> *Molli pollice nec rogata surgit,*

qui se réfèrent explicitement à la fonction excitante du pouce (ou de la main) dans la manœuvre érotique. Donc le pouce, indépendant, autonome, puissant, devient de plus, via Martial, un substitut du membre viril. (Il faut remarquer que chez Montaigne le latin sert souvent de voile : lorsque, dans III, 5, il veut parler de son membre, il utilise une citation des *Priapea*[1].)

Le paragraphe qui suit rappelle la coutume bien connue de l'ancienne Rome selon laquelle c'était «une signification de faveur, de comprimer et baisser les pouces [avec l'appui du célèbre vers d'Horace «*Fautor utroque tuum laudabit pollice ludum*»] et de desfaveur de les hausser et contourner au dehors» ; et ici on est renvoyé à Juvénal

> *Converso pollice vulgi*
> *Quemlibet occidunt populariter,*

où, une fois encore, ce n'est pas le texte français, mais le latin, qui est porteur du sens : c'est en effet à travers Juvénal que le signe de «desfaveur» se précise

---

1 La remarque est de T. Cave, *The Cornucopian Text*, Oxford, Clarendon Press, 1979, p. 284. Il faut nuancer ce que disent beaucoup de critiques sur la liberté – qui n'est jamais liberté de langage – avec laquelle Montaigne traite des questions sexuelles, en particulier dans le chapitre III, 5, *Sur des vers de Virgile*. De nombreux chercheurs ont toutefois relevé l'ambiguïté de ce texte, dont le thème central n'est pas l'éros, mais la dissimulation dans l'expression de l'éros (contenu qu'à son tour le titre dissimule…), et ont souligné comment l'écrivain se débat entre la volonté de parler ouvertement (du sexe) et le désir de sous-entendre, sans pouvoir se soustraire au masque imposé non tant par la société que par les exigences mêmes de l'écriture. Je me bornerai à renvoyer à M. B. McKinley, «“Salle / Cabinet” : Literature and Self-Disclosure in *Sur des vers de Virgile*», *Columbia Montaigne Conference Papers*, p.p. D. M. Frame et M. B. McKinley, Lexington, French Forum, 1981, p. 84-104 ; G. Mathieu-Castellani, *Montaigne. L'écriture de l'essai*, Paris, Presses Universitaires de France, 1988, p. 241 sqq. ; F. Gray, «Éros et écriture : *Sur des vers de Virgile*», *Le Parcours des "Essais". Montaigne 1588-1988*, Colloque International Duke University - Chapell Hill University, p.p. M. Tetel et G. Mallary Masters, Paris, Aux Amateurs de Livres, 1989, p. 263-72.

dans la condamnation capitale, *occidunt*. Le pouce dressé, éloigné de la main, est un arbitre de mort. Autrement dit : l'érection du membre signifie la mort.

A partir de là, on passe aux cas de blessures ou d'amputation du pouce, qui, chez les Romains, entraînaient l'exemption du service armé, puisqu'une infirmité au pouce rend impossible la prise ferme des armes ; si bien que quelques-uns se l'infligeaient volontairement «par malice», ou bien la faisaient subir à leurs enfants pour les préserver de la milice. Enfin, l'amputation était pratique courante sur les ennemis vaincus «pour leur oster le moyen de combatre»[2]. Privé du pouce (du membre), le sujet n'est plus apte à la lutte, à la guerre (du sexe), mais il est de ce fait même protégé du risque de mort.

Ces remarques rapides ne tendent qu'à souligner la singularité du chapitre *Des pouces*. Gardé intact de la première à la dernière rédaction, monolithe parfait qui résiste à d'éventuelles additions, dans son silence même ce texte semble renfermer le nœud d'un non-dit. Apparemment, il faut admettre que le pouce est un fantasme (ce qu'on a cherché à démontrer).

Les autres chapitres "impersonnels", anodins – tels *Des senteurs* ou *Des postes*, déjà cités – prennent place dans un registre différent, ils se réfèrent à quelque chose de dicible, de transmissible. On dirait qu'ici nous sommes confrontés au caractère indicibile de l'inconscient, dont le sujet scripteur éprouve l'opacité. Sous l'ordre discursif rationnel, le mécanisme des associations, de l'arbitraire du langage, des glissements du français au latin, révèle une cavité obscure où s'enfoncent et se désagrègent les rapports logiques apparents. L'effet de paradoxe est d'autant plus fort qu'est évident le caractère de compilation du texte où se juxtaposent des anecdotes et des exemples soutenus par les autorités classiques : il faut insister aussi sur le fait

---

2 La thématique de l'exemption du service militaire rattache ce chapitre à celui qui le précède, II, 25, *De ne contrefaire le malade*, tandis que le dernier exemple – les vainqueurs qui amputent les pouces aux vaincus – est un cas de cruauté qui annonce le chapitre suivant, II, 27, *Couardise mere de la cruauté*. *Cf.* M. S. Meijer, «*Des postes* et *Des pouces* : Plaisanteries ou points de repère ?», *Columbia Montaigne Conference Papers*, cit., p. 105-18. Les associations thématiques entre les différents chapitres que signale M. S. Meijer, en expliquant la place de certaines anecdotes, mettent utilement en lumière «L'ordre des *Essais* dans les deux premiers volumes» (c'est une autre étude du même auteur, publiée dans *Montaigne et les "Essais", 1580-1980*, actes du Congrès de Bordeaux [1980], Paris-Genève, Champion-Slatkine, 1983, p. 17-27) ; reste à savoir «pourquoi ces faits et ces remarques ont frappé Montaigne, pourquoi il les a jugés dignes d'être relevés» (p. 107), et c'est la question que je tente de poser dans ces pages. Sur le problème de l'ordre des *Essais* (qui concerne aussi bien la structure de chaque chapitre que l'architecture du livre), j'ai moi-même proposé quelques solutions (*Itinerari a Montaigne*, Firenze, Sansoni, 1983, ch. 3, "Le strutture della prudenza distruttrice", et ch. 4, "L'architettura della fabbrica"). Mais pour une mise au point, toujours fort utile, de ce débat qui a eu parmi ses protagonistes R. Sayce, M. Baraz, J. Thomas, R. Jasinski, Etiemble, il faut voir J.-Y. Pouilloux, *Lire les "Essais" de Montaigne*, Paris, Maspero, 1969, ch. III, "Les ordres du désordre".

qu'il ne s'agit que d'auteurs anciens, éloignés dans le temps, sans le moindre rapport avec des anecdotes éventuellement contemporaines, voire privées.

En fabriquant de façon conventionnelle une mosaïque de pouces classiques, Montaigne met en montre un objet "à fonctionnement symbolique" dont il ne peut soupçonner le rôle, mais dont il ressent d'une certaine manière la flagrance. Au point de ne pas savoir (ne pas oser ?) intervenir, en le relisant et corrigeant, sur un texte qui demeure figé dans sa forme primitive, paralysé au niveau de sa rédaction d'origine. En se proposant de «mettre en rolle» «chimeres et monstres fantasques» engendrés par l'esprit (I, 8), les *Essais* en fait les évacuent, en leur substituant la logique du discours rationnel. Tout en désignant l'inquiétante présence de ces monstres, qui habitent l'univers souterrain et inexploré de l'inconscient.

CHAPITRE 5

LE CORPS IMPUR

Des *Essais* émanerait un bonheur corporel incontestable : c'est ce que dit la critique, qui insiste sur l'importance du corps et des images corporelles dans la philosophie et dans le langage de Montaigne. Que le corps apparaisse comme un rebelle à dompter, une énigme à déchiffrer ou un terrain à cultiver[1], sa présence dans le texte n'est pas simplement incontournable, mais positive et tonique ; euphorique même. Les angoisses liées à la maladie, à la souffrance, à la vieillesse, jusqu'à l'obsession de la mutilation, seraient en fin de compte le contrepoint d'un discours de bien-être, d'entente physique avec l'existence.

Je soupçonne que la question est un peu plus complexe, et que le texte des *Essais* ne permet pas de lecture univoque sur ce point – comme sur beaucoup d'autres. Dans ce cas aussi, le sujet qui se manifeste dans le livre est pour ainsi dire métissé, pétri de contrastes : audace et allègre insolence peut-être, mais en même temps terreur obscure face aux arcanes de son corps, à la violence de ses désirs, de ses troubles ; acceptation de l'autre, ouverture, complicité, mais en même temps soupçon, méfiance à l'égard du corps d'autrui. Dans certains cas, il arrive même que la page suinte une répugnance incoercible pour la sphère corporelle, un dégoût évident à l'idée d'un contact avec son prochain : on a déjà parlé des métaphores du *crachat* et du *trou*, significatives de la répulsion de Montaigne pour les liens de la chair et du sang[2]. Et plusieurs autres passages du livre semblent indiquer une réaction névrotique à l'égard de certains aspects de la vie physique, ou du moins de la promiscuité induite par les rapports sociaux. C'est dire que le thème classique de la proximité avec le vulgaire considérée comme dégradante pour l'âme du sage semble cacher, dans le texte de Montaigne, l'obsession de la contagion physique : il est probable que pour l'auteur une chose serve à masquer l'autre. En partant de cette hypothèse, mon analyse cherche à dénicher le fantasme jusque dans le malaise ressenti par le sujet rationnel à l'égard de la foule.

---

1 La problématique du corps fait l'objet de toute la seconde partie du livre de G. Mathieu-Castellani, *Montaigne. L'écriture de l'essai*, Paris, Presses Universitaires de France, 1988.

2 *Cf. supra*, "Le livre du veuvage" et "Le livre parricide".

Un des chapitres où cette répugnance des contacts humains est le plus sensible est sans aucun doute *De la solitude* (I, 39), qu'on a l'habitude de lire dans une optique tout autre. L'écrivain discute avec lui-même des rapports entre le public et le privé, et de la meilleure manière d'organiser et d'utiliser sa «retraite». On y lit en premier lieu l'aversion pour la «tracasserie du monde» et le goût pour une existence tranquille et détendue : il s'agit de «vivre plus à loisir et à son aise» (I, 39, 238a [233]), et on retrouve dans cette phrase l'écho du souhait exprimé dans *De l'oisiveté* : «passer en repos et à part ce peu qui me reste de vie» (I, 8, 33a [34]). Cette attitude est responsable d'un des passages les plus connus de toute l'œuvre : il ne suffit pas – dit Montaigne – de s'isoler physiquement du monde ; il faut s'en détacher mentalement. Il faut non seulement se libérer des passions qui nous troublent (ambition, avarice, incertitude, peur, convoitises), qui nous possèdent et qui risquent de nous poursuivre jusque dans la retraite ; mais aussi prendre de la distance par rapport au quotidien (femme, enfants, richesses, amitiés, santé, peuvent contribuer à notre bien-être, mais ne doivent pas conditionner notre bonheur), rompre en somme tous les liens qui nous attachent aux autres pour trouver refuge dans «une arriere boutique toute nostre, toute franche, en laquelle nous establissons notre vraye liberté et principale retraicte et solitude» (241a [235]). Ayant éliminé toute ingérence, on pourra atteindre une imperturbable sérénité et jouir en paix des plaisirs à notre portée.

Ici l'auteur propose une série de conseils pour profiter pleinement de la retraite ainsi prédisposée. On choisira une occupation agréable (une famille, par exemple, cause des soucis : «Cela depend du goust particulier d'un chacun : le mien ne s'accomode nullement au ménage» 244a [238]), et en tout cas on s'y consacrera avec modération : dans chaque passe-temps – même dans l'étude et la lecture – «il faut donner jusques aux limites du plaisir, et garder de s'engager plus avant, où la peine commence à se mesler parmy» (246a [240]). Il sera bon par ailleurs de ne pas mépriser son confort et ses aises :

> Les gens plus sages peuvent se forger un repos tout spirituel, ayant l'ame forte et vigoureuse. Moy qui l'ai molle et commune, il faut que j'ayde à me soutenir par les commoditez corporelles ; et l'aage m'ayant tantost desrobé celles qui estoient plus selon mon goust, j'instruis et aiguise mon appetit à celles qui restent plus sortables à cette autre saison. Il faut retenir à tout nos dents et nos griffes l'usage des plaisirs de la vie que nos ans nous arrachent des poingz, les uns après les autres : et les alonger de toute nostre puissance (246a [241]).

Des mots frémissants, presque coléreux, où vibrent le dépit contre l'âge et ses offenses, et l'envie rageuse de défendre son droit au plaisir avec «griffes» et «dents».

De la solitude révèle donc les aspirations d'un sujet derrière l'existence et le statut de l'homme public. Mais il ne les révèle pas à travers tout ce qui est dit, explicitement, concernant la «retraite» selon un modèle de type stoïcien, mais dans la manière dont le thème stoïcien (s'exiler, se consacrer à la méditation) croise la tendance à la jouissance. C'est contre l'austérité rabat-joie d'une philosophie trop héroïque, comme contre l'autopunition prescrite par la foi, que Montaigne affirme : «D'anticiper aussi les accidens de fortune, se priver des commoditez qui nous sont en main, comme plusieurs ont fait par devotion, et quelques philosophes par discours, se servir soy mesmes, coucher sur la dure, se crever les yeux, jetter ses richesses emmy la riviere, rechercher la douleur [...] c'est l'action d'une vertu excessive» (243a [237] ; la critique des excès de la vertu revient fréquemment dans les *Essais*)[3]. Cette péroraison enflammée en faveur de l'hédonisme constitue à mon avis le nœud signifiant de tout le texte.

Je passe donc sur les paragraphes concernant les conseils de Pline et de Cicéron, qui visent à tirer de la gloire d'une vie retirée (à cela Montaigne rétorque, avec justesse : «La plus contraire humeur à la retraite c'est l'ambition. La gloire et le repos sont choses qui ne peuvent loger en mesme giste», 246-47a [241]). La convocation des sages à la fin du chapitre, avec les exemples de Caton, Phocion et Aristide, présentés comme autant de modèles paradigmatiques, ne doit pas nous induire en erreur : dans tout ce qui précède, le motif stoïcien glisse vers un égotisme de la volupté, souligné (on le vérifie facilement) et en quelque sorte relancé de ligne en ligne par des expressions telles que *nostre contentement*, *nostr'aise*, *mon aise*, *pleine jouyssance*, *content de moy-mesme*, *repos*, *commoditez corporelles*, *usage des plaisirs de la vie* et d'autres encore, dont la récurrence saute aux yeux. La «retraite» n'est donc pas comprise au sens d'un isolement noble et austère, d'un recroquevillement, mais comme une assiette confortable, un oreiller reposant et moelleux. Chaque phrase de ce chapitre rend un son double : les notes d'une philosophie de timbre stoïcien et épicurien se mêlent aux accents d'un individualisme hédoniste : le texte assume et avoue cette interférence du mode philosophique avec la délectation du sujet. Ici comme ailleurs – en particulier dans *De l'oisiveté* – planent la crainte (toutefois repoussée) de «en cette solitude nous croupir d'oisiveté ennuyeuse» (241a [235]), d'être assailli par «la mort, la pauvreté, le mespris et la maladie» (243a [238]), et surtout la conscience que, en s'auscultant, on localise l'enfer en soi-même (comme le déclare Horace, *Ep.*, I, XIV, 15 : «*In culpa est animus qui se non effugit unquam*», 240a [234]) : les «monstres» sont néanmoins tenus à distance,

[3] *Cf.* par exemple I, 14, 23, 33 *passim* ; et surtout II, 2 (où toutes les actions qui sortent de l'ordinaire sont attribuées à des élans de folie, 346-48 a-c [328-30]), auquel on peut rattacher II, 29, 31 et 37. Et *cf. infra*, "Le vertige sadique".

derrière la porte de l'«arrière boutique» : il sera possible de résister à leur siège en se pourvoyant, en cas de quelque maladie plus terrible, des «medicamens qui assopissent et endorment la partie» (*ibid.*). Assoupissement, sommeil, repos : une éthique de la quiétude.

Mais ce que je voudrais souligner est que cet égotisme du plaisir (manifeste, et qu'il fallait cependant remarquer) prend racine dans le dégoût du contact, ou plus précisément dans le désir de non-contact : désir exhibé au début, sous forme de peur d'une contamination possible dans la vie sociale :

> Il y a dequoy bien et mal faire partout. Toutefois si le mot de Bias est vray, que la pire part c'est la plus grande, ou ce que dit l'Ecclesiastique, que de mille il n'en est pas un bon, *la contagion est tres-dangereuse en la presse* (237-38a [232]) ;

cette peur est confirmée par la suite du texte, qui, à partir de cette amorce, prend de fait une tonalité tout autrement morbide. S'il est vrai que le sage peut vivre heureux partout, «voire et seul en la foule d'un palais», toutefois, s'il peut choisir, il fuira la vie en société : «Il ne lui semble point suffisamment s'estre deffaict des vices, s'il faut encores qu'il conteste avec ceux d'autruy» (238a [233]). C'est la voix de Sénèque qui parle dans ces lignes : «*Sapiens feret ista, non eliget, et malet in pace esse quam in pugna ; non multum prodest vitia sua proiecisse, si cum alienis rixandum est*» (*Ep.* III, 28, 7). Mais il parle pour dire que la lutte est inévitable dans la société dite civile, que la vie coude à coude avec les autres est une cause de souffrance. Et le chapitre est tout entier tissé d'imprécations non proférées contre la vie sociale, qui s'inversent en exhortations à la vie solitaire. Se dessine ainsi dans le filigrane du texte un tableau sombre et implacable de ce que nous appelons la société, cette contrée hostile où nous sommes pris dans des rets de contraintes, débordés par des tâches et des obligations, et où surtout la fréquentation de nos semblables est dangereuse et douloureuse : un lazaret d'incurables, prisonniers d'un univers de désespoir secret, qui ne sont même pas conscients de leur condition. Se séparer des pestiférés, se préserver de la contagion, cela revient à se discriminer, à se marginaliser, en choisissant une autre ségrégation : l'«arriere boutique toute nostre, toute franche», où ne prend place «nulle acointance ou communication estrangiere», est un lieu d'isolement jaloux et voluptueux, un giron d'une sérénité abyssale. Dans ce rêve d'une alvéole de protection est à l'œuvre la nostalgie d'un état de pacification, d'ataraxie – Freud aurait dit : de l'état fœtal –, la nostalgie d'un *je* qui tend à se définir uniquement dans son unité biologique.

On touche là évidemment un problème général et fondamental qui concerne la constitution de tout être humain : la coexistence, dans des proportions variables d'un individu à l'autre, de l'intérêt pour la vie active, pour les choses du monde (un intérêt toujours présent dans les *Essais*, on le remarquera dans des pages ultérieures), et d'une tendance, qui va en sens contraire, à fuir l'agitation et la rumeur de la vie, au renoncement, à la retraite, au relâchement de tout lien. Ce n'est que dans la solitude la plus totale – celle que Montaigne souhaite ici –, loin de la comédie quotidienne de la vie sociale, qu'il serait possible d'atteindre sa propre vérité personnelle et profonde, d'accéder à un présent pur et entier, ayant cessé de dépendre des besoins, d'endurer les divers manques, de s'abuser dans l'attente – qu'il serait possible donc de cultiver l'illusion qu'on s'appartient, de se raconter la fable de la réappropriation de soi.

Car Montaigne semble bien se douter qu'il s'agit d'une fable («Nostre mal nous tient en l'ame. Or elle ne peut echaper à elle mesme», 240a [234]). Aussi le doute peut-il demeurer : que ce projet de plénitude de l'être à travers l'annulation de toute tension, ce désir qu'on pourrait dire, en termes extrêmes, goût du *nirvāna*, ne masquent, en fait, l'attraction pour le non-être, le vide : le penchant à se détacher de la communauté, à se replier sur soi dans le but de se posséder entièrement, serait alors, avec l'alibi de la libération des contingences, le signe d'une tendance mortifère – de la pulsion d'anéantissement. Cela pour poser que, dans tous les cas, il s'agit d'un sentiment trop important et profond pour être hâtivement défini comme une fuite de la réalité ; c'est un sentiment qui va au-delà de l'envie de se désengager, du besoin de s'éloigner d'un milieu donné, de se débarrasser des tâches, de s'immuniser contre l'appel des tentations, des idéologies, des fausses certitudes[4].

La nostalgie du non-contact et le goût pour le plaisir sont la trame de ce texte – dans la version de 1580, celle que j'ai suivie jusqu'à présent : certaines additions sur l'exemplaire de Bordeaux le confirment (alors que l'édition de 1588 n'apporte aucun élément significatif). Je me permets d'isoler une intervention qui insiste sur les risques de contagion, en ramenant à la sphère physique ce qui avait été dit auparavant dans une optique morale :

> Et Antisthenes ne me semble avoir satisfait à celuy qui luy reprochoit sa conversation avec les meschans, en disant que les medecins vivoient bien entre les malades, car, s'ils servent à la santé des malades, ils deteriorent la leur par *la contagion, la veuë continuelle et pratique des maladies* (238c [233]).

---

4 Or, ce chapitre a été lu essentiellement dans une optique moralisante, en mettant l'accent sur le problème de l'égoïsme de Montaigne. Même F. S. Brown, «*De la solitude* : A Re-examination of Montaigne's Retrait from Public Life», *Kentucky Romance Quarterly*, XIX, 1 (1972), p. 137-46, estime bon de relever que les additions dans l'exemplaire de Bordeaux atténuent l'«excessive detachment and egoism» de la première version.

La peur de la contagion, et même de l'effet néfaste que peut produire la vue des infirmes, rapproche ce passage du chapitre *De ne contrefaire le malade* (II, 25), où l'enquête porte sur les conséquences de la simulation (un tel, en se disant atteint de goutte, en a été frappé ; un autre, à force de se prétendre aveugle d'un œil, a fini borgne : nous sommes dans l'ordre du fantasmatique)[5].

Une autre addition va par contre dans le sens d'un bon usage de ses aises, loin de rigueurs inutiles :

> Je n'estime point Arcesilaus le philosophe moins reformé, pour le sçavoir avoir usé d'ustensiles d'or et d'argent, selon que la condition de sa fortune le luy permettoit ; et l'estime mieux que s'il s'en fust demis, de ce qu'il en usoit modereement et liberalement (243c [238]).

Une troisième addition enfin ramène à une disposition hédoniste jusqu'aux privations que s'imposent les aspirants à la sainteté :

> Cette seule fin d'une autre vie heureusement immortelle merite loyalement que nous abandonnons les commoditez et douceurs de cette vie nostre. Et qui peut embraser son ame de l'ardeur de cette vive foy et esperance, reellement et constamment, il se bastit en la solitude une vie voluptueuse et delicate au delà de toute autre forme de vie (245c [239-40]) ;

si bien que même l'odeur de sainteté se convertit en parfum voluptueux.

Mais j'ai dit plus haut que les aspirations qui se partagent l'âme humaine – et l'âme de Montaigne – sont deux, et contradictoires. A la nostalgie de l'"état fœtal" s'oppose le rêve, manifesté à plusieurs endroits, d'une vie extravertie.

Prenons, par exemple, *Du pedantisme* (I, 25), où apparaît clairement le mépris de l'écrivain pour les «*Lettreferits*» (c'est ainsi qu'on désigne en périgourdin les lettrés invétérés) et son admiration, en revanche, pour «les plus suffisans hommes au maniement des choses publiques, les plus grands capitaines, et les meilleurs conseillers aux affaires d'estat» (I, 25, 134a [133]). Législateurs, magistrats et capitaines, que dans l'ancien temps on allait chercher à Sparte, sont explicitement valorisés par opposition aux rhéteurs, peintres et musiciens que fournissaient les autres villes grecques ; et tout le discours est organisé à partir du contraste entre «bien dire» et «bien faire» (143a [142]). Ce sont donc les charges et les actions publiques qui attirent Montaigne, homme de lettres qui couve la chimère de nobles entreprises et d'exploits glorieux : l'éducation qu'il a reçue ne l'a pas préparé à la vie active et (ajoutera-t-il dans la deuxième version) ne l'a même pas habitué à exercer

---

5 Sur ce chapitre II, 25 (à rattacher bien sûr aux craintes magiques présentes dans I, 21, *De la force de l'imagination*), *cf.* F. Elbaz, «Le profit du change», *Littérature*, 55 (1984), p. 74-84.

ses forces pour s'armer contre les peurs qui le tourmentent : «Me veus-je armer contre la crainte de la mort ? c'est au depens de Seneca. Veus-je tirer de la consolation pour moy, ou pour un autre ? je l'emprunte de Cicero. Je l'eusse prise en moy-mesme, si on m'y eust exercé. Je n'ayme point cette suffisance relative et mendiée» (*ibid.*, 137-38b [137]). Les *Essais* sont, dans une certaine mesure, une façon de rattraper ce manque d'exercice ; et ils sont aussi le succédané d'une action pratique, concrète : un livre "privé" uniquement parce que signé par un particulier qui n'est pas officiellement mêlé à la gestion de la chose publique ; mais un livre riche d'implications sur le plan politique[6]. La page de Montaigne est sous-tendue par un profond désir d'intervention ; le mirage d'une existence différente, imprégné du charme magique du non avenu, persiste à l'horizon de l'écriture.

Car Montaigne ne se sent pas à l'aise dans la peau de l'écrivain ; ni même dans celle de l'ermite. Loin de là : d'autres passages des *Essais* disent en clair le problème de la solitude du sujet, d'un isolement qui peut devenir réclusion. La folie est la fille ou la sœur de la solitude, qui engendre des «monstres» (I, 8). Sont également enfants de la solitude l'inertie et le silence : «Si elle va toute seule», sans l'aiguillon des sollicitations extérieures, la nature du sujet «ne faict que trayner et languir» (I, 10, 40a [41]). Il ne faut donc pas se laisser emprisonner, il faut au contraire faire de la solitude notre alliée. C'est à cela que sert le livre, qui brise le cercle de l'isolement du *je* pour communiquer avec un *tu* (le public).

Les *Essais* sont avant tout un acte de communication : la nécessité de l'autre est incontournable pour que le sujet puisse se dire, puisse donc exister en tant que sujet de la parole[7]. Vivre, c'est donc se raconter (à quelqu'un) ; et se taire, c'est cesser de vivre. C'est pourquoi les *Essais* sont en quelque sorte la colonne vertébrale d'un *je* qui oscille entre la logorrhée et la misanthropie, et qui cherche avec difficulté le point d'équilibre entre ces deux comportements : «Qui ne vit aucunement à autruy, ne vit guère à soy» (III, 10, 1007c [984]). Le métier de vivre tient dans la réalisation du compromis entre des tentations opposées, qui en déjoue les risques extrêmes. La

---

6 D. L. Schaefer, *The Political Philosophy of Montaigne*, Cornell University Press, 1990, lit les *Essais* comme un texte fondamental de philosophie politique moderne. Quelques indications aussi dans Ph. Desan, *Naissance de la méthode*, Paris, Nizet, 1987, p. 124-28. Les tentatives les plus récentes pour interpréter l'ambivalence du comportement de Montaigne sont celles de M. Tetel, «Ronsard et Montaigne : entre l'égocentrisme et l'altruisme», et de E. Limbrick, «Le Héros et le Sage : engagement politique, détachement philosophique» ; les deux contributions se trouvent dans le volume publié par M. Dassonville, *Ronsard et Montaigne. Écrivains engagés ?*, Lexington, French Forum, 1989, aux pages 71-81 et 103-16. Sur l'idéal d'une vie d'action, qui parcourt les *Essais* tout entiers, *cf. supra*, "Le livre parricide" et *infra*, "Le héros de plume".

7 Sur d'autres aspects du problème et de la nécessité d'un *tu*, *cf. infra*, "La mort muette", "Le crime impuni" et "Le repaire de l'*oraliture*".

modération – concept que nous avons déjà rencontré et que nous rencontrerons encore – est la règle à adopter.

Toutefois, la peur de la contagion, le rapport non résolu avec autrui et avec sa propre dimension physique, continuent à percer dans ces pages. Que l'on pense justement à *De la moderation* (I, 30), qui traite de la tempérance dans l'usage des plaisirs conjugaux et qui, au niveau A, est un débat embarrassé et tourmenté, où les préceptes moraux et religieux ne parviennent pas à triompher des inclinations naturelles du sujet ; la raison se rebelle contre l'institution, et contre l'entente entre le sujet et l'institution :

> Il n'est en somme nulle si juste volupté, en laquelle l'excez et l'intemperance ne nous soit reprochable : mais à parler en bon escient, est-ce pas un miserable animal que l'homme ? à peine est-il en son pouvoir par sa condition naturelle, de gouter un seul plaisir entier et pur : encore se met-il en peine de le retrencher par discours. Il n'est pas assez chetif, si par art et par estude il n'augmente sa misere (I, 30, 200a [198]).

Les additions successives, tout en développant le thème du refus des excès (dans la vertu et dans la religion, comme dans le plaisir), n'annulent pas le conflit entre le goût pour la volupté et l'idée de punition : l'effort du sujet pour obéir aux principes d'austérité et pour se tenir dans les rangs – en continuant cependant à écouter la voix de la nature – est proportionnel à son penchant pour la jouissance ; et l'apologie de la modération signifie la tentative de jouir sans franchir certaines limites, en suivant prudence et conscience, donc sans remords. Il s'agit en fait de négocier un plaisir qui soit compatible avec les impératifs de l'éthique[8]. Mais les tensions demeurent, d'une version à l'autre, et l'*incipit* ne subit aucun changement :

> Comme si nous avions l'*attouchement infect, nous corrompons par nostre maniement* les choses qui d'elles mesmes sont belles et bonnes (197a [195]) ;

phrase déconcertante : si elle glisse aussitôt vers le métaphorique («Nous pouvons saisir la vertu de façon qu'elle en deviendra vicieuse. Comme il advient quand nous l'embrassons d'un desir trop âpre et trop violant» ; de là, on passe à l'intempérance jusque dans la légitime «amitié que nous portons à nos femmes»), elle transmet néanmoins le frémissement d'une névrose concernant le physique.

---

8 Sur la critique d'une vertu excessive, *cf. supra*, note 3. Sur ce chapitre, *cf.* la lecture de F. Gray (*La Balance de Montaigne : exagium / essai*, Paris, Nizet, 1982, p. 50-53) dont cependant je m'écarte : je ne crois pas, en effet, que les apories du texte puissent être ramenées simplement au procédé "déformant" de Montaigne, qui, «Pour parler de modération [...] s'acharne à parler de son contraire» et qui ne cherche pas «des modèles d'immodération» dans le vice, «mais dans la vertu même» (p. 50-51).

De même, on lit dans le chapitre *D'un mot de Caesar* que nous (les hommes) prenons possession des choses «d'une *prise malade* et desreglée» (I, 53, 309a [297]). Ce thème est le même que dans I, 14, *Que le goust des biens et des maux depend en bonne partie de l'opinion que nous en avons*, repris aussi dans une addition tardive au chapitre *De Democritus et Heraclitus* («Nostre bien et nostre mal ne tient qu'à nous», I, 50, 302c [290]) ; mais on est frappé par l'insistance mise sur le caractère infectieux et polluant de notre toucher, donc sur l'idée de notre impureté congénitale.

Il est d'ailleurs aisé de glaner dans les *Essais* d'autres indices qui manifestent un sentiment de malaise à l'égard des odeurs, humeurs et sécrétions du corps humain. Si la tradition rapporte que la sueur d'Alexandre le Grand émanait une odeur suave – lit-on dans *Des senteurs* –, c'était dû à «quelque rare et extraordinaire complexion [...] Mais la commune façon des corps est au contraire, et la meilleure condition qui soit en cela, c'est de ne sentir à rien de mauvais» (I, 55, 314a [300] ; ce passage reçoit de légères modifications dans les versions successives). De telle sorte que, soutenu par Plaute («*Mulier tum bene olet, ubi nihil olet*»), Montaigne affirme, et dans la deuxième version confirme, que

> La plus parfaicte senteur d'une femme c'est ne sentir à rien, (b) comme on dict que la meilleure odeur de ses actions c'est qu'elles soyent insensibles et sourdes (*ibid.* [301]).

Et dans l'édition de 1588 il insiste sur son hypersensibilité aux odeurs, en déléguant aux *Epodes* d'Horace (XII, 4) l'expression la plus crue de sa répugnance :

> (b) J'ayme pourtant bien fort à estre entretenu de bonnes senteurs, et hay outre mesure les mauvaises, que je tire de plus loing que tout autre :
>
> *Namque sagacius unus odoror,*
> *Polypus, an gravis hirsutis cubet hircus in alis,*
> *Quam canis acer ubi lateat sus.*
>
> (314-15b [301]).

Il faut remarquer que dans la deuxième rédaction revient, liée au thème de l'odorat, la thématique de la contagion : ma peau, dit Montaigne, est particulièrement apte à s'imprégner de toute odeur («Quelque odeur que ce soit, c'est merveille combien elle s'attache à moy, et combien j'ay la peau propre à s'en abreuver») et cependant «je me trouve peu subject aux maladies populaires, qui se chargent par la conversation, et qui naissent de la contagion de l'air ; et me suis sauvé de celles de mon temps, dequoy il y en a eu plusieurs sortes en nos villes et en noz armées» (*ibid.*, 315b [301-2])[9].

---

[9] Dans l'exemplaire de Bordeaux, Montaigne, à cet endroit, ajoutera l'exemple de Socrate : bien qu'il ne se soit jamais éloigné d'Athènes lors de plusieurs épidémies de peste, il a

Avoir constaté son immunité aux agents pathogènes n'atténue pas les hantises de l'auteur : on peut en relever d'autres exemples. Le catarrhe et la transpiration, qui sont des expulsions d'humeurs mauvaises, sont considérés comme les indices d'une condition immonde, dont il faut avoir honte ; et dans ce cas (*Contre la faineantise*) le porte-parole est Julien l'Apostat :

> L'empereur Julian disoit encore plus qu'un philosophe et un galant homme ne devoint pas seulement respirer, c'est à dire ne donner aus necessitez corporelles que ce qu'on ne leur peut refuser, tenant toujours l'ame et le corps embesoignés à choses belles, grandes et vertueuses. Il avoit honte si en public on le voioit cracher ou suer (ce qu'on dict aussi de la jeunesse Lacedemonienne, et Xenophon de la Persienne) par ce qu'il estimoit que l'exercice, le travail continuel et la sobriété devoint avoir cuit et asseché toutes ces superfluitez (II, 21, 677a [659]).

Et la métaphore de la souillure du corps sert aussi, dans certains cas, à désigner la maladie dans la société :

> Les maladies et conditions de nos corps se voyent aussi aux estats et polices : les royaumes, les republiques naissent, fleurissent et fanissent de vieillesse, comme nous. Nous sommes subjects à une repletion d'humeurs inutile et nuysible, soit de bonnes humeurs (car cela mesme les medecins le craignent [...]), soit repletion de mauvaises humeurs, qui est l'ordinaire cause des maladies. De semblable repletion se voyent les estats souvent malades. Et a l'on accoustumé d'user de diverses sortes de purgation (II, 23, 682a [662-63]).

D'ailleurs Montaigne se présente comme un partisan convaincu de l'hygiène :

> car en general j'estime le baigner salubre, et croy que nous encourons non legeres incommoditez en nostre santé, pour avoir perdu cette coustume, qui estoit generalement observée au temps passé quasi en toutes les nations, et est encore en plusieurs, de se laver le corps tous les jours ; et ne puis imaginer que nous ne vaillions beaucoup moins de tenir ainsi nos membres encroutez et nos pores estouppés de crasse (II, 37, 776b [756])

et cet hygiénisme, tout à fait exceptionnel à cette époque, peut être interprété comme une phobie de la saleté, de la puanteur et des infections (toujours à deux niveaux : propreté est synonyme de santé, et aussi, métaphoriquement, de santé de l'esprit).

On peut cesser de glaner : on a assez cueilli pour mettre en lumière la répugnance troublée de l'auteur à l'égard du corps et de ses exhalaisons fétides.

été préservé de la contagion – et il a été le seul à l'être. Ce motif revient avec d'autres implications dans *De la phisionomie* (III, 12), et c'est un des traits dont se compose la ressemblance entre Montaigne et Socrate, dont la recherche traverse les *Essais*, et qui a été à maintes reprises relevée par la critique.

Cette infection du physique se guérit et – dirait-on – disparaît dans le monde "innocent" et non contaminé des *Cannibales* (I, 31), dont les coutumes, que nous appelons barbares et sauvages, sont au contraire «fort voisines de leur naifveté originelle», et obéissent aux lois naturelles. C'est nous, les peuples prétendument civilisés, qui avons corrompu et abâtardi la nature avec nos inventions artificielles ; et c'est vraiment dommage, poursuit Montaigne, que Lycurgue et Platon n'aient pas pu connaître ce nouveau monde récemment découvert : «car il me semble que ce que nous voyons par experience en ces nations là, surpasse non seulement toutes les peintures dequoy la poësie a embelly l'age doré, et toutes ses inventions à feindre une heureuse condition d'hommes : mais encore la conception et le desir mesme de la philosophie» (I, 31, 206a [204]).

Dans cet âge d'or prend forme le rêve du sujet : le désir naturel vient coïncider avec la vie selon la nature. C'est ici que peut être compensé et apaisé le conflit apparu dans le chapitre qui précède, *De la moderation*, où justement était représenté cet homme "civilisé" : animal misérable, qui se consacre à diminuer, suivant la norme de la raison, les plaisirs purs et entiers dont il pourrait jouir, et à augmenter sa misère «par art et par estude». Le rapport spéculaire entre ces deux chapitres qui se suivent est très visible : l'éloge de la polygamie des "sauvages" répond à la censure que notre société fait peser jusque sur les rapports conjugaux, légitimes et monogamiques ; et en général la représentation idéalisée des cannibales constitue une utopie transgressive par rapport à la morale du vieux monde et aux règles de notre civilisation, qui nous éloignent de celles de la nature[10].

On a beaucoup écrit sur ce texte célèbre[11], que je me permets donc de survoler en ne relevant que quelques points intéressants dans ma perspective de lecture : à savoir la manière dont l'ethno-analyse peut mener à l'auto-analyse. En d'autres termes, quels sont les fantasmes du sujet satisfaits par

---

10 Les additions postérieures tissent d'autres fils encore entre les deux chapitres ; par exemple, en 1588 est introduit dans *De la moderation* le problème des forfaits barbares commis en tous lieux au nom de la religion, et en particulier des sacrifices humains offerts aux dieux sanguinaires du Mexique, qui anticipent l'«horreur barbaresque» de la cruauté cannibale, qui cependant est inférieure à la nôtre.

11 Tout semble avoir été dit sur les *Cannibales*. Les études sont trop nombreuses pour qu'on puisse les citer toutes ici : on trouve une bibliographie relativement exhaustive dans F. Lestringant, «Le Cannibalisme des *Cannibales* I», *B. S. A. M.*, série VI, 9-10 (1982), p. 27-40, qu'il convient de compléter par l'étude de G. Defaux, parue dans *Modern Language Notes*, 97 (1982) et reprise dans son livre *Marot, Rabelais, Montaigne : l'écriture comme présence*, Paris-Genève, Champion-Slatkine, 1987, p. 145-77, et par une autre étude, encore de Lestringant, «La négation des *Cannibales* : Montaigne et Pasquier», dans *Le parcours des "Essais". Montaigne 1588-1988*, Colloque International Duke University – Chapel Hill University, Paris, Aux Amateurs de Livres, 1989, p. 225-37.

cette représentation ? Pour conclure sans sortir de la thématique du corps[12], je me limiterai à relever, après la défense – révélatrice d'ailleurs – de la polygamie, la fameuse phrase qui clôt le chapitre :

> Tout cela ne va pas trop mal. Mais quoy, ils ne portent point de haut de chausses.

Sentence sarcastique, et dernière flèche adressée à la société évoluée du vieux monde, qui compte le vêtement parmi les signes de progrès, et condamne comme scandaleuse la nudité des sauvages. Aux yeux du sujet cette nudité est, à l'opposé, une marque de franchise et de liberté, contrairement à la fiction du vêtement castrateur qui cache le sexe aux regards (il n'est pas question ici de justaucorps, mais de «haut de chausses» : donc de la pièce qui couvre le membre).

Il faut voir combien ce désir de nudité est constant dans les *Essais* : il apparaît à l'ouverture, dans l'avis *Au lecteur*, où est exprimé le vœu de se peindre «tout entier, et tout nud» ; quant aux chapitres ultérieurs, on a relevé que *Sur des vers de Virgile* «est parsemé de symboles et d'allusions phalliques. Le geste de retrousser un vêtement se reproduit sans arrêt»[13]. Mais il faut veiller à ne pas trop retrousser ces vêtements qu'ailleurs Montaigne souhaite voir arrangés avec pudeur : veiller à ne pas figer chacun de ses mots en parole définitive, en le clouant à telle ou telle attitude. Je doute fort que le texte de *Sur des vers de Virgile*, joué tout en passages subtils et variations impalpables, puisse justifier l'affirmation sans nuances que «Montaigne cède avec délices et malice à ce penchant nudiste délibéré, à ce besoin de connaissance et de transparence qui commandent toute l'entreprise des *Essais*»[14]. Non pas tant parce que ce chapitre est lui-même amphibologique (comme *De la moderation*), mais parce que le naturisme éventuellement souhaité trouve sa contrepartie en d'autres passages où sont exprimés les plus

---

12 Je laisse de côté, par exemple, le fantasme de la prise de pouvoir par les pauvres, qui apparaît dans les réactions des "sauvages" confrontés à notre "civilisation" (213-14a [212-13]). Un désir primordial de subversion au nom de la justice couve sous le "conservatisme" de Montaigne, sur lequel on continue d'insister, mais qu'il faudrait poser en des termes différents. Une voix dissonante est celle de D. L. Schaefer, «Of Cannibals and Kings : Montaigne's Egalitarianism», *Review of Politics*, XLIII, 1 (1981), p. 43-74, qui soutient au contraire que «Montaigne's egalitarianism was both more fundamental to his thought and more practical in its intented effect than has generally been recognized». *Cf.* aussi, du même auteur, «Montaigne's Political Reformation», *Journal of Politics*, XLII, 3 (1980), p. 766-91. Ces deux études ont été reprises par l'auteur dans son livre *The Political Philosophy of Montaigne*, cit..

13 G. Nakam, «Erôs et les Muses dans *Sur des vers de Virgile*», *Etudes seiziémistes offertes à V.-L. Saulnier*, Genève, Droz, 1980, p. 400 (étude reprise par l'auteur, avec quelques modifications, dans son livre *Montaigne. La manière et la matière*, Paris, Klincksieck, 1992).

14 *Ibid.* Il ne m'est pas possible de synthétiser en quelques mots les résultats de mon analyse de ce chapitre, nécessairement longue et complexe, et qui est extérieure à la perspective de ce livre. *Cf. supra*, "Que vient faire le pouce ?", note 1.

grands scrupules de pudeur ; je pense surtout à l'anecdote de l'empereur Maximilien (*Nos affections s'emportent au delà de nous*), «aussi religieux qu'une fille à ne descouvrir ny à medecin ny à qui que ce fut les parties qu'on a accoustumé de tenir cachées» (I, 3, 18a [22]) ; en 1588 l'anecdote a été complétée par une addition significative, où l'écrivain reconnaît qu'il est lui-même accablé de cette pudeur virginale, qui ne convient sans doute pas «à un homme, et sur tout, à un homme de ma profession» (*ibid.*, 19b [22])[15]. Mais je pense aussi à cette page de l'*Apologie* où semble émerger la répulsion pour la nudité dégoûtante du corps humain, laid et mal tourné, qu'on doit cacher précisément sous de... pudiques voiles :

> Certes quand j'imagine l'homme tout nud, et notamment en ce sexe qui semble avoir plus de part à la beauté, ses tares, et ses defauts, sa sujection naturelle et ses imperfections, je trouve que nous avons eu plus de raison que nul autre animal de nous cacher et de nous couvrir [...] Remarquons au demeurant que nous sommes le seul animal, duquel le defaut et les imperfections offencent nos propres compaignons, et seuls qui avons à nous desrober, en nos actions naturelles, de nostre espece. Vrayment c'est aussi un effect bien digne de consideration, que les maistres du mestier ordonnent pour remede aux passions amoureuses, l'entiere veue et libre cognoissance du corps qu'on recherche ; que pour refroidir l'amitié, il ne faille que voir librement ce qu'on aime (II, 12, 484a [463-64]).

Donc, si chez Montaigne le désir de nudité signifie l'aspiration à la transparence, cette aspiration naît nécessairement de la conscience de l'opacité qui nous entoure : pénétrer nos propres «profondeurs opaques» est une «espineuse entreprinse» (II, 6, 378c [358]), dont le succès n'est absolument pas assuré. Autrement dit : ce qu'on a appelé la "santé de Montaigne" (c'est le titre d'une étude de Sergio Solmi)[16], et célébré sous ce nom, est une conquête laborieuse. La représentation des conditions de vie des sauvages, naïvement impudiques, libère sans doute une capacité de transport érotique qui franchit les interdits : mais il ne faut pas oublier que ce mouvement est complémentaire d'une disposition d'âme inquiète et troublée, tout aussi fréquente dans les *Essais*.

Cette image, d'une lumineuse impudeur, fait cependant ressortir quelque chose de très profond : on voit ici se résorber l'ambiguïté entre désir et répulsion qui caractérise le rapport avec autrui. La nudité serait une sorte de fantasme réparateur, qui soigne une obscure blessure du sujet : le dégoût physique, l'hostilité à la peau de l'autre.

---

15 Pour l'analyse de I, 3, voir *infra*, "Cadavres guerriers". Le conflit chez Montaigne entre l'impudeur de la stratégie littéraire et la pudeur du comportement vécu est évoqué par A. Thibaudet, *Montaigne*, Paris, Gallimard, 1963, p. 162, et J. Starobinski, *Montaigne en mouvement*, Paris, Gallimard, 1982, p. 171.

16 S. Solmi, *La salute di Montaigne*, Milano, Ricciardi, 1952.

CHAPITRE 6

LE VERTIGE SADIQUE

Parmi les répugnances de Montaigne relatives à la sphère corporelle, son horreur à la vue du sang et de la torture de la chair martyrisée est particulièrement soulignée et répétée. La cruauté, vice dénaturé et extrême, préoccupe beaucoup l'essayiste, qui consacre à ce thème un chapitre spécifique (II, 11, *De la cruauté*) et y revient à d'autres occasions et sous d'autres angles (par exemple dans II, 27, *Couardise mere de la cruauté*). Mais que signifie "un chapitre spécifique" dans un livre comme les *Essais*, où tout est dit à propos de n'importe quoi ? En fait ce texte *De la cruauté* semble lui aussi échapper à son étiquette («Les noms de mes chapitres n'en embrassent pas tousjours la matiere», III, 9, 994b [973]). C'est un texte fourchu, séparé en deux parties distinctes, dont la jonction est bien visible : dans la première partie Montaigne médite sur la vertu en général ; dans la deuxième – à partir de la phrase «Pour dire un mot de moy mesme» (II, 11, 427a [406]) – le scripteur s'avance au premier plan et la réflexion générale est appliquée au sujet pour définir son attitude à l'égard des vertus et des vices – à l'égard notamment du vice de la cruauté.

Tel est le schéma habituellement reconstruit par la critique, auquel je recours aussi pour mettre de l'ordre dans mon propos. En réalité, mon but est de démontrer le caractère artificiel, bien que très voyant, de cette partition : différents mouvements traversent et troublent le dessin de ce chapitre, de manière à faire glisser l'essentiel au fil des paragraphes vers les marges de ce qui est dit. J'en ferai une lecture dans le détail, mais en évitant d'être péniblement minutieuse : en suivant d'abord la version de 1580 (les autres serviront ultérieurement pour vérification), je me fonderai sur quelques traits immédiatement lisibles, qui me semblent aptes à justifier mon propos.

Première partie. La définition de la vertu semble poser quelques difficultés à l'écrivain, qui utilise souvent la formule «je ne sçay quoy» pour indiquer ce surplus qui à ses yeux la distingue de la simple raison[1]. «La vertu sonne – dit-

---

1 A. Tournon, *Montaigne. La glose et l'essai*, Presses Universitaires de Lyon, 1983, p. 80-81 et p. 360, note 33, remarque aussi, quoique d'un autre point de vue, l'«allure précautionneuse» des déclarations de Montaigne, ce «style hésitant et presque embarrassé [...] insolite dans les *Essais*».

il – *je ne sçay quoi de plus grand et de plus actif*, que de se laisser par une heureuse complexion doucement et paisiblement conduire à la suite de la raison» (422a [400]).

A partir de là, et de l'idée que «le nom de la vertu presupose de la difficulté du combat et du contraste», l'intériorisation de la réflexion amène Montaigne à se passer du Dieu chrétien (bon mais non vertueux, car «ses operations sont toutes naifves et sans effort»)[2] et à faire l'éloge des philosophes stoïciens et épicuriens qui, non contents d'avoir l'âme bien réglée et disposée à la vertu, cherchent l'épreuve et quêtent la douleur. Certains critiques ont soutenu que cette conception hyperbolique de la vertu est unique dans les *Essais*. Ailleurs, Montaigne reconnaît que la sagesse de l'âme la plus réglée est incapable de maîtriser nos inclinations naturelles et que toute action extraordinaire est le produit d'une sorte de folie : il suffit de penser à II, 2, *De l'yvrongnerie*, où les «saillies stoïques» et l'attitude d'Epicure qui défie la douleur sont attribuées à des «boutées d'une ame eslancée hors de son giste», à quelque «meslange de folie [...] qui surpasse nostre propre jugement et discours» (II, 2, 347-48a [329-30])[3]. Mais si Montaigne semble souvent désapprouver ces excès, il ne cesse d'être hanté par des fantasmes d'héroïsme ; il ne fait qu'admirer «la hauteur [(c) inimitable] d'aucunes ames heroïques» que sa faiblesse est incapable d'imiter (I, 37, 229a [225]), et il répète que la grande faute de la plupart des hommes est «de faire difficulté de croire d'autruy ce que nous ne sçaurions faire» (II, 32, 725a [703]). Ici aussi la raison, règle de la moyenne humaine, est dévalorisée dès le début par rapport à ce surplus difficilement définissable qui caractérise la vertu, et qui est un principe *actif*, donc mâle. On est presque tenté de lire dans ces lignes le rêve du sur-moi de Montaigne d'être au-dessus de cette règle... En tout cas, dans ce contexte, la plaidoirie semble servir à soutenir que la vraie vertu implique la recherche de la douleur.

Sur ce concept de macération philosophique s'opère une première clôture de la réflexion, là où, après l'exemple de Metellus, le texte dit :

> Ces paroles de Metellus nous representent bien clairement ce que je vouloy vérifier, que la vertu refuse la facilité pour compaigne [...] elle veut avoir ou des difficultez estrangieres à luiter [...] ou des difficultez internes, que luy apportent les appetits desordonnés de nostre condition (423a [402]).

Un pas de plus est franchi : faut-il donc des vices pour être vertueux ? La vertu ne peut-elle «luire que par le combat des appetits contraires» ? Le cas de Socrate – chez qui on ne peut déceler aucun «effort de vitieuse

---

2 Même chose dans l'*Apologie de Raimond Sebond* (II, 12, 499-500c [479]).

3 J'ai déjà évoqué ce passage *supra*, "Le corps impur", note 3 ; et on trouvera plus loin une autre allusion à cette question.

concupiscence», sa raison n'ayant «jamais donné moyen à nul appetit vitieux seulement de naistre» – intervient à ce moment comme un contre-exemple, suivi par «cette brave et genereuse *volupté* Epicurienne» qui non seulement méprise la douleur mais est même capable de «*s'en esjoüyr*» ; et suivi aussi, juste après, par l'image de Caton le Jeune, qui, en se donnant la mort, dut sentir «du *plaisir* et de la *volupté* en une si noble action»[4].

L'exercice de la vertu en tant que pratique de la douleur implique donc aussi une part de plaisir :

> Il me semble lire en cette action *je ne sçay quelle esjouissance* de son ame, et une *emotion de plaisir extraordinaire* [(c) et d'une *volupté virile*] [...] Non pas esguisée par quelque esperance de gloire [...] mais pour la beauté de la chose mesme en soy (424-25a [403]).

Le rêve de vertu mâle qu'on avait vu se dessiner quelques lignes plus haut se teinte ici de couleurs quelque peu inquiétantes : à travers l'embarras d'une définition encore une fois malaisée («*je ne sçay* quelle esjouissance»), le sujet se révèle attiré par le plaisir dans la souffrance. Je noterai rapidement que cette attirance pour l'alliage douleur-plaisir, qu'on pourrait définir sadique, se trouve confirmée par d'autres passages des *Essais*, par exemple «La volupté mesme cherche à s'irriter par la douleur [Elle est bien plus sucrée quand elle cuit et quand elle escorche]» (II, 15, 613a-a' [596-97])[5].

Dans la suite de notre texte cette attirance se déclare à nouveau, à peu près dans les mêmes termes : Socrate mourant est récupéré pour qu'on reconnaisse, chez lui aussi, «*je ne sçay quel contentement nouveau*» et une «*allégresse enjouée* en ses propos et façons dernieres». Comparée à la mort de Caton, «plus tragique et plus tendue», celle de Socrate «est encore *je ne sçay comment* plus belle». La *beauté* que le sujet ne sait pas définir semble résider justement dans le couple trouble et fascinant de la douleur et de la volupté. Mais contre cet aveu, le sur-moi intervient en utilisant les exemples de Caton et de Socrate pour mettre la vertu – ce type de vertu – au-dessus de la règle. Et la première partie du chapitre se clôt sur une classification de la vertu en trois degrés :

1) la vertu parfaite qui empêche jusqu'à la naissance des tentations

2) la vertu qui combat les passions et l'emporte sur elles

3) enfin la nature douce et débonnaire qui rend un homme innocent mais non vertueux.

---

4 On sait que les images de la belle mort de Caton reviennent plusieurs fois dans les *Essais* ; *cf.* surtout I, 37 ; II, 13, 21, 28.

5 On pourrait aussi ajouter les réflexions de II, 20, *Nous ne goustons rien de pur*, à propos du mélange de la volupté et de la peine.

L'allure hésitante des définitions d'une vertu exceptionnelle est donc suivie par une «hiérarchie sans hésitation» assez exceptionnelle dans l'œuvre[6]. Ces pages trahissent en somme un malaise du sujet écrivant, qui d'abord *ne sait pas* comment justifier la beauté d'une vertu hyperbolique qu'il semble parfois nier ailleurs, mais par laquelle il semble attiré ici, en raison aussi du mélange de douleur et de volupté qu'elle implique ; et qui ensuite se raidit («je ne pense point qu'il y ait doute») pour établir un classement axiologique où les deux premiers degrés de vertu se trouvent hautement valorisés par rapport à la «tierce et derniere façon», dans laquelle Montaigne va se ranger quelques lignes plus loin.

Ici commence la deuxième partie du chapitre, où Montaigne considère sa propre aptitude à la vertu, ou plutôt son horreur des vices. Il se définit donc innocent, mais non vertueux : sa complexion n'est pas assez déréglée, ses passions ne sont pas assez véhémentes, bref il n'a pas eu d'efforts à fournir pour les combattre. Ce penchant naturel, qu'il attribue à sa naissance et à son éducation (notamment à l'exemple de son «tres-bon pere»), n'a été altéré, dit-il, «par aucune occasion ni par mes discours propres, qui, pour s'estre debandés en aucunes choses de la route commune, me licencieroient aisément à des actions que cette naturelle inclination me fait haïr» (428a [407]). Dans ce contexte, la «route commune» dont ses «discours» se sont parfois éloignés désigne le chemin suivi par la moyenne des hommes, régi par une raison raisonnable : la voie sur laquelle le sujet lui-même se situe, se reconnaissant incapable d'atteindre la vertu vraie qui «présuppose de la difficulté et du contraste», mais toujours rêvant de cette vertu active qui s'exerce dangereusement dans la lutte contre les appétits contraires. Et ce sont ses opinions, ses pensées («discours»)[7] que Montaigne représente comme déréglées, susceptibles de l'attirer vers les régions troubles et fascinantes où s'engage le combat entre la vertu et les vices. Or, bizarrement, sa haine des vices, qu'il oppose au dérèglement de son esprit, il la nomme «instinct» et «naturelle inclination» : nous pourrions dire que c'est la censure du sur-moi qui tient le sujet en bride, et le maintient sur la route commune, dans la règle de la raison, en lui interdisant le surplus de jouissance qu'implique l'épreuve. On a l'impression d'assister ici à un retournement du vocabulaire, à l'élaboration salvatrice d'un dictionnaire où la censure devient «nature» pour conjurer les licences du «discours»...

---

6 A. Tournon, *op. cit.*, p. 81 : «en règle générale, Montaigne ne construit pas de telles synthèses, propres à accorder les critiques avec les assertions qu'elles visent».

7 On sait combien il est difficile d'évaluer la signification de ce terme dans les *Essais* (dans d'autres contextes il désigne les fantasmes de l'imagination, *cf.* I, 14, 55-56a [55] ; II, [illegible] 491a [470]) ; ici cependant les témérités du moraliste semblent bien se situer dans les «opinions».

Je reviendrai tout à l'heure sur ce point, à propos de l'addition du niveau B qui s'insère juste après ces lignes. Pour le moment il s'agit de voir comment la suite de la première version fait basculer à grand risque ce parcours entre vices et vertus, à l'apparence si sage. Le dérapage a lieu une page plus loin, là où – après un paragraphe sur l'opinion des stoïciens («quand le fautier faut, il faut par tous les vices ensemble», etc.) – la cruauté fait son entrée dans le texte :

> Je hay entre autres vices cruellement la cruauté, et par nature et par jugement, comme l'extreme de tous les vices. Mais c'est jusques à telle mollesse que je ne voy pas égorger un poulet sans desplaisir, et ois impatiemment gemir un lievre sous les dens des chiens : quoy que ce soit un plaisir violent que la chasse (429a [408]).

La réaction personnelle est ici privilégiée par rapport à la condamnation objective, donc «les opinions énoncées sont prises pour indices du caractère»[8]. Cette remarque a son importance, car l'accent mis sur le trait de caractère entraîne un aveu capital qu'à ma connaissance nul commentateur n'a relevé : la haine de la cruauté, affirmée avec netteté, se trouve en effet nettement limitée et invalidée par la restriction «*quoy que ce soit un plaisir violent que la chasse*» – plaisir pour lequel le sujet reconnaît ainsi son goût. Tout se passe comme si «l'aspect spontané et subjectif de ce discours»[9], la réaction personnelle exhibée au premier plan, brisait le carcan de la réflexion objective, et déclenchait la poussée latente du non-dit. Ce *quoique* est un lapsus, l'amorce d'une descente aux enfers ; c'est la séduction de l'appel occulte aussitôt frappé d'interdit par la «mollesse» qui rend insupportables au sujet les gémissements des lièvres sous les dents des chiens. Tout se tient alors : la sensibilité et la douceur que Montaigne invoque servent à refouler l'instinct profond que l'exercice de la chasse fait surgir en lui.

L'aveu est immédiatement complété par le rapprochement de la chasse avec la «volupté» de «l'accointance des femmes», que l'on peut, selon Montaigne, «gourmander» plus facilement. Notons qu'il s'agit maintenant de maîtriser le plaisir (alors qu'il était question plus haut de maîtriser la douleur : mais nous avons vu que le plaisir et la douleur vont ensemble)[10] ; et dans le

---

8 A. Tournon, *op. cit.*, p. 100.

9 *Ibid.*, p. 112.

10 A noter que dans l'*Apologie* «l'appetit qui nous ravit à l'accointance des femmes» est défini «une volupté active, mouvante, et, je ne sçay comment, cuisante et mordante» (II, 12, 493a [473]). Sur l'exemplaire de Bordeaux Montaigne ajoute des réflexions qui soulignent sa prise de position contre l'«indolence» : il veut sentir le mal comme le plaisir, car «qui desracineroit la cognoissance du mal, il extirperoit quand et quand la cognoissance de la volupté» (*ibid.*).

Sur l'usage de la douleur et du plaisir, *cf.* également III, 5, 892-93b [871]. La volupté se paie en tout cas au prix du vice ; ailleurs Montaigne, s'étant rangé parmi ceux auxquels «le vice poise», mais qui «le contrebalancent avec le plaisir ou autre occasion, et le souffrent et s'y prestent à certain prix ; vitieusement pourtant et lachement», souhaite qu'on puisse admettre que plaisir de la chasse il semble y avoir «plus de ravissement» que dans la volupté sexuelle, dans la mesure où

> il nous surprend, lorsqu'apres une longue queste la beste vient à l'improviste à se presenter au lieu où à l'aventure nous l'esperions le moins. Cette secousse de plaisir nous frappe si furieusement, qu'il seroit malaisé veritablement à tous ceux qui ayment la chasse de retirer en cet instant l'ame et la pensée de ce ravissement (430a [409]).

Montaigne a fait l'expérience de cette secousse brève et violente, ce «ravissement», cette relance haletante, et il donne à lire ici le vrai thème de sa réflexion : le vertige du plaisir sadique qu'il a éprouvé en lui. Mais il se ressaisit :

> C'est ici un fagotage de pieces decousues : je me suis detourné de ma voie, pour dire ce mot de la chasse. Mais pour revenir à mon propos, je me compassionne fort tendrement des afflictions d'autruy [etc.].

Il est important de détecter la contre-vérité dans ce retour du contrôle : c'était en parlant du plaisir de la chasse que Montaigne était «sur (sa) voie», et c'est en revenant à sa sensibilité, à sa nature compatissante, qu'il s'en détourne. «Revenir à mon propos» signifie que le texte se referme sur lui-même[11], que le *je* rationnel se rattrape, échappe au piège et, pour combler la fissure, va se lancer dans une série de considérations qui sont autant de lignes du fuite : vers l'horreur des supplices, le dégoût pour la souffrance des bêtes, la métempsycose, et enfin le rôle des bêtes dans la société.

On pourrait naturellement objecter que l'attrait de «ce plaisir violent de la chasse» que Montaigne a un instant reconnu en lui se trouve à nouveau contredit lorsque – après la critique de la torture – il revient sur ce thème pour parler du «desplaisir» qu'il éprouve à voir «poursuivre et tuer une beste innocente», du spectacle «tres-desplaisant» pour lui des cerfs qui se rendent «a nous mesmes qui les poursuivons, nous demandans mercy par leurs larmes»[12], pour conclure ensuite que les «naturels sanguinaires à l'endroit des bestes tesmoignent une grande propension [(b) propension naturelle] à la cruauté» (432-33a [412]). Mais que vaut cette compassion ? Comment

---

le plaisir excuse le péché «en l'exercice mesme d'iceluy, comme en l'accointance des femmes, où l'incitation est violente et, dit-on, par fois invincible» (III, 2, 811b [789]). En ce qui le concerne, il se justifie en déclarant qu'il a acheté «le plaisir de ce vice» non pas «à tout pris» mais à «son propre et simple coust», car justement il était capable de garder son contrôle dans la volupté sexuelle (III, 5, 891b [869]), plus facilement que dans le plaisir de la chasse.

11 Combien de fois, dans les *Essais*, la formule «revenir à mon propos», comme d'autres similaires, indique-t-elle une reprise du contrôle après une dérive ? La question mérite d'être posée. Pour y répondre, des analyses attentives sont nécessaires, qui détectent les indices, probablement menus et complexes, des éventuels "dérapages".

12 On peut percevoir derrière ces lignes l'image classique d'Actéon métamorphosé en cerf et dévoré par ses propres chiens, comme le suggère M. B. McKinley, *Words in a Corner. Studies in Montaigne's Latin Quotations*, Lexington, French Forum, 1981, p. 26-35.

interpréter cette douloureuse douceur ? Il n'est pas question de s'interroger, de façon simpliste, sur la contradiction qui existe entre de tels propos et le fait que le seigneur de Montaigne ne se prive pas pour autant du plaisir de chasser : il obéit par là aux usages de son temps et de son rang, et c'est pour fêter son hôte illustre, Henri de Navarre, qu'il fait lâcher un cerf dans sa forêt. Nous devons par contre nous interroger sur l'hiatus, évident dans le texte, entre ce «desplaisir» sur lequel le scripteur s'arrête et insiste, et ce «plaisir» qu'on entrevoit au tournant d'une phrase, et sur lequel il glisse. Je choisis ce verbe à dessein pour sa duplicité, car c'est précisément ici qu'a lieu le *glissement*, imperceptible mais essentiel. Contre ce faux-pas, le sujet se redresse et accumule les preuves de sa sensibilité : le vertige sadique est conjuré et effacé par l'humanitarisme.

A ce terme provisoire de mon analyse, la raison pour laquelle je considère que ce chapitre est fondamentalement unitaire en dépit de sa structure bipartite devrait être claire. Apparaîtra clairement aussi le sens que je prête à l'expression «mensonge de la vertu» qu'on a employée pour ce texte : selon certains critiques, à la «sotte et fausse» notion de vertu cernée au début sous l'angle philosophique et en termes hyperboliques, Montaigne en viendrait à préférer, par renversement, la simple bonté innée en l'homme ; il la désigne d'un ton morne et modeste, il la dévalorise pour son absence de mérite, mais il la juge la seule disposition valable, en tant que «anticruauté»[13]. Supposons que cette clef de lecture soit valable pour d'autres chapitres ou passages des *Essais* où la vertu stoïcienne est en fait refusée, comme on l'a vu. Encore faudrait-il rendre compte du pourquoi de ce refus... Je soupçonne, comme je le disais plus haut, que chez Montaigne la critique d'une vertu excessive, fût-elle passionnément admirée, naît de la conscience de son incapacité à la mettre en pratique. Le sujet craintif (une large partie de la version de 1580 est dominée par la peur d'avoir peur : face à l'ennemi, à la douleur, à la mort) ne se sent pas capable d'un comportement intrépide, d'actions extraordinaires. Pour justifier sa fragilité, il se réfugie dans le constat rassurant que les sages sont des hommes comme tous les autres, agressés par les mêmes frayeurs, soumis aux mêmes réactions que le commun des mortels ; les préceptes de la philosophie sont impuissants face aux pulsions naturelles («Qu'elle [*scil.* la philosophie] empesche donq Socrates de rougir d'affection, ou de honte, de

---

13 G. Nakam, *Les "Essais" de Montaigne, miroir et procès de leur temps*, Paris, Nizet, 1984, pp. 438-39. Même si c'est dans des perspectives différentes, d'autres spécialistes interprètent à rebours la défense de la vertu faite ici par Montaigne : *cf.* D. L. Schaefer, «The Good, the Beautiful and the Useful : Montaigne's Transvaluation of Values», *The American Political Science Review*, 73, I (1979), p. 139-53 (étude reprise par l'auteur dans son livre *The Political Philosophy of Montaigne*, Cornell University Press, 1990). Voir aussi sur ce chapitre Ph. P. Hallie, «The Ethics of Montaigne's *De la cruauté*», *O un amy ! Essays on Montaigne in Honour of Donald M. Frame*, Lexington, French Forum, 1977, p. 156-71.

cligner les yeux à la menasse d'un coup, de trembler et de suer aux secousses de la fiebvre», II, 37, 761a [739] ; ce passage sera totalement remanié sur l'exemplaire de Bordeaux). D'où son étonnement face à tous les comportements qui dépassent la mesure de la sagesse, et qu'il attribue à des accès de folie (et il faut se défendre aussi de la peur de la folie...)[14].

Mais trêve de digressions. Il s'agit de montrer la production de ce texte-ci ; et la production de sens n'a souvent pas grand-chose à voir avec les idées que le texte affiche, quand bien même elles seraient reprises et réaffirmées dans d'autres contextes. Or, dans ce texte-ci, un sens se dégage (que je me suis efforcée de déceler) de la liaison entre le statut ambigu de la vertu mâle, pétrie de plaisir dans la douleur, qui occupe la première partie, et le plaisir violent, également mâle, également pétri de douleur, qui s'inscrit et se nie dans la seconde. Si cette notion de vertu peut être dite mensongère, c'est dans la mesure où elle cache une pulsion sadique.

Je ne m'attarderai pas sur la dernière partie : la critique a déjà beaucoup insisté là-dessus. Mais il me faut dire quelques mots encore pour éviter qu'on me reproche de passer trop légèrement sur la réprobation de Montaigne pour les supplices, qui s'exprime de façon vibrante ici, comme souvent ailleurs[15]. Je crois superflu de souligner une fois de plus la générosité et l'originalité de son attitude : on sait que la question était alors pratique courante et généralement admise, et que personne autour de lui ne condamnait cette procédure. Montaigne fait donc preuve d'un jugement particulièrement éclairé, capable, à son époque, de fureurs indignées qui s'apparentent, par exemple, au courroux de Manzoni dans la *Colonne infâme*. Il ne s'agit pas de diminuer la valeur de son attitude ; il s'agit simplement de se demander ce que cette critique explicite implique tacitement. Si Montaigne avait écrit un traité sur la torture nous ne saurions probablement rien de ses motivations profondes ; mais il a eu «le sot projet de se peindre», et c'est grâce à ce projet que nous sommes en mesure de voir ou d'entrevoir, sous les nobles sentiments qu'il déclare, les pulsions secrètes du sujet.

Or, très significativement, dans les *Essais* la condamnation de la torture s'accompagne toujours de descriptions minutieuses de supplices atroces qui, je l'avoue, me semblent assez troublantes. Il est rassurant de s'en tenir au cri d'indignation poussé par Montaigne, de se réfugier dans son refus de l'horreur,

---

14 C'est la thèse de M. A. Screech, *Montaigne and Melancholy*, London, Duckworth, 1983 ; mais les diverses formes d'exaltation qui menacent les caractères saturniens, et dont Montaigne se protège, ne constituent qu'un aspect de la polysémie de ses troubles : ce que je tente de démontrer.

15 *Cf.* I, 31, 209 [207-8] ; II, 5, 368-69 [348-49] ; II, 6, 375 [355] ; II, 15, 615-16 [599] ; II, 27, 700-1 [679] ; III, 6, 912-13 [890-92] ; III, 11, *passim*, III, 12, *passim*...

dans son incrédulité devant la perversité («A peine me pouvoy-je persuader, avant que je l'eusse veu, qu'il se fut trouvé des ames si monstrueuses, qui, pour le seul plaisir du meurtre, le voulussent commettre», etc., 432a [411]) ; de se dire que tous ces tableaux d'hommes écorchés, écartelés, hachés, rôtis, bouillis ont pour but justement de faire sentir au lecteur l'atrocité de ces procédures ; que Montaigne réagit ainsi contre les «pulsions redoutables» qui «couvent en nous», contre la psychose collective de son époque qui «a perdu ses contrôles en perdant sa sensibilité à la souffrance d'autrui» et «s'est laissé envahir par l'agressivité libérée»[16].

Je ne suis, pour ma part, nullement rassurée. Tout écrivain est le premier lecteur de lui-même : ce qu'il dit pour les autres, il le dit d'abord pour soi. Et c'est parce que Montaigne pressent et craint les redoutables pulsions qui couvent en *nous* – donc aussi en *lui* –, c'est parce qu'il a peur de perdre le contrôle *de lui-même*, de laisser *son* agressivité se libérer, qu'il dit et redit fiévreusement son horreur de la cruauté, qu'il invoque sa sensibilité et sa douceur. Les pulsions sanguinaires qu'il pourrait découvrir en lui (ainsi qu'en tout être humain) et qu'il jugule dans la vie courante, il s'en décharge sur la page, en décrivant – et en blâmant – le plaisir que le tortionnaire éprouve à torturer. Ce qui ne signifie pas, et je ne le sous-entends pas, que l'horreur s'enveloppe de complaisance : elle est en fait d'autant plus vive qu'elle fonctionne comme une planche de salut pour ne pas se laisser engloutir dans le gouffre.

Notons aussi que ce chapitre n'est pas le seul où la condamnation de la torture s'accompagne du thème sadique de l'alliance entre douleur et plaisir. Dans II, 15 on a déjà lu que «la volupté mesme cherche à s'irriter par la douleur» ; on y lit aussi, dans une addition de 1582, que la volupté sexuelle est faible et languissante sans la «honte virginalle» des femmes, qui sert à «nous accroistre le desir de vaincre, gourmander et fouler à nostre appetit toute cette ceremonie et tous ces respects»... «Car il y a non seulement du plaisir, mais de la gloire encore, d'affolir et desbaucher cette molle douceur et cette pudeur enfantine» (II, 15, 615a' [598]). On ne saurait trouver de termes plus efficaces pour signifier la part du sadisme dans le plaisir. La volupté, comme la vertu, présuppose de la difficulté et du contraste[17]...

---

16 G. Nakam, *Les "Essais" de Montaigne, miroir...*, cit., p. 320-21 (*cf.* aussi p. 290-91 et 326-27).

17 Sur la nécessité d'aiguiser le plaisir par la difficulté, *cf.* aussi III, 3, 826b [804] ; III, 5, 7, *passim*. Et pour une autre allusion de type "sadique", *cf.* la comparaison qui intervient à propos de la «conférence» : «J'ayme une société et familiarité forte et virile, une amitié qui se flatte en l'aspreté et vigueur de son commerce, *comme l'amour, és morsures et esgratigneures sanglantes*», III, 8, 924b [902].

Quant à II, 27, *Couardise mere de la cruauté* : c'est une étrange critique du meurtre qui s'appuie sur le plaisir qu'il faut prendre dans la vengeance :

> Chacun sent bien qu'il y a plus de braverie et desdain à battre son ennemy qu'à le tuer, et de le faire bouquer et ronger son frein, que de l'achever. Davantage que l'appetit de vengeance s'en assouvit et contente mieux. Car elle ne vise qu'à donner ressentiment de soy. Voilà pourquoy nous n'attaquons pas une beste, ou une pierre quand elle nous blesse, d'autant qu'elles sont incapables de gouster nostre revenche : et de tuer un homme c'est le mettre à l'abri de nostre offence (II, 27, 694a [672]).

Bien évidemment le jeu est biaisé. Montaigne prend des chemins obliques et ne souscrit pas aux arguments qu'il utilise. Mais sous la dialectique et l'ironie perce une compréhension profonde des pulsions d'agressivité, de l'instinct de vengeance, qui indique que ce spectateur apparemment impavide des dérives humaines en a fait en lui-même l'expérience, non en réalité mais dans le fantasme[18]. Je me servirai volontiers des termes mêmes que Montaigne applique à Sénèque lorsqu'il parle de ses efforts pour se préparer contre la mort : «Son agitation si ardante, si frequente, montre aucunement qu'il estoit pressé de son adversaire» (III, 12, 1040b [1017]). Tous les efforts de Montaigne pour lutter contre la peur de la mort montrent bien évidemment aussi qu'il est la proie de cette peur (parfaitement avouable) ; de même, ses protestations réitérées contre l'instinct sanguinaire donnent en quelque sorte à penser qu'il était habité par cet instinct (inavouable, refoulé, encombrant et inexorable).

Il était, en tout cas, préoccupé par le constat que la cruauté «s'accompagne coustumierement de mollesse feminine», et que les hommes les plus cruels sont «subjects à pleurer aiséement et pour des causes frivoles» (par exemple Alexandre, tyran de Phères, qui chaque jour faisait assassiner sans pitié tant de gens, et qui au théâtre pleurait sur les malheurs d'Hécube et d'Andromaque, II, 27, 693b [671]). Lui, qui ne supporte pas la vue d'un poulet qu'on égorge (tout en déclarant son goût pour la chasse), pourquoi s'interroge-t-il sans cesse sur le lien éventuel entre les natures molles et douces, comme la sienne, et les tendances sanguinaires ?

Tout cela demanderait d'autres analyses, ponctuelles. Je tenais seulement à indiquer quelques repères pour étayer ma lecture du chapitre *De la cruauté*.

---

18 A propos de la vengeance, *cf.* : «Nous avons poursuivy avec resolue volonté la vengeance d'une injure, et resenti un singulier contentement de la victoire, nous en pleurons pourtant [...]» (I, 38, 235a [231]). Tout ce texte parle des relations entre proches vécues comme des rapports entre ennemis : la vie domestique est une guerre où on peut pleurer l'ennemi qu'on tue.

Je m'empresse d'y revenir, pour vérifier si les additions de 1588 confirment mon interprétation, et pour voir ce qu'elles apportent à ce jeu de clair-obscur où le texte se réalise en révélant le drame du sujet. Je m'abstiendrai bien sûr d'examiner toutes les additions, qui ne sont pas toutes également signifiantes. Je n'en prendrai que deux, dont l'importance me semble capitale.

La première prend place juste après la phrase où Montaigne déclare que ses «discours» pourraient le pousser à des actions vicieuses que sa «naturelle inclination» lui fait haïr. Le début de cette addition («Je diray un monstre») indique assez que le scripteur est conscient de l'étrangeté de ce qu'il va ajouter... qui n'est pas à vrai dire plus étrange que ce qu'il avait écrit auparavant, mais qui représente sans doute un pas de plus vers le mystère de l'être, vers le secret du sujet qui est en train de se traduire. Car ces lignes :

> Je diray un monstre, mais je le diray pourtant : je trouve plus d'arrest et de reigle en mes mœurs qu'en mon jugement, et ma concupiscence aucunement moins desbauchée que ma raison (428b [407])[19]

éclairent et creusent le texte précédent : c'est le «jugement» de Montaigne, c'est sa «raison», ce sont en somme ici encore les activités de son esprit qui apparaissent déréglées par rapport à ses «mœurs» et à sa «concupiscence», c'est-à-dire à sa conduite et à ses désirs[20]. Mais ce que le sujet voit à cette nouvelle étape de sa réflexion et de son écriture, c'est qu'il y a chez lui moins de désir vrai (concupiscence) que de désir de désir. Le texte primitif trahissait déjà le regret d'un manque, de l'absence de ces passions qui rendent possible une vertu active et mâle (avec les implications sadiques qu'on a vues) ; le texte de 1588 dit en clair que Montaigne ne se contente nullement de la tiédeur de ses désirs, et qu'il voudrait désirer plus, être plus mâle qu'il ne l'est[21].

D'une édition à l'autre, le problème n'a pas été résolu. Et les tentatives du scripteur pour se défendre de lui-même, pour plaider sa haine «naturelle» du vice, ne l'amènent qu'à enfoncer davantage le couteau (la plume) dans la plaie

---

19 Dans la dernière version Montaigne ajoute, après «je trouve», *par la, en plusieurs choses* ; il remplace *jugement* par *opinion*, et supprime *aucunement*.

20 On sait que le thème de la *raison déraisonnable* parcourt tous les *Essais* (et que, avec ses implications bien connues d'ordre religieux, elle est une croyance fondamentale chez les calvinistes, pour qui la raison est un instrument diabolique qui fait obstacle à notre salut). Je n'entre pas dans cette problématique complexe : ce qui m'intéresse, c'est l'inflexion particulière que prend, dans ce cas, la profonde méfiance de Montaigne pour la raison, qui non seulement est incapable de fonder les normes de la morale, mais qui est aussi douée d'une terrible force destructrice (*cf.* mon *Itinerari a Montaigne*, Firenze, Sansoni, 1983, ch. 3).

21 Dans *Sur des vers de Virgile*, tout en se déclarant très sensible à la volupté, Montaigne reconnaît que l'émotion que lui cause l'exercice amoureux est moins forte que celle que lui procure son expression poétique : «Venus n'est pas si belle toute nue, et vive, et haletante, comme elle est icy chez Virgile» (III, 5, 849b [826]).

de son insuffisance. A son insu, elles l'amènent donc à travailler la relation entre le dit et le non-dit où réside le sens du texte.

L'autre addition concerne les spectacles de massacre d'animaux qui avaient lieu à Rome, avant qu'on en vînt aux hommes et aux gladiateurs. Or, dans le commentaire se condense et se dévoile la charge de sens problématique et complexe de tout ce discours sur la cruauté :

> Nature a, ce creins-je, elle mesme attaché a l'homme quelque instinct à l'inhumanité. Nul ne prend goust à voir des bestes s'entrejouer et caresser, et nul ne faut de s'esjouyr à les voir s'entredeschirer et desmambrer (433b [412])[22].

En se relisant, Montaigne insère, au milieu de ses affirmations de pitié pour les bêtes, ce constat de la généralité du sadisme : ce n'est pas la bonté qui est naturelle à l'homme, loin de là ; la nature nous a donné la cruauté en partage[23]. Qu'il ait déclaré qu'il ne supporte pas de voir une bête innocente poursuivie et tuée ne change pas les termes du problème : il faut bien payer un péage au gendarme de la "conscience". Mais dans les marges de ce qu'il faut dire, voilà qu'autre chose se dit : le spectacle de la douleur animale *nous* cause, donc *lui* cause, du plaisir. Et, pour le dire, le *je* se comprend dans la masse, se cache parmi la multitude, sous la non-personne : «Nul ne faut de s'esjouyr...» Le vertige sadique est toujours là. La blessure de la première version n'est pas cicatrisée, elle reste béante, non assumée et cependant obscurément reconnue ; et le sparadrap de la généralisation sécurisante intervient pour la panser.

Tout est humain pour Montaigne ; même, et surtout, l'inhumain. Comme le dirait sans doute un anthropologue contemporain (rendons hommage à l'auteur des *Essais* pour la mordante actualité de ses idées) : nous sommes des animaux qui ont cherché à devenir des hommes.

Ce n'est pas tout. Car il arrive ici comme à d'autres endroits que la faille éventuellement colmatée dans le chapitre en question s'ouvre ailleurs, dans

---

22 Variantes de la dernière édition : *goust* est remplacé par *son esbat*, et «nul ne faut de *s'esjouyr*» par «nul ne faut de *le prendre*».

23 J. Holyoake, *Contextual and Thematic Interference in Montaigne's "Essais"*, Sheffield Academic Press, 1986, place ce passage en exergue à son chapitre 3 ("Nature"), mais il ne l'utilise pas : bien qu'il soit des plus propres à démontrer sa "théorie de l'interférence" (qui d'ailleurs, sans le recours à des modalités d'analyse plus adéquates, semble se borner à l'examen contextuel des opinions contradictoires de Montaigne), et, dans le cas présent, à décomposer sa question (p. 46) : «Why is nature sometimes viewed unfavourably in the *Essais* ?». La position de Holyoake représente en somme une tentative de réaction à la critique "thématique" particulièrement florissante dans les universités britanniques, où on s'interroge sur tel ou tel concept dans l'œuvre de Montaigne, souvent – justement – sans tenir compte du contexte ; mais sa réaction reste prise dans les schèmes qu'il veut fuir. Sur les inconvénients d'une lecture thématique, voir les réflexions, toujours valables, de J.-Y. Pouilloux, *Lire les "Essais" de Montaigne*, Paris, Maspero, 1969, p. 25-38 et *passim*.

d'autres additions. Dans la rédaction de 1588, les passages sont assez nombreux qui disent que la bête sauvage est tapie au fond de nous, qu'une goutte de sang suffit pour réveiller la rage du fauve apprivoisé (voir la citation de Lucain, III, 2, 810b [788]). La sanction intérieure ne saurait modifier notre nature : elle peut seulement nous inspirer la haine du vice, faire en sorte que «le vice laisse comme un ulcere en la chair, une repentance en l'ame, qui tousjours s'esgratigne et s'ensanglante elle mesme» (*ibid.*, 806b [784]).

Or, l'ulcère produit dans l'âme de Montaigne par son penchant pour la cruauté – qu'il déteste justement dans la mesure où il le reconnaît – saigne encore à d'autres occasions, là où on s'y attend le moins, par exemple dans le chapitre *De l'utile et de l'honneste*, qui traite essentiellement du rapport de la conscience et de la vie publique. Au détour d'une comparaison entre notre être et la société, le sujet se retrouve face au cauchemar de la pulsion sadique qui l'habite ; et son aveu s'enveloppe, ici aussi, du *nous* généralisant qui dilue le problème personnel dans le solvant de l'imperfection naturelle à l'homme :

> Nostre estre est simenté de qualitez maladives ; l'ambition, la jalousie, l'envie, la vengeance, la superstition, le desespoir, logent en nous d'une si naturelle possession que l'image s'en reconnoist aussi aux bestes ; voire et la cruauté, vice si denaturé ; car, au milieu de la compassion, nous sentons au dedans je ne sçay quelle aigre-douce poincte de volupté maligne à voir souffrir autruy (III, 1, 790-91b [767-68]).

Si Montaigne n'a – affirme-t-il – «guere de mouvement qui se cache et desrobe à (sa) raison» (III, 2, 812b [790]), s'il dit vrai «non pas tout (son) soul» mais du moins autant qu'il ose le dire (*ibid.*, 806b [783]), le texte dit d'autant plus vrai que le travail de sa production échappe au contrôle de la conscience du scripteur, et d'autant plus juste qu'il le dit à côté de ce dont il parle. C'est à propos «de l'utile et de l'honneste» qu'émerge la question fondamentale du chapitre *De la cruauté*, où la volonté consciente de traiter un sujet déterminé impose à l'expression les limites de l'exigence idéologique. En réalité, Montaigne ne cesse pas de lutter contre ses pulsions : sa haine «naturelle» de la cruauté, violemment proclamée, sert en premier lieu à repousser le "monstre" du sadisme qui le traque, à nier cette «pointe de volupté maligne» qu'il éprouve, tout aussi «naturellement», en voyant souffrir autrui.

Attention à ne pas interpréter ce mécanisme comme une cérémonie bien réussie du mensonge : il est au contraire animé par la perception angoissante (et constamment calmée) que l'honnêteté, la justice, la vertu sont des fleurs angéliques sorties de bulbes souterrains, obscurs et "monstrueux".

En conclusion : le nœud du chapitre (et son pouvoir de séduction) tient au rapport de l'explicite à l'implicite. La face cachée de la nature douce et molle du sujet, de sa faiblesse nommable et nommée, c'est son penchant sadique, innommable et innommé. Le texte l'enregistre cependant, mais le système de défense est tel qu'on n'a pas su jusqu'ici le détecter. On peut attaquer une muraille, non une *faible* cloison, faite de sensibilité et de pitié, dont on ne soupçonne même pas qu'elle puisse servir de barrage. Remplaçons *je hais la cruauté* par *je hais ma tendance à la cruauté*, et le barrage s'écroule. Le texte, par contre, résiste : d'autant plus beau qu'il est fragile, parcouru par le frisson du gouffre.

CHAPITRE 7

CADAVRES GUERRIERS

Le thème du devenir du corps – l'horreur de la charogne, du cadavre en putréfaction rongé par la vermine –, si fréquent à son époque, semble absolument étranger à Montaigne[1]. Mais le destin de notre misérable dépouille, le mystère d'une vie du corps après la vie ne lui sont pas étrangers : c'est le nœud de *Nos affections s'emportent au delà de nous* (I, 3), chapitre que la critique a généralement négligé, le considérant – du moins dans sa version primitive – comme une pure et simple compilation, une «collection d'exemples d'ambition posthume»[2]. Je ne sais si l'expression «ambition posthume» peut s'appliquer à la forme particulière d'«affection» qui est illustrée ici ; à vrai dire il me semble qu'il s'agit d'autre chose. C'est la lecture du texte muni de ses variantes qui amène à utiliser cette formule – ce qui prouve bien que, pour le comprendre correctement, il faut avoir recours à l'édition originale dont les éditions courantes, synoptiques, altèrent l'assiette, perturbant ainsi la vision du lecteur. Je m'en tiendrai donc initialement – c'est ma règle – à l'édition de 1580.

Le texte, très bref, débute sur les exemples de Bertrand Du Guesclin et de Barthélémy d'Alviane. Après la mort du premier au siège de Rancon, «les assiegez [...] furent obligés de porter les clefs de la place sur le corps du trespassé». Quant au corps de Barthélémy d'Alviane, général de l'armée

---

1 Je paraphrase ici G. Nakam, «Le corps dans les *Essais* : étude de nu», *B. S. A. M.*, VII série, 7-8 (1987), p. 32, qui observe que, par opposition à la plupart de ses contemporains, Montaigne ne parle jamais «du devenir physique du corps : sa charogne, son squelette», et que «ce souci, cette horreur, n'affleurent même nulle part dans les *Essais*» (cette étude a été reprise par l'auteur, avec quelques modifications, dans son livre *Montaigne. La manière et la matière*, Paris, Klincksieck, 1992). C. Blum, *La Représentation de la mort dans la littérature française de la Renaissance*, Paris, Champion, 1989[2], p. 680, affirme au contraire que «Montaigne représente la mort comme un état où le corps est livré à la pourriture et n'éprouve plus aucune sensation». Je tenterai de démontrer dans les pages qui suivent que la question ne se pose pas exactement dans ces termes, du moins en ce qui concerne le chapitre I, 3.

2 *Cf.* A. Tournon, *Montaigne. La glose et l'essai*, Presses Universitaires de Lyon, 1983, p. 24 ; voir aussi R. L. Regosin, «Le miroüer vague : Reflections of the Example in Montaigne's *Essais*», *Œuvres et Critiques*, VIII, 1-2 (1983), p. 77. Pour compléter la bibliographie de ce chapitre peu étudié, je signale aussi l'étude de K. Hall, «"Certain Mutations" : Thoughts on the Evolution of One of Montaigne's Earliest *Essais*», *L'Esprit créateur*, VIII, 3 (1968), p. 208-15.

vénitienne, on le ramena à Venise en traversant le territoire ennemi, de vive force et sans demander de sauf-conduit, car on estima qu'il n'était pas convenable «que celuy qui en sa vie n'avoit jamais eu peur de ses ennemis, estant mort fit demonstration de les craindre». Ces traits pourraient être jugés étranges – commente Montaigne – «s'il n'estoit receu de tout temps non seulement d'estendre le soing que nous avons de nous au delà cette vie, mais encore de croire que bien souvent les faveurs celestes nous accompaignent au tombeau, et continuent à nos reliques». Ensuite, après voir noté que les exemples de cette croyance sont si nombreux qu'il n'y a pas lieu de s'y attarder, l'auteur rapporte cependant l'histoire d'Édouard Ier d'Angleterre : celui-ci, toujours victorieux contre les Ecossais, fit jurer à son fils qu'après sa mort il ferait bouillir son corps, dont il enterrerait la chair et garderait les os, pour les emporter avec lui au combat, «comme si la destinee avoit fatalement attaché la victoire à ses membres» (I, 3, 17-18a [20-21]).

On peut voir dans ces comportements une forme d'ambition, dans la mesure surtout où les exemples concernent des capitaines victorieux : leur gloire survit au trépas. Pourtant, si la réputation de leurs actions passées entoure leur dépouille, le nœud du problème est ailleurs : précisément dans ces corps-talismans qui seraient susceptibles de garder les qualités de l'être vivant. Cadavres actifs et même belliqueux, ces corps morts n'ont rien de macabre : habités par une force secrète, ils contredisent l'épouvantail des méditations traditionnelles – l'image du cadavre inerte appelé à subir la corruption – et signifient donc la revanche de l'être après et sur la mort : non seulement dans la mémoire des hommes, mais surtout dans sa réalité psychophysique. L'étrangeté de ces histoires ne réside pas, aux yeux de Montaigne, dans la préoccupation qu'on peut avoir de sa renommée, mais dans cette manière de folie qui attribue au corps des trépassés le même pouvoir qu'ils avaient lorsqu'ils étaient en vie. En effet, si l'exemple du capitaine Bayard, au paragraphe suivant, est jugé «de meilleure composition», c'est parce qu'il s'agit du cas d'un homme encore vivant, demandant à mourir «le visage tourné vers l'ennemi». Bref, le «soing que nous avons de *nous* au delà cette vie» ne désigne pas, dans ce contexte, le souci de notre renom, mais de notre dépouille : *nous*, c'est notre corps mort, c'est «nos reliques». De même, le titre du chapitre – *Nos affections s'emportent au delà de nous* – en 1580 désigne uniquement l'attachement dont nous faisons preuve pour notre cadavre.

Que ce soit là le problème qui préoccupe Montaigne, la trame lexicale du texte le montre en clair, où les images des corps morts reviennent d'une façon singulièrement insistante : «le *corps* du trespassé» (Du Guesclin), «son *corps* ayant à estre raporté à Venise» (Barthélémy d'Alviane), «il fit bouillir son *corps*» (Édouard d'Angleterre), «se sentant blessé à mort d'une harquebusade dans le *corps*» (Bayard). Et c'est à la même hantise du corps que correspond l'exemple de Maximilien d'Autriche, qui clôt le chapitre : cet empereur «garny [...] d'une beauté de *corps* singulière» était «aussi religieux qu'une fille à ne descouvrir ny à medecin ny à qui que ce fut, les parties qu'on a accoustumé de tenir cachees», au point qu'il ordonna dans son testament «qu'on luy attachast des calessons quand il seroit mort»[3] : comme si son cadavre pouvait être encore sensible et ressentir de la pudeur. Le commentaire («Il devoit adjouster par codicille, que celuy qui les luy monteroit eut les yeux bandez»), passablement ironique, souligne la bizarrerie de cette attitude, qui attribue au cadavre les mêmes réactions qu'à l'homme vivant. Mais n'oublions pas que la dérision est le sauf-conduit de la vérité, et que l'ironie est souvent le filtre du sérieux... C'est sur une note sardonique et ambiguë que se termine en 1580 ce texte parcouru par le fantasme de la survie du cadavre.

Les additions de 1588 sont importantes. Je laisserai de côté, provisoirement, l'assez long préambule, et je commencerai par l'examen des autres interventions.

Celle qui s'insère après les anecdotes de Bertrand Du Guesclin et Barthélémy d'Alviane («De vray, en chose voisine, par les loix Grecques, celuy qui demandoit à l'ennemy un *corps* pour l'inhumer, renonçoit à la victoire [...]» etc., 17b [20]) souligne encore l'importance accordée au *corps* de l'ennemi vaincu : de l'histoire moderne on passe à celle de la Grèce ancienne, pour y repérer d'autres témoignages d'une attitude analogue à l'égard des cadavres. Un peu plus loin, les exemples de Jean Vischa et de «certains indiens», qui viennent se joindre à celui d'Édouard d'Angleterre, élargissent encore le cadre historique et géographique en insistant sur le pouvoir miraculeux attribué dans plusieurs civilisations aux cadavres des guerriers : il s'agit ici aussi de cadavres belliqueux, dont les vertus magiques pourraient influencer le succès des combats. A nouveau, sous l'apparence monumentale et fière du capitaine tremble un frisson imperceptible, un chagrin, une peur : le cas de Jean Vischa, qui voulut qu'à sa mort on l'écorchât pour faire avec sa peau un tambour à emporter sur le champ de bataille (18b [21]) signifie le désir de demeurer "présent", en exorcisant la mort et en lui soutirant ses attributs essentiels : la désagrégation et le mutisme[4].

---

[3] Cette anecdote dont Villey n'avait pas trouvé la source figure dans la deuxième édition (1571) du *Theatrum vitæ humanæ* de Theodor Zwinger.

[4] Je cite M. Greenberg, «L'écho de Montaigne», *Œuvres et Critiques*, VIII, 1-2 (1983), p. 116 : l'exemple de Vischa, qui «survit comme pure articulation», indique que «pour Montaigne, le fantasme générateur des angoisses les plus terrifiantes est celui d'être rendu muet» (p. 117). Greenberg n'utilise pas, dans cette perspective, le chapitre *De la tristesse* (I, 2), traversé de part en part par le fantasme de la "mort muette" (*cf. infra*).

Pourquoi donc accumuler d'autres anecdotes analogues à celles qu'on avait déjà racontées ? Bien évidemment la première version, organisée par juxtaposition d'épisodes similaires, se prête à ce mouvement agrégatif, à cette opération de greffe multiple. A d'autres endroits cependant et dans des conditions textuelles identiques, le scripteur s'abstient d'apporter des compléments à son répertoire. On pourra dire que si un texte ne reçoit pas d'additions de cet ordre, c'est que Montaigne n'éprouve pas le besoin d'allonger le catalogue ; on n'esquive pas pour autant la question : pourquoi éprouve-t-il ici ce *besoin*, surtout après avoir déclaré en 1580 «qu'il n'est *besoing*» d'alléguer d'autres exemples de la croyance très répandue dans le pouvoir prodigieux de nos reliques ? Le jeu de mots montre bien ce que je veux dire : le *besoin* du texte ne coïncide pas avec le *besoin* de son auteur. Ici le texte ne requiert pas de nouveaux développements, c'est le sujet du scripteur qui les exige. En d'autres termes, si on veut apporter une réponse tant soit peu satisfaisante à la question : *pourquoi Montaigne éprouve-t-il le besoin d'introduire ici ces additions ?*, on la trouvera du côté des fantasmes du sujet, qui réapparaissent *hic et nunc* dans la production de ce texte : au moment précis où Montaigne relit son chapitre, où il «retaste [...] ce qui (lui) est une fois eschappé» (III, 9, 962b [939]), il est à nouveau saisi par cette hantise du cadavre qui s'inscrivait dans la première version. S'il ajoute de nouveaux exemples qui vont dans le sens des premiers, c'est sans doute pour reconnaître dans d'autres miroirs les images de cette croyance en une vie du cadavre au-delà de la mort : croyance que sa raison juge curieuse, mais que le sujet appréhende obscurément en lui-même. Il est incapable de se détacher de son enveloppe mortelle, de considérer froidement sa dépouille. Pour l'homme (pour Montaigne), son propre anéantissement demeure un fait inconcevable ; l'arrêt de la vie, un scandale ; la mort, un fait extraordinaire, qu'on ne saurait résorber dans la norme. Et un corps vivant ne peut pas mourir entièrement...

Cette appréhension – à la fois saisie intellectuelle et crainte mal définie – émerge finalement de manière claire et éclairante dans l'addition à propos de la pudeur de l'empereur Maximilien :

> Moy, qui ay la bouche si effrontee, suis pourtant par complexion touché de cette honte. Si ce n'est à une grande suasion de la necessité ou de la volupté, je ne communique guiere aux yeux de personne les membres et actions, que nostre coustume ordonne estre couvertes. J'y souffre plus de contrainte, que je n'estime bien seant à un homme, et sur tout, à un homme de ma profession (18-19b [22]).

Le sujet Montaigne s'avance ici au premier plan pour s'avouer lui-même assujetti à cette contrainte d'une pudeur presque virginale, en dépit de ce qu'il juge raisonnable. Preuve, si besoin en est, que l'anecdote racontée en 1580 n'était pas "innocente", simple exemple d'un comportement curieux. La singularité citée se rapporte à un problème personnel.

C'est ce que montre aussi la dernière addition du niveau B à propos de cet «allié» de Montaigne mort en âge fort avancé, tourmenté par les douleurs intolérables du mal de la pierre, qui occupa ses dernières heures à disposer avec grand soin la cérémonie de son enterrement. Le scripteur condamne cette «vanité si perseverante», comme d'ailleurs le caprice opposé, d'abolir toute solennité en réduisant son convoi funèbre à un serviteur et à une lanterne ; en ce qui le concerne, il s'en remettra à la coutume. Le paragraphe de conclusion est particulièrement intéressant :

> Si j'avois à m'en empescher plus avant, je trouverois plus galand d'imiter ceux, qui veulent vivans et respirans, jouyr de l'ordre et honneur de leur sepulture, et qui se plaisent de voir en marbre, leur morte contenance. Heureux, qui sçachent resjouyr et gratifier leur sens par l'insensibilité, et vivre de leur mort (20b [23]).

Cette autre confidence personnelle révèle une fois encore que ce problème est loin de le laisser indifférent. Le brin d'ironie qui intervient ici aussi pour dénoncer la vanité de ceux qui se mirent dans leur monument funéraire, suffit tout juste à retenir le sujet au bord du gouffre béant où il contemple l'image de son cadavre. Montaigne s'avoue ici trop sensible pour s'occuper de sa sépulture ; l'horreur que lui inspire sa mort est trop grande pour lui permettre de l'organiser et de supporter, vivant et respirant, de voir sa propre «morte contenance» en marbre. C'est parce qu'il a trop peur de sa mort qu'il refuse de songer à ses obsèques, en s'en remettant «à la discretion des premiers à qui cette sollicitude tombera en partage».

Bref, toutes ces additions indiquent, dans l'ensemble et à des niveaux différents, que si le jugement de Montaigne trouve «estrange» le souci de son corps après la mort, obscurément cette pensée et cette inquiétude continuent cependant de le travailler[5].

Qu'on lise à présent le préambule ajouté au début du chapitre. Cette longue addition, qui dans les premières lignes porte sur notre sollicitude de l'avenir, et dans les lignes suivantes sur l'opportunité de juger les actions des princes après leur mort (le souci de sa réputation, qu'on préfère souvent à la vie, peut engager le prince à se conduire selon justice : c'est là, il me semble, le lien entre les deux idées), transpose le discours sur le plan de la réflexion

---

[5] Notons en passant l'absence totale de transcendance dans toutes les réflexions de Montaigne sur la mort ; J. Brody, *Lectures de Montaigne*, Lexington, French Forum, 1982, p. 93-144, a pertinemment analysé le chapitre I, 20, *Que philosopher c'est apprendre à mourir*, premier exemple d'*ars moriendi* profane, qui ne contient aucun souci de l'au-delà ; *cf.* aussi G. Nakam, *art. cit.*, p. 32.

morale : «les conduites citées pour leur singularité sont appréciées et comprises selon leur rapport avec la condition humaine», note André Tournon[6] ; et il nomme précisément *transposition* le procédé qui consiste à reprendre les réflexions antérieures sur un registre différent. A son avis ces remarques développent et enrichissent une réflexion analogue formulée incidemment dans la première version, à savoir :

> Ces traits se pourroient trouver estranges, s'il n'estoit receu de tout temps, non seulement d'estendre le soin que nous avons de nous au delà cette vie, mais encore de croire que bien souvent les faveurs celestes nous accompaignent au tombeau, et continuent à nos reliques (17-18a [20-21]).

Il est vrai que l'amalgame est presque parfait. En lisant la réflexion de 1588 :

> Ceux qui accusent les hommes d'aller tousjours beant apres les choses futures [...] touchent la plus commune des humaines erreurs, s'ils osent appeler erreur chose à quoy nature mesme nous achemine, pour le service de la continuation de son ouvrage. Nous ne sommes jamais chez nous, nous sommes tousjours au delà. La crainte, le desir, l'esperance nous eslancent vers l'advenir, et nous desrobent le sentiment et la consideration de ce qui est, pour nous amuser à ce qui sera, voire quand nous ne serons plus (15b [18]),

on a une impression d'écho entre les deux textes : le deuxième répercute et amplifie le précédent. Mais en lisant seulement le premier dans le contexte de la version de 1580 on avait vu que «le soing que nous avons de nous au delà cette vie» se réfère seulement au «tombeau» et à «nos reliques». Ce n'est qu'au niveau B qu'apparaît cette inquiétude de notre avenir qui dépasse largement le souci de notre dépouille – et qui du coup le remplace. Finalement ce préambule, dans lequel il n'est plus du tout question de cadavres, s'éloigne de façon assez nette du thème de la première rédaction. Certes l'idée de la mort physique amène inévitablement la préoccupation de ce qui sera quand nous ne serons plus : en ce sens, la réflexion du niveau B est bien un prolongement de celle du niveau A. Cependant, beaucoup plus qu'un prolongement, la *transposition* opère un décalage, un véritable *déplacement* du sens, dont il nous faudrait mesurer exactement la portée.

Essayons de renouer le fil, de combler l'écart – car écart il y a – entre les cadavres-talismans de 1580 et l'anticipation de l'avenir qui est évoquée en 1588. L'opinion que «les faveurs célestes nous accompaignent au tombeau» se trouvait auparavant décriée pour sa singularité, comme étaient critiqués ceux qui accordaient une importance excessive à leurs funérailles ; toute attention dévolue à notre dépouille mortelle était en somme présentée comme

---

6 A. Tournon, *op. cit.*, p. 24.

vaine et risible. Cependant le texte tournait (j'ai tenté de le montrer) autour d'un non-dit : cette préoccupation de son cadavre qui obsédait le sujet. Or, dans le texte B, le soin des reliques se trouve sinon relié, du moins juxtaposé à la tendance humaine qui consiste à «aller tousjours béant après les choses futures» ; tendance qu'on ne saurait qualifier d'«erreur», puisque «nature mesme nous y achemine». Montaigne semble légitimer en quelque sorte les attitudes étranges dont il avait parlé et qui – je le répète – ne lui étaient pas si étrangères qu'il voulait le (faire) croire. Son jugement lui interdisant de justifier rationnellement la croyance dans une vie du corps au-delà de la mort, il prend une voie oblique, en suggérant que la nature, qui nous inspire l'inquiétude de l'avenir, nous inspire également le souci de notre corps après la mort. Car, comme le disent les vers de Lucrèce qui complètent ce préambule – et qui me semblent receler tout le sens de ce chapitre –, l'homme imagine inconsciemment qu'une partie de lui-même lui survit et il ne peut s'affranchir de son corps inanimé.

Le mystère du cadavre qui pourrait garder quelque chose de l'être vivant reste intact, résiste à la raison ; mais les exemples répertoriés d'abord en A puis en B n'apparaissent plus tellement étranges : c'est dans la nature, voire dans les terres de l'inconscient - de l'homme et de Montaigne – que plonge la racine de ces comportements. L'«erreur» est ainsi quasiment élevée au rang d'indice majeur d'humanité. Et si l'exercice du jugement et les préceptes de la philosophie s'avèrent incapables d'éliminer les fantasmes, ils peuvent du moins les domestiquer, essayer de les rendre inoffensifs, en les faisant rentrer dans la "norme" de la condition humaine.

Les interventions sur l'exemplaire de Bordeaux me semblent confirmer cette lecture. Les plus importantes se situent essentiellement au début et à la fin du chapitre.

Au début, les ajouts développent les deux propos imbriqués du préambule de B : d'une part qu'il ne faut pas se soucier de l'avenir, de l'autre qu'il convient de juger les actions des princes après leur mort, même si la nécessité de maintenir l'ordre public nous conseille de respecter leur autorité pendant qu'ils règnent. Cela revient à dire (en abrégeant) : nous devons nous occuper de la vie présente, non de notre réputation future ; bien que le souci de la renommée puisse avoir des effets salutaires sur la conduite des princes, ce n'est pas l'idée de leur gloire posthume qui doit les toucher. D'abord, on peut avoir vécu «selon ordre» sans que la postérité nous reconnaisse quelque mérite ; ensuite et surtout, ce n'est pas le jugement de la postérité qui peut faire notre bonheur, car «estant hors de l'estre, nous n'avons aucune communication avec ce qui est» (c'est ici, beaucoup plus que dans les deux versions précédentes, qu'est dénoncée l'ambition posthume). Il faut donc songer à ce qui est, non à ce qui sera.

Ce principe est repris en écho dans la longue addition de la fin, à partir de la critique des lois athéniennes selon lesquelles il fallait, après une bataille, s'arrêter pour recueillir et enterrer les morts plutôt que de profiter de la victoire. L'exemple de Chabrias, qui «pour ne perdre peu des corps morts de ses amis qui flotoient en mer, laissa voguer en sauveté un monde d'ennemis vivans, qui despuis leur firent bien acheter cete importune superstition», peut signifier qu'il faut vivre dans le présent ; mais il confirme aussi – et surtout – l'idée qu'il ne faut pas attribuer nos sentiments à des corps sans âme. Les vers d'Ennius cité d'après Cicéron («*Neque sepulchrum quo recipiatur, habeat portum corporis / Ubi, remissa humana vita, corpus requiescat a malis*») servent à identifier cette erreur.

Tout se tient donc : de A à B à C les deux lignes parallèles de la réflexion finissent par converger. La sollicitude de l'avenir est toujours vaine, sur le plan moral comme sur le plan physique : ni le sort de notre nom, ni celui de notre corps ne peuvent nous affecter, une fois que le néant nous aura engloutis.

Un résidu trouble et troublant subsiste cependant juste à la fin du chapitre, dans la dernière phrase, qui risque de compromettre ces préceptes si sensés :

> Tout ainsi que nature nous faict voir que plusieurs choses mortes ont encore des relations occultes à la vie. Le vin s'altere aux caves, selon aucunes mutations des saisons de sa vigne. Et la chair de venaison change d'estat aux saloirs et de goust, selon les loix de la chair vive, à ce qu'on dit.

Nous revoilà dans la grisaille, où le noir et le blanc se mêlent de nouveau. Le sujet rationnel a beau se répéter que le soin du corps après la mort est risible : sa peur jamais dite finit par le rattraper. Hanté par le fantasme du cadavre, il ne cesse de chercher obscurément à se justifier, en prétextant que cette hantise est congénitale à l'homme. Non seulement elle est présente dans toutes les civilisations, mais ce fait culturel a son origine dans les lois mystérieuses de la nature, qui nous montrent les relations occultes entre la mort et la vie. Le corps mort continue peut-être à être soumis aux «loix de la chair vive»… et la raison de Montaigne continue en vain à lutter contre les raisons occultes qui lui inspirent le souci de son corps mort[7].

---

[7] Ces dernières lignes, qui d'après mon analyse s'insèrent parfaitement dans le tissu du chapitre, sont absentes dans l'exemplaire de Bordeaux, n'apparaissant que dans l'édition de 1595 : leur authenticité n'est donc pas absolument certaine. Je tiens à le rappeler, bien que ce fait ne pèse pas sur ma lecture, qui reste inchangée si la phrase est apocryphe, et qui sinon y trouve une confirmation supplémentaire : contre la logique du discours, le retour des "zombies"…! D'autant plus que (je remercie A. Tournon de me l'avoir signalé) cette addition est en total désaccord, même syntaxique, avec ce qui précède immédiatement : les vers de Sénèque, ensuite la présentation ironique («Cet autre redonna…») de la citation d'Ennius : ce *Tout ainsi que* opère une suture à contre-sens.

Souci qui émerge encore dans une variante minimale mais très révélatrice. Là où Montaigne avait écrit, à propos de ses funérailles, «Je lairrai purement la coustume ordonner de cette ceremonie, et [...] m'en remettray volontiers à la discretion des premiers à qui cette solicitude tombera en partage», il corrige : «m'en remettray à la discretion des premiers à qui *je* tomberai en charge». La différence est primordiale : la variante perturbe et désagrège le sens des citations de Cicéron et de saint Augustin auxquels le scripteur se cramponne dans les lignes suivantes. Ces citations disent bien que les obsèques sont plus une consolation pour les vivants qu'un secours pour les morts : mais ce pronom personnel que Montaigne utilise pour désigner son corps mort («*je* tomberai en charge») signifie qu'il n'arrive pas à considérer son cadavre comme une dépouille vidée de sentiment : il continue à lui accorder le statut de l'être vivant[8].

Une autre pensée que la pensée charrie la vérité, tel un fleuve nocturne qui coulerait au plus profond du sujet : se pencher sur ses eaux, découvrir ses rivages invisibles, voilà ce qui amène le scripteur à produire ce texte. Mais il ne peut ramasser que les anecdotes qui flottent en surface, "cadavres exquis", fragments d'une épave qui gît sur le fond insondable : l'image de son propre cadavre dont il n'arrive pas à se délivrer.

---

8 A noter que cette variante intervient en position centrale. On peut relever un mouvement analogue dans d'autres chapitres, où Montaigne dresse ses défenses au début et à la fin, alors qu'une faille s'ouvre au cœur même du texte : voir par exemple *De la tristesse*, et la lecture que j'en propose dans ce volume ("La mort muette").

CHAPITRE 8

LE CRIME IMPUNI

Recueils d'exemples, collections d'anecdotes : comme je le disais, cette étiquette revient à propos de presque tous les chapitres du début (de ceux qui figurent au début des *Essais* et qui vraisemblablement prennent place au début de l'activité d'écriture de Montaigne). Mais, tout en collectionnant des histoires, des récits, de vieux mensonges, des habitudes étranges, l'écrivain tresse des variations rêveuses sur les "arrière-boutiques" de nos comportements ; et, surtout, il plonge son regard dans sa profondeur intérieure, en l'éclairant partiellement avec une acuité d'analyse peu commune. En effet, quoi qu'on ait dit sur ces premiers chapitres, Montaigne n'y est pas avare de confidences – signes parfois à peine ébauchés qu'il faut savoir décrypter : c'est à lui-même qu'il s'intéresse, amoureusement et cruellement, par l'entremise des personnages qu'il évoque et dont il met à nu les bizarreries, les travers, les sentiments inavouables, les mesquineries et les lâchetés. Auteur entêté à ne rédiger que des textes inclassables, réfractaires aux genres et aux systèmes, tricotages de citations et de réflexions, nomade intellectuel qui parcourt le labyrinthe de la culture pour ne pas se perdre dans les méandres de son propre moi, Montaigne se révèle dès le début un fouilleur des résonances intérieures, des cassures secrètes, de la violence intime : voyeur lucide et compatissant, il dit dans la litote, l'ellipse et l'allusion sa perception subtile du drame de l'individu.

Le drame de l'anéantissement du sujet : c'est précisément ce qu'on peut lire dans le chapitre *Comme l'ame descharge ses passions sur des objects faux, quand les vrais luy defaillent* (I, 4) : une merveille d'à peine deux pages, qui nous inquiète et nous touche secrètement.

Le texte (*decies repetita* : j'examinerai d'abord la rédaction de 1580) s'ouvre pourtant sur une sorte de plaisanterie : l'anecdote du gentilhomme goutteux qui, contre l'avis de ses médecins, continue à manger des viandes salées, parce que

> sur les efforts et tourmens du mal, il vouloit avoir à qui s'en prendre, et que s'escriant et maudissant tantost le cervelat, tantost la langue de boeuf et le jambon, il s'en sentoit d'autant allégé (I, 4, 22a [25]).

Mais qu'est-ce qui se cache sous la raillerie ? Car la plaisanterie va très loin et une fêlure d'angoisse ne tarde pas à modérer notre rire. Ce récit singulier, économe et acéré, est imprégné d'effroi : il rend un son assez grave à l'oreille de celui qui tente d'enquêter sur son sens, de voir ce que, dans sa brièveté cocasse, cet exemple recouvre.

Ce gentilhomme veut «avoir à qui s'en prendre» : autrement dit, il lui faut réagir contre le désarroi, exorciser en lui l'impuissance, se venger de ce qui le détruit. Pantin qui râle, montre les dents, aboie et mord, il n'est comique que parce que sa revanche s'exerce sur le cervelas et le jambon ; mais sa rébellion est en elle-même tragique, car elle signifie l'affolement, la détresse, la frayeur d'un homme aux abois, victime d'un processus de démolition qui peut le conduire à la mort : non seulement à la mort physique, provoquée par la maladie, mais à la mort du sujet, produite par la "passivisation", contre laquelle le seul recours est l'agressivité.

En effet, c'est de la pulsion d'agressivité – pulsion en retour dont l'anecdote révèle le mécanisme – qu'il s'agit essentiellement dans ce texte : en la décrivant, Montaigne parvient à définir la position (angoissante) du sujet, pris dans l'articulation de l'*être* et du *faire*. Selon l'analyse éclairante que Robert Lafont a donnée de cette articulation – sur laquelle toute la langue se distribue –, le sujet se pose de deux façons : du côté de l'*être* et du côté du *faire*. Mais l'être ne peut pas être en soi, sauf par illusion : il ne peut qu'exister, c'est-à-dire passer de l'être en soi à l'être en acte, de l'absolu d'un être qui contient ses actes à la contingence d'un être dont les actes ricochent sur autrui. Il ne peut *être* en somme que s'il *fait*, dans le rapport à l'autre. La fonction *faire* est la mise en activité de l'*être* ; *être*, la mise en passivité du *faire* [1]. Or, le gentilhomme goutteux, sujet passif agressé par la maladie et la souffrance, doit, pour échapper à la passivisation, retourner l'agressivité contre l'agresseur : il *veut avoir* «à *qui* s'en prendre», il cherche un autre sujet pour décharger l'élan de sa pulsion. Mais comme l'agresseur se dérobe, qu'il échappe au domaine des réalités tangibles, le *je* se tourne vers les objets, en «*s'escriant et maudissant*»... le cervelas ou le jambon. Après quoi il se sent *allégé* : la décharge est faite, le sujet retourne à son être ; ou plutôt : à partir de là, il va pouvoir être[2].

---

1 *Cf.* R. Lafont, *Le Travail et la Langue*, Paris, Flammarion, 1978, p. 258-66, qui fournit un schéma des modalités de l'*être* et du *faire* distribuées sur cinq positions (voir aussi les *Cahiers de linguistique sociale*, n°6, Publications de l'Université de Rouen et GRECSO, 1983, p. 33-37, où l'analyse est appliquée aux fonctions narratives). Suivant ce schéma, la position finale d'*être* s'inverse dans la position initiale de *faire* (renversement du passif à l'actif), dont les modalités ne font que reproduire les mécanismes de l'expression de l'*être*.

2 Dans l'analyse de R. Lafont, *op. cit.*, ces positions correspondraient respectivement à *faire 3* (ascendance à l'acte), *faire 4* (ascendance achevée) et *être 4* (avec effet réflexif).

La passivisation est en somme intenable : pour exister, le sujet doit agir. L'invective est cathartique : diversion provisoire, réaction dérisoire, elle exprime toutefois la fuite face à l'insoutenable, la tentative de ne pas succomber.

Ainsi, dans cette scène drôlatique, on sent se former un thème qui se noue, gronde, et va bientôt éclater : ce gentilhomme grotesque qui s'en prend au monde extérieur (le cervelas !) en cherchant à liquider un conflit intérieur annonce une galerie d'autres personnages qui luttent corps à corps avec le mal d'être, en s'efforçant de trouver les conditions de leur autonomie. S'ils tempêtent, s'empoignent et crient, c'est pour survivre et tenter d'exister.

La logique de ce mécanisme se trouve d'ailleurs parfaitement expliquée dans le paragraphe qui suit, où le sens de la plaisanterie placée en prologue est graduellement transposé sur le plan moral :

> Mais en bon escient, comme le bras estant haussé pour frapper, il nous deult si le coup ne rencontre, et qu'il aille au vent ; aussi que pour rendre une veuë plaisante, il ne faut pas qu'elle soit perduë et escartée dans le vague de l'air, ains qu'elle aye bute pour la soustenir à raisonnable distance. De mesme il semble que l'ame esbranlée et esmeuë se perde en soy mesme si on ne luy donne prinse : et faut tousjours luy fournir d'object où elle s'abutte et agisse.

L'insistance des termes qui indiquent l'agressivité (*frapper, rencontrer, avoir bute, donner prinse, s'abutter, agir*) s'opposant à ceux qui désignent la déperdition (*aller au vent, se perdre dans le vague de l'air, se perdre en soy mesme*) montre bien qu'il s'agit ici d'échapper au néant. Et cette «ame esbranlée et esmeuë» qui se perd «en soy mesme, si on ne luy donne prinse» offre précisément la clef de l'apparent paradoxe du goutteux : tout sujet comporte sa part d'autre, et ne peut exister que par rapport au *tu*, dans un acte pulsionnel d'agressivité ; s'il n'a pas sa part d'autre, il se perd (il est dans le malaise de ne pouvoir exister). Condamné à la passivisation, donc à la mort, il ne peut se sauver qu'en donnant la mort à son tour. Le crime suprême et impuni, celui qui fait vivre, est le meurtre de l'autre.

L'agressivité qui se retourne contre l'agresseur signifie d'une certaine façon le renversement de l'“instinct de mort” en instinct de vie (qui est du *faire* sur autrui) : d'où la nécessité, pour le sujet, de se tourner vers d'autres buts, n'importe lesquels, lorsqu'il n'a pas *prinse* (moyen d'agir) sur ce qui l'attaque.

Ici le renvoi à Plutarque :

> Plutarque dit à propos de ceux qui s'affectionnent aux guenons et petits chiens que la partie amoureuse, qui est en nous, à faute de prise legitime, plustost que de demeurer en vain, s'en forge ainsi une faulce et frivole

représente un glissement de la pensée : à la colère du premier exemple succède la passion amoureuse (en passant dans le domaine érotique, on ne sort toujours pas de la pulsion d'agression) et l'écrivain semble établir une hiérarchie morale entre la «prise légitime» et la prise «faulce et frivole» (les guenons et les petits chiens). En réalité, il s'agit encore de l'*horror vacui* où l'individu risque de sombrer ; mais la référence à Plutarque permet à Montaigne de parler du leurre, de l'illusion dans laquelle tombe le sujet lorsqu'il décharge sa pulsion sur de fausses cibles :

> Et nous voyons que l'ame en ses passions se pipe plustost elle mesme, se dressant un faux subject et fantastique, voire contre sa propre creance, que de n'agir contre quelque chose. Quelles causes n'inventons nous des malheurs qui nous adviennent ? A quoy ne nous prenons nous à tort ou à droit, pour avoir où nous escrimer ? (22-23a [25-26])[3].

A partir de là, se déroule sous nos yeux une cohorte de silhouettes d'une saisissante vérité, portant chacune sa charge de trouble et d'angoisse, déchargeant sa crainte difficile à dire dans un élan de révolte forcenée. Avec un sens très sûr de la mise en scène, l'écrivain monte des séquences très courtes qui s'imbriquent, s'éclairent, se répondent, où chacun des personnages nous est montré dans un moment paroxystique, dans l'urgence de sauver son être de l'engrenage qui le broie.

«Ce ne sont pas ces tresses blondes, que tu deschires, ny la blancheur de cette poictrine, que despite, tu bas si cruellement, qui ont perdu d'un malheureux plomb ce frère bien aymé : prens t'en ailleurs». La première fausse cible, c'est soi-même, son propre corps : représentation dramatique du désarroi du sujet qui, pour pouvoir agir, agresse sa propre personne. L'autre fausse cible, ce sont les objets : Montaigne tire de son expérience immédiate («Qui n'a *veu*...») l'exemple du joueur en train de «macher et engloutir les cartes, se gorger d'une bale de dets, pour avoir où se venger de la perte de son argent»[4] ; la décharge d'agressivité passe ici par le système digestif (c'est le fantasme de dévoration que l'on trouve dans le thème de l'ogre). Mais ce que l'écrivain *voit* sous le fonctionnement de la pulsion dévorante est toujours la ficelle qui commande à ces marionnettes et gouverne leurs agitations paniques ; énergumène saugrenu contraint de faire le geste qui le sauve, le joueur-ogre est habité par une force occulte qui désagrège l'apprêt du social, l'amidon des comportements : la peur d'être passivisé, à laquelle il faut substituer la vengeance.

---

3 Dans ce passage va s'insérer en 1588 une addition que je laisse provisoirement de côté pour y revenir plus tard.

4 *Cf. Essais* III, 10, 1015b [992] : «J'aymois autrefois les jeux hazardeux des cartes et dets ; je m'en suis deffaict, il y a long temps, pour cela seulement que, quelque bonne mine que je fisse en ma perte, je ne laissois pas d'en avoir au dedans de la piqueure».

Montaigne puise les exemples qui suivent dans ses lectures, où sa curiosité polymorphe et boulimique cherche d'autres anecdotes, analogues aux précédentes. Le cas de Xerxès fouettant la mer, de Cyrus se vengeant d'une rivière, de Caligula détruisant une maison[5], d'Auguste défiant Neptune – tous également prisonniers de la même terreur indicible, hantés par ce qui nous régit du fond de l'obscur – donnent à voir conjointement qu'une *prise* est toujours nécessaire. Elle est fausse non pas en elle-même, mais à cause de l'interprétation du jeu du hasard : ne pouvant s'adresser à la destinée, qui est hors de sa portée, le sujet se tourne contre les moyens que la destinée met en œuvre pour le frapper. Auguste est jugé le plus fou précisément parce qu'il s'en prend aux dieux : «Car ceux là surpassent toute follie, d'autant que l'impieté y est joincte, qui s'en adressent à Dieu mesmes à belles injures, ou à la fortune, comme si elle avoit des oreilles subjectes à nostre batterie...» (23a [26]).

Là surgit la même idée, essentielle et profonde, qui sous-tend tout le chapitre : la compréhension (qu'on dirait mâtinée de psychanalyse) du problème du sujet, acculé à la nécessité de trouver sa part d'*autre*, de soulever le poids de la résignation qui l'écraserait, pour se réaffirmer dans la vengeance. Mais le sujet n'est pas maître des accidents malheureux qui l'atteignent, des événements qui surgissent dans le temps (comme la tempête qui surprend Auguste en haute mer) : il se jette alors sur les objets environnants, sur ce qui est dans l'espace (l'image de Neptune ou la mer calme).

Depuis le gentilhomme goutteux qui fustige le cervelas jusqu'à Auguste qui brave les dieux, ce chapitre est parcouru de résonances déchirantes. La fulgurance qui nous empoigne devant ces révoltes débiles et inutiles nous fait basculer de l'autre côté de la lecture, dans la réalité pitoyable de l'humaine condition : la rébellion, seule fuite possible, est condamnée à la dérision. Comment répondre aux coups que nous assène la fortune ? On ne peut refuser le hasard, on ne se bat pas contre le ciel. Ridicule fête de l'éphémère, toute velléité de réaction est dénoncée par la raison, pulvérisée par le bon sens. Car Montaigne ne va pas jusqu'à dire que l'agressivité est une pulsion saine dans la mesure où elle permet au sujet d'échapper à la passivisation. Au contraire, il semble la réprouver nettement, telle une manifestation de folie. Le chapitre se clôt sur le constat (exprimé dans les vers de l'ancien poète cité par Plutarque) que nos colères sont impuissantes face à la réalité :

---

5 «Caligula ruina une très belle maison, pour le *plaisir* que sa mere y avoit receu», lit-on dans le texte de 1580. Tous les éditeurs supposent une coquille pour *déplaisir*, en se référant à Sénèque (qui dit que la mère de Caligula avait été en quelque sorte tenue prisonnière dans cette maison). Curieux lapsus : en 1588 Montaigne corrige *receu* en *eu* sans prendre garde à *plaisir*. Cette coquille qui persiste d'une édition à l'autre est-elle sans raison ? Je n'ose me prononcer.

> *Point ne se faut couroucer aux affaires*
> *Il ne leur chaut de toutes nos colères.*

Et la phrase finale, ajoutée en 1588 – «Mais nous ne dirons jamais assez d'injures au desreglement de nostre esprit» –, semble confirmer cette moralité, somme toute assez banale : le *je* rationnel accuse formellement la bêtise humaine.

Mais la lucidité tranchante de Montaigne, la justesse parfaite de son analyse – que j'ai essayé de mettre en lumière – ne se laisse pas vider de sens par cette "leçon". En prenant ses distances avec la part d'humanité impénétrable à la raison qu'il vient de mettre en scène, en soulignant cette manière de folie qui agite l'homme de sursauts ridicules, l'écrivain suggère, sans la formuler, une question qui annule la platitude rassurante de sa conclusion.

Il y a en effet un non-dit dans ce texte, qui n'explicite pas la deuxième partie du titre : «Comme l'ame descharge ses passions sur des objects faux, *quand les vrais luy defaillent*». Ce non-dit est précisément le fait que la réalité échappe à notre prise, ce qui rend «folles» toutes nos tentatives de représailles. La décharge d'agressivité est-elle justifiée, ou du moins pas tout à fait incongrue, lorsqu'elle s'adresse à des objets *vrais* ? Cette question sous-entendue colore le texte d'une demi-teinte étrange. Pour y répondre, il est nécessaire de se rapporter à l'addition de 1588 que j'ai laissée de côté tout à l'heure, par laquelle Montaigne ajoute d'autres éléments à son analyse de la pulsion d'agressivité. Juste après le renvoi à Plutarque et la remarque sur l'âme qui se fabrique plutôt «un faux subject et fantastique, voire contre sa propre créance, que de n'agir contre quelque chose», il insère dans son texte la phrase suivante :

> Ainsin emporte les bestes leur rage à s'attaquer à la pierre et au fer, qui les a blessées, et à se venger à belles dents sur soy mesmes du mal qu'elles sentent.

Le comportement des êtres humains dans les cas énoncés est donc assimilé à celui des animaux : la rage qui nous pousse à nous «venger» sur les objets ou sur notre propre corps est une pulsion bestiale dans la mesure où, mal dirigée, elle se trompe de cible et, loin de frapper l'offenseur, se retourne contre la victime. La vengeance ainsi manque son but. Car – comme Montaigne lui-même le dit dans le chapitre *Couardise mère de la cruauté* – la vengeance

> ne vise qu'à donner ressentiment de soy. Voilà pourquoy nous n'attaquons pas une beste, ou une pierre quand elle nous blesse, d'autant qu'elles sont incapables de gouster nostre revenche (II, 27, 694a [672]).

Sa terrible intuition se précise ici d'une façon exceptionnellement aiguë. S'en prendre aux objets inanimés est l'effet d'une sottise propre aux bêtes ; par contre, le propre du comportement de l'homme est de s'attaquer à son semblable, à un *autre* susceptible de ressentir les conséquences de notre colère, d'être passivisé à son tour par la charge de notre agressivité. La pulsion de vengeance n'est donc grotesque et *bestiale* que dans sa déviation, lorsqu'elle nous pousse à nous jeter aveuglément contre des «objets faux».

Dans cette perspective, les silhouettes que nous avons vues défiler en proie à leur désespoir impuissant se dédoublent : chacune laisse apparaître à ses côtés l'ombre inquiétante de son jumeau, le vengeur "légitime", le justicier qui ne se tromperait pas de cible. La sœur qui déchire ses tresses blondes s'en prendra («prens t'en ailleurs») au meurtrier de son frère bien-aimé, Caligula se vengera sur ceux qui avaient emprisonné sa mère ... Alors, ils ne seront pas taxés de folie, leur colère se déchaînant à juste titre contre les auteurs réels de leurs infortunes.

Il ne faut pas – dit encore Montaigne (*De la colère*) – s'emporter pour rien ; mais il ne faut pas non plus brider sa colère pour maintenir une «réglée apparence par le dehors». Il vaut mieux rétablir son équilibre intérieur en réagissant aux attaques, plutôt qu'exhiber un masque de sagesse tout en se rongeant intérieurement :

> On incorpore la cholere en la cachant [...] Je conseille qu'on donne plustost une buffe à la joue de son valet, un peu hors de saison, que de geiner sa fantasie pour representer cette sage contenance ; et aymerois mieux produire mes passions que de les couver à mes despens : elles s'alanguissent en s'esvantant et en s'exprimant ; il vaut mieux que leur poincte agisse au dehors que de la plier contre nous (II, 31, 718-19b [697]).

A savoir : retenir son agressivité est en général malsain et pathogène (comme dira Freud plus tard) ; la décharge d'agressivité est donc justifiée, pour l'hygiène de l'esprit[6]. Montaigne recommande aussi que ceux qui «se courroussent [...] regardent que leur repréhension arrive à celuy de qui ils se plaignent» (*ibid.*) : pour sa part, dans ses rages verbales il prend soin «d'assoir pertinemment (ses) pointes où (il) estime qu'elles blessent le plus» (*ibid.*, 720b [698]).

---

6 Nous ne sommes pas très loin non plus des analyses d'Henri Laborit schématisées dans le film d'Alain Resnais (*Mon oncle d'Amérique*, 1980), et de ses recherches ultérieures : lorsqu'on subit sans réagir des agressions, des situations frustrantes, notre organisme en est empoisonné... Selon Laborit, le meilleur remède consiste dans la fuite : pour se préserver, il faut esquiver le conflit. Voir, toujours dans les *Essais*, le chapitre *De la solitude* (I, 39 ; *cf. supra*, "Le corps impur"), où il s'agit d'éviter tout ce qui peut être cause d'inquiétude ; et *Divers evenemens de mesme conseil*, où il est question du tourment du prince, obsédé par la crainte des conjurations : l'exemple final du Romain qui se livre aux ennemis plutôt que de «demeurer en la fievre continuelle d'un accident qui n'a point de remede» (I, 24, 132a [131-32]) signifie le refus d'une vie dominée par la peur. – Sur un autre plan, *cf.* aussi la "fuite" de Montaigne devant les jeux de cartes (note 4).

Ce précis de l'usage judicieux de la colère sort de la plume d'un homme qui s'avoue soumis à son emprise : capable de «repousser l'impulsion de cette passion, quelque violente cause qu'elle aye», lorsqu'il a la possibilité de s'y préparer en se cabrant d'avance, il reconnaît cependant : «si elle me préoccupe et saisit une fois, elle m'emporte, quelque vaine cause qu'elle ayt» (*ibid.*)[7]. Jouets de cette pulsion – arme dangereuse («elle nous tient, nous ne la tenons pas», *ibid.*) –, notre seul recours est donc de savoir la manier pour frapper les cibles auxquelles cela peut «chaloir», contre lesquelles elle peut porter. Sans quoi elle déclenche la bête qui est en nous : en obscurcissant nos facultés, en détruisant notre discernement, elle nous amène à perdre de vue l'objet véritable de notre ressentiment, et à nous fabriquer des substituts pour nous sauver du vide. En somme la colère est bien une passion "légitime" : c'est son dérèglement, et lui seul, que la raison doit condamner, en accusant le détraquement d'un mécanisme dont le fonctionnement correct assure par contre notre survie.

Ainsi Montaigne se place – et nous place – face au tragique de notre condition. Hantés par la passivisation, nous sommes obligés de saisir les armes de la colère, quitte à nous laisser saisir par elle. Devant ce danger – qu'il connaît et appréhende – le sujet tremble : la phrase finale du chapitre doit être lue comme une réponse à ce frisson. Elle a toutes les apparences d'un réflexe de défense. Il arrive à plusieurs reprises que Montaigne dresse ses abris à l'entrée ou – comme ici – à la sortie d'un chapitre où il a sondé la matière dont l'homme (donc lui-même) est pétri, où il s'est penché sur le gouffre. Dans ce texte il a exploré l'horreur de l'anéantissement, à travers ces pantins fantasques, figures du risque, masques de sa crainte de se trouver lui-même menacé dans son intégrité. Le spectacle terminé, tirerait-il le rideau pour dire au public qu'il ne s'agissait là que de quelques phénomènes de dérèglement ridicules et réprouvables ? Les choses ne sont pas si simples, et Montaigne ne parle jamais que du dérèglement de *son* esprit, de sa peur de céder à l'appel des «monstres» et de se perdre dans les lieux de l'ombre, dans les régions ténébreuses de la folie. Et ici, comme ailleurs parfois[8], c'est au cœur même du chapitre – là où il est question précisément du vide qui traque le sujet – que s'ouvre la faille (alors que la phrase finale essaie de la colmater).

---

7 Ici, comme souvent ailleurs, Montaigne reconnaît sa vulnérabilité : loin d'être insensible aux passions, il lui faut «se preparer avant les occasions», «fuyr l'orage de plus loing», pour éviter qu'elles ne l'emportent (*De mesnager sa volonté*, III, 10, 1003-4b, 1015-18b [980-81, 993]). Voir aussi *Des coches* (III, 6, 900b [877-78]) : «Je ne me sens pas assez fort pour soustenir le coup et l'impetuosité de cette passion de la peur, ny d'autre vehemente. Si j'en estois un coup vaincu et atterré, je ne m'en releverois jamais bien entier. Qui auroit fait perdre pied à mon ame, ne la remettroit jamais droicte en sa place [etc.]». *Cf. infra* mon analyse du chapitre *De la tristesse* ("La mort muette").

8 *Cf. supra*, "Cadavres guerriers", note 8.

Reprenons donc la phrase-clef qui met à nu notre drame :

> il semble que l'ame esbranlée et esmeuë se perde en soy mesme si on ne luy donne prinse : et faut tousjours luy fournir d'object où elle s'abutte et agisse.

On la retrouve, à peu près dans les mêmes termes («L'ame qui n'a point de but estably, elle se perd», I, 8, 32a [34]), dans le chapitre *De l'oisiveté*, que nous pouvons maintenant tenter de lire par rapport au drame du scripteur et à la fonction de l'écriture des *Essais*.

Retiré dans son château, Montaigne assiste à la prolifération envahissante des «chimères et monstres fantasques» qui tournoient dans son esprit, l'agressent et risquent de l'anéantir. Contre la passivisation qui le menace, le sujet doit repousser l'attaque, agresser à son tour les fantasmes : il lui faut donc leur conférer une réalité, leur donner corps par l'écriture pour pouvoir les affronter, pour en faire l'objet contre lequel son âme «esbranlée et esmeuë» puisse *s'abutter* et *agir*. Son programme – contempler «l'ineptie et l'estrangeté» de ces productions de son esprit afin de «luy en faire honte à luy mesmes» – signifie essayer de combattre les «monstres» par le discours rationnel. Les *Essais* sont ainsi la *revanche* de l'écrivain contre le dérèglement de son esprit, à qui sa raison doit «dire assez d'injures» pour avoir le dessus : guéri ou non de ses plaies, il se sentira «allégé»... comme le gentilhomme goutteux, son miroir et son double. Tentative de défi et mise à mort des fantasmes, les *Essais* sont en somme la *prise* du sujet sur son propre être, dans la mesure où ils lui permettent d'exister par l'écriture. Car le langage est tout ce que nous avons pour faire obstacle à la mort, au silence, au vide.

CHAPITRE 9

LA MORT MUETTE

L'horreur du silence, la souffrance d'être privé de parole est une angoisse oppressante qui dans les *Essais* se manifeste à tous les niveaux, mais qui forme surtout le nœud signifiant du chapitre *De la tristesse* (I, 2) – en dépit du titre : et cela dès la rédaction de 1580, à partir de laquelle je mènerai, une fois encore, ma lecture, pour identifier l'encombrant fantasme de la mort muette dans la mosaïque d'anecdotes et d'*exempla* qui, ici comme ailleurs, sembleraient simuler d'autres motifs (en donnant éventuellement lieu à des méprises).

Le texte débute sans préambule, sur les deux histoires, assez ressemblantes, de Psammenitus (tirée d'Hérodote) et du cardinal de Lorraine. La particularité commune à ces deux personnages est leur attitude face aux malheurs : après avoir enduré sans s'émouvoir la perte des êtres les plus chers, ils s'abandonnent l'un et l'autre aux manifestations d'un deuil extrême devant la mort d'un domestique.

On peut admirer la virtuosité raisonneuse de l'écrivain, qui propose progressivement les interprétations possibles de ces deux histoires. Celle de Psammenitus est relatée sans commentaire : Montaigne rapporte les faits, mais il passe sous silence l'explication donnée par Hérodote, dont le récit apparaît ainsi quelque peu énigmatique ; l'interrogation que ce conte implique sur les raisons des réactions de Psammenitus n'est pas formulée, et ne reçoit pas de réponse. Un blanc est ainsi ménagé dans le texte, que le lecteur est en quelque sorte invité à combler.

Ce n'est qu'à propos du récit concernant le cardinal de Lorraine, présenté comme analogue à celui de Psammenitus («Cecy se pourroit apparier...», I, 2, 11a [15]) – car le cardinal soutient aussi «d'une constance exemplaire» la mort de ses deux frères, alors qu'il quitte «sa resolution» devant la mort d'un ami – que deux réponses sont données, dont la seconde, contredisant la première, semble traduire l'opinion du scripteur :

> aucuns en prindrent argument, qu'il n'avoit esté touché au vif que de cette derniere secousse. Mais à la verité ce fut, qu'estant d'ailleurs plein et comble de tristesse, la moindre surcharge brisa les barrieres de sa patience.

Si on ne prend pas garde, on tombe dans le piège : le texte suggère que cette interprétation (la dernière douleur est la goutte qui fait déborder le vase) est la bonne et qu'elle est valable dans les deux cas, dont la symétrie avait déjà été soulignée ; Montaigne ajoute (en apparaissant cette fois-ci à la première personne) : «Il s'en pourroit (dis-je) autant juger de nostre histoire» (*scil.* celle de Psammenitus). Mais attention : il conteste tout de suite cette hypothèse, en reprenant le premier exemple dont il donne – enfin – l'explication qu'il avait tue d'abord. Car l'histoire

> adjouste, que Cambises s'enquerant à Psammenitus, pourquoy ne s'estant esmeu au malheur de son fils et de sa fille, il portoit si impatiemment celuy d'un de ses amis : C'est, respondit-il, que ce seul dernier desplaisir se peut signifier par larmes, les deux premiers surpassans de bien loin tout moyen de se pouvoir exprimer (12a [15-16]).

On peut admirer, disais-je, le jeu subtil du jugement de Montaigne qui délimite progressivement son espace en prenant ses distances d'abord du discours d'autrui («aucuns en prindrent augument...»), ensuite du sien propre («Il s'en pourroit (dis-je) autant juger...»), pour finalement se retrouver dans celui d'Hérodote. En travaillant sur les textes, Montaigne oblige le lecteur à travailler sur son texte. Mais notons surtout, au terme de ce jeu du *je*, de ce périple où Montaigne se cherche plus qu'il ne cherche à déconcerter son lecteur, que la solution de l'énigme modifie essentiellement les données qui précèdent : l'attitude impassible de Psammenitus et du cardinal devant les douleurs qui les frappent de plus près n'est pas l'effet d'une «constance exemplaire» ; elle est attribuée à l'impossibilité d'exprimer l'excès de la tristesse. Le nœud du problème n'est pas tant la violence exceptionnelle de la douleur, que ce blocage des réactions de l'être qu'elle entraîne.

Que ce soit là la question essentielle, la suite du chapitre le montre clairement, qui parle de l'impossibilité de représenter la douleur excessive en peinture et en poésie. Dans le sacrifice d'Iphigénie, le peintre Timanthe, incapable de figurer la tristesse d'Agamemnon, «le peignit le visage couvert, comme si nulle contenance ne pouvoit representer ce degré de deuil» ; et la métamorphose de Niobé en rocher sert aux poètes «pour exprimer cette morne, muette et sourde stupidité, qui nous transit, lorsque les accidens nous accablent surpassans nostre portée»[1].

L'impossibilité de la représentation objective ne fait que refléter l'impossibilité de l'expression subjective. Mais quelque chose d'autre intervient dans ces lignes : à travers les métaphores employées, la mort entre

[1] Sur l'usage du texte d'Ovide dans ce chapitre, *cf.* M. B. McKinley, *Words in a Cor*[illegible], Lexington, French Forum, 1981, p. 16-20.

dans le texte. Le visage voilé d'Agamemnon est l'image emblématique du mort, ainsi qu'image de mort est Niobé pétrifiée. La douleur extrême «*nous transit*», elle cause la mort ou son approximation : une «*morne, muette et sourde stupidité*». Notons aussi le passage du plan de l'énonciation historique à celui du discours, qui implique l'instance du *je* sous le *nous*. A partir de ces métaphores de la mort, le sujet se fait sujet de l'expérience dont il est en train d'énoncer les conséquences fatales ; et c'est encore le mode du discours qui régit la conclusion de cette première partie du chapitre, où reviennent, avec les indicateurs de subjectivité, les termes porteurs de l'image obsédante de la mort[2] :

> De vray, l'effort d'un desplaisir, pour estre extreme, doit *estonner* toute l'ame, et lui empescher la liberté de ses actions : comme il *nous* advient à la chaude alarme d'une bien mauvaise nouvelle, de *nous sentir saisis, transis*, et comme *perclus de tous mouvemens*, de façon que l'ame se relaschant après aux larmes et aux plaintes, semble se desprendre, se desmeler et se mettre plus au large, et à son aise (*ibid.*).

Larmes et plaintes : moyens d'expression qui, en donnant libre cours à la commotion, permettent de se ressaisir, de reprendre ses esprits, de revenir à la vie après l'étonnement. Par contre, l'impossibilité de s'exprimer signifie l'extinction des fonctions vitales.

Ici le texte pivote, en passant brusquement de l'extrémité de la douleur à l'extrémité de la passion amoureuse dont il est question dans la citation de Pétrarque – introduite sans aucune préparation – et dans celle de Catulle qui la suit. En l'absence de transition logique, le lien se fait cependant sur l'idée de base que l'intensité des passions, quelles qu'elles soient, en interdit l'expression. Le vers de Pétrarque – «*Chi può dir com'egli arde è in picciol fuoco*» – dit en effet que le feu d'amour n'est pas extrême, qui permet à l'amoureux d'en parler ; et ceux de Catulle proposent encore, par l'entremise du poète latin, l'image du sujet transi, incapable de parler, les oreilles bourdonnantes et les yeux obscurcis[3]. Par ailleurs, un peu plus bas, la

---

2 Dans les lignes qui précèdent, je me réfère naturellement à la distinction établie par Benveniste entre *discours* et *récit historique*. Quant aux termes qui dans le passage cité font allusion à la mort, ce sont les mêmes qui, dans I, 18, définissent les effets de la peur «qui *serra, saisit et glaça* si fort le coeur d'un gentilhomme, qu'il en tomba *roide mort* par terre à la bresche, sans aucune blessure» (75a [75]) ; cet exemple est suivi de celui de l'empereur Théophile (76a [75]), qui pendant une bataille «devint si *estonné* et si *transi*» qu'il resta cloué à sa place sans réussir à bouger. Il faut aussi noter l'exemple des amis de Pompée, ajouté sur l'exemplaire de Bordeaux : chez eux, la peur suffoqua l'émotion de la défaite, les empêchant ainsi de «lascher la bride aux lamentations et aux larmes» jusqu'à ce qu'ils réussirent à se mettre hors de danger (*ibid.*, 76c [76]).

3 Une citation de Lucrèce, ressemblante, mais qui se réfère à la perte de conscience sous l'effet de l'ivresse, apparaît dans *De l'yvrongnerie* (II, 2, 346b [328]). Le rôle central de Catulle dans le chapitre I, 2 a été souligné par D. G. Coleman, «Catullus in Montaigne's 1580 version of *De la tristesse*», *Bibliothèque d'Humanisme et Renaissance*, XLII (1980), p. 139-44.

sentence «Toutes passions qui se laissent gouster et digerer, ne sont que mediocres», avec la citation de Sénèque qui est donnée immédiatement après, «*Curae leves loquuntur, ingentes stupent*», confirme que le fil conducteur de ce propos sur la violence des passions est bien son caractère inexprimable et "stupéfiant" – dans le sens qu'il produit une sorte d'inertie physique et mentale. Ce que souligne aussi la fréquence, d'une citation à l'autre, des variations sur les lexèmes qui ont trait à l'acte de parole : *dir* (Pétrarque), *loquar* (Catulle), *loquuntur* (Sénèque) – auxquelles s'ajoutera le *fatur* de la citation de Virgile, insérée en 1588[4].

Mais avant d'en arriver à la deuxième pause de réflexion, marquée par la citation de Sénèque – conclusion analogue à la précédente, qui ne fait que transposer l'effet d'hébétement du domaine de la douleur à celui de l'amour – un autre élément apparaît, une autre image du gel du sujet : la «défaillance fortuite, qui surprent les amoureux si hors de saison, et cette *glace qui les saisit* par la force d'une ardeur extrême»[5]. Dans le passage de l'extrémité de la douleur à l'extrémité de la passion amoureuse, l'instinct de mort investit non seulement l'espace de la *parole* mais celui du *sexe* .

L'absence de transition est encore plus apparente au paragraphe suivant («Outre la femme Romaine qui mourut, surprise d'aise...»), qui clôt le chapitre par une liste de décès – non plus métaphoriques mais réels – causés par l'excès de joie, sans que l'inhibition de parole soit explicitement évoquée. Raccourci saisissant, qui remplace la stupéfaction par la mort subite. Et l'exemple final du dialecticien Diodore – «plus notable tesmoignage de l'imbecilité naturelle» – qui «mourut sur le champ, espris d'une extreme passion de honte, pour en son eschole et en public ne se pouvoir desvelopper d'un argument qu'on luy avoit faict», en ajoutant au répertoire une autre forme de passion – la honte –, revient en même temps à l'idée dominante : le blocage des facultés expressives[6].

---

4 La remarque est de C. Brousseau-Beuermann, *La Copie de Montaigne*, Paris-Genève, Champion-Slatkine, 1989, p. 217 (les pages 191 à 229 sont consacrées à l'analyse du chapitre *De la tristesse*).

5 *Cf.* I, 21, *De la force de l'imagination*, où l'obsession de la mort s'accompagne aussi de la hantise du sexe ; l'impuissance fortuite est ici attribuée à la force de l'imagination, à la peur magique des «nouements d'aiguillettes», mais le problème reste le même. Par ailleurs, l'impuissance est encore attribuée à la violence de la passion dans I, 54, 312a [298] : «La foiblesse qui nous vient de froideur et desgoutement aux exercices de Venus, elle nous vient aussi d'un appetit trop vehement et d'une chaleur desreglée». Dans II, 17, 650a' [633] – c'est une addition de 1582 – c'est sous l'effet d'une «preordonnance contrainte et tyrannique [que] les membres qui ont quelque liberté et jurisdiction plus particuliere sur eux [...] se croupissent d'effroy ou de despit, et *se transissent*». *Cf.*, à ce sujet, l'étude de L. R. Entin-Bates, «Montaigne's Remarks on Impotence», *Modern Language Notes*, 91, 4 (1976), p. 640-54.

6 Que ce problème travaille Montaigne, on peut en trouver la preuve dans d'autres chapitres où la question resurgit, quoique sous des angles très différents, et au cours de réflexions

Au terme de cette lecture de la rédaction de 1580, on constate que le titre *De la tristesse* est loin d'embrasser toute la matière du chapitre[7]. Il ne couvre que la première partie, où il est question de l'excès de douleur ; après quoi le texte évolue d'abord vers l'excès de la passion amoureuse, ensuite vers l'excès de bonheur, enfin vers l'excès de honte. Tout cela n'a plus grand-chose à voir avec la tristesse, sauf que le trait qui sous-tend ces déplacements successifs – de la douleur à l'amour à la joie à la honte –, la similitude nivelante qui soude les exemples entre eux est le caractère excessif de la passion, dont les effets s'avèrent mortels. Mais on a vu que de l'excès à l'effet le chemin n'est pas direct : il passe par la notion du blocage de l'expression. C'est elle qui unifie en profondeur cet assemblage d'anecdotes. Tout le chapitre, en somme, est construit sur une sorte de syllogisme :

Les passions excessives ne peuvent s'exprimer (proposition majeure)

L'impossibilité de s'exprimer cause la mort (proposition mineure)

Les passions excessives causent la mort (conclusion).

Syllogisme implicite, évidemment. Seule la proposition majeure est clairement énoncée, via Hérodote, à propos de Psammenitus et du cardinal de Lorraine, et reprise par la citation de Pétrarque. La conclusion est illustrée par la série de décès qui clôt le chapitre. Quant à la proposition mineure, elle est indiquée de façon symbolique par le visage couvert d'Agamemnon, la métamorphose de Niobé en rocher, le *je* défaillant de Catulle, l'impuissance passagère des amoureux, soit par des figures métaphoriques de la mort ; ou – dans les gloses du scripteur – par des termes (*estonner, saisis, transis, glace*) qui évoquent la mort sans la nommer. Et si ces métaphores ne font que rendre l'idée plus sensible, reste que c'est au lecteur de l'expliciter, en reconstituant le syllogisme qui forme l'armature du texte.

Une discontinuité existe donc, bien que seulement apparente, et il faut se demander ce qui la détermine[8], délimiter la portée exacte de ce creux. Dirons-nous qu'il s'agit là d'un procédé voulu et étudié de la part du scripteur ? Ou, sans être dupes d'une image de Montaigne gardant toujours un contrôle parfait sur son discours, dirons-nous plutôt qu'en refusant la logique déductive et

---

qui semblent porter sur des thématiques éloignées de celle-ci. *Cf.* I, 10 (*Du parler prompt ou tardif*) où, sous l'argumentation concernant l'éloquence, perce aussi la hantise de devenir muet. *Cf. infra*, "Le repaire de l'*oraliture*". Voir aussi II, 17, 649a [632-33], sur la nécessité pour Montaigne d'apprendre par cœur ce qu'il a à dire, par peur des mauvais tours de sa mémoire. A noter que dans ce passage une addition de 1582 ajoute la hantise de l'impuissance à celle de l'inhibition de parole (*cf.* note précédente).

7 M. Tetel l'avait remarqué aussi dans «Montaigne et Pétrarque : irrésolution et solitude», *Journal of Medieval and Renaissance Studies*, 4 (1974), p. 204.

8 *Cf.* A. Tournon, *Montaigne. La glose et l'essai*, Presses Universitaires de Lyon, 1983, p. 124.

discursive (c'est un leitmotiv des *Essais*), il lui arrive de dissimuler les rapports qui s'établissent entre ses énoncés en laissant au lecteur le soin de les découvrir ? Mais pourquoi ne dirions-nous pas qu'il arrive à Montaigne de dissimuler – de se dissimuler à lui-même – la chimère qui l'obsède ? Le mécanisme agit en profondeur, au-delà du calcul, en emprisonnant l'écrivain dans son propre système : et ce qui s'inscrit dans ce vide logique, balisé par les métaphores qui émergent de l'indicible, est la crainte du sujet pour quelque chose qui dépasse, tout en le soulignant, l'excès aberrant de la passion : en glaçant nos esprits vitaux, celle-ci nous enferme dans une prison de silence. Dans le regard de Montaigne, le visage monstrueux de la mort est un visage sans bouche.

Je reviendrai sur ce point. Mais il s'agit à présent d'examiner les interventions du niveau B. Il n'y a pas lieu de s'attarder sur les ajouts qui ne servent qu'à mieux agencer le discours : ainsi la phrase «La surprise d'un plaisir inespéré nous estonne de mesme» (avec les vers de Virgile qui l'accompagnent), insérée après la citation de Sénèque, opère la transition de l'étonnement provoqué par les chagrins aux exemples de mort par joie. On dirait que Montaigne, en se relisant, est frappé par l'allure quelque peu cahotante de son texte, et qu'il cherche à éliminer les sauts les plus brusques, à combler les trous les plus apparents. Mais c'est là, en réalité, la seule addition qui semble dictée par le souci d'assurer la meilleure tenue du chapitre. Un souci beaucoup plus profond inspire les autres.

On comprend mieux, en effet, à partir de ce que je viens de dire sur le texte de 1580, la valeur de la phrase placée au début du chapitre : *Je suis des plus exempts de cette passion* et de celle qui se situe à la fin : *Je suis peu en prise de ces violentes passions. J'ai l'appréhension naturellement dure ; et l'encrouste et espessis tous les jours par discours.*

Si «rien dans la première version ne préfigurait ces remarques, qui s'y juxtaposent sans lien logique explicite»[9], le lien, pour n'être pas logique, n'est pas moins évident. C'est la peur de Montaigne, lisible dans toute la première rédaction, qui provoque à la relecture cette crispation, ce mouvement de défense. Placées ainsi au début et à la fin du chapitre, ces deux additions qui encadrent la série d'anecdotes ont pour rôle d'accuser «en celles-ci l'excès, l'étrangeté d'une "passion" aberrante»[10] ; mais elles répondent précisément à la nécessité, pour le sujet, de s'exclure de ces excès, de se préserver des ravages provoqués par ces passions qui broient l'individu.

---

9 A. Tournon, *op. cit.*, p. 48.

10 *Ibid.*

Nous ne serons pas surpris de reconnaître, dans la dernière phrase, un procédé semblable à celui qu'on a pu relever dans le chapitre *De la cruauté*, où Montaigne attribue son horreur des vices à un «*instinct*», à une «*naturelle inclination*» qui fonctionne comme un rempart contre les égarements de son esprit et contre le vertige du sadisme[11]. De même ici, à propos des passions aberrantes dont il pourrait être la proie, Montaigne affirme qu'il en est préservé par une «apprehension *naturellement* dure». Je serais tentée de lire dans cette déclaration (et dans d'autres semblables) une sorte de contre-vérité : les passages sont nombreux dans les *Essais* où le sujet avoue sa propre vulnérabilité[12]. En tout cas il avoue ici la nécessité pour lui d'accroître «tous les jours par discours» sa résistance aux passions... qui n'est donc pas tout à fait sûre. La raison cherche ainsi à tenir en bride les «monstres» qui traquent le sujet.

Mais, chassés par la porte, ils rentrent par la fenêtre : l'expression proverbiale semble tomber à propos, car c'est à l'entrée et à la sortie du chapitre que Montaigne érige ses défenses, et c'est au cœur même de son texte, là où il parle de la passion amoureuse, que d'autres interventions viennent élargir la faille qui s'ouvrait déjà dans la première version[13]. Trois mouvements se dessinent ici, dont il n'est pas dit qu'ils se produisent chronologiquement dans l'ordre, mais dont les significations convergent :

1) D'abord, juste avant les vers de Catulle, Montaigne raye la phrase «Ce que exprime naifvement le divin poeme», éliminant ainsi une transition inutile et incorporant beaucoup plus efficacement le texte latin au sien. Mais

---

11 Sur ce point, *cf. supra*, "Le vertige sadique".

12 J'ai déjà rappelé ("Le crime impuni", note 7) le chapitre III, 10, *De mesnager sa volonté*. Après avoir nié l'empire que les passions pourraient avoir sur lui, Montaigne précise qu'il prend soin «d'augmenter *par estude et par discours* ce privilège d'insensibilité» ; il est, de fait, «trop tendre, et par nature et par usage» (1003b [980]) ; son âme risquerait d'être «disloquée par cette agitation intestine» (1004b [981]) ; «La plus seure façon est donc se preparer avant les occasions», «fuyr l'orage de plus loing» (1015b [993]) et éviter les tentations («*ne nos inducas in tentationem*», 1016b [993]) ; il lui faut en somme brider «ce premier branle de (ses) esmotions» avant d'être emporté (1017b [994]). Et pourtant même cette précaution ne l'a pas «deschargé de toute difficulté», puisqu'il a eu «de la peine souvent à gourmer et brider (ses) passions» (1018c [996]). *Cf.*, sur ce chapitre, l'analyse de B. Croquette (*Etude du livre III des "Essais" de Montaigne*, Paris, Champion, 1985), qui remarque que les attitudes qui pourraient comporter quelque désagrément pour le sujet, ainsi que leurs conséquences, sont systématiquement énoncées au conditionnel : «le temps du verbe vient neutraliser l'emploi de la première personne et frapper d'irréalité ce qui finalement apparaît comme une menace contre l'intégrité de son être et même comme sa dislocation totale» (p. 101). Voir aussi *Des coches* (III, 6, 900b [877-78]), déjà cité ("Le crime impuni", note 7) concernant la fragilité du sujet Montaigne face aux passions. A propos de *De la tristesse*, on trouve une allusion dans la même optique de lecture dans D. G. Coleman, *art. cit.*, p. 144, et, du même auteur, *Montaigne's "Essais"*, London, Allen and Unwin, 1987, ch. 7, n. 3 (p. 182) : «The power of imagination and passion in Montaigne is paramount in 1580, and the disclaimer he introduces in 1588 is clearly to show them as "controllable" – or at least it is his intention that they be "controlled"».

13 *Cf. supra*, "Cadavres guerriers" et "Le crime impuni".

la valeur de cette suppression n'est pas seulement stylistique : est ainsi amené au premier plan le *je* de Catulle, auquel le *je* de Montaigne s'identifie.

2) Ensuite, après la citation de Catulle, Montaigne ajoute :

> De vray ce n'est pas en la vive et plus cuysante chaleur de l'accès que nous sommes propres à desployer nos plaintes et nos persuasions : l'ame est lors aggravée de profondes pensées, et le corps abattu et languissant d'amour,

addition qui prépare, à l'aide de ce «corps abattu», le propos qui suit sur l'impuissance accidentelle des amoureux. Mais le plus intéressant est que Montaigne, en ménageant cette sorte de passerelle, utilise la première personne, ce *nous* dans lequel il se comprend : le sujet est donc concerné par le discours sur les effets de la passion amoureuse, qui dans la première rédaction était traité en non-personne.

3) Enfin et surtout, lorsqu'il vient à parler, aussitôt après, de la «defaillance fortuite» des amoureux, et de «cette glace qui les saisit par la force d'une ardeur extreme», il ajoute «au giron mesme de la joüyssance : *accident qui ne m'est pas incogneu*». La confidence personnelle qui surgit justement là où il est question du gel du sujet dit que le scripteur redoute la pulsion de mort symbolisée par l'impuissance sexuelle dont il a fait l'expérience. Glacé, paralysé, il a éprouvé en lui le vertige de l'anéantissement.

Le rôle de défense et de compensation des deux additions au début et à la fin n'en ressort que de façon plus claire. Montaigne se protège contre sa fragilité exceptionnelle, recule devant le vide dévorant qui risque de l'engloutir.

Cette analyse se trouve confirmée par les additions du niveau C. Voyons d'abord celle qui s'insère juste avant la citation de Pétrarque et qui concerne le capitaine allemand Raïsciac : celui-ci, devant le corps de son fils pleuré par tous les assistants,

> *se tint sans espandre ny vois ny pleurs*, debout sur ses pieds, ses yeus immobiles, le regardant fixement, jusques a ce que l'effort de la tristesse venant à *glacer ses esprits vitaux*, le porta en cet estat *roide mort* par terre[14].

Cet exemple de mort réelle par douleur, qui vient s'ajouter à ceux de Psammenitus et du cardinal de Lorraine seulement hébétés par la tristesse, fait penser aux morts réelles par joie et par honte de la fin du chapitre : il semble donc introduire une symétrie dans sa structure. Mais, du coup, il concentre

---

14 *Cf.* le passage de I, 18, 75a [75] cité à la note 2.

dans la première partie les trois propositions du syllogisme : *La tristesse excessive ne peut s'exprimer* (Psammenitus) ; *L'impossibilité de l'exprimer cause la mort* (Agamemnon, Niobé) ; *La tristesse excessive* (de Raïsciac, ne pouvant s'exprimer) *cause la mort*. En se relisant, en intervenant de nouveau sur son texte, Montaigne bute encore contre la racine obscure de sa crainte. Raïsciac lui en fournit la figure entière et concrète.

En même temps (c'est une façon de parler, car il est impossible de déterminer la chronologie des interventions, aussi bien dans l'édition de 1588 que sur l'exemplaire de Bordeaux), l'addition du début se trouve renforcée : Montaigne explicite sa réprobation de la tristesse, terme qui semble changer d'acception sous sa plume, signifiant dans ces lignes l'humeur triste dont s'habillent souvent la sagesse et la vertu ; il cautionne ainsi par l'opinion des Stoïciens ce qui en 1588 n'était qu'une déclaration agacée de non-sujétion à cette passion. Par contre il biffe la confidence «accident qui ne m'est pas incogneu» à propos de l'impuissance sexuelle, suppression qui n'est sûrement pas innocente, mais qu'on hésite à attribuer à un sursaut de pudeur (c'est justement au niveau C que l'auteur se montre plus libre en parlant du sexe, et de son sexe). Plus probablement, Montaigne s'aperçoit à la relecture de l'incompatibilité existant entre la phrase où il s'affirme «peu en prise de ces violentes passions» et l'aveu de sa «defaillance», qui au contraire le révèle soumis à leur emprise. Et, une fois encore, il réagit contre sa faiblesse.

Bien évidemment, l'interaction éventuelle des interventions ne dépend pas de la chronologie et n'est pas une affaire de conscience scripturale : nous assistons aux mouvements titubants d'un sujet qui se cherche et qui cherche à se définir. Retenons que l'exemplaire de Bordeaux accuse, par l'intermédiaire de Raïsciac, la crainte qui parcourait la version de 1580 ; qu'il colmate la faille de 1588 (suppression de l'aveu de défaillance) et renforce les défenses (addition initiale). Les «monstres» ne sont pas exorcisés, le sujet continue sa lutte en essayant de les tenir en respect.

Mais il arrive que, comme on l'a déjà vu, le mur plâtré à un endroit, la fissure se produise ailleurs. Au chapitre *De l'exercitation* (II, 6), au niveau B, il se passe quelque chose d'assez surprenant qui nous aide à mieux saisir le caractère spécifique, la résonance particulièrement poignante de la crainte de Montaigne devant l'excès inexprimable de la passion.

Il s'agit du fameux chapitre où il est question de sa chute de cheval, et de la perte de conscience qui s'ensuit, approche analogique de la mort. Dans la version de 1580, la première partie du récit amène l'auteur à conclure que les mourants ne sont pas «fort à plaindre», car précisément ils ne peuvent «juger et sentir la misere de leur condition» : cette perte de conscience dont il a fait l'expérience lui permet de composer avec la mort, dans la mesure où elle est sans doute insensible. Après quoi il insère, de façon apparemment inattendue, une addition qui déplace brusquement les termes du problème, en passant de la privation de conscience à la privation de parole :

> Je n'imagine aucun estat pour moy si insupportable et horrible que d'avoir l'ame vifve et affligée, *sans moyen de se declarer*, comme je dirois de ceux qu'on envoye au supplice, leur ayant couppé la langue, si ce n'estoit qu'en cette sorte de mort la plus muette me semble la mieux seante, si elle est accompaignée d'un ferme visage et grave ; et comme ces miserables prisonniers qui tombent és mains des vilains bourreaux soldats de ce temps, desquels ils sont tourmentez de toute espece de cruel traictement pour les contraindre à quelque rançon excessive et impossible, tenus cependant en condition et en lieu où *ils n'ont moyen quelconque d'expression et signification de leurs pensées et de leur misere* (II, 6, 375b [354-55]).

Aux yeux de Montaigne, la privation de parole, qui n'aggrave en rien la souffrance physique, est cependant la pire souffrance, proprement intolérable, car le sujet est ainsi muré dans sa douleur et sa solitude[15]. Nous retrouvons (j'avais prévu de revenir sur ce point) le fantasme de la mort sans bouche, celle d'Agamemnon et de Niobé. Les «soupirs trenchants» des agonisants – disait le texte A (*ibid.*, 374a [354]) – nous font supposer à tort «qu'il leur reste encore de la cognoissance» : ils ont «et l'ame et le corps ensevely et endormy». Mais la douleur consciente, pour être supportable – précise le texte de 1588 –, doit nécessairement pouvoir s'exprimer.

Au beau milieu d'un chapitre qui porte essentiellement sur la mort on voit resurgir, sous forme d'un état jugé pire que la mort, cette inhibition mortelle du langage dont il était question dans *De la tristesse* : preuve supplémentaire de l'importance que ce problème avait pour le sujet Montaigne. Importance *vitale* – au sens propre du terme –, soulignée encore dans l'«allongeail» ajouté sur l'exemplaire de Bordeaux au même chapitre *De l'exercitation*.

En 1580 le texte s'achevait sur la justification du récit de la chute : «Ce n'est pas icy ma doctrine, c'est mon estude, et ce n'est pas la leçon d'autruy, c'est la mienne». Dans la dernière version, l'*excusatio* est prolongée et complétée : à partir de la phrase «Et ne me doit on sçavoir mauvais gré pourtant, si je la communique» (*ibid.*, 377c [357]), Montaigne plaide en faveur de son entreprise, en se défendant du péché de présomption qu'il y

15 D. G. Coleman, «*De l'exercitation* (II, 6) : la fonction des ajouts», *R. H. L. F.*, LXXXVIII, 5 (1988), p. 949-55, souligne ce passage, et en relève le caractère presque prophétique (Montaigne mourra après trois jours d'aphasie totale). D'autre part, M. Greenberg – qui n'utilise pas dans son analyse le chapitre *De la tristesse* – remarque, à propos de II, 6 (comme je l'ai signalé plus haut, "Cadavres guerriers", note 3) que pour Montaigne le fantasme le plus terrible est l'inhibition de parole : «Privé de la capacité de s'articuler, dépourvu de voix, le "soi" est effectivement nullifié. Il n'existe plus parmi les vivants, mais mutilé, il est rejeté dans le silence profond de la Mort».

aurait à «entretenir le peuple de soy». Je résume : un témoignage sincère – dit-il – ne saurait être accusé de présomption ; et quoi qu'il en soit, si la présomption consiste à «se complaire outre mesure de ce qu'on est», le «supreme remede» contre ce vice est précisément de s'analyser, contre l'avis de ceux «qui, en defendant le parler de soy, defendent par consequent encore plus de penser à soy» (*ibid.*, 379c [360]). Ce plaidoyer *pro domo sua*, qui définit et donne à voir la valeur pour le sujet de l'étude de soi, véhicule ainsi un autre concept encore plus essentiel : penser à soi est indissociable du parler de soi. Et même, à la limite – ce que Montaigne ne saurait conceptualiser, mais qu'il semble en quelque sorte pressentir – : c'est parce qu'on parle de soi que l'on pense à soi : la pensée n'existe que dans et par le langage. C'est la principale raison d'être des *Essais* qui se trouve indiquée ici : si le métier et l'art de vivre n'ont de sens que par la parole, par la communication, c'est que le sujet, en tant qu'être de langage, se construit dans la parole.

En reliant ces pages à l'addition de 1588 sur la souffrance de la privation de communication, on voit que le chapitre *De l'exercitation*, en parlant de la mort, arrive à parler de la mort par le silence, qui est la question dominante posée dans le chapitre *De la tristesse*. Et même, en y regardant bien, dans *De l'oisiveté* : le cheval de l'esprit, abandonné à lui-même, s'échappe dans les terrains vagues de l'indicible : il faut le brider, le prendre au piège de l'écriture... En d'autres termes : l'irrationnel est terrifiant en ce qu'il est incommunicable : il faut le dompter, donc le traduire et le transmettre. Être privé de parole (d'écriture), c'est s'égarer parmi les «monstres» toujours menaçants, sans armes de raison pour se défendre.

Pour conclure : se révolter contre la tristesse, résister aux émotions, signifie pour Montaigne lutter contre la déperdition de soi. Non seulement parce que les passions extrêmes[16] ébranlent l'être et compromettent son équilibre – ce qui serait après tout assez banal. Elles figurent ici la paralysie des facultés expressives, qui permettent au sujet de donner un sens par la parole à ce qu'il vit, qui lui permettent, en un mot, d'exister. Dans cette perspective, le «*discours*» par lequel on peut se protéger (dans la phrase finale du chapitre) serait à comprendre comme *logos*, au double sens du mot grec : raison et parole. Ce qui s'inscrit en somme dans *De la tristesse* est une autre forme de cet instinct de mort qui parcourt tous les *Essais* ; la plus secrète et la plus terrible, parce qu'elle met en question le seul recours du sujet : la possibilité de se dire en se sauvant du néant par l'écriture.

---

16 Peut-être aurais-je dû (cela m'a semblé superflu) préciser que j'emploie le mot "passion" dans le sens du texte de Montaigne. Je saisis l'occasion pour renvoyer à la pertinente contribution de C. Clark, «Talking about souls : Montaigne on human psychology», *Montaigne : essays in memory of Richard Sayce*, p.p. I. D. McFarlane et I. Maclean, Oxford University Press, 1982, p. 57-76.

TROISIÈME PARTIE

LE THÉÂTRE DES DÉFENSES

CHAPITRE 10

LES VOIX ET L'ÉCRITURE

10. 1. Le repaire de l'"oraliture"

La parole – souffle, accent, langage – pourrait-elle donc sauver de la mort ? Ne serait-ce pas là la raison pour laquelle Montaigne insiste tant sur le caractère "parlé" de son style ? (En fait, de Platon à Barthes et Derrida, l'opposition entre la voix, vivante, et l'écrit, mort et mortifère, est une constante[1]). Sa formule : «Le parler que j'ayme, c'est un parler simple et naif, *tel sur le papier qu'à la bouche*» (I, 26, 171a [171]), semble assigner à l'écriture la fonction secondaire et instrumentale de traduire la parole : elle ne serait en somme que la trace de la voix, une sorte de graphie sensible qui reproduirait le langage oral (le message sonore).

Avant de chercher à déterminer en quoi consiste la qualité "orale" de l'écriture des *Essais* et de définir ses manifestations[2], il faut cerner le rapport de Montaigne à l'oralité, et la relation entre la parole et l'écrit telle qu'elle se dessine dans son texte. Deux chapitres sont particulièrement intéressants à ce sujet, un du début (I, 10), l'autre tardif (III, 9), où la question se pose cependant dans les mêmes termes.

Le premier, *Du parler prompt ou tardif*, se présente en 1580 comme une réflexion autour du don de l'éloquence, et des qualités nécessaires respectivement aux prêcheurs et aux avocats[3]. Ici encore l'anecdote relatée révèle le problème qui hante le sujet et autour duquel se noue tout le chapitre : la hantise de rester muet, pensée angoissante dont le malheureux Poyet est le messager symbolique.

---

1 *Cf.* H. Meschonnic, *La Rime et la Vie*, Lagrasse, Verdier, 1989, p. 267.

2 De nombreux critiques ont abordé cette question. En plus des études spécifiques que je citerai, on peut consulter L. D. Kritzman, *Destruction / Découverte. Le fonctionnement de la rhétorique dans les "Essais" de Montaigne*, Lexington, French Forum, 1980, p. 100-2. La méfiance de Montaigne à l'égard non tant de l'écriture que d'une certaine forme d'écriture a été précisée pas G. Defaux, *Marot, Rabelais, Montaigne : l'écriture comme présence*, Paris-Genève, Champion-Slatkine, 1987, p. 53-54, 204-6.

3 A ma connaissance la seule étude publiée sur ce chapitre (et qui le traite autrement) est de B. C. Bowen, «Speech and Writing in the 1580 Text of *Du parler prompt ou tardif*», *Actes du Colloque International Montaigne (1580-1980)*, Duke University-University of North Carolina, p.p. M. Tetel, Paris, Nizet, 1983, p. 54-74.

Poyet, chargé de prononcer le discours de bienvenue adressé au pape à l'occasion de la rencontre à Marseille entre le souverain pontife et François Ier, l'avait longuement médité et, disait-on, l'avait apporté de Paris tout prêt ; mais le jour de la cérémonie on lui indiqua qu'il devait parler sur un sujet autre que celui qui avait été prévu, et le malheureux, incapable d'improviser rapidement un autre discours, dut céder la place au cardinal Du Bellay.

Après avoir raconté cette histoire, Montaigne en vient à parler de sa propre expérience (prouvant ainsi que la question le concerne personnellement), ou plutôt de sa «condition de nature, qui ne peut soustenir une vehemente premeditation» (I, 10, 40a [41]) : paralysé par la tension, par la «solicitude de bien faire», il n'arrive pas à prononcer correctement un discours soigneusement étudié, et d'autre part il se méfie des harangues toutes prêtes, qui risquent de sentir «l'huyle et la lampe». Mieux vaut donc aller «gayement et librement», en s'abandonnant à l'inspiration du moment, mieux encore si l'on est sollicité par «les occasions estrangeres, presentes et fortuites» (*ibid.*). Plus tard, en revenant sur cette page pour l'édition de 1588, l'écrivain ajoute :

> Je ne me tiens pas bien en ma possession et disposition. Le hasard y a plus de droict que moy. *L'occasion, la compaignie, le branle mesme de ma voix*, tire plus de mon esprit, que je n'y trouve lors que je le sonde et employe à part moy. *Ainsi les paroles en valent mieux que les escripts*, s'il y peut avoir chois où il n'y a point de pris (*ibid.*).

Montaigne affirme en somme son besoin de dialogue – de confrontation, de choc avec les opinions d'autrui ; des occasions de la conversation jaillit une force maïeutique qui l'aide à produire ses idées latentes, à «actualiser son potentiel d'invention»[4]. On notera que cette *nécessité* du dialogue signifie aussi (je l'ai déjà souligné) que *nécessairement* la constitution du sujet des *Essais* passe par le discours d'autrui : dans l'équivalence textuelle presque parfaite qui s'établit entre le latin et le français, dans cette sorte de bilinguisme qui permet constamment le passage et la traduction d'une langue à l'autre, la citation est un substitut de la communication. Mais parmi les provocations extérieures qui aident le sujet à s'exprimer, il y a aussi (surtout ?) «*le branle mesme de (sa) voix*», réalité sonore et physiologique : la parole devance en quelque sorte la pensée, l'éveille à sa vibration ; son bruit tout machinal émeut le locuteur et le pousse à retrouver au fond de sa mémoire les couples de phonèmes, les rencontres de mots, les associations d'idées perdues, pour les ramasser et les mettre en faisceau d'arguments. On reconnaît là une façon (qui

---

4 *Cf.* M. Jeanneret, «Rabelais et Montaigne : l'écriture comme parole», *L'Esprit créateur*, XVI, 4 (1976), p. 83, qui cite avec justesse *Essais* III, 8, 922-23b [900], où Montaigne parle du profit qu'on peut tirer de la conversation, bien plus stimulante que l'étude des livres.

est aussi phonétique) du "s'entendre parler" : le locuteur est son propre auditeur, et il boucle en lui le circuit de la communication ; en devenant son miroir auditif, le sujet s'attribue précisément le rôle de sujet, se reconnaît en tant qu'être de parole. Lorsque Montaigne dit (à la fin du passage cité plus haut) que ses paroles valent mieux que ses écrits (il s'agit évidemment des *Essais*, et cette phrase figurait déjà, sous une autre forme, dans la première version), lorsqu'à d'autres endroits il déclare «je puis plus à parler qu'à escrire» (II, 17, 638a [621-22]), il dénonce dans la pratique de l'écriture à la fois l'absence de communication avec autrui, et la perte du son de sa propre voix. Ainsi le discours développé dans *Du parler prompt ou tardif*, à partir d'une réflexion sur l'éloquence, s'achève sur la comparaison de l'oralité avec l'écriture (ce glissement est presque une constante chez lui).

En résumant : on trouve dans ce chapitre trois éléments fondamentaux : d'abord une anecdote (celle de Poyet) qui révèle la hantise de ne pas pouvoir parler ; ensuite la méfiance pour les discours préparés et apprêtés, et le goût, en revanche, pour la parole spontanée, pour la vivacité et la liberté de l'improvisation ; enfin le passage du problème de l'oral à celui de l'écrit.

On retrouve exactement les mêmes éléments dans le chapitre *De la vanité*, ou du moins dans la section de ce texte qui traite du problème qui nous intéresse ici (III, 9, 962-63b [940-41]). Montaigne est en train de dévider des réflexions graves et amères sur la ruine de la France. Tout à coup, il interrompt ses «ravasseries» pour communiquer au lecteur sa crainte de se répéter, à cause de la «trahison de (sa) memoire» qui «s'empire cruellement tous les jours» ; si bien que, ajoute-t-il, il devra désormais éviter de se préparer lorsqu'il doit tenir un discours : «au lieu que les autres cherchent temps et occasion de penser à ce qu'ils ont à dire», il vaut mieux pour lui ne pas s'astreindre à un tel effort : «L'estre tenu et obligé me fourvoie, et le despendre d'un si foible instrument qu'est ma memoire». C'est là qu'il raconte l'anecdote de Lyncestez, qui le frappe, dit-il, «d'un ressentiment propre et naturel» (encore une preuve que les récits qu'il entasse dans les *Essais* renvoient toujours à un problème personnel : le sujet prend le masque des personnages qu'il met en scène). L'histoire (en l'occurrence Quinte-Curce) rapporte donc que Lyncestez, accusé de conjurer contre Alexandre, et conduit selon l'usage en présence de l'armée pour qu'elle écoute sa défense, ne sut articuler que quelques mots de la plaidoirie qu'il avait soigneusement construite ; et pendant qu'il balbutiait, luttant avec sa mémoire, hésitant et tremblant, il fut tué à coups de piques par les soldats, qui avaient pris sa confusion pour un aveu :

> Son estonnement et son silence leur servit de confession : ayant eu en prison tant de loisir de se preparer, ce n'est à leur advis plus la memoire qui

> luy manque, c'est la conscience qui luy bride la langue et luy oste la force. Vrayment c'est bien dict ! Le lieu estonne, l'assistance, l'expectation, lors mesme qu'il n'y va que de l'ambition de bien dire. Que peut-on faire quand c'est une harangue qui porte la vie en conséquence ?

On voit que, dans l'expression même de son indignation, l'auteur ajoute aux défaillances de la mémoire un autre élément qui peut être déterminant pour l'orateur : les circonstances aléatoires (lieu, public, attente) de la prestation. Le moins qu'on puisse dire est que le fait de prendre la parole en public, dans des occasions officielles, n'allait pas sans problèmes pour Montaigne... qui, dans le passage suivant, fait allusion à l'embarras où il s'est parfois trouvé, devant réciter une harangue qu'il avait préparée et apprise par cœur, et définit en même temps son idéal oratoire :

> et me suis veu quelque jour en peine de celer la servitude en laquelle j'estois entravé, là où *mon dessein est de representer en parlant une profonde nonchalance et des mouvemens fortuites et impremeditez, comme naissans des occasions presentes* ; aymant aussi cher ne rien dire qui vaille que de montrer estre venu preparé pour bien dire, chose messeante, sur tout à gens de ma profession.

Montaigne rêve donc d'une éloquence qui donne l'impression d'être naturelle et instinctive, de jaillir d'une inspiration spontanée ; il ne supporte pas – précise-t-il encore, à propos de l'orateur Curio et de son habitude d'indiquer en introduction le plan de son discours – tout ce qui «retire trop à l'artiste», tient trop de l'artifice. Ses exigences le placent face à un choix impossible : si d'une part il trouve «monstrueux» de parler en lisant – ce qui est en plus «de grand desavantage à ceux qui par nature pouvoient quelque chose en l'action» –, d'autre part il ne peut pas se «jeter à la mercy de (son) invention presente», car son aptitude à l'improvisation est presque nulle, et «ne sçauroit fournir à soudaines necessitez, et importantes». Aussi finit-il par décider, en ce qui le concerne, de «ne prendre plus la charge de parler en lieu de respect» ; mais il ne cesse de critiquer les ornements de l'éloquence cérémonieuse, apprêtée et maniérée, et de manifester son admiration pour un talent oratoire qui sache reproduire la fluidité et la désinvolture de la "conversation civile" (Castiglione et Guazzo, textes canoniques présents dans sa bibliothèque, laissent dans les *Essais* des traces nombreuses)[5].

Ainsi ces pages reprennent la thématique et les propos énoncés dans *Du parler prompt ou tardif*. Après quoi, la phrase célèbre «Laisse, lecteur, courir

---

[5] *Cf.* III, 8, 923b [901] : «J'ayme à contester et à discourir, mais c'est avec peu d'hommes et pour moy. Car de servir de spectacle aux grands et faire à l'envy parade de son esprit et de son caquet, je trouve que c'est un mestier tres-messeant, à un homme d'honneur». Sur l'esthétique de la *neglegentia diligens* chez Montaigne, voir le bel essai de M. Fumaroli, «Michel de Montaigne ou l'éloquence du for intérieur», in *Les formes brèves de la prose et le discours discontinu*, p J. Lafond, Paris, Vrin, 1984, p. 27-50.

encore ce coup d'essay et ce troisiesme allongeail du reste des pieces de ma peinture. J'adjouste, mais je ne corrige pas», tout en confirmant la fidélité fondamentale de Montaigne à sa première rédaction (c'est ce que j'essaye de montrer sur ce point précis), reproduit le même glissement – du plan du discours oral à celui de l'écrit – qu'on avait relevé au chapitre I, 10 : «At once, we find ourselves propelled from the higher sphere of voice and forensic performance into that of writing and iconic portrayal»[6].

La relation oral/écrit qui est à l'œuvre dans ces deux chapitres selon un schéma absolument analogue est susceptible de révéler un faisceau de problèmes dont l'articulation peut être analysée sur deux niveaux : celui des choix stylistiques de Montaigne, et celui des motivations profondes qui régissent et dictent ces choix. Commençons par le premier niveau, à la surface de la page, pour essayer de mieux déterminer les principes formels de l'écriture des *Essais* ; on tentera ensuite la plongée en profondeur.

On a vu qu'à l'origine des propos de Montaigne sur l'art de parler en public on trouve la crainte de rester muet, soit par incapacité d'improvisation (Poyet), soit par un excès de tension nerveuse qui, aggravant le défaut naturel de la mémoire, met le sujet dans l'incapacité de déclamer un discours pourtant soigneusement préparé (Lyncestez). Contre ce manque de mémoire, amplifié par les circonstances, l'écriture peut représenter un sauvetage ; mais l'écriture, «moyen mnémotechnique, suppléant la bonne mémoire, la mémoire spontanée, signifie l'oubli. C'est très précisément ce que disait Platon dans le *Phèdre*, comparant l'écriture à la parole comme l'*hypomnesis* à la *mnémè*, l'auxiliaire aide-mémoire à la mémoire vivante»[7]. Le discours composé à l'avance, écrit, sent l'huile, montre son apprêt : l'inscription laborieuse et artificieuse énerve la parole vivante de l'homme et la réduit à lettre morte. En tant qu'enveloppe, vêtement de la parole, l'écriture peut devenir cage, prison ; elle est en tout cas travestissement, imposture, masque qu'il faut exorciser, arracher avec la force de l'élan naturel. D'où le désir, chez Montaigne, d'une écriture chassant son mauvais double, le discours rhétorique, étudié et

---

6 *Cf.* G. P. Norton, «Strategies of fluency in the French Renaissance text : improvisation and the art of writing», *Journal of Medieval and Renaissance Studies*, 15, 1 (1985), p. 98, qui ajoute : «Montaigne is saying something crucial about vocal/scriptural relationships. By opposing a kind of "art de rien dire qui vaille" to an "art de bien dire", he alludes indirectly to persuasion that is better because it is circumstantially motivated than persuasion that arises under the watchful tactics of acquisition». D'ailleurs l'usage du verbe *courir* «helps to define the extemporal movement of his own text, a speech act that responds to the shifting impermanency of circumstance». Sur son goût de l'improvisation, voir aussi l'analyse de D. Ménager, «Improvisation et mémoire dans les *Essais*», *Rhétorique de Montaigne*, actes du Colloque de la Société des Amis de Montaigne (Paris, 14-15 décembre 1984), Paris, Champion, 1985, p. 101-10.

7 J. Derrida, *De la grammatologie*, Paris, Éditions de Minuit, 1967, p. 55. J'emprunterai à Derrida d'autres formules qui me semblent convenir à mon propos.

construit, empesé et artificiel, pour retrouver par la plume la parole authentique, le jaillissement libre et fluide de l'oralité.

Ce parcours, ainsi schématisé (crainte de rester muet – sauvetage possible par l'écriture – risque d'une écriture paralysante – nécessité d'une écriture qui reproduise la spontanéité de l'improvisation), pourrait être illustré par de nombreuses citations, qui confirmeraient les orientations de l'auteur, son mépris pour un langage qui se soumette aux impositions/impostures de la rhétorique codifiée, son dégoût pour une éloquence qui «nous destourne à soy» (I, 26, 172c [171]), sa volonté de «naturaliser» l'art (III, 5, 874c [852]), de mouler l'écrit sur la vie en reproduisant la vivacité de l'expression orale. Mais il importe surtout d'en retrouver le tracé, parfaitement parallèle, au niveau le plus profond, où ce qui se joue n'est pas seulement une conception esthétique (que Montaigne partage avec un certain nombre de contemporains), mais la construction même du sujet, être de parole et d'écriture.

Car la crainte de rester silencieux, de ne pas savoir parler en public, n'est que la forme superficielle, sociale et mondaine, d'une hantise bien plus grave, et fréquente dans les *Essais* : la peur de ne pas pouvoir s'exprimer, la hantise de l'inhibition de parole, où nous avons déjà identifié le fantasme générateur des angoisses les plus terrifiantes pour Montaigne[8]. Privé de la possibilité de s'articuler, le sujet est néantisé, repoussé dans le profond silence de la mort. D'où la fonction fondamentale de l'écriture, qui à ce niveau n'est plus seulement un moyen mnémotechnique, un support, mais signifie bel et bien la possibilité de se dire, d'échapper au silence, à l'anéantissement : donc d'exister. C'est en même temps à ce niveau aussi que se révèle de façon encore plus surprenante le statut ambigu de ce remède de l'écriture, qui est à la fois ce qui sauve et ce qui tue – dans la mesure où elle fige, gèle et paralyse. Les *Essais* (c'est évidemment de *cet* écrit qu'il s'agit, des *Essais* eux-mêmes) peuvent devenir un tombeau où le sujet se trouverait enfermé, où sa parole "vivante" serait nécrosée. Car Montaigne a une idée subtile, critique et inquiète, des rapports entre la parole, l'écriture et l'«être». La figuration de la parole par l'écriture n'est à ses yeux qu'un pis-aller, un lamentable substitut qui transmue l'«être naturel» en «peinture morte et muete» (II, 37, 784a [764-65]). Outil imparfait et presque maléfique, l'écriture – au sens courant du terme – est la paralysie du souffle, de l'esprit, de la vie : elle est «lettre morte, elle est porteuse de mort. Elle essouffle la vie [...] Coupant le souffle, stérilisant ou immobilisant la création spirituelle dans la répétition de la lettre [...] elle est le principe de mort et de différence dans le devenir de l'être»[9].

---

8 *Cf. supra*, "La mort muette".

9 J. Derrida, *op. cit.*, p. 29 et 40-41.

C'est pourquoi Montaigne rêve d'une écriture "naturelle", qui serait «immédiatement unie à la *voix* et au *souffle*», dont la nature serait en somme non pas grammatologique mais pneumatologique (pour reprendre encore les termes de Derrida)[10] ; c'est-à-dire qui lui permette (pour revenir aux termes des *Essais*) de transférer sur la page «ce mesme port et ce mesme air» qui étaient ceux de sa «conversation» (II, 37, 783a [763]). Comme s'il était possible de se représenter «au vif», de reconstruire sa propre «forme naifve» dans un livre «consubstantiel à son autheur», de s'abandonner à l'illusion de l'écriture non seulement comme corrélatif, mais comme reproduction exacte du langage oral, *mimesis* de l'unité articulée du son et du sens. La conscience douloureuse des insuffisances du texte, de l'impossibilité de capter la plénitude de la vie dans un réseau de signes usés et approximatifs, n'élimine pas le vain désir d'emprisonner dans l'écriture la voix, le souffle, en quelque sorte l'énergie locutoire du corps parlant : cette hypothèse (euphorique) d'un calque, d'une impression fidèle du langage «tel sur le papier qu'à la bouche», permet d'animer la «peinture morte et muete». L'écho de la vocalité, du timbre vibrant, de la qualité éphémère, de l'allure libre (par opposition à réglée mais aussi à livresque) de la parole, peut être la garantie de la vitalité du texte, ainsi soustrait à la fixité paralysante du portrait.

Si telles sont les raisons qui orientent Montaigne vers une écriture de l'oralité, on peut se demander s'il est vraiment licite de parler à propos de sa prose d'«écriture comme parole», ou de l'«infiltration de l'écriture par la parole»[11]. On peut relever dans les *Essais* quelques indices de ce projet d'oralisation, c'est-à-dire certains traits qui semblent démarquer les formes de la langue parlée, invitant le lecteur à reconnaître dans l'écrit sinon le frémissement de la voix, du moins le ton changeant d'une conversation à bâtons rompus. La composition «à sauts et à gambades» (III, 9, 994b [973]), le principe de discontinuité qui rompt le fil du discours, fragmente la page et fait de chaque chapitre un texte tout en tournants (choses assez connues pour qu'on n'y insiste pas), dessinent dans les *Essais* un filigrane de divagations discoureuses. A cela s'ajoute le penchant de l'écrivain pour un style «court et serré, plustost difficile qu'ennuieux, esloigné d'affectation et d'artifice, desreglé, descousu et hardy» (I, 26, 171-72a [171]) : un style qui, loin d'être négligé, répond à une esthétique anticicéronienne et se vaut d'un arsenal de

---

10 *Ibid.*, p. 29.

11 Ce sont les formules utilisées par M. Jeanneret, qui, il y a déjà plusieurs années («Rabelais et Montaigne...», *art. cit.*), soulignait chez Montaigne le refus de la fixité du livre, donc le «processus d'oralisation» de son écriture, dont il relevait les principales manifestations. Jeanneret est revenu sur son analyse, pour l'affiner dans un article postérieur : «Je parle au papier», *Europe*, LXVIII, 729-730 (1990), p. 14-25. Je me permets de synthétiser ici ses indications, en y ajoutant, pour ma part, le codicille que je crois essentiel de la "gasconité".

procédés (parataxe, asyndète, ellipse, anacoluthes...) qui simulent les dissymétries de l'oral ; ce sont des effets destinés à frapper l'oreille (alors que la période cicéronienne, ample, fluide, symétrique, présuppose l'écrit et fatigue l'oreille). Le goût de Montaigne va aussi aux jeux de mots : assonances, allitérations, paronomases, antithèses, pointes etc., jouent fréquemment, dans sa phrase, le rôle de signaux auditifs[12]. Enfin, le dialogue que l'écrivain entretient avec son lecteur – depuis l'*Avis*, qui donne le ton, et dans les différentes apostrophes où un *tu* se trouve interpellé – mime évidemment le processus de la communication (et il faudra insister sur le dialogue que Montaigne instaure avec d'autres auteurs, par les citations dont il farcit son texte ; et aussi sur le dialogue qu'il engage avec lui-même, lorsque, à des années d'écart, il revient sur ce qui est déjà écrit pour y insérer additions et variantes[13]).

Il est clair cependant que tous ces procédés font bel et bien partie des règles de la rhétorique oratoire... L'opposition entre nature et institution (*Institutio oratoria*) est un leurre : il est inutile de se prévaloir de la première pour échapper à la seconde, de prétendre injecter dans l'écrit la rapidité jaillissante de l'oral. L'art de l'écriture ne saurait reproduire la parole, mais seulement l'*art de la parole*, l'artifice dissimulé dans la nature. Apostrophes au lecteur, questions, réponses, fausses conclusions, jeux phoniques, sollicitations de l'ouïe : pour réaliser l'impression de l'écoute et de l'échange conversationnels, on emprunte à la rhétorique ancienne les ressources stratégiques de l'oralité. Montaigne en est intimement conscient ; il sait parfaitement que ce dispositif ne peut reproduire les conditions de la performance vocale, et qu'il n'y a pas moyen d'opérer un transfert efficace de la spécificité du langage parlé ; il connaît par cœur les pièges du parcours balisé où échoue toute tentative de faire place dans l'écrit aux exigences de l'énonciation orale. Il ne peut que tenter de les esquiver en partie par une écriture où la *mimesis* illusoire de la communication n'élimine pas le mensonge indispensable, la dissimulation nécessaire. Cependant, il ne cesse de multiplier les efforts pour échapper au jeu réglé de la rhétorique, au piège paralysant de la langue écrite ; et il finit par trouver quelque chose qui de fait l'aide à déjouer un tout petit peu la tromperie de l'écriture rhétorique de l'oralité, à faire au moins un pas vers la "vérité" de la langue vivante et naturelle.

---

12 Qu'il me soit permis de renvoyer ici à mon étude "La formule de Montaigne", dans *Itinerari a Montaigne*, Firenze, Sansoni, 1983, ch. 1.

13 Sur les aspects dialogiques du texte, *cf.* aussi E. Kushner, «Monologue et dialogue dans les deux premiers livres des *Essais*», *actes du Colloque International Montaigne (1580-1980)*, Duke University – University of North Carolina, cit., p. 103-20.

Il semble en premier lieu que Montaigne choisisse délibérément une forme instable, un vocabulaire caduc, en utilisant, comme le relève tout lecteur fidèle, différentes acceptions d'un même mot en fonction des différents contextes, en assumant l'évolution de la langue, et en soulignant le caractère transitoire de son style, qui sera bientôt désuet :

> J'escris mon livre à peu d'hommes et à peu d'années. Si ç'eust esté une matiere de durée, il l'eust fallu commettre à un langage plus ferme. Selon la variation continuelle qui a suivy le nostre jusques à cette heure, qui peut esperer que sa forme presente soit en usage, d'icy à cinquante ans ? (III, 9, 982b [960-61]).

Le français choisi par le scripteur est donc une langue encore mal établie, mobile et changeante, par opposition au latin, dont la solidité et la consistance continuent à le séduire. Il est probable que la langue bien-aimée, celle de Sénèque et de César, a été rejetée pour une raison intime et secrète : pour Montaigne le latin est lié à l'image de Pierre Eyquem, qui avait voulu le lui faire apprendre comme langue maternelle ; le refuser, avec d'autres héritages paternels, c'était faire un pas vers l'âge adulte, l'autonomie et la pleine maîtrise de soi[14]. D'ailleurs, si le latin appris dans son enfance reste pour lui une langue viscérale, qui lui revient aux lèvres à chaque émotion violente et soudaine (III, 2, 810b [788]), cela fait presque quarante ans qu'il ne l'utilise plus dans la pratique courante : «Le langage latin m'est comme naturel, je l'entends mieux que le François, mais il y a quarante ans que je ne m'en suis du tout poinct servy à parler, ny à escrire» (*ibid.*) ; et si l'écrit doit reproduire l'oral, le seul choix possible est celui du français.

Or, disais-je, la ductilité même de cette langue flexible, malléable (les inhibitions et les raideurs de l'époque "classique" sont encore lointaines), permet un maximum de liberté : Montaigne en profite, et accepte, en la recherchant même et en la provoquant, la contrepartie de la fugacité, du volubile et de l'éphémère (c'est le rachat de la rigidité et de la paralysie). Il est vrai que le français des *Essais* deviendra rapidement archaïque (à tel point que Malherbe aurait dit qu'il fallait le traduire...[15]). C'est le prix à payer pour avoir effectivement, consciemment choisi une langue mouvante, liée au moment : la langue d'*aujourd'hui*, avec ses constructions fragiles, ses tendances passagères, aptes précisément à «peindre le passage».

---

14 C'est ce que suggère F. Charpentier, «Un langage moins ferme», *Montaigne Studies*, II, 1, 1990 (je la remercie d'avoir eu la gentillesse de me communiquer son article alors qu'il était encore sous presse). Les autres observations de F. Charpentier sur le français comme «langue de la labilité, de la vanité», que Montaigne choisit pour représenter «la labilité, la vanité de l'être, de son être», vont exactement dans mon sens.

15 *Cf.* A. M. Boase, *The Fortunes of Montaigne*, London, Methuen, 1935, p. 109.

Mais aussi avec les idiotismes, les formes dialectales, les termes topiques et typiques qui à l'époque n'étaient pas encore repoussés comme scandaleux, qu'on utilisait pour colorer l'expression. Aussi Montaigne choisit-il en même temps la langue d'*ici*, en proclamant sa fidélité à la «barbarie de (son) creu» (II, 17, 639a [622]), son appartenance à un lieu (dans ce cas, la terre de Gascogne) :

> Pour ce mien dessein, il me vient aussi à propos d'escrire chez moy, en pays sauvage, où personne ne m'ayde ny me releve, où je ne hante communéement homme qui entende le latin de son patenostre, et de françois un peu moins. Je l'eusse faict meilleur ailleurs, mais l'ouvrage eust esté moins mien ; et sa fin principale et perfection, c'est d'estre exactement mien (III, 5, 875b [853]).

Pour se représenter "au naturel", "au vif", il faut avant tout exhiber ses imperfections «ordinaires et constantes», sans apprêt, donc sans embellir sa façon de s'exprimer en lui conférant un faux éclat, mais au contraire en conservant ses habitudes locutoires, automatismes, particularismes :

> Quand on m'a dit ou que moy-mesme me suis dict : Tu es trop espais en figures. Voilà un mot du creu de Gascoingne [...] Oui, fais-je ; mais je corrige les fautes d'inadvertance, non celle de coustume. Est-ce pas ainsi que je parle par tout ? me represente-je pas vivement ? suffit ! (*ibid.*).

L'instrument choisi par Montaigne est en somme la langue de l'*ici-et-maintenant* : le français mâtiné de "gascon" qu'on parle, dit-il, dans sa région. Mais une précision importante est nécessaire ; le gascon «beau, sec, bref, signifiant [...] autant nerveux, puissant et pertinent comme le François est gratieus, delicat et abondant» (II, 17, 639a-c [622]), ce gascon vigoureux, «masle et militaire» que l'auteur apprécie est – il le précise lui-même – une langue de l'ailleurs, qui se situe «au dessus de nous, vers les montaignes» (*ibid.*) : c'est une langue littéraire (celle de la cour de Navarre) récemment construite sur un modèle de *nature*, c'est-à-dire d'oralité, et opposée au français gracieux et affecté[16] ; mais opposée aussi (dans la même page) au dialecte «brode, trainant, esfoiré», de la région natale de Montaigne. Bref, la mise en représentation de l'usage local sur la scène littéraire ne peut passer que par la médiation d'un idiome soutenu par une tradition d'écriture... Cet *ailleurs* voisin joue alors le rôle de référence pour l'*ici*, et justifie l'imprégnation du français de Montaigne par le naturel local qu'on peut tout aussi bien appeler "gascon" – selon l'usage de l'ancien régime – mais qui en fait est périgourdin.

---

16 Je n'insiste pas sur la renaissance gasconne, ni sur la situation linguistique de Montaigne, ayant déjà traité la question ailleurs ; pour quelques notions complémentaires, *cf. infra*, "Je suis Gascon, et si..." (avec la bibliographie en note).

C'est en fin de compte par ce parti pris de l'*hic et nunc* que Montaigne s'avère capable de maîtriser, dans la mesure du possible, le trompe-l'œil de l'écriture de l'oralité sans se laisser jouer par ses apparences fallacieuses. Il a découvert en effet quelque chose de fondamental : s'il y a dans la voix un *quid* qui ne se laisse pas réduire à l'écriture, qui échappe à toute velléité de reproduction, on ne peut le capturer qu'à condition d'isoler avec rigueur non pas ce qui est irréductible (les accidents de prononciation, les hésitations, les *ratages*[17]), mais au moins la trace, l'empreinte d'un lieu[18].

Ce choix incongru du provisoire, voire du périssable, cette recherche d'une exacte conformité à la parole quotidienne et locale, saisie au vol, sur le vif, est le seul lieu de résistance possible aux contraintes mortifères de l'écrit pétrifiant. L'adhésion à la pratique linguistique de son environnement, au simulacre d'une langue du vécu, est pour le sujet scripteur la seule voie de rachat, ambigu et problématique, contre le risque de momification.

Mise en scène d'une *parlure*, de la voix d'un lieu, chimère de l'oralisation de l'écriture : nous pourrions l'appeler *oraliture*[19], en rétrécissant la valeur du terme et du concept pour l'appliquer à Montaigne : construction rhétorique et symbolique, certes, mais aussi clef qui exorcise la mort et le silence, qui peut rendre la vie à la «peinture morte et muete», entre nostalgie du naturel et nostalgie de la fiction. Sans qu'on sache jamais si, et à quel moment, on atteint la "vérité".

10. 2. «Je suis Gascon, et si...»

Mais quel est le lien effectif que Montaigne entretient avec la terre de Gascogne ? On sait que dans les *Essais* il aime à rappeler ici et là son identité gasconne. Il joue sur les refrains de l'ethnotype, par exemple pour affirmer *a*

---

17 J'appelle *ratages*, selon l'usage de la sociolinguistique, les incorrections lexicales ou syntaxiques et les embarras de parole qui renvoient à quelque difficulté profonde, essentiellement à une censure. Voir à ce propos les travaux de l'équipe de Montpellier dans la revue *Lengas*.

18 Les inflexions spécifiques du français de Montaigne, gommées dans les *Essais* par les imprimeurs, demeurent visibles dans les additions manuscrites à l'exemplaire de Bordeaux et dans le *Journal de voyage*, où les traces de "gasconismes" de prononciation sont assez nombreuses (par exemple *dolur*, *fredur*, *honur*, etc., où est reproduite la prononciation occitane du phonème [œ], détail fort connu aux XVI-XVIIe siècles).

19 Le terme a été utilisé par Ph. Gardy, pour rendre compte de la complexité des problèmes propres à la culture occitane (et à toute situation de diglossie en général), prise dans le jeu «des rapports entre la réalité orale quotidienne de la langue dominée et la récupération de son statut de *langue* instituée par la fabrication d'une écriture». *Cf.* Ph. Gardy, «Tradition occitane et passage à l'écriture : l'obsession de l'oralité», *Kalevala et traditions orales du Monde*, Colloques Internationaux du CNRS, p.p. J. Fernandez-Vest, Paris, Éditions du CNRS, 1987, p. 511-22 ; et, du même, «Montpellier-Clapas ou les plaisirs partagés de l'*oraliture*», *Revue des Langues Romanes*, LXXXIX, 1 (1985), p. 73-91. De son côté, H. Meschonnic, *Les États de la poétique*, Paris, Presses Universitaires de France, 1985, p. 123, a proposé le terme *orature* pour définir la littérature orale.

contrario son allergie à toute forme de vol : «Je suis Gascon, et si n'est vice auquel je m'entende moins» (II, 8, 388b [367-68] ; il y a évidemment là un clin d'œil à l'*auctoritas* marotienne)[20] ; ou au contraire pour excuser en souriant la liberté de son comportement, puisque «soldat et Gascon sont qualitez aussi peu subjettes à l'indiscretion» (III, 13, 1085b [1063]). Mais ces glanures mises à part, avec d'autres analogues, le point sur lequel il insiste le plus, c'est la teinte et le timbre gascons qui caractérisent sa prose. C'est surtout sur les pages relatives à la "gasconité" de la langue des *Essais* (que ses contemporains remarquèrent immédiatement) que s'est penchée la critique désireuse d'identifier ce singulier «idiolecte régionaliste latinisé»[21], donc de tenter de définir la situation linguistique de l'écrivain, entre le latin, le français et le gascon.

Or, si l'on veut mettre véritablement en lumière la valeur du sentiment gascon chez Montaigne, il faudra reprendre le discours à partir justement de la langue, pour voir ensuite si d'autres éléments peuvent y être ajoutés, pour parvenir à un tableau plus complet de sa position historique et culturelle.

Il faudra d'abord rappeler les résultats de l'étrange pédagogie, de marque érasmienne, que Pierre Eyquem a appliquée à son rejeton : le latin, appris comme langue vivante, fut pour l'enfant la première langue, "maternelle", si bien qu'à six ans il ne comprenait «non plus de François ou de Perigordin que d'Arabesque» (I, 26, 173a [173]) ; cette éducation, soit dit en passant, l'a sans doute singularisé, non pas tant «en lui assurant la maîtrise de la langue ancienne, commune à tous les humanistes, mais bien plutôt en lui faisant ressentir intimement, dès l'enfance, le problème de la communication linguistique, ou, plus exactement, la communication linguistique comme problème»[22]. C'est au collège de Guyenne que commencera son intégration au monde de la langue et de la culture françaises, perfectionnée ensuite par ses relations et ses lectures ; cependant la langue de Paris, la langue quotidienne, celle du petit peuple et des marchés, ne lui sera jamais totalement familière : un handicap pour qui, comme lui, veut mimer sur la page l'expressivité de la langue parlée. Aussi son français cultivé ne le satisfait-il pas («En nostre langage je trouve assez d'estoffe, mais un peu faute de façon [...] Je le trouve

---

20 En utilisant comme titre le début de cette phrase, je me permets de l'employer dans un autre sens, on le verra dans les pages qui viennent.

21 J. Brody, *Lectures de Montaigne*, Lexington, French Forum, 1982, p. 14. Sur cette question dans son ensemble, je peux renvoyer à mon livre *Itinerari a Montaigne*, Firenze, Sansoni, 1983 (ch. 2, "Lingua al trivio"), où j'utilise les contributions spécifiques – et éclairantes – de R. Lafont, en plus de son livre *Renaissance du Sud. Essai sur la littérature occitane au temps de Henri IV*, Paris, Gallimard, 1970. *Cf.* aussi mon récent *Parigi e provincia*, Torino, Bollati Boringhieri, 1990, p. 59-72.

22 A. Tournon, *Montaigne «en toutes lettres»*, Paris, Bordas, 1989, p. 11.

suffisamment abondant, mais non pas maniant et vigoureux suffisamment», III, 5, 874b [851-52]) ; et d'autre part, dans la pratique, son origine le trahit : son parler est altéré «et en la prononciation et ailleurs, par la barbarie de (son) creu» (II, 17, 639a [622]). Notons qu'il ne devrait pas s'agir de la «barbarie» périgourdine, puisque le scripteur persiste à se déclarer totalement ignorant de son dialecte, dont il affirme n'avoir «non plus d'usage que de l'Alemand» (*ibid.*). Ce sont évidemment des exagérations : la vie du gentilhomme campagnard impose des contacts avec des serviteurs et des paysans qui ne savent pas le latin, «et de François un peu moins» (III, 5, 875b [853]) ; c'est en fait le dialecte périgourdin qui bigarre le français des *Essais*. Mais c'est là une représentation que l'usager Montaigne se fait de ses habitudes linguistiques : d'une part on a vu qu'il assume les «fautes [...] de coustume», les imperfections «ordinaires et constantes» de son langage, les expressions «du creu de Gascoingne» qui se glissent sous sa plume, en prétextant son droit d'écrire comme il parle pour se peindre d'après nature (*ibid.*) ; d'autre part il méprise le dialecte local, «brode, trainant, esfoiré», et valorise le beau gascon «sec, bref, signifiant [...] masle et militaire» qui se situe «vers les montaignes» (II, 17, 639a-c [622]) et qui donc coïncide avec le gascon central, le dialecte de Du Bartas et de Monluc. Ses exigences d'expression ne se satisfont pas du parler pauvre et inculte des paysans de sa région ; le «parler simple et naif, tel sur le papier qu'à la bouche», qui constitue son objectif stylistique, doit être «succulent et nerveux, court et serré, non tant delicat et peigné comme vehement et brusque [...] non pedantesque, non fratesque, non pleideresque, mais plustost soldatesque» ; et «que le Gascon y arrive, si le François n'y peut aller» (I, 26, 171a-c [171]). Il ne se réfère donc pas à un dialecte quelconque, mais à un idiome capable de produire des lettres de créance illustres : le gascon de la cour de Navarre et de l'aventure guerrière des Cadets.

En effet, c'est à cette époque – autour des trente dernières années du XVIe siècle – qu'a lieu la brillante floraison de la littérature gasconne. Pey de Garros, le plus grand ouvrier de cette "renaissance", né à Lectoure entre 1525 et 1530 – donc à peine plus jeune que Ronsard et juste un peu plus âgé que Montaigne –, poète officiel de la cour de Navarre, publie en 1565 sa traduction des *Psaumes* et en 1567 les *Poesias gasconas*, dédiées à Henri (âgé de quatorze ans à l'époque), dans lequel il voit «l'esperansa / D'un aute tems daurat» pour la «nation Gascona» (l'espoir d'un autre âge d'or pour la nation gasconne). Environ dix ans plus tard, en 1578, Salluste Du Bartas – un autre protestant – compose, à l'occasion de l'entrée des souverains (Henri, devenu entre-temps roi de Navarre, et son épouse Marguerite de Valois) à Nérac, un *Dialogue des Nymphes*, où une nymphe latine, une française et une gasconne se disputent, chacune dans sa langue, l'honneur de s'adresser au couple royal ; avec hardiesse la nymphe indigène se proclame supérieure aux autres, dont la beauté est artificielle, tandis que la sienne «n'a punt aute mai que nature» (n'a pas d'autre mère que la nature).

Ce sont des positions que Montaigne partageait peut-être, si l'on s'en tient aux déclarations de poétique, implicites ou explicites, disséminées dans les *Essais*. Peut-être Montaigne, déjà «gentilhomme de la chambre» du Valois, et «gentilhomme de la chambre» du roi de Navarre depuis novembre 1577, se trouvait-il aussi à Nérac pour accueillir Henri et Marguerite en ce 15 décembre 1578 ? C'est en tout cas à cette époque, sinon à cette occasion même, que la «reine Margot» aurait pu lui demander de défendre contre ses détracteurs le *Liber creaturarum* de Sebond (que Montaigne avait déjà traduit en français) : s'il est vrai, comme presque tous les montaignistes inclinent à croire, que la dédicataire inconnue de l'énigmatique *Apologie de Raimond Sebond* («Vous, pour qui j'ay pris la peine...», II, 12, 557a [540]) est justement Marguerite.

Entre-temps la guerre civile fait fureur dans toute l'Aquitaine, avec ses phases diverses, ses pauses, ses reprises ; et dans les deux camps c'est une guerre gasconne. Parce que la langue de la cour de Navarre, à la littérature illustre, exaltée avec un chauvinisme pittoresque par ses usagers en tant que langue de nature, vigoureuse et militaire (d'après le mythe fabriqué par Garros), est de fait la langue de cette guerre : aussi bien dans l'armée de Monluc, le grand capitaine – et ami de Montaigne – qui domine largement la première partie de la lutte (à peu près de 1560 à 1570) et dont les *Commentaires* (la «Bible du soldat», selon la célèbre définition du Béarnais) fourmillent de gasconismes, que dans le camp huguenot d'Henri de Navarre, qui occupe le devant de la scène à partir de 1576, protagoniste d'une carrière militaire spectaculaire que Montaigne suit de très près.

Pour voir que les rapports entre le gentilhomme périgourdin et le roi de Navarre étaient marqués par une cordialité franche et chaleureuse, dépassant le respect dû à l'autorité royale, il suffit de lire les lettres de Montaigne qui nous sont parvenues : et notamment celle du 18 janvier 1589, adressée à ce même Henri, devenu depuis quelques mois roi de France, où l'écrivain lui rappelle son attachement constant : «J'ay de tout temps regardé en vous cette mesme fortune ou vous estes et vous peut souvenir que lors mesme qu'il m'en faloit confesser à mon curé je ne laissois de voir aucunemant de bon euil vos succez a present aveq plus de raison et de liberté je les embrasse de pleine affection»[23]. Et dans les *Essais*, en parlant du confort de sa maison spacieuse

---

[23] Pour le texte complet de la lettre on peut se reporter à Montaigne, *Œuvres complètes*, «Bibliothèque de la Pléiade», Paris, Gallimard, 1967, p. 1397-99. Pour un commentaire, *cf.* G. Nakam, *Montaigne et son temps, les événements et les "Essais"*, Paris, Nizet, 1982, p. 208. Ce livre, auquel je ferai souvent référence, contient les informations indispensables sur lesquelles se

et agréable, Montaigne se flattera de noter, en passant, que «La majesté Royalle y a peu plus d'une fois en sa pompe» (III, 9, 987c [965]).

Nous sommes au courant en effet de deux visites du Béarnais au château de Montaigne. La première en décembre 1584, lorsque le roi et sa suite – Condé, Rohan, Turenne, Béthune, Lusignan, Vivant, d'Esternay etc. – y demeurent deux jours : Montaigne lui cède son lit et organise pour lui une partie de chasse («Au partir de ceans, je lui fis eslancer un cerf en ma forêt qui le promena 2 jors», enregistre-t-il dans son «livre de raison», la *Ephemeris Historica* de Beuther) ; il se peut qu'il profite de cette occasion pour sonder les intentions des navarristes : une lettre à Matignon datée du mois de janvier 1585 permet de le supposer. Les lettres de cette période sont fort instructives : Montaigne «sert de truchement entre Matignon et Turenne, Matignon et Duplessis-Mornay, Matignon et Navarre, entre Matignon, Navarre et la comtesse de Guiche : le château de Montaigne est devenu un bureau d'informations diplomatiques presque aussi important que le château voisin des Foix-Candale. Il est aussi question, dans les billets de Montaigne à Matignon, de secrets à ne pas confier à un courrier»[24].

Le deuxième séjour a lieu les 23-24 octobre 1587 : Navarre, qui a réorganisé ses forces avec l'aide de «la grande Corisande» et qui a occupé les principales places fortes de Gascogne, triomphe à Coutras sur Joyeuse ; aussitôt après la victoire, qui le sacre un des plus grands capitaines de son époque, il se rend au château. Une fois encore, on peut supposer que cette visite a donné lieu à des pourparlers d'une importance capitale, ce qui confirmerait le poids du rôle politique de Montaigne ; en février 1588, l'essayiste partira pour Paris (le motif officiel de son voyage est de surveiller personnellement la nouvelle édition de son œuvre à l'imprimerie d'Abel Langelier) : il se peut qu'il ait encouragé le roi de Navarre à consolider par l'abjuration sa position d'héritier présomptif au trône, et qu'il se soit proposé pour discuter avec Henri III les modalités d'un accord.

De ce tableau extrêmement simplifié on déduit alors l'existence de liens profonds unissant Montaigne à la maison de Navarre, son action constante en faveur du Béarnais, son engagement aux moments les plus intenses des guerres gasconnes. Dans ce contexte, sa préférence pour une langue de nature, pour un style «soldatesque» mêlé de gasconismes (Pasquier lui-même ne les trouvait pas déplacés chez Monluc, puisque le gascon est naturellement soldat), sa référence à ce dialecte gascon «au dessus de nous, vers les

---

fonde ma réflexion. Pour une biographie détaillée, je renvoie encore à D. M. Frame, *Montaigne. A Biography*, New York, Harcourt, Brace and World Inc., 1965 (traduction française, Paris, Champion, 1994).

24 G. Nakam, *op. cit.*, p. 165. C'est à la comtesse de Guiche, «la grande Corisande d'Andoins», mariée à Philibert de Gramont (mort ensuite au siège de La Fère, en 1580), que Montaigne avait dédié les vingt-neuf sonnets de La Boétie (I, 29, 196a [194]).

montaignes» qu'il regrette de ne pas posséder («et desirerois le sçavoir», dans la version de 1580)[25] parce qu'il en apprécie l'énergie articulatoire, le vocabulaire expressif – par opposition à la délicate, doucereuse élégance du français –, tout cela semble assumer une portée symbolique : les deux langues figureraient les deux puissances en jeu, la rude et virile franchise de Gascogne aurait une fonction d'antidote contre l'affectation maniérée de Paris. D'ailleurs Montaigne n'aime pas la cour des Valois, ses modes, ses goûts ; qu'on voie, dans le chapitre *Des loix somptuaires*, la critique qu'il formule au sujet des «introductions nouvelles et vitieuses» dans le cérémonial, «contre la forme de nos peres» ; «Le reste de la France prend pour regle la regle de la Court» et (Montaigne supprimera la suite sur l'exemplaire de Bordeaux) «Ces façons vitieuses naissent pres d'eux [les rois]» (I, 43, 269-70a-b [261]).

On a cependant envie de se demander quels sont dans les *Essais* les autres indices de revendication de "gasconité", outre ces paragraphes où l'idiome de Du Bartas et Monluc fait l'objet d'une attention particulière. On n'est pas à tel point impliqué dans les affaires publiques, mêlé aux acteurs de la vie politique et sociale d'une époque et d'un pays, sans que cet engagement ne vienne s'inscrire en filigrane dans le livre de sa vie : les *Essais*, centrés sur le moi, ne peuvent pas ne pas être, en même temps et à tous les niveaux, une interrogation sur le monde environnant (et une réponse à ce monde). Chercher l'impact des événements contemporains dans la trame de l'écriture, repérer les traces de l'actualité dans le texte ne sont donc pas des opérations abusives : si Montaigne «ne s'est pas donné pour tâche d'être chroniqueur», la chronique du temps s'infiltre dans les *Essais* : «vie diplomatique et militaire, cours et grands, gloire et récompenses d'honneur» donnent l'impression de remplir surtout les deux premiers livres, mais l'œuvre tout entière doit être placée dans l'épaisseur de l'histoire, «avec ses différents plans – mondial et surtout européen, national, régional»[26]. Régional en premier lieu (le terme est évidemment impropre) : Montaigne, assure de Thou, était «fort instruit de nos affaires, principalement de celles de la Guyenne sa patrie, qu'il connoissoit à fond»[27]. On ne peut certes prétendre identifier les allusions, qui probablement nous échappent, à tous ces événements de Guyenne dont l'auteur était si

---

25 Il importe de souligner le statut socioculturel du gascon pour pouvoir cerner l'attitude de Montaigne, parfaitement conforme au témoignage apporté par Pey de Garros (*Poesias Gasconas*, Toulouse, J. Colomiez, 1567, p. 5-6) : après avoir délimité l'étendue du «langage specialement apelé Gascon, naturel a nous de Beam, de Comenge, d'Armagnac et autres, qui somes enclos entre les mons Pyrenees et la Garone», Garros ajoute que cet idiome «est beau par dessus les autres ses affins» ; de telle sorte que «entre noz voisins, par les maisons de noblesse, nostre langage est usité, et telement en pris, que celuy qui le parle bien conte cela pour un titre d'honneur».

26 G. Nakam, *op. cit.*, p. 224 et 14 ; ces propos sont démontrés par son livre tout entier.

27 *Mémoires*, t. II, cité par G. Nakam, *ibid.*, p. 166, note 126.

familier ; mais on peut pour le moins tenter de recenser rapidement les questions et les personnes, pour vérifier justement le taux de "patriotisme" gascon décelable dans le livre.

Dans le domaine littéraire, c'est vite fait : on chercherait en vain dans les *Essais* les noms, ou des évocations allusives, du fondateur de la renaissance gasconne Pey de Garros ou du polyvalent Salluste Du Bartas – qui continuera sa carrière poétique en français mais en demeurant toujours attaché à Henri de Navarre, pour lequel il accomplira entre 1580 et 1590 diverses missions diplomatiques en Allemagne, en Angleterre et en Ecosse.

Entendons-nous et répétons-le : les *Essais* ne sont ni une chronique ni un journal, et on ne peut tirer aucune conclusion de la présence, ou inversement de l'absence de tel ou tel personnage. Sinon, comment ne s'étonnerait-on pas de constater que même Pierre de Brach n'est pas nommé ? Celui-ci, passé à la postérité uniquement parce qu'ami de Montaigne (qui sur son lit de mort avait regretté de ne pas l'avoir à ses côtés) et collaborateur à l'édition posthume des *Essais*, traduisit le Tasse et l'Arioste, fut un poète reconnu et apprécié à son époque, et franchement non négligeable, quoique par trop sensible à l'influence de la Pléiade : comme l'atteste son *Voyage en Gascogne* – conte versifié d'une excursion, en compagnie de Du Bartas, de Toulouse à Montfort près d'Auch, patrie de ce même Du Bartas dont de Brach insère, dans son texte, un savoureux sonnet en gascon (le rapport avec le *Voyage en Touraine* est évident) ; comme l'attestent aussi ses *Amours d'Aymée* [28], qui tombent parfois dans le néo-pétrarquisme, mais contiennent aussi des pièces dignes des meilleurs poètes du siècle.

On ne peut rien inférer, disais-je, du silence de Montaigne. On ne peut cependant pas s'empêcher de relever, d'autre part, qu'en recensant capricieusement ses lectures, l'auteur cite justement les plus grands poètes contemporains : de l'Arioste au Tasse, de Ronsard à Du Bellay, à Buchanan, à Bèze... La poésie italienne, néo-latine et française occupent le devant de la scène, et pas un mot n'est dit sur la muse de Gascogne. Admettons que Montaigne n'ait effectivement pas assez connu le gascon pour pouvoir lire et apprécier des textes écrits dans cette langue ; mais l'existence même d'une littérature gasconne, entre Lectoure et Nérac, ne retient pas son intérêt – en dépit de son admiration pour la langue.

---

28 Les *Poèmes* de Pierre de Brach (Bordeaux, Simon Millanges, 1576) furent "redécouverts" par R. Dezeimeris, qui procura l'édition presque complète de ses *Œuvres poétiques* (Paris, Aubry, 1861). Les *Amours d'Aymée* ont fait l'objet d'une édition critique par J. Dawkins, Genève, Droz, 1971.

Le discours est un peu plus complexe pour les faits guerriers : victoires, défaites, sièges, actes d'héroïsme, événements politiques en tout genre, occupent dans les *Essais* plus de place que la littérature, bien que les références à l'événement – même lorsque Montaigne laisse entendre qu'il en a été le témoin direct ou qu'il l'a appris par des témoins – soient le plus souvent marginales, et servent à introduire la réflexion. C'est ainsi que, par exemple dans le chapitre *Qu'il faut sobrement se mesler de juger des ordonnances divines*, la victoire protestante de La Roche-Abeille (mai 1569) et les victoires catholiques de Jarnac et Moncontour (mars et octobre de la même année) sont citées à l'appui du conseil de ne pas «chercher à fermir et appuyer nostre religion par le bonheur et prosperité de nos entreprises [...] Car le peuple accoustumé à ces argumens plausibles et proprement de son goust, il est dangier, quand les evenemens viennent à leur tour contraires et desavantageux, qu'il en esbranle sa foi» (I, 32, 216a [214]).

Il en va de même pour les hommes d'armes, nommés ou à peine évoqués, parfois pour des raisons qui n'ont aucun rapport avec leur activité politique et militaire. Prenons Monluc, le glorieux stratège, le pacificateur de la Guyenne : lorsque, des années plus tard, Montaigne parlera de «Feu Monsieur le Mareschal», ce sera pour rapporter, dans le chapitre *De l'affection des peres aux enfans*, les confidences que lui avait faites ce père attristé de ne pas avoir su manifester son amour à son fils (Pierre-Bertrand, dit Peyrot, mort à Madère en 1566 ; *cf.* II, 8, 395a [375-76]). Il en va de même pour la présence dans les *Essais* du vieux marquis de Trans, Gaston de Foix, comte de Gurson, fondateur avec Monluc d'une ligue catholique bordelaise en 1563, créateur de l'Union catholique bordelaise en 1576, délégué de la noblesse du Périgord aux Etats de Blois la même année, médiateur ensuite entre catholiques et protestants, travaillant à la conversion d'Henri de Navarre dont il se montre le serviteur fidèle : si Montaigne insère cette figure dans son livre, ce n'est pas en vertu de son rôle politique, mais pour décrire son caractère irascible, son despotisme domestique (*ibid.*, 393 b-c [373]), son attitude imperturbable à l'annonce de la mort de ses trois fils (I, 14, 61c [61]), tués le même jour, en juillet 1587, à Moncrabeau, «en un combat fort aspre pour le service du roy de Navarre», – comme Montaigne le note dans son Beuther[29], mais non dans les *Essais*, où ni la bataille, ni les trois malheureux frères, ni même leur père impassible ne sont explicitement nommés. Il faut dire aussi que si en règle générale les faits de guerre antérieurs à 1570 sont signalés avec exactitude, Montaigne oublie de noter les épisodes postérieurs : peut-être n'y a-t-il plus

[29] Je tire les informations concernant le marquis de Trans de G. Nakam, *op. cit.*, p. 143 et 191.

aucun sens à préciser les phases militaires d'une guerre devenue interminable, tissant la trame quotidienne de crimes et d'épouvante[30].

Cela dit, on pourra voir quel est le relief des événements et des personnages de la guerre gasconne dans les *Essais*. On ne cherchera évidemment pas la présence explicite du roi de Navarre, pratiquement invisible dans le livre, comme le sont d'ailleurs Henri III ou le duc de Guise. Il se peut que ces figures de premier plan se cachent sous l'anonymat de quelques portraits rapidement esquissés, mais leur identité ne peut être vérifiée ; des raisons de discrétion et de prudence interviennent, c'est clair, dans le cas de personnages trop représentatifs : «J'accuse merveilleusement cette vitieuse forme d'opiner : Il est de la Ligue, car il admire la grace de Monsieur de Guise. L'activité du Roy de Navarre l'estonne : il est Huguenot. Il treuve cecy à dire aux moeurs du Roy : il est seditieux en son coeur» (III, 10, 1013c [990]). Comme Montaigne le rappelle juste après, la Curie de Rome l'avait blâmé pour avoir cité l'hérétique Bèze parmi les meilleurs poètes de l'époque. Toute appréciation des entreprises du roi gascon pouvait équivaloir à une profession de foi réformée... L'appréciation est d'ailleurs présente : l'«activité» désignée comme trait spécifique d'Henri de Navarre, le qualifie de guerrier hardi ; mais il faut noter que ces lignes – le seul passage où son nom apparaît – ont été ajoutées (et remaniées) sur l'exemplaire de Bordeaux, donc, selon toute probabilité, rédigées lorsqu'Henri de Navarre était déjà devenu roi de France. L'espoir que Montaigne semblait placer en lui, comme sauveur possible de la France en ruine, est aussi indirectement exprimé par les vers de Virgile sur Octavien : «*Hunc saltem everso juvenem succurrere seclo / Ne prohibite*» (III, 12, 1042b [1019] ; on a déjà dit que dans les *Essais* le latin a souvent une fonction d'écran). Dans les mêmes pages est tracé un tableau tragique et bouleversant des tourments du pays, des terribles maux de la «monstrueuse guerre» dont la Guyenne subit le choc ; mais on ne cite pas une seule fois une bataille du roi de Navarre.

Et les autres protagonistes de cette guerre ? Les autres chefs du parti protestant ? Le manque d'indications est singulier. On entrevoit l'ombre de Coligny («Feu monsieur l'Admiral de Chatillon...») à propos de la chaleureuse générosité de ses soldats (qui, comme ceux de César, «fournissoient de leurs bourses au payement des estrangiers qui l'accompagnoient» : éventualité impensable dans le camp catholique, commente l'essayiste, II, 34, 742a [720]). Mais il n'y a pas trace des Condé, en tout cas il n'y a pas leur nom. Il n'y a pas trace non plus d'un autre illustre

---

30 C'est une hypothèse de G. Nakam, qui explique aussi par le blâme et l'horreur le silence de Montaigne sur la nuit de la Saint-Barthélémy (aucune allusion, même vague, n'y est faite dans le livre), ainsi que sur le double homicide de Blois et sur le meurtre de Henri III (p. 98-104).

compagnon d'armes de Navarre, Agrippa d'Aubigné, que pourtant Montaigne connaissait personnellement[31]. Ni d'un seul de tous ces capitaines, compagnons très fidèles de «noste Henric», dont l'aventure sera racontée avec emphase et *a posteriori* dans le poème débordant de patriotisme gascon de Guillaume Ader, *Lou Gentilome Gascon, é lous heits de gouerre deu grand é pouderous Henric Gascoun Rey de France é de Nauarre* (Le Gentilhomme Gascon, et les faits de guerre du grand et puissant Henri Gascon, roi de France et de Navarre, 1611, dédié au duc d'Epernon) et dans la *Pastourade Gascoue sur la mort deu magnific é pouderous Anric Quart deu nom Rey de France é de Nauarre* (Pastorale gasconne sur la mort du magnifique et puissant Henri IVe du nom, roi de France et de Navarre) de Jean de Garros : Antoine de Roquelaure, Michel d'Astarac... sans compter tous ceux qui se sont joints au roi de Navarre après la mort d'Henri III[32]. Mais assez d'énumérations : il est temps de mettre fin au recensement. Sauf erreur, dans les *Essais* les hommes de guerre proches de «Henric Gascoun» ne sont ni cités ni identifiables.

Précisons encore : malgré ses liens avec Navarre, Montaigne ne pouvait, à cause de son attitude même d'observateur sceptique bien que passionné, partager l'exaltation des panégyristes qui, surtout après 1589, font d'Henri IV un demi-dieu et de sa carrière une aventure prodigieuse. Mais il est clair que la discrétion, la prudence, le scepticisme ne suffisent pas à justifier l'élimination dans le livre de la "geste" militaire gasconne et de ses protagonistes, ramenés à quelques silhouettes évanescentes.

D'autant plus que Montaigne éprouve de l'intérêt pour les choses militaires[33], et s'il semble détourner son regard des luttes présentes pour méditer essentiellement sur les guerres et les héros de l'Antiquité, il ne manque pas d'exprimer ouvertement son admiration pour certains capitaines contemporains. A ses yeux «les plus rares [(c) notables] hommes [...] pour le faict de la guerre et suffisance militaire» sont «le Duc de Guyse, qui mourut à Orleans, et le feu Mareschal Strozzi» (II, 17, 661a [644]). En 1588 il ajoute le duc d'Albe et «nostre connestable de Mommorancy» dont la mort glorieuse (dans la bataille de Saint-Denis, en 1567) est placée «entre les remercables evenements de (son) temps». Enfin, sur l'exemplaire de Bordeaux, Montaigne introduit François de La Noue (mort en 1591), dont il loue «la constante bonté, douceur de moeurs et facilité consciencieuse [...] en une telle injustice de parts armées, vraie eschole de trahison, d'inhumanité et de brigandage, où

---

31 On l'apprend de l'*Histoire universelle* de d'Aubigné (*cf.* G. Nakam, *op. cit.*, p. 57), mais Montaigne n'en fait pas état.

32 *Cf.* R. Lafont, *op. cit.*, et les notes de A. Vignaux à son édition du *Gentilome*, dans *Poésies de Guillaume Ader*, Toulouse, Privat, 1904.

33 Il est facile de le relever dans les *Essais* : *cf. infra*, "Le héros de plume".

tousjours il s'est nourry, grand homme de guerre et tres experimenté» (*ibid.*). Un bataillon de morts, comme on le voit ; et d'hommes morts sous les bannières catholiques, exception faite pour le dernier, calviniste mais partisan de la tolérance, cité justement comme exemple d'une conscience lucide au-dessus des factions. Le silence total sur Condé et sur sa mort par traîtrise à Jarnac apparaît encore plus étrange si on le compare à l'évocation en termes élogieux de son ennemi François de Guise, rappelé aussi, encore avec Montmorency, à cause de sa tactique dans la bataille de Dreux en 1562 (I, 45, 274a [264]), et dont la silhouette circule anonymement («un Prince des nostres») à plusieurs endroits des *Essais* : à propos de sa magnanimité et de la «douceur» de sa religion, qui cependant ne le préserve pas de la «trahison» (I, 24, 124-26a [122-25]), et à cause de son assassinat (à Orléans en 1563, par Poltrot de Méré), mentionné à deux autres reprises (I, 2, 11a [15] ; II, 29, 711b [689])[34].

«Un Prince des *nostres*»... Ici l'adjectif possessif donne à réfléchir, et il convient d'examiner rapidement les occurrences semblables dans le texte[35]. Contre quelques «nostre Guienne» (I, 1, 7a [11]), «nostre dernier duc de Guyenne» (I, 14, 60a [60]), «nostre ancienne Aquitaine» (I, 46, 276a [266]), qui pourraient donner l'impression d'un sentiment d'appartenance, on relève de nombreux «nos princes», «nos gens» et même «nostre pointe à Montcontour» qui placent l'auteur dans le camp catholique.

Par conséquent : en dépit de ses relations avec les grandes familles de Guyenne – les Foix-Candale et leurs apparentés, Philibert de Gramont, la belle Corisande, Louis de Foix comte de Gurson et sa femme Diane (dédicataire du chapitre *De l'institution des enfans*, I, 26), Madame de Duras, née Gramont (à laquelle s'adresse le chapitre *De la ressemblance des enfans aux peres*, II, 37), grande dame du cercle de Marguerite de Navarre –, avec la reine Marguerite et avec Navarre lui-même, Montaigne se situe sans hésitation parmi les partisans du catholicisme et du roi légitime. Certes, après 1584, et surtout après 1589, lorsque la cause du Béarnais vient à coïncider avec celle du parti royaliste français, il se situe du côté du successeur légitime ; mais sa sympathie va à la personne de Navarre, au souverain capable de rétablir la paix et de guérir la France, et non au roi "gascon".

Tentons alors de conclure, étant donné que les passages sur la langue sont les seuls dans lesquels l'auteur des *Essais* semble réclamer une dimension

---

34 *Cf.* M. Simonin, «Poétique(s) du politique : Montaigne et Ronsard prosopographes de François de Guise», dans *Ronsard et Montaigne. Ecrivains engagés ?*, p.p. M. Dassonville, Lexington, French Forum, 1989, p. 83-101.

35 Ce recensement est grandement facilité par Roy E. Leake, *Concordance des "Essais" de Montaigne*, 2 volumes, Genève, Droz, 1981, auquel je renvoie pour toute vérification.

gasconne. Or, chez Montaigne, la revendication de sa diction âpre et dialectale est étroitement liée (comme j'ai tenté de le montrer)[36] au registre de l'oralité simulée, constamment maintenu dans la fonction phatique-conative, où l'identification du je-parlant et du je-écrivant tend à englober directement le lecteur-auditeur. Il lui faut une langue de l'*hic et nunc*, et sa caractérisation géographique plus ou moins marquée n'est envisagée que dans cette intention, sans impliquer non seulement aucune idéologie politique, mais même aucune idéologie linguistique de type navarriste. Au contraire : Montaigne, qui a choisi la langue de Paris et la cause de la France, s'inscrit dans la trajectoire de la littérature française et dans une sphère de pouvoirs où sa Gascogne et sa Guyenne se dissolvent. *Exit «Henric Gascoun», Vive Henri IV.*

L'adhésion de l'essayiste à une langue qui est en train de devenir nationale, et en même temps son consentement (non polémique, mais en quelque sorte automatique) à la mort des destinées historiques antinomiques prouve que l'idiome local, ainsi qu'un idiome littéraire voisin (le gascon), ne peuvent occuper qu'une place marginale. Et comme la marginalité ne convient pas à l'héroïsme, le héros gascon sort inévitablement du champ de vision, tombe dans le vide de l'inattention. On peut pactiser avec les langues, trouver un compromis ; avec une cause nationale aucune négociation n'est possible. Pour le sujet qui n'adhère pas au destin héroïque d'une collectivité – dans laquelle pourtant plongent ses racines –, dans cette collectivité il n'y a pas d'héroïsme (à savoir : de place pour le sur-moi).

36 *Cf. supra*, "Le repaire de l'*oraliture* ".

CHAPITRE 11

LE HÉROS DE PLUME

Un regret secret mine les *Essais* : comme beaucoup d'intellectuels, Montaigne entretient – on l'a déjà vu – le rêve d'une vie active, extravertie, et la nostalgie de l'action au service de la chose publique[1] ; et si ce service ne demandait pas tant de fictions et de mensonges – c'est la raison pour laquelle il s'en est détourné dès sa jeunesse –, si l'occasion lui avait été donnée de se rendre utile par d'autres moyens plus conformes à la droiture de sa nature, il aurait volontiers écouté les sirènes de l'ambition :

> car il y a des voyes moings ennemyes de mon goust et plus conformes à ma portée, par lesquelles si elle [la fortune] m'eut appellé autrefois au service public et à mon avancement vers le crédit du monde, je sçay que j'eusse passé par dessus la raison de mes discours pour la suyvre (III, 1, 795b [772-73]).

Cet aveu comporte nécessairement un corollaire, lisible en filigrane dans le livre : la nécessité de défendre ses choix, de justifier son renoncement à une carrière brillante, peut-être glorieuse, et d'affirmer que l'option de la «retraite» était la meilleure.

Pour mettre en lumière au niveau textuel les conséquences de ce dilemme sur l'écriture du sujet auteur, le procédé le plus facile serait sans doute de répertorier tous les lieux où il est question justement de *retraite*, de *vie privée* et ainsi de suite. Ce ne serait pas le plus fructueux : nous avons vu jusqu'à présent qu'un texte ne parle pas nécessairement de ce qu'il dit, ou plutôt que le plus important dans un texte est souvent ce qu'il dit à côté de son objet. Il vaut mieux alors tenter, pour commencer, l'analyse d'un chapitre qui apparemment traite de tout autre chose ; le "fil" fantasmatique que nous suivrons nous conduira peut-être bien loin du thème déclaré : *De l'inconstance de nos actions* (II, 1).

---

1 *Cf. supra*, "Le corps impur", et "Le livre parricide" pour le rapport avec la figure du père, auquel je reviens ici, non dans l'optique d'une comédie familiale, mais sous l'angle de la revanche fantasmatique. Sur les ambitions de Montaigne voir aussi G. Nakam, *Les "Essais" de Montaigne, miroir et procès de leur temps*, Paris, Nizet, 1984, p. 229. Sur ce thème en général, *cf.* J. J. Supple, *Arms versus Letters : the Military and Literary Ideals in the "Essais" of Montaigne*, Oxford University Press, 1984.

Contrairement à beaucoup d'autres, le titre de ce chapitre semblerait correspondre à son contenu. Mais si le «nom» embrasse apparemment la «matière», quelque chose échappe peut-être à la formule de l'intitulé ; ou peut-être encore cet énoncé, à première vue si explicite, si clair, implique-t-il un grumeau obscur qui s'y trouve cependant indiqué «par quelque marque». Pour le découvrir, commençons par lire le chapitre tel qu'il se présente dans la première rédaction.

En 1580 toute la première partie du texte développe l'axiome de la contradiction des actions humaines. Quelques figures historiques sont rapidement convoquées pour l'étayer – le jeune Marius, le pape Boniface, Néron –, mais la trame est constituée essentiellement d'une série de considérations d'ordre général portant sur notre inconstance : nous ne sommes pas gouvernés par «discours», mais par les «inclinations de nostre apetit» et par «le vent des ocasions», si bien que, pour pouvoir juger de nos actions, «le plus seur [...] c'est de les rapporter aus circonstances voisines, sans entrer en plus longue recherche et sans en conclure autre consequence» (II, 1, 332-34a [316-17]).

Ici interviennent d'autres exemples, peu nombreux dans cette première version, mais comme toujours révélateurs, et qui vérifient une fois encore ce que Montaigne lui-même déclare, à savoir que ces histoires «portent souvent hors de (son) propos, la semence d'une matiere plus riche et plus hardie» (I, 40, 251c [245]) ; ce sont des graines qui prennent racine dans le terrain même des problèmes du sujet.

La première histoire est celle d'une fille de mœurs légères qui essaya pourtant d'échapper à la violence d'un soldat en se donnant la mort : il ne faut pas en conclure qu'il s'agissait d'une nouvelle Lucrèce... Le deuxième exemple met en scène un vaillant soldat qui, guéri de la maladie qui lui faisait mépriser la vie, était devenu poltron. Le troisième montre enfin un autre soldat qui, dévalisé par les ennemis, les attaqua hardiment mais, ayant récupéré son bien, ne voulut plus se lancer dans des entreprises risquées. Le problème illustré par ces trois exemples est donc celui du courage que les circonstances particulières peuvent inspirer à des natures même faibles et lâches. Montaigne en tire les conclusions qui s'imposent :

> Celuy que vous vites hier si aventureux, ne trouvez pas estrange de le voir aussi poltron le l'endemain. Ou la cholere, ou la necessité, ou la compagnie, ou le vin, ou le son d'une trompette luy avoit mis le coeur au ventre, ce n'est un coeur ainsi formé par discours. Ces circonstances le luy ont fermy, ce n'est pas merveille si le voilà devenu lache par autres circonstances contraires (335a [318]).

A noter d'abord : ce chapitre qui, d'après son titre, devrait porter en général sur l'instabilité de notre conduite, et dont la première partie semble développer l'idée que des occasions différentes nous inspirent des comportements différents, se concentre en réalité sur un seul aspect de la question : notre attitude face au danger. Dans la suite du texte, le scripteur insiste encore sur ce même point, tout en élargissant le domaine du courage du terrain strictement militaire aux autres circonstances de la vie – ce qui lui permet d'ailleurs d'établir une sorte d'opposition entre la vie militaire et la vie privée, tout à l'avantage de cette dernière :

> Parquoy un faict courageux ne doit pas conclure un homme vaillant : celuy qui le seroit bien à point il ne le seroit tousjours et à toutes occasions : si c'estoit une habitude de vertu, et non une saillie, elle rendroit un homme pareillement resolu à tous accidens, tel seul, qu'en compaignie : tel en camp clos, qu'en une bataille : car quoy qu'on die, il n'y a pas autre vaillance sur le pavé et autre en la guerre. Aussi courageusement porteroit il une maladie en son lict qu'une blessure au camp, et ne craindroit non plus la mort en sa maison qu'en un assaut. Nous ne verrions pas un mesme homme donner dans la bresche d'une brave asseurance, et se tourmenter après comme une femme de la perte d'un procés ou d'un filz (336a [319]).

Ce qui s'affirme ici est en somme un sentiment d'admiration pour les vertus quotidiennes, silencieuses et sans éclat, qui demandent souvent plus d'endurance que les exploits guerriers.

Cette comparaison du militaire et du privé signifie peut-être un point d'importance capitale pour le sujet. C'est dans ce déplacement de l'enjeu, discret et retors, que passe l'intérêt du texte : dans ce chapitre qui fait semblant de ne proposer qu'une méditation sur l'incohérence des actions humaines, l'écrivain interroge probablement sa propre difficulté d'être.

Le texte revient ensuite à la réflexion sur le caractère changeant de l'être humain, assemblage hétéroclite de «lopins» où «chasque piece faict son jeu» ; un certain nombre de passions sont énumérées vers la fin, comme propres à inspirer des attitudes contradictoires, mais aucun exemple n'illustre, dans cette dernière partie, les généralités qui s'y entassent. Sauf que brusquement, avec un passage sans transition de la vision panoramique au gros plan, le cas de Sophocle apparaît dans ce monologue lisse et continu (au sens propre : on sait que dans l'édition de 1580 des *Essais* la page se présente comme un tout compact, sans alinéas) :

> Je ne suis pas d'advis de ce jugement qu'on fit pour Sophocles, de l'avoir argumenté suffisant au maniement des choses domestiques contre l'accusation de son fils, pour avoir veu l'une de ses tragoedies (337a [320-21]).

Quelques lignes qui sont comme un récif au milieu du courant de la pensée, ou une maille qui file dans ce tricot de maximes... Car s'il est logique de les comprendre comme une glose expliquant l'idée de base (puisque nous sommes conduits par le hasard, il est impossible de tirer d'une action isolée un jugement d'ensemble sur un homme), elles ne se rapportent apparemment à aucun des cas de figure mis en place par le scripteur ; ce qui est en cause dans ce raccourci n'est plus la vaillance, ni le rapport entre le public et le privé, entre la vie militaire et la vie familiale, mais plutôt entre l'intellectuel et le pratique, entre l'esprit concret et l'esprit tout court. Probablement cette faille dans le texte indique-t-elle, une fois encore, que quelque chose fermente sous la page ; du réseau des envolées morales qui se déchire émanent les miasmes de blessures intimes. Par cette réflexion sur le caractère fragmentaire, décousu de notre nature, le sujet tente peut-être d'apprivoiser son double, d'annuler son dilemme.

Pour y voir un peu plus clair, je tâcherai de démêler les impressions, somme toute bizarres, que laisse ce chapitre déconcertant. Il se bâtit sans beaucoup de logique, à la fois sur des propositions très générales qui investissent tout le domaine des actions humaines, et sur quelques exemples précis qui en rétrécissent singulièrement l'ampleur. Ou mieux : à partir du principe que «autant d'actions autant faut il de jugemens particuliers», deux situations seulement sont proposées à la réflexion :

1) la première, illustrée par les histoires des deux soldats, se trouve condensée dans la formule *«un faict courageux ne doit pas conclure un homme vaillant»*. (On peut ranger sous cette rubrique le cas de la "fausse Lucrèce", pour lequel on pourrait formuler une proposition analogue : *un fait vertueux ne doit pas conclure une femme chaste*. Si un acte courageux ne suffit pas à établir la vaillance d'un homme, un acte de vertu ne suffit pas à établir la chasteté d'une femme : il s'agit finalement de la variante au féminin du même problème, s'il est vrai que l'homme et la femme défendent leur "honneur" chacun à sa façon[2]) ;

2) la deuxième, concernant Sophocle, répondrait à une maxime du type : *une bonne tragédie* (ou autre ouvrage intellectuel) *ne doit pas conclure un administrateur suffisant*.

Dans l'esprit même du texte, qui dit en substance que les actes ne révèlent pas l'homme, ces préceptes sont susceptibles d'être retournés, et de donner mieux à lire de la sorte les conflits que le sujet essaie de liquider tout en dissertant sur l'inconséquence de notre conduite. Car la question majeure, clairement posée en conclusion, est que

> ce n'est pas tour de rassis entendement de nous juger simplement par nos actions de dehors, il faut sonder jusqu'au dedans, et voir par quelz ressors

[2] *Cf.* II, 7, 384a [363-64] pour la comparaison entre la vaillance des hommes et la chasteté des femmes (ces deux "vertus" se trouvent ici bien avilies ; je reviendrai sur ce point).

> se donne le branle ; mais d'autant que c'est une hazardeuse et haute entreprinse, je voudrois que moins de gens s'en mélassent (338a [321]).

Parions que Montaigne est ici partie en cause et qu'il s'agit pour lui, en premier lieu, de défendre ses propres choix et par conséquent son image aux yeux des lecteurs des *Essais* [3] : «affamé de (se) faire connoistre», il craint par-dessus tout qu'on le prenne pour autre qu'il n'est : «Si vous estes couard et qu'on vous honnore pour un vaillant homme, est-ce de vous qu'on parle ? On vous prend pour un autre» (III, 5, 847b [824]). Et réciproquement, bien sûr...

Il faudra donc creuser dans les deux écarts qu'on vient de détecter dans le texte : l'un qui oppose la vaillance «en la guerre» et celle «sur le pavé», l'autre qui sépare le travail de l'esprit et le soin du ménage.

La vaillance d'abord, ou plutôt la fausse vaillance, élan momentané produit par des motifs contingents. L'importance que ce thème revêt pour l'écrivain est indiquée par la fréquence avec laquelle il revient dans les *Essais*. Sans m'étendre là-dessus, je me bornerai à relever que, dans la plupart des cas, le courage et la couardise se donnent le bras et échangent leurs rôles selon les occasions. Une «personne lache et de néant» peut très bien être un excellent escrimeur en raison de l'art qu'il aurait appris (I, 31, 211a [209-10]) ; c'est «la valeur de nostre cheval» qui peut parfois nous rendre vaillants (*ibid.*) ; car si nos ancêtres combattaient le plus souvent à pied «pour ne se fier à autre chose qu'à leur force propre et vigueur de leur courage et de leurs membres, de chose si chere que l'honneur et la vie», nous, par contre, nous lions notre sort à celui de notre bête : son effroi ou sa fougue font de nous des téméraires ou des lâches (I, 48, 289a [279]) ; de même, souvent la peur nous fait perdre la tête et nous pousse à nous jeter contre les ennemis, ou bien nous cloue les pieds et nous empêche de fuir (I, 18, 75-76a [75])[4] ; «Lors exprime elle sa derniere force – ajoute encore Montaigne sur l'exemplaire de Bordeaux – quand pour son service elle nous rejette à la vaillance qu'elle a soustraitte à nostre devoir et à nostre honneur [...] C'est ce dequoy j'ay le plus de peur que la peur» (*ibid.*, 76c [76]). C'est la trahison diabolique de la peur : elle pervertit

---

3 *Cf.* G. Defaux, *Marot, Rabelais, Montaigne : l'écriture comme présence*, Paris-Genève, Champion-Slatkine, 1987, p. 193.

4 Remarquons que la peur bloque et paralyse le sujet de la même façon que la tristesse et les autres "passions" dont les effets sont analysés dans I, 2 et que le champ lexical – les métaphores de la mort – est le même dans les deux cas : *cf.* I, 18, 75-76a [75] (*saisit, glaça, tomba roide mort, estonné, transi*) et voir *supra*, "La mort muette". De plus, la peur d'un malheur est considérée comme plus redoutable que le malheur lui-même : «elle est encore plus importune et insupportable que la mort» (*ibid.*, 76-77c [76]) ; on se raccorde ainsi à la thématique développée dans I, 14, *Que le goust des biens et des maux depend en bonne partie de l'opinion que nous en avons*.

notre monnaie et nous transforme en des faussaires qui troquent leur clinquant contre l'éclat de la vraie grandeur.

On constate que ce souci du renversement des valeurs – qui fait que le sujet est "trahi" puisqu'il se prend et qu'on le prend pour ce qu'il n'est pas – se trouve lié dans les *Essais* à la valeur militaire (*cf.* le passage III, 5, 847b [824] cité plus haut) qui survient trop souvent par occasion. Montaigne admire, bien entendu, la vertu des grands chefs : qu'il s'agisse d'Alexandre, d'Epaminondas ou de César, du capitaine Bayard ou de Bertrand Du Guesclin, les exploits de ces guerriers l'éblouissent ; mais à côté de ces statues de *condottieri*, de ces emblèmes héroïques plus ou moins vénérés, les *Essais* se peuplent d'une soldatesque aux traits changeants, cavaliers ou fantassins, capitaines ou porte-enseignes dont la conduite ne dépend le plus souvent que du hasard. Mieux : la valeur guerrière, même authentique et du meilleur aloi, ne semble pas avoir beaucoup de prix aux yeux du scripteur, par rapport à la vraie vertu philosophique, tellement plus rare :

> car il n'est nulle des vertuz qui s'espende si aysement que la vaillance militaire. Il y en a une autre, vraye et perfecte et philosophique, dequoy je ne parle point (et me sers de ce mot selon nostre usage), bien plus grande que cette cy et plus pleine, qui est une force et asseurance de l'ame, mesprisant également toute sorte d'accidens : equable, uniforme et constante, de laquelle la nostre n'est qu'un bien petit rayon (II, 7, 382-83a [362]).

En somme, la vertu du jeune Caton – proposé comme modèle de constance dans le chapitre II, 1 et comme modèle tout court dans plusieurs autres lieux des *Essais* de 1580 (celle de Socrate ne prendra tout son relief que plus tard, *cf.* surtout III, 12) – la vertu de Caton donc est incomparablement au-dessus de n'importe quelle autre vertu militaire. En baissant le regard jusqu'aux pâles reflets de vertu que nous pratiquons, on constate ici encore (comme déjà dans *De l'inconstance de nos actions*) que la constance à l'égard de «toute sorte d'accidens» est jugée supérieure à celle qui ne s'exerce que sur le champ de bataille. Le chapitre II, 7, qui instruit le procès des injustices *des recompenses d'honneur*, plaide précisément contre l'importance excessive que l'on accorde à la vaillance militaire, la seule qu'on reconnaisse en France : «nostre nation donne à la vaillance le premier degré des vertus» ; l'usage veut que «quand nous disons un homme qui vaut beaucoup, ou un homme de bien, au stile de nostre court et de nostre noblesse, ce n'est à dire autre chose qu'un vaillant homme» ; d'ailleurs, l'usage fait aussi «qu'une bonne femme, une femme de bien et femme d'honneur et de vertu, ce ne soit à la verité à dire autre chose pour nous qu'une femme chaste» (*ibid.*, 384a [363-64]). Le rapprochement explique de façon évidente non seulement le point de vue de Montaigne, mais aussi la juxtaposition, au chapitre *De l'inconstance de nos actions*, de l'histoire de la fille et de celles des deux soldats : notre société déformée exagère le prix de la chasteté ainsi que celui du courage en guerre, au détriment d'autres qualités qui ont moins d'éclat mais qui n'exigent pas moins de fermeté.

Or, si «La forme propre et seule et essencielle de la noblesse en France, c'est la vacation militaire» (*ibid.*), quelle est la situation du gentilhomme qui n'a pas suivi la carrière des armes ? Et comment faire reconnaître son mérite, dans une société où l'on ne peut se faire valoir que l'épée à la main ? On voit où je veux en venir, sans cependant tomber dans le biographisme et broder après bien d'autres sur le peu de données dont on dispose concernant le statut et les choix de l'individu Montaigne : son appartenance – premier de sa famille à être né gentilhomme – à la noblesse d'épée, son entrée dans la magistrature, l'abandon de sa charge. Il s'agit de s'en tenir à ce que disent les textes, sans croire que les *Essais* reflètent les occasions de la vie. Ils reflètent, par contre, les drames et les fantasmes du sujet, quelles qu'aient été pour l'individu les situations et les solutions de l'existence. Or, les textes parlent d'un homme qui dénonce les fausses valeurs ou cette perversion de la valeur qui fait que n'importe quel bravache qui affronte aveuglément le danger s'impose au respect et à l'admiration du siècle ; qui fait aussi que le brave l'emporte sur le sage... Et ce rabaissement de la bravoure par rapport à la maîtrise de soi n'est, dans les *Essais*, que l'envers d'un rêve secret dont les traces sont perceptibles dans tous les chapitres – singulièrement nombreux dans la première version – qui traitent de choses militaires ; autant de dispositifs que le sujet construit pour la mise en scène de ses fantasmes guerriers : *Si le chef d'une place assiegee doit sortir pour parlementer*, *L'heure des parlemens dangereuse*, *On est puny pour s'opiniastrer à une place sans raison*, *De la punition de la couardise*... et ainsi de suite, jusqu'à la *Bataille de Dreux*, aux *Destriers*, aux *Armes des Parthes* (il s'agit en réalité des armes françaises) et aux *Observations sur les moyens de faire la guerre de Julius Caesar*. Même lorsque le titre ne contient aucune allusion au métier des armes, le texte concerne des questions s'y rapportant. Celle qui se pose dans *De la constance* (I, 12) est la possibilité de se garantir des coups de canon ; dans *Du dormir* (I, 44) il s'agit de la faculté de dormir tranquillement dans l'attente d'une bataille. Quant à *De l'incertitude de nostre jugement* (I, 47), le thème énoncé n'est traité qu'à l'aide d'arguments d'art militaire : s'il faut profiter de la victoire ou ne pas s'acharner contre les ennemis vaincus, si l'on doit tenir ses soldats somptueusement armés ou armés seulement pour la nécessité, etc. ; l'intérêt de ce texte ne réside pas tant à mes yeux dans ce qu'il veut démontrer (nous sommes à la merci de la fortune et nos jugements mêmes en dépendent)[5] que dans le fait qu'il le démontre en se référant

---

5 C'est un motif récurrent dans les *Essais*, *cf.* III, 8, 934b [912]) : «C'est imprudence d'estimer que l'humaine prudence puisse remplir le rolle de la fortune [...] nostre sagesse mesme

uniquement aux règles de la guerre et à la conduite des chefs. Avec une évidence implacable, ces pages parlent d'un homme fasciné par des images d'autorité militaire, qui rêve d'escadrons rangés en bataille et s'interroge sur ce qu'il ferait s'il était à la tête d'une armée (toutes les questions concernent le commandement des troupes, non le comportement d'un simple combattant...). Cela va jusqu'au chapitre *Du pédantisme*, qui oppose les *Lettreferits* aux «plus suffisans hommes au maniement des choses publiques, les plus grands capitaines, et les meilleurs conseillers aux affaires d'estat» (I, 25, 134a [133]) ; au point que, pour faire l'éloge du sain jugement de Turnèbe, qui n'avait jamais fait autre profession que de lettres, le scripteur ne trouve rien de mieux à dire que «il sembloit qu'il n'eut jamais faict autre mestier que la guerre et affaires d'estat» ! (*ibid.*, 139a [139])[6].

Charges et actions publiques, affaires de guerre et affaires d'état : on lit ici le respect admiratif pour la vie active qu'on rencontre souvent chez les hommes de plume, accompagné bien entendu du mépris pour les littérateurs et leurs gloires miteuses (*cf.* aussi I, 40, *Consideration sur Ciceron* : a-t-on idée d'un grand homme qui se dirait écrivain !) ; en somme, la nostalgie de l'homme de droit et de lettres qui aurait voulu être homme d'action.

Voilà ce que disent les textes. Après les avoir laissé parler, nous pouvons percevoir dans le timbre de cette voix la fêlure qui lui donne son accent propre, cet accent qu'on ne trouve que chez ceux qui ont vécu dans le malaise, qui ont connu les déboires, l'insatisfaction, sans doute aussi la souffrance. Un accent qu'on entend dans les *Essais* plus ou moins distinctement, mais qu'on entend souvent, en dépit des efforts – conscients ou non – du scripteur pour s'imposer et nous imposer la leçon d'un humanisme intact. Car il ne faut pas oublier que les *Essais*, livre de sa vie, sont pour Montaigne entre toutes choses le moyen de se tenir debout face aux outrages de la vie. Le mot paraît-il trop fort ? Ce qui compte n'est pas le réel vécu, mais le fantasme. Or, retiré «dans le sein des doctes vierges», Montaigne ne cesse de fantasmer (on vient de le voir) sur la vie active du gentilhomme d'épée... Lui, il a passé quatorze ans de sa vie au parlement, et il consacre «le peu de temps qui (lui) reste» à l'*otium* : magistrat ou hobereau, en tout cas fidèle sujet des Muses, il se doit de justifier à la fois son choix de la judicature et l'abandon de sa charge, de légitimer une existence qui s'écoule loin des champs de bataille et des occasions de faire preuve de vaillance. Sous sa plume, la dépréciation du

et consultation suit pour la plupart la conduicte du hazard» (ici aussi le discours est appliqué aux «deliberations guerrieres»). Mais on n'en finirait plus de citer les passages qui expriment la même idée. *Cf.* D. Martin, *Montaigne et la fortune : essai sur le hasard et le langage*, Paris, Champion, 1977, *passim*.

6 *Cf. supra*, "Le corps impur".

courage – par rapport non seulement à la suprême vaillance philosophique, mais aux autres formes de vertu qu'on peut pratiquer dans la vie civile et dans le privé – n'a rien d'étonnant, non plus que l'admiration (presque) sans bornes pour la vaillance authentique, celle des grands chefs du passé. Le texte de notre chapitre naît de cette tension entre le rêve et la réalité, entre le passé et le présent, qu'il compose en un éloge de l'héroïsme quotidien : la seule ressource d'un homme qui se sent incapable d'empoigner le réel, qui s'est retiré en quelque sorte sur le bord de la vie pour n'en être que le témoin. Après avoir affirmé que «un faict courageux ne doit pas conclure un homme vaillant», il ne peut que suggérer (je le disais tout à l'heure) que cette proposition peut être retournée et que, sans doute, l'inverse est vrai aussi.

Suggérer à qui, pour qui ? Pour soi-même d'abord, s'il faut se mesurer au problème de sa propre existence. Pour le lecteur en même temps, auquel il faut ménager un espace d'intervention, puisqu'on exige qu'il participe à la production du texte : il ne s'agit donc pas de lui proposer une opinion préfabriquée (surtout dans ce cas où l'enjeu pour le scripteur est la justification de sa propre attitude), mais de l'amener à rendre explicite la formule qui demeure implicite : *l'absence d'exploits éclatants ne doit pas conclure un homme poltron*. En d'autres termes : que représente ce blanc dans le texte ? S'agit-il d'une censure ou d'un procédé ? Il est difficile d'apprécier dans les *Essais* le jeu subtil du calcul et du spontané, mais c'est d'ordinaire sur ce genre de nœuds que le discours se grippe. D'ailleurs ici la suite du texte éclaire de façon très nette le sens de l'opération. Ce n'est sans doute pas un hasard si les épreuves citées dans cette page comme étant celles qui demandent autant de résolution que des actions de bravoure – supporter «une maladie en son lict», affronter «la mort en sa maison», avoir à endurer «la perte d'un procés ou d'un filz» –, tout en faisant partie d'un répertoire, coïncident avec les expériences que la vie impose à Montaigne lui-même.

S'il a pu rester «vierge de procés» (III, 10, 1017b [995]), dans son activité de conseiller il a sans doute eu des difficultés pour digérer les «ordes et viles pratiques» (*ibid.*) qui accompagnent l'exercice de la justice[7] ; on sait qu'il a perdu des enfants ; à la date à laquelle il rédige ces pages il n'a peut-être pas encore essuyé les attaques de la gravelle, mais l'expérience de la maladie est bien présente à ses yeux, car il a vu souffrir atrocement son père ; quant à la mort par maladie, celle de La Boétie, dans une chambre «pleine de cris et de larmes» reste gravée dans sa mémoire et lui inspire sans doute la page finale du chapitre *Que philosopher c'est apprendre à mourir*, où est représenté

---

[7] *Cf.* A. Tournon, *Montaigne. La glose et l'essai*, Presses Universitaires de Lyon, 1983, *passim*, et, du même auteur, *Montaigne «en toutes lettres»*, Paris, Bordas, 1989, p. 21-22.

justement le visage épouvantable qu'assume la mort lorsqu'elle nous frappe non sur le champ de bataille mais «en nos maisons»[8].

Enfin, qu'il s'agisse pour Montaigne de réévaluer la vaillance «sur le pavé» par rapport à la vaillance «en la guerre», donc la vie privée par rapport à la carrière des armes, et que ce problème le travaille encore pendant ses dernières années, un autre passage ajouté sur l'exemplaire de Bordeaux au chapitre II, 37 semble bien le montrer : là où, en revendiquant son effort de «former (sa) vie» contre la réputation de «faiseur de livres», il n'insère pas la guerre dans la liste des moyens de se faire valoir : «Qui a de la valeur, si le face paroistre en ses meurs, en ses propos ordinaires, à traicter l'amour ou des querelles, au jeu, au lict, à la table, à la conduite de ses affaires, et oeconomie de sa maison» (II, 37, 784c [764]). Le plus intéressant étant que, tout en excluant les actions guerrières, l'écrivain inclut par contre la vertu de l'administration domestique (dans laquelle, de son propre aveu, il n'est pas particulièrement versé).

Cela nous ramène à la deuxième partie de notre chapitre, où l'on voit apparaître inopinément la figure de Sophocle, bon tragique mais mauvais administrateur. Les quelques éléments que nous avons acquis jusqu'ici vont peut-être nous permettre d'expliquer l'irruption du poète grec sur une scène où il semble n'avoir rien à faire. J'irai donc un peu plus vite.

Si l'enjeu est ici pour le sujet de justifier ses choix, et notamment sa retraite, on comprend que le soin du ménage, qui aurait dû être – et était sans doute en partie – une des préoccupations et occupations majeures du hobereau périgourdin, prenne dans cette opération une place importante. C'était là le souci principal de Pierre Eyquem, qui «aymoit à bastir Montaigne, où il estoit nay» (III, 9, 951b [928]) et qui, surtout sur ses vieux jours, consacra une attention «passionnée» (*ibid.*, 952b [929]) au gouvernement de sa propriété. C'était aussi le domaine dans lequel le jeune Michel, le fils aîné, l'héritier, avait causé à son père les ennuis les plus graves : «Celuy qui me laissa ma maison en charge prognostiquoit que je la deusse ruyner, regardant à mon humeur si peu casaniere» (*ibid.*, 998b [977]). En fait, il ne s'acquitta pas si mal de sa tâche ; mais il n'accordait aux affaires domestiques qu'une présence «ignorante et desdaigneuse» (*ibid.*, 949b [926]). Et combien cela a pu peser sur sa conscience, on le lit en clair d'abord dans l'inscription qu'il fait peindre en 1571 dans sa bibliothèque, où il exprime le vœu de «parfaire cette habitation, douce retraite ancestrale» ; puis dans les pages des *Essais* où il accuse précisément «(sa) faineance de n'avoir passé outre à parfaire les beaux

---

[8] Pour un excellent commentaire de cette page, je renvoie à J. Brody, *Lectures de Montaigne*, Lexington, French Forum, 1982, p. 99 sqq. Pour une analyse de la peur de la maladie et de la mort, *cf.* aussi *infra*, "Le trône de Hiéron".

commencements qu'il [son père] a laissez en sa maison» (III, 9, 951c [928]), et où il inscrit tantôt son désir de suivre l'exemple paternel («en toute cette police d'affaires domestiques, j'ayme à me servir de son exemple et de ses reigles», *ibid.*, b), tantôt son peu de goût pour cette occupation, jugée «plus empeschante que difficile», et que finalement il méprise assez : «quiconque est capable d'autre chose le sera bien aiséement de celle-là» (*ibid.*, 949b [926]).

Ces passages sont le miroir d'une sorte de crise d'identité, en tout cas d'une situation d'inquiétude profonde : on y décèle l'effort du scripteur pour se différencier de l'image “exemplaire” de son père qui ne cesse de le hanter. Ici le monologue explicite se double d'un dialogue (d'une altercation ?) parfois implicite – mais d'autant plus tendu qu'il est silencieux – composé des paroles qui n'ont jamais été échangées entre le père et le fils, parce qu'on n'a rien à répondre aux paroles d'un père, et parce qu'un père n'a rien à justifier aux yeux d'un fils. Alors que Michel, incapable de rivaliser avec Pierre Eyquem sur le plan pratique, doit proprement se justifier, excuser encore ses défaillances. Il ne peut donc que refuser les rôles que Pierre avait remplis – non seulement la vie militaire et les affaires publiques, mais aussi l'administration du patrimoine familial – pour assumer sa propre insuffisance, l'affirmer, et s'affirmer par contre dans un autre domaine : celui de la méditation et du travail intellectuel. L'opération ne va pas sans difficultés, sans conflit du sujet avec lui-même : Montaigne a beau déclarer son mépris pour le ménage, il ne cessera de vivre sa répugnance comme un défaut d'adaptation ; le livre qui entre-temps grossit sous sa plume n'arrive pas à faire le poids face à une vie consacrée à l'utilité publique et aux intérêts de la famille ; peut-être l'économie domestique lui semblera-t-elle toujours préférable à l'exercice de la plume, souvent décrié (*cf.* l'addition sur l'exemplaire de Bordeaux au chapitre II, 37 citée plus haut). Cette revendication d'autonomie reste fragile, ne cesse d'être remise en question : c'est précisément ce qui en fait le prix.

Relue sous ce jour, la phrase sur Sophocle – accusé par son fils d'être incapable de gérer les affaires domestiques – signifie à la fois l'aspiration de Michel à répondre aux attentes de Pierre, le constat de son échec, le doute sur ses capacités, la découverte et l'affirmation de son droit à vivre à sa guise, parmi les livres en l'occurrence, sans qu'on puisse exiger de lui des vertus administratives qui ne sont pas son lot. Ce sont deux domaines bien distincts, qu'il ne faut pas confondre. *Un bon livre ne doit pas conclure un administrateur suffisant* peut vouloir dire, réciproquement, *une mauvaise administration ne doit pas conclure un écrivain (ou un homme) sans valeur.* Le scripteur s'oppose à ce que son manque d'aptitude pour le ménage le fasse juger dans son ensemble… Car n'oublions pas que la question essentielle qui se pose ici et qui est dite en clair dans les dernières lignes du chapitre est :

comment les autres peuvent nous juger par nos actions. Loin des champs de bataille, ayant abandonné la magistrature, disposé à ne consacrer aux soins domestiques que l'attention strictement indispensable, le *je* refuse en somme qu'on le juge par ses actes. D'autant plus que peu de gens sont à même d'exercer le privilège du jugement. Mais c'est là un autre problème, que je traiterai plus loin[9].

La question est abordée sous des angles différents dans d'autres passages, où l'auteur débat avec lui-même des rapports entre le public et le privé, donc de la meilleure façon d'employer sa retraite[10]. Pour le moment je me bornerai à examiner les additions de 1588 et de l'exemplaire de Bordeaux au chapitre que je suis en train de lire, en ne relevant que les plus significatives pour mon propos. On se souvient que dans l'édition de 1588 le texte s'enrichit d'une très belle page où, dans le cadre de l'inconséquence de notre conduite, le scripteur énumère les contradictions qu'il constate en lui : «Honteux, insolent ; [*chaste, luxurieux*, ajoute-t-il au niveau C] bavard, taciturne ; laborieux, delicat ; [etc.]» (335b-c [319]). Or, toute notation concernant la vaillance est absente de ce répertoire, où le sujet s'avance au premier plan – ce qui est, après tout, assez singulier : l'essentiel du chapitre portait, comme on l'a vu, sur le courage, mais cette qualité n'entre pas dans le discours du *je* ; et cela en dépit du fait que c'est encore à la vaillance que se réfère l'addition suivante du niveau B, concernant Alexandre («Il n'est point de vaillance plus extreme en son espece que celle d'Alexandre», 336b [320]) qui, courageux entre tous, n'était pourtant pas exempt de pusillanimité. Bref, tout circule autour d'une vertu sur laquelle le texte ne cesse de s'interroger, et pourtant, lorsque *je* parle, c'est précisément de cela qu'il ne parle pas.

Silence indubitablement significatif, et qui suggérerait que ce chapitre est le lieu d'un non-dit, ce qui paraît d'ailleurs confirmé par le niveau C. Car les additions de l'exemplaire de Bordeaux portent encore, dans la plupart des cas, sur le courage ; mais ce trait reste absent, une fois de plus, de la liste des tendances contradictoires du *je*, dans laquelle sont insérées pourtant trois antinomies supplémentaires…

Autre fait curieux : juste après l'exemple de Sophocle, Montaigne introduit l'histoire des Pariens, qui nommèrent gouverneurs de la ville de Milet les citoyens dont les terres et les maisons aux champs étaient les mieux entretenues, jugeant que «soigneux de leurs affaires privées, ils le seroyent

---

9 *Cf. infra*, "Le maître du sens" et "La théâtralisation du fantasme".

10 Voir dans ce sens I, 39, *De la solitude*, I, 40, *Consideration sur Ciceron*, et I, 42, *De l'inequalité qui est entre nous*, qu'il faut relier à III, 7, *De l'incommodité de la grandeur*. Sont particulièrement intéressantes les additions de 1588 à I, 42, où est défendu le choix de la vie privée, qui permet d'être roi chez soi.

des publiques» (337c [321]). Fausse conjecture, ou du moins hasardeuse aux yeux du scripteur, qui ainsi formule implicitement un autre principe : il n'est pas dit que celui qui sait bien gouverner sa maison sache bien gouverner les affaires publiques... ou inversement. A cette date, ce pourrait être une allusion à sa charge de maire de Bordeaux dont il s'était bien acquitté (comme son père jadis) en dépit de son peu d'aptitude pour l'économie domestique. La mairie a représenté certainement pour ce fils "indigne" l'occasion de se racheter face à la mémoire de Pierre Eyquem[11]. L'occasion aussi de jouer ce rôle de protagoniste qu'auparavant les circonstances lui avaient interdit d'assumer.

De toute façon les «allongeails», même s'ils confirment les nœuds problématiques de la version précédente, sont dans cette perspective moins captivants que la rédaction de 1580, où essaie péniblement de s'exprimer ce que les textes plus tardifs – et plus distendus – reprennent parfois avec l'assurance de la bataille gagnée, de la conviction acquise, en général avec ce style qui confère l'aspect de la sérénité aux pires angoisses : «Gaigner une bresche, conduire une ambassade, regir un peuple, ce sont actions esclatantes» mais «Les vies retirées soustiennent [...] quoy qu'on die, des devoirs autant ou plus aspres et tendus que ne font les autres vies. Et les privez, dict Aristote, servent la vertu plus difficilement et hautement que ne font ceux qui sont en magistrats» (III, 2, 809b-c [787]). Même le bel éloge de la profession militaire au chapitre *De l'experience* se termine par une comparaison avec la vie commune : «Qui seroit faict à porter valeureusement les accidents de la vie commune, n'auroit poinct à grossir son courage pour se rendre gendarme» (III, 13, 1097b [1076]). Par ailleurs : «De conclurre par la suffisance d'une vie particuliere quelque suffisance à l'usage public, c'est mal conclud : tel se conduict bien qui ne conduict pas bien les autres et faict des Essais qui ne sauroit faire des effaicts [etc.]» (III, 9, 992b-c [971]). C'est ainsi que Montaigne «(se) bande» contre ses «tentations vers l'ambition» (*ibid.*) et contre ses regrets.

Tout cela tend à montrer, il me semble, que dans *De l'inconstance de nos actions* l'essentiel pour le sujet tient dans la défense de son mode de vie, qui l'éloigne des occasions de vaillance militaire et des hautes fonctions

---

11 Sur la mairie de Montaigne, *cf.* G. Nakam, «Michel de Montaigne maire de Bordeaux : à la mairie et dans les *Essais*», *B. S. A. M.*, série VI, 13-14 (1983), p. 7-28, et, du même auteur, «La mairie de Bordeaux dans les *Essais* : quelques grands principes de la conduite politique de Montaigne», *Les écrivains et la politique dans le Sud-Ouest de la France autour des années 1580*, actes du Colloque de Bordeaux (1981), Presses Universitaires de Bordeaux, 1982, p. 23-32 (étude reprise par l'auteur dans le volume *Montaigne. La manière et la matière*, Paris, Klincksieck, 1992) ; mais pour la relation avec l'image du père, voir surtout l'étude décisive de F. Charpentier, «Accepter la mairie : un déchiffrement», *ibid.*, p. 37-44.

officielles, en le ramenant à des occupations domestiques pour lesquelles cependant il n'est pas doué. Ayant échoué dans les domaines où son père avait excellé, il se doit de s'affirmer dans une autre voie, celle des *Essais* : la plume de l'écrivain est la métonymie de l'épée par laquelle le héros cherche à conquérir non seulement la gloire, mais aussi le *moi*. Et l'œuvre ne peut pas ne pas charrier le poids de ces conflits... là justement où on ne s'attendrait pas à en trouver la trace. Prenons garde : les chapitres des *Essais* s'écoulent pour la plupart dans l'imprévu ; mais lorsque nous butons contre une allusion sibylline ou que nous nous enlisons subitement dans un "blanc", il n'est pas dit – pas toujours – que l'auteur perde le fil, ou qu'au contraire il mette en œuvre une stratégie subtile pour stimuler le lecteur : il est peut-être en train de dialoguer avec les ténèbres.

Jusque, qui sait ? dans le titre de ce chapitre où *in-constance* peut signifier aussi bien manque de "cohérence" que manque de "courage", de "fermeté" : titre révélateur du drame du sujet qui essaie ici de légitimer son inaptitude à l'action[12].

---

[12] Je prends ici *constance* au sens de *courage* sur la sollicitation même du texte ; une autre analyse serait à faire en prenant *constance* dans le sens d'*impavidité*.

CHAPITRE 12

LE MAÎTRE DU SENS

En relevant dans la première édition des *Essais* la prédominance des questions d'ordre politique et militaire, Albert Thibaudet notait (à propos de I, 5, *Si le chef d'une place assiegée doit sortir pour parlementer*, I, 6, *L'heure des parlemens dangereuse*, I, 12, *De la constance*, et I, 13, *Ceremonie de l'entreveuë des Roys*) que de tels chapitres, entassés d'emblée en quantité massive, feraient presque penser que Montaigne avait l'intention d'être lu par la noblesse. Peut-être dans son projet primitif les *Essais* étaient-ils un recueil d'exemples et d'histoires à l'usage des gentilshommes qui devaient faire la guerre, et cherchait-il à se faire valoir par ce livre[1]? Il n'est certes pas légitime de l'affirmer... Le fait demeure cependant que «Les premiers *Essais*, avec [...] leurs nombreuses réflexions sur les sièges, les pourparlers, leurs allusions sous-jacentes aux rivalités politiques, pourraient ressembler à un manuel de diplomatie, laquelle paraîtrait un des premiers sujets d'intérêt de Montaigne, une des premières matières, du moins, s'offrant à l'exercice de son 'jugement'»[2]. Ce n'est pas un hasard si la première traduction italienne des *Essais* (1590) par le ferrarais Girolamo Naselli, faite à partir de l'édition de 1580, fut publiée sous le titre *Discorsi morali, politici et militari* (Discours moraux, politiques et militaires) ; donc, si la censure et les remaniements que le traducteur avait apportés au texte, pour de nombreuses raisons déjà expliquées[3], répondaient aux exigences de la culture officielle du temps, à Ferrare et en Italie, son opération semblait en définitive dégager une ligne de lecture autorisée en partie par le texte lui-même.

Mais que disent ces chapitres – les plus captivants sans doute pour un certain type de lecteur – sinon l'appartenance de Montaigne à la noblesse d'épée et sa participation aux intérêts de sa classe ? Que révèlent-ils de Montaigne politique ou militaire, voire du sujet Montaigne tout court ? Telle

---

1 A. Thibaudet, *Montaigne*, Paris, Gallimard, 1963, p. 59-60 et 62.

2 G. Nakam, *Montaigne et son temps, les événements et les "Essais"*, Paris, Nizet, 1982, p. 39.

3 R. Campagnoli, «G. Naselli primo traduttore italiano di Montaigne», *Studi Francesi*, 47-48 (1972), p. 214-31, repris ensuite dans *Forme, maniere, manierismi. Scritti sul Cinquecento francese*, Bologna, Pàtron, 1979.

est la question, que la critique a jusqu'ici éludée, à laquelle je voudrais répondre, en m'arrêtant sur un chapitre à ma connaissance non exploré : *Un trait de quelques ambassadeurs* (I, 17) qui d'après Villey serait datable de 1572 (à cause des emprunts aux *Mémoires* des frères Du Bellay), ainsi que les précédents, *On est puny pour s'opiniastrer à une place sans raison* (I, 15), *De la punition de la couardise* (I, 16) et le suivant, *De la peur* (I, 18). Je suivrai d'abord la rédaction de 1580, qui sur l'exemplaire de Bordeaux subit quelques corrections formelles et deux importantes additions.

Le comportement des ambassadeurs souligné dans le titre n'est pas l'objet proposé à l'attention du lecteur au début du chapitre ; il n'interviendra que vers le milieu, où il joue cependant, on le verra, un rôle essentiel. La première partie du texte porte sur une pratique observée par Montaigne lors de ses voyages et rencontres : induire ses interlocuteurs à parler de ce qu'ils savent, pour tirer profit de leur conversation :

> J'observe en mes voyages cete practique, pour apprendre tousjours quelque chose par la communication d'autruy (qui est une des plus belles escoles qui puisse estre), de ramener tousjours ceux, avec qui je confere, aus propos des choses qu'ils sçavent le mieux. Car il advient le plus souvent au rebours, que chacun choisit plus tot à discourir du mestier d'autruy que du sien, estimant que c'est autant de nouvelle reputation acquise : tesmoing le reproche que Archidamus feit à Periander, qu'il quitoit la gloire de bon medecin pour acquerir celle de mauvais poëte, et par ce train vous ne faictes jamais rien qui vaille (I, 17, 72-73a [71-72])[4].

A noter d'emblée (pour contredire une fois encore les hypothèses de Villey ou de ses épigones) que ce chapitre commence par l'expérience du *je*, immédiatement placé au premier plan, comme c'est d'ailleurs le cas dans de nombreux chapitres du début. Quant à la règle d'or qu'il énonce, Montaigne continuera à l'appliquer pendant le voyage qu'il fera en Italie (le *Journal* apporte dans ce sens un témoignage précieux), après l'avoir affirmée en toutes lettres également dans *De l'institution des enfans*. L'idée d'une instruction à tirer du «commerce des hommes», de l'utilité de «frotter et limer nostre cervelle contre celle d'autruy» (I, 26, 153a [152]) est, dans les deux cas, accompagnée du même corollaire, qui dans l'*Institution* est formulé en ces termes :

> En cete escole du commerce des hommes j'ay souvent remarqué ce vice, qu'au lieu de prendre connoissance d'autruy nous ne travaillons qu'à la

---

4 La citation des vers de Properce (tirés, dans la traduction italienne, de la *Civil Conversazione* de Stefano Guazzo) qui vient s'insérer entre les deux parties de ce paragraphe est une addition de 1582. En 1580 la citation d'Horace qui suit figure à la fin du passage cité.

> donner de nous, et sommes plus en peine d'emploiter nostre marchandise que d'en acquerir de nouvelle (I, 26, 154a [153]).

Cependant, si le discours en *nous* englobe ici le *je* dans ce comportement, dans le chapitre I, 17 le sujet, exposé au premier plan, semble s'exclure de l'erreur commune qu'il réprouve : en se mettant, lui ignorant, à l'école des experts, il demande qu'ils lui impartissent une certaine dose de savoir. Et l'ambiguïté du *vous* qui suit («par ce train vous ne faictes jamais rien qui vaille») – dialogue intérieur ou apostrophe au lecteur ? – ne permet pas d'affirmer que l'écrivain s'inclut parmi ceux qui parlent de ce qui n'est pas dans leurs compétences pour acquérir une réputation dans d'autres domaines. Son but est d'apprendre, donc de trier ses maîtres avec soin en fonction de leur savoir : il faut en effet (dit la phrase qui suit, après la citation d'Horace «*Optat ephippia bos piger, optat arare caballus*») «rejetter tousjours l'architecte, le peintre, le cordonnier et ainsi du reste chacun à son gibier». Mais qui s'arroge le droit de compartimenter de la sorte les domaines de compétence, sinon ce *je* incompétent, qui appliquera maintenant au «commerce des livres» la règle mise en pratique dans l'expérience des rencontres quotidiennes ?

> Et à ce propos à la lecture des histoires, qui est le subjet de toutes gens, j'ay accoustumé de considerer qui en sont les escrivains. Si ce sont personnes qui ne facent autre profession que de lettres, j'en apren principalement le stile et le langage. Si ce sont medecins, je les croy plus volontiers en ce qu'ils nous disent de la temperature, de l'air, de la santé et complexion des princes, des blessures et maladies : si jurisconsultes, il en faut prendre les controverses des droicts, les loix, l'etablissement des polices et choses pareilles : si Theologiens, les affaires de l'Eglise, censures ecclesiasticques, dispenses et mariages : si courtisans, les meurs et les cerimonies : si gens de guerre, ce qui est de leur charge, et principalement les deductions des exploits où il se sont trouvés en personne : si ambassadeurs, les menées, intelligences, et practiques et maniere de les conduire.

C'est une façon de lire avisée, dira-t-on, et surtout en rapport avec l'intérêt principal du lecteur Montaigne : «Les Historiens sont ma droitte bale» (II, 10, 416a [396] : le chapitre *Des livres* contient d'autres considérations proches de celles-ci). Mais ce n'est ni sa manière, certes judicieuse, d'utiliser les historiens, ni le profit qu'il pense en tirer, qui m'intéresse ici. Je tiens plutôt à signaler – en anticipant la suite – l'attitude à la fois sélective et vorace du *je-lecteur*, qui en écartant selon son libre et incontestable arbitre les parties jugées caduques ou imparfaites, “apprend” et “prend” (*j'en apren* ; *je les croy* ; *il en faut prendre*) des livres, et phagocyte ce qui lui sert.

C'est pourquoi – poursuit Montaigne – ce que j'aurais survolé chez un autre sans m'arrêter, je l'ai pris en considération et relevé dans l'histoire de Monsieur de Langey, grand connaisseur de ces choses (à savoir d'intrigues, ententes, menées, et de la façon de les conduire ; on peut effectivement vérifier que, dans les premiers *Essais*, les emprunts faits à Du Bellay-Langey concernent précisément ces questions-là). Et on en vient à l'anecdote annoncée par le titre : l'évêque de Mâcon et Monsieur Du Velly, ambassadeurs de France, qui avaient entendu les reproches outrageants faits par Charles Quint à François Ier au Consistoire de Rome, en envoyant au roi une dépêche relatant ces faits lui en cachèrent la majeure partie. Montaigne condamne sévèrement ce comportement, et trouve «estrange» qu'un ambassadeur se permette de choisir la teneur des relations qu'il fait à son maître :

> Et m'eut semblé l'office du serviteur estre de fidelement representer les choses en leur entier, comme elles sont advenues : affin que la liberté d'ordonner, juger et choisir demeurat au maistre. Car de luy alterer ou cacher la verité, de peur qu'il ne la preigne autrement qu'il ne doit, et que cela ne le pousse à quelque mauvais party, et ce pendant le laisser ignorant de ses affaires, cela m'eut semblé apartenir à celuy qui donne la loy, non à celuy qui la reçoit, au curateur et maistre d'escolle, non à celuy qui se doit penser inferieur, non en authorité seulement, mais aussi en prudence et bon conseil. *Quoy qu'il en soit, je ne voudrois pas estre servy de cete façon en mon petit faict.*

Mon italique souligne la phrase (clôturant le chapitre dans l'édition de 1580) qui semble non seulement autoriser une certaine lecture de ce dernier paragraphe, mais même éclairer tout ce qui précède.

En relisant à rebours : l'attentive distribution des rôles entre *serviteur* et *maître* – apparemment, une très convenable profession de respect de l'autorité – change de signe à la lumière des deux dernières lignes, où le *je* se met de toute évidence à la place du maître, en s'octroyant par conséquent tous les attributs qui ont été reconnus au roi : *ordonner, juger et choisir, donner la loy*, être donc "supérieur" non seulement par l'autorité mais aussi par «prudence et bon conseil». Loin de se «penser inferieur» et de se réduire à un rôle subalterne, le sujet s'identifie au souverain et, comme lui, il est le maître du sens.

C'est ainsi que l'anecdote des ambassadeurs, avec les considérations qui l'accompagnent, donne aussi la clef de la première partie du chapitre, régie par un *je-maître* qui s'octroie le pouvoir – et la compétence – de *juger et choisir*, de ramener et limiter ses interlocuteurs à ce que ce même *je* pense être leur domaine de compétence... Sous prétexte d'«apprendre» et de «prendre» (avec éventuellement l'humilité de l'apprenti face au savoir d'autrui : et nous savons bien que Montaigne se qualifie lui-même de modeste apprenti dans toutes les branches du savoir), le *je-maître* renvoie chacun autoritairement «à son gibier», se sert des autres, et en même temps s'arroge le rôle de juge, et revendique le droit de parler de toutes choses.

J'imagine à ce point l'objection facile : Montaigne, qui se dit ignorant en toutes matières, ne se reconnaît qu'un seul privilège, celui justement d'exercer en toute liberté son jugement, dont par ailleurs il constate les insuffisances, et sans aucune illusion que cet instrument précaire lui ouvre le chemin de la vérité[5]. Les *Essais* sont (seulement !) des *essais* de son *jugement*, qui «se mesle par tout» (c'est le célèbre exorde de I, 50, *De Democritus et Heraclitus*), prêt cependant à reconnaître ses propres limites (et, ensuite, dans les dernières additions à ce fameux passage, ainsi qu'à d'autres, à retourner contre lui les armes de l'ironie et du sarcasme). L'incontournable exigence du jugement – propre à sa nature même – de se mêler de toutes sortes de questions est en somme équilibrée et corrigée par la conscience de sa faiblesse.

Telle est la position généralement formulée dans tous ces chapitres (je parle toujours de la version de 1580) où la question du jugement est directement envisagée. Cela arrive surtout dans des textes tardifs (ceux dont Villey situe la rédaction peu avant la publication), lorsque cette thématique est apparue comme l'axe spécifique et principal dans l'organisation formelle du livre, qui nécessairement se construit par rapport à lui.

Par exemple dans I, 26, *De l'institution des enfans* (la dédicace à Diane de Foix, enceinte, alors que son mariage – où Montaigne était procureur – avait eu lieu en mai 1579, permet de le dater vers la fin de la première rédaction), la hardiesse qui pousse à «parler de tout ce qui se presente à ma fantasie» est aussitôt justifiée non seulement par d'explicites déclarations d'ignorance («ce ne sont icy que resveries d'un homme qui n'a gousté des sciences que la crouste premiere en son enfance, et n'en a retenu qu'un general et informe visage, un peu de chaque chose et rien du tout, à la Françoise»), mais aussi par l'insistant manque de confiance dans ses «facultez naturelles [...] de quoy c'est icy l'essay» : «mes conceptions et mon jugement ne marche qu'à tatons, chancelant, bronchant et chopant [etc.]» ; jusqu'à se reconnaître très inférieur aux «bons autheurs» qui ont traité des mêmes questions, et à en concevoir «pitié ou desdain» de soi (146a [144-45]). Cependant ici s'achève le *mea culpa* du pauvre sujet ployant sous le poids de ses défauts, et aussitôt il redresse la tête, pour se placer en position de supériorité :

> Si me gratifie-je de cecy, que mes opinions ont cet honneur de rencontrer aux leurs, et dequoy aussi *j'ay au moins cela, qu'un chacun n'a pas*, de connoistre l'extreme difference d'entre eux et moy (146-47a [145]).

---

[5] Sur ce point fondamental, voir la lumineuse analyse de A. Pizzorusso, «Sul 'metodo' di Montaigne : le occasioni del giudizio», dans le livre *Da Montaigne a Baudelaire. Prospettive e commenti*, Roma, Bulzoni, 1971, p. 21-34.

De même, dans II, 10, *Des livres* (qu'on peut dater autour de 1578-1580 à cause de la référence à Guicciardini transcrite de son exemplaire annoté «il y a environ dix ans»), l'entrée en matière

> Je ne fay point de doute qu'il ne m'advienne souvent de parler de choses, qui sont ailleurs plus richement traitées chez les maistres du mestier, et plus veritablement. C'est icy purement l'essay de mes facultés naturelles, et nullement des acquises : et qui me surprendra d'ignorance, il ne fera rien contre moy [etc.] (407a [387])

semble marquer très humblement la distance entre les «maistres du mestier» et un *je* qui, en réalité, dans les lignes qui suivent, se pose en maître du sens :

> je ne pretens icy nulle part, que celle de *raisonner* et de *juger* : le demeurant n'est pas de mon rolle. Je n'y demande rien, sinon qu'on voie si j'ay sceu *choisir* ce qui joignoit justement à mon propos,

en s'arrogeant, comme dans I, 17, la faculté de *juger* et *choisir* : aux autres, la simple compétence artisanale, au *je-maître* la plus haute prérogative, qu'il exerce aussitôt de façon péremptoire. En effet, poursuit Montaigne, lorsque j'emprunte quelque chose, je dissimule parfois le nom de l'auteur, «pour tenir en bride la légiereté de ceus, *qui s'entremettent de juger de tout ce qui se presente*»[6]. Cette pique est évidemment lancée contre ceux qui «n'ayans pas le nez capable de gouter les choses par elles mesmes, s'arrestent au nom de l'ouvrier et à son crédit», mais le fait est que le *je-maître* nie aux autres le droit de *juger* qu'il s'attribue : en citant et rapportant, il cache quelque chose, exactement comme les ambassadeurs critiqués dans I, 17 parce qu'ils opèrent un choix parmi les nouvelles à transmettre, en s'appropriant un pouvoir qui n'appartient qu'au roi. C'est ainsi que le *je-maître* dicte la loi du texte et renvoie le lecteur à un rôle de *serviteur*, en lui assignant la fonction qu'il veut lui faire revêtir : spectateur du spectacle du *je* jugeant (qui ne manque pas, ici aussi, de justifier sa façon de procéder par son insuffisance, et par la nécessité précisément de la donner en spectacle) :

> Je dy librement mon avis de toutes choses, voire et de celles qui surpassent à l'adventure ma suffisance, et que je ne tiens nullement estre de ma jurisdiction. Ce que j'en opine, ce n'est pas aussi pour establir la grandeur et mesure des choses, mais pour faire cognoistre la mesure et force de ma veuë (410a [389]).

En ce qui concerne les livres des autres (thème explicite du chapitre), il s'agit une fois encore (comme dans I, 17) d'y puiser ce qui peut servir, donc de choisir et juger : aussitôt dit aussitôt fait, on passe en revue les auteurs que nous savons, et lorsqu'on arrive aux historiens, on lit que les «simples»

---

6 Dans la dernière version ce passage a été beaucoup remanié, cependant sans que l'essentiel ne change.

méritent toute confiance dans la mesure où ils rapportent les faits «*sans chois et sans triage nous laissant le jugement tout entier*, pour la cognoissance de la verité» (417a [396]) ; les «excellens» ont la «*suffisance de choisir* ce qui est digne d'estre sceu», donc «Ilz ont raison de prendre l'authorité de regler nostre creance à la leur» (*ibid.* [397]) ; mais cela n'est donné qu'à quelques-uns, et les médiocres, de loin les plus nombreux, s'octroient à tort la «loy de juger» :

> Ils entreprenent de choisir les choses dignes d'estre sceues, et nous cachent souvent telle parolle, telle action privée, qui nous instruiroit autant que le reste : obmetent pour choses incroyables celles qu'ils n'entendent pas : et à l'avanture encore telle chose pour ne la sçavoir dire en bon Latin ou François. Qu'ils etalent hardiment leur eloquence et leurs discours : qu'ils jugent à leur poste, mais qu'ils nous laissent aussi dequoy juger après eux (*ibid.*).

Ces historiens sont en somme de mauvais ambassadeurs, et on ne peut qu'en convenir. Mais je voudrais souligner comment le sujet revêt, une fois de plus, l'habit du souverain, s'installe au lieu de l'arbitre, ne tolérant chez autrui (sauf chez quelques rares esprits élevés, dont la qualité est d'ailleurs décrétée par le sujet lui-même) cette liberté de jugement qu'il exige de pouvoir exercer quant à lui, et surtout en distribuant comme bon lui semble les qualifications de «simples», «excellens» ou médiocres. La délimitation des domaines de compétence auxquels tous sont renvoyés, exception faite pour le sujet scripteur, est finalement un habile stratagème qui permet à l'incompétent Montaigne de s'octroyer un passeport diplomatique pour tous les pays.

Venons-en à II, 17, *De la praesomption*, chapitre complexe (d'après Villey, rédigé autour de 1578-79, ou du moins profondément remanié à cette date), dont je ne vais extraire – en prenant moi-même la liberté de *trier* et *choisir* – que ce qui peut servir à mon propos. On sait que dans la première partie, lorsqu'il examine cet aspect de la présomption qui consiste en un excès d'estime de soi, Montaigne dresse la longue liste de ses défauts, et on connaît le passage (656a [640]) où, en concluant ce portrait en négatif, il affirme que la seule chose pour laquelle il s'estime est cette qualité du «jugement» (ou «sens», corrige-t-il sur l'exemplaire de Bordeaux)[7], qui est d'ailleurs l'apanage de n'importe quel «crocheteur» ou n'importe quelle «femmelette». Mais le *je* tend aussitôt à se démarquer de ces personnages vulgaires (mettons-y la part de l'ironie), en donnant comme preuves «le peu d'estime que je fay de moi», la hardiesse et la constance de ses opinions pour «condamner mon insuffisance», le fait que «chacun regarde devant soy, moy je regarde dedans moy» ; pour se reconnaître enfin «une capacité de trier le vrai» tout à fait

7 Sur cette question délicate, *cf.* R. C. La Charité, *The Concept of Judgment in Montaigne*, The Hague, Nijhoff, 1968, ch. IV, et A. Pizzorusso, *op. cit.*

autogène, et que les autorités anciennes n'ont fait que renforcer (657-58a [641]). Faculté que le scripteur mettra en pratique dans la deuxième partie du chapitre (où il examine cette forme de présomption qui consiste à ne pas avoir d'estime pour les autres), en jugeant ses contemporains (de même que dans II, 10 il avait jugé les anciens) parmi lesquels il retient un petit nombre de personnages plus ou moins honorables, chacun dans un domaine donné.

A partir de ces allusions rapides à quelques points de la rédaction de 1580 qui me semblent déterminants dans la perspective adoptée ici (en évitant d'insister sur des passages trop connus, je demande au lecteur ami de Montaigne de collaborer en complétant mes repères), je tire la conclusion suivante : une fois qu'il a pris conscience de l'importance du «jugement», de sa fonction d'organisation des *Essais*, Montaigne ne craint pas de l'affirmer, en s'affirmant lui-même juge, et en multipliant aussi les remarques sur la faillibilité du jugement, dont il a également pris conscience. J'espère qu'il est clair qu'il ne s'agit pas d'entendre ces propos auto-dénigrants comme de simples *captationes benevolentiæ*, en mettant en doute la «bonne foy» de l'auteur, dont d'ailleurs je ne me soucie guère ici. Mon souci est à l'opposé, de remarquer que, dans le mécanisme de la production du sens, la déclaration de ses propres limites ne modifie pas l'attitude du sujet, qui ne se démet pas de cette position de *je-maître* assumée dans le chapitre, plus ancien, *Un trait de quelques ambassadeurs*. Ce *je* qui prétend (en faisant référence surtout au politique) :

> je ne suis propre qu'à suivre, et me laisse ayséement emporter à la foulle. Je ne me fie pas assez en mes forces pour entreprendre de commander, ny guider, ny mesme conseiller : je suis bien aise de trouver mes pas trassés par autrui (II, 17, 654a [638]),

qui se reconnaît comme capable de suivre, non de commander, a déjà occupé, dans I, 17, le lieu du pouvoir. Et, sous des dehors d'observateur et de juge extérieur, il continue à l'occuper.

Revenons donc à *Un trait de quelques ambassadeurs* pour souligner le point le plus important : cette prise de position ne se dessine pas dans le contexte d'une réflexion sur les facultés intellectives – comme elle aura plus tard à se préciser, accompagnée de l'indispensable codicille sur l'incertitude du jugement –, mais elle apparaît en passant, obliquement, dans un chapitre étiqueté comme anecdotique ; qui, cependant, consacré à une question de pratique diplomatique, se révèle en fin de compte une méditation sur le problème du pouvoir et de la compétence.

C'est une question qui englobe ce que je nommerai le drame du sujet, qui ne peut *être* s'il n'occupe le lieu du pouvoir, s'il ne tue l'autre, en refusant de le laisser venir dans son propre territoire et en le repoussant dans le territoire qui (d'après son jugement incontestable) lui revient.

On peut ajouter que nous nous trouvons, ici du moins, dans le domaine de situations sociales (les ambassades, le rapport entre le souverain et les sujets, entre le maître et le serviteur), et en déduire que le problème du sujet Montaigne est d'"être" dans l'appareil de la hiérarchie. La lecture des chapitres qui précèdent et suivent (ceux que nous avons compris dans la définition de "série politique et militaire") peut fournir (on y a fait allusion) d'autres éléments : pour mieux préciser la relation du sujet au pouvoir, et pour déceler les fantasmes de faiblissement et d'anéantissement qui le travaillent et le poussent, par une réaction de défense, à s'installer dans la position du *maître*.

Qu'il suffise ici d'avoir suggéré que s'enfermer dans le bastion du *je* qui juge – et qui se juge –, sentinelle à l'avant-poste de la lucidité, revient à occuper une place d'où exercer l'autorité dont le sujet a besoin pour s'affirmer comme tel : roi et maître chez lui, souverain dans un palais où ne sont admis que les ambassadeurs fidèles, les bons serviteurs qui remplissent chacun un rôle précis, sans le dépasser et laissant au seigneur, au maître du sens, supérieur «en prudence et bon conseil», l'entière liberté d'«ordonner, juger et choisir»[8].

---

8 R. C. La Charité, *op. cit.*, relevait l'orgueilleuse fierté de Montaigne concernant sa faculté de jugement (p. 13 et 106). Pour une optique assez proche de la mienne, *cf.* G. Defaux, *Marot, Rabelais, Montaigne : l'écriture comme présence*, Paris-Genève, Champion-Slatkine, 1987, p. 146 et 162-64.

CHAPITRE 13

LE TRÔNE DE HIÉRON

13. 1. La tentation du suicide

Pour étrange que cela paraisse, Montaigne, philosophe de l'art de vivre, aurait conçu une apologie du suicide. C'est en effet dans ces termes qu'on interprète *Coustume de l'isle de Cea* (II, 3), sans doute un des chapitres les plus problématiques et contradictoires des *Essais*, et dont les commentaires appauvrissent souvent le sens. La critique en a analysé à la fois le thème et la structure, en expliquant celle-ci par celui-là, et en interprétant l'aspect "dialogique" du texte comme une mesure de prudence par laquelle Montaigne cacherait sa véritable position sur le sujet brûlant qu'il traite. Le titre, apparemment anodin, ferait partie du dispositif de sécurité.

Mais les choses ne sont pas aussi simples. Il faut éclaircir d'emblée la question des "titres-façades", qui a été mal posée. Le choix d'un titre incongru pour détourner l'attention de l'autorité est en soi une stratégie grossière et superficielle, qui ne saurait tromper l'œil d'un censeur attentif ; stratégie d'autant moins efficace dans le cadre des *Essais*, où Montaigne ne recule pas devant d'autres titres compromettants (*Des prières*, *De la liberté de conscience*, *Du repentir*...). Cela ne veut pas dire – Villey le notait déjà[1] – qu'il n'ait pas eu «pleine conscience de la hardiesse de ces pages, ainsi qu'en témoigne l'acte de soumission à l'autorité dont il les a fait précéder» ; et on peut également noter que ce paragraphe prudent est fort semblable à celui qu'à partir de 1582, et pour des raisons analogues, Montaigne place en tête du chapitre *Des prières*. Mais si on ne peut se méprendre sur le rôle défensif de ces préambules, on ne saurait cependant justifier par la seule circonspection les titres de certains chapitres qui «n'en embrassent pas tousjours la matière», mais qui «la denotent seulement par quelque marque» (III, 9, 994b [973]). L'explication doit être plus subtile, et doit chercher plus loin ; avec un minimum d'attention au montage des textes, on s'apercevra que ces titres partiels désignent en réalité l'enjeu véritable de l'*essai*[2].

---

1 Voir l'introduction à ce chapitre dans l'édition des *Essais* par Villey et Saulnier, Paris, Presses Universitaires de France, 1965.

2 Je renvoie à ce propos à l'excellente étude d'A. Tournon, «Tout dire ou tout désigner», *R. H. L. F.*, LXXXVIII, 5 (1988), p. 923-33, dont je partage tout à fait les lignes fondamentales,

En particulier dans *Coustume de l'isle de Cea*, le titre, loin de cacher le sujet du chapitre, en souligne au contraire l'aspect le plus inquiétant. C'est du moins ce que je voudrais montrer, tout en tâchant de répondre à une question fondamentale qui à ma connaissance n'a jamais été posée : pourquoi Montaigne aborde-t-il – pour la défendre apparemment – l'idée du suicide, qui devrait lui être essentiellement étrangère ? Lui qui parvient à pactiser avec les «monstres», à dominer ses obsessions, et en premier lieu sa peur de la mort, pourquoi s'interroge-t-il sur la mort volontaire ? Ce problème l'intéresse-t-il uniquement sur un plan philosophique, ou bien le concerne-t-il de façon plus directe et personnelle ? Malgré son assentiment lucide à la vie, est-ce que à quelque moment de son existence Montaigne aurait pensé sérieusement à la possibilité de se suicider ?

J'ai déjà dit à plusieurs reprises qu'à mon avis dans les *Essais* aucun problème n'est posé de façon abstraite, comme un sujet à débattre pour que l'auteur puisse «essayer» son jugement. Montaigne n'a jamais rien pensé (ni écrit) dont il n'ait fait en lui-même l'expérience : la thérapie des *Essais* consiste justement à chercher un équilibre difficile contre le déferlement répété de phobies tenaces, contre l'assaut de fantasmes oppressants. Parmi lesquels la tentation du suicide.

On peut dire pour commencer que dès 1580 ce chapitre se structure *grosso modo* en trois parties, où se trouvent répertoriés successivement les arguments en faveur du suicide, les arguments contre le suicide, et les motifs qu'on peut considérer valables pour pousser un homme au suicide. Ce schéma de discours met en valeur un fait d'importance : les arguments en faveur du suicide occupent la majeure partie du texte. Si dialectique il y a, il semble bien que dans ce jeu du pour et du contre ce sont les partisans du pour qui se taillent la part du lion. Ce qui ne signifie pas pour autant qu'ils l'emportent, on va le voir.

La première section (une mosaïque composée de fragments de Sénèque, que Montaigne s'exerce à traduire, en cherchant l'équivalent français des formules de son modèle)[3] considère la mort comme «la recepte à tous maux»,

même si je m'en éloigne pour ce qui concerne ce chapitre. Je conteste par contre l'interprétation de P. Henry («Les Titres Façades,la Censure et l'Ecriture défensive chez Montaigne», *B. S. A. M.*, série V, 24 [1977], p. 11-28, repris ensuite dans id., *Montaigne in Dialogue*, Anma Libri [Stanford French and Italian Studies], 1987), que j'avais partiellement acceptée il y a quelques années (*cf.* mon *Itinerari a Montaigne*, Firenze, Sansoni, 1983), quoique mon étude des "structures de la prudence destructrice" dans les *Essais* vise précisément à montrer que la stratégie de Montaigne ne se borne pas à ce niveau superficiel.

3 Voir P. Henry, *op cit.*, p. 45-46 pour le chapitre en question ; quant à l'imitation stylistique de Sénèque par Montaigne, je me permets de renvoyer à mon étude "La formula di Montaigne" (1967), reprise dans *Itinerari a Montaigne*, cit., ch. 1.

le moyen d'échapper aux tourments d'une vie douloureuse, et se clôt sur l'idée que «Dieu nous donne assez de congé, quand il nous met en tel estat que le vivre nous est pire que le mourir».

Le scripteur s'empresse cependant d'ajouter (deuxième section) que «cecy ne s'en va pas sans contraste. Car outre l'authorité, qui en defendant l'homicide y enveloppe l'homicide de soy mesmes : d'autres philosophes tiennent, que nous ne pouvons abandonner cette garnison du monde sans le commandement expres de celuy qui nous y a mis, et que c'est à Dieu, qui nous a icy envoyez non pour nous seulement, ains pour sa gloire et service d'autruy, de nous donner congé quand il luy plaira, non à nous de le prendre» (351-52a [332]). Ici la voix qui parle dans le texte pour condamner le suicide est surtout celle de saint Augustin (*Civitas Dei*, I), avec Horace, Sénèque, Martial, Lucain, Lucrèce comme contrepoint ; elle dit essentiellement que la vraie vertu consiste à supporter les coups du sort, non à les fuir en se donnant la mort.

Mais en dépit de l'attrait exercé sur lui par la «vive vertu» qui «cherche les maux et la douleur comme son aliment»[4], Montaigne revient (troisième section) à «ceux du premier avis» (les partisans du suicide) pour analyser «quelles occasions sont assez justes pour faire entrer un homme en ce party de se tuer». C'est le problème de la "sortie raisonnable" : εὔλογον ἐξαγωγὴν (354a [334]). Visiblement le scripteur est intéressé par les moyens de réfuter non seulement les objections de l'«authorité» et de tous ceux qui blâment le suicide, mais aussi celles que lui suggère son attachement à l'existence ; preuve que ces objections pèsent lourdement sur lui et qu'il ne peut s'en débarrasser si facilement. Dans cette double contrainte réside la force de son texte. D'autre part, sa façon de procéder est telle qu'on se demande s'il n'est pas en train de fournir des armes à l'ennemi, tandis qu'il semble chercher des renforts pour le combattre.

Notons d'abord que cette troisième partie ne se présente pas du tout comme un exposé selon les règles. Mais qui serait assez naïf pour chercher dans les *Essais* cet ordre logique que l'auteur lui-même abhorre, lui préférant «l'allure poétique, à sauts et à gambades» (III, 9, 994b [973]) ? Des générations de critiques ont insisté sur le caractère "primesautier" de l'écriture de Montaigne, sur sa nonchalance, son incohérence… D'autres, par réaction, tendent au contraire à dessiner l'image d'un Montaigne parfaitement maître du jeu qui, en refusant la logique déductive et discursive, en déréglerait sciemment les modèles rhétoriques. C'est une alternative évidemment factice, et l'opposition des deux types de lecture, également réducteurs, est d'un esprit

4 On a déjà rencontré dans II, 11, *De la cruauté* cette conception hyperbolique de la vertu qui recherche la douleur, *cf. supra*, "Le vertige sadique".

sectaire. Ce qui me séduit (je l'ai déjà dit çà et là) dans le mélange de ratiocination et pulsion sur lequel le texte se construit, c'est d'identifier les ressorts qui font tourner ce mécanisme et les endroits où l'engrenage se grippe, où l'armature logique se fissure, où l'écriture laisse voir le compromis ambigu de sa production. Voyons donc ce qui émerge de cette page où Montaigne examine les "sorties raisonnables".

Tout son discours semble tourner autour de la phrase : «Tous les inconveniens ne valent pas qu'on veuille mourir pour les éviter. Et puis y ayant tant de soudains changemens aux choses humaines, il est malaisé à juger à quel point nous sommes justement au bout de nostre esperance» (354a [335]). Bref, le remède de la mort volontaire doit être utilisé avec précaution, car on risque le plus souvent de l'employer mal à propos. On peut lire ici les signes de l'incertitude qui travaille le scripteur : loin d'être une simple apologie du suicide, le texte dit plutôt l'anxiété d'une pensée qui doute ; c'est le procès-verbal du débat que Montaigne engage avec lui-même sur un problème d'éthique qui le préoccupe profondément. En effet ses considérations ne sont pas très encourageantes pour un suicidaire qui tenterait de défendre sa position : les exemples et contre-exemples qui devraient illustrer l'opportunité du suicide en soulignent en réalité les dangers. Cléomène refuse d'abord de se tuer et ne s'y résout qu'après «avoir essayé le dernier point de la fortune» ; Josèphe s'y refuse aussi, et le sort lui donne raison ; Cassius et Brutus, au contraire, en se tuant précipitamment «avant le temps et l'occasion» achèvent de ruiner les restes de la liberté romaine... Cette succession d'anecdotes tend en somme à montrer que le suicide est une recette redoutable, d'application malaisée.

La phrase qu'on rencontre immédiatement après (dans la version de 1580), sans transition aucune, apporterait-elle, avec la caution de Pline, la justification de certains suicides ? C'est le seul endroit du texte où les maladies soient évoquées, comme des accidents qui peuvent amener à s'ôter la vie[5] :

> Pline dit qu'il n'y a que trois sortes de maladies pour lesquelles eviter on aye accoustumé de se tuer, la plus aspre de toutes c'est la pierre à la vessie, quand l'urine en est retenue, la seconde la douleur d'estomach, la tierce la douleur de teste (355a [336]).

---

5 En fait il y avait bien dans la première partie une allusion à la souffrance physique : «Pourquoy n'est la veine du gosier autant à nostre commandement que la mediane ? Aus plus fortes maladies les plus forts remedes», mais cette réflexion, qui fait écho à la pensée de Sénèque que Montaigne a traduite dans les lignes qui précèdent, s'arrête là, immédiatement suivie par l'anecdote du grammairien Servius, qui ne trouva de meilleur remède à la goutte «que de s'appliquer du poison aux jambes, et vescut depuis ayant cete partie du corps morte».

Encore ne s'agit-il pas, ici non plus, de présenter la lithiase, la gastrite et la migraine comme des motifs plausibles d'une mort volontaire : la phrase, aussi neutre que possible et somme toute limitative, a presque l'allure d'un relevé statistique. D'autre part aucun exemple n'illustre cette remarque de Pline, aucune anecdote ne vient compléter cette simple indication, bloc erratique cerné de silence, sans lien apparent avec ce qui l'entoure. La phrase qui suit («Pour eviter une pire mort il y en a qui sont d'advis de la prendre à leur poste») peut se rapporter à ce qui précède (car les maladies conduisent souvent à une mort pire que celle qu'on peut se donner avant que le mal ne soit trop avancé), mais elle se lie logiquement aussi à la série d'exemples qui vient après et qui n'a rien à voir avec les maladies : les femmes juives aux prises avec la cruauté d'Antiochus, ce prisonnier anonyme face à sa condamnation certaine, Libo qui attend lui aussi la main de la justice, le biblique Rasias persécuté par Nicanor... et ainsi de suite, ont tous esquivé par leur mort volontaire une mort inévitable imposée de l'extérieur. L'exemple de Rasias permet ensuite à l'auteur d'enchaîner sur les «violences qui se font à la conscience» et en particulier sur «celle qui se fait à la chasteté des femmes», pour laquelle d'autres exemples sont fournis. En revanche le texte redevient très expéditif lorsque, après avoir énoncé rapidement que «L'histoire est toute pleine de ceux qui en mille façons ont changé à la mort une vie peneuse», sans donner aucun exemple de cette situation[6], Montaigne en vient à dire qu'on «desire aussi quelque fois la mort pour l'esperance d'un plus grand bien», et ajoute les témoignages de saint Paul, de Cleombrotus Ambraciota et de Jacques Du Chastel, évêque de Soissons (360a [342]).

Ici le débat semble s'achever. Avant de lire les dernières pages du chapitre, probablement les plus éclairantes, retenons les conclusions que ce résumé impose provisoirement :

1) Il y a dans ce texte non pas à proprement parler un non-dit, mais quelque chose qui n'est dit qu'à demi, de biais et en passant : l'idée que la souffrance provoquée par la maladie peut pousser au suicide. C'est sans aucun doute le point le plus sensible, le terrain sur lequel le sujet peut se mesurer directement au problème qu'il est en train de traiter. Montaigne, qui n'a pas à lutter contre la cruauté d'Antiochus ou de Nicanor, qui n'est pas en somme engagé dans des situations comparables à celles de ses personnages – figures lointaines, surgies pour la plupart de l'histoire, auxquelles le scripteur ne peut s'identifier que par l'imagination –, est par contre menacé personnellement par une des maladies les plus terribles qui soient : si, à la date probable de la

---

6 Montaigne utilise cette formule à d'autres occasions ; voir par exemple I, 3, 18a [21] : «[...] Dequoy il y a tant d'exemples anciens, laissant à part les nostres, qu'il n'est besoing que je m'y estende", et l'analyse *supra*, "Cadavres guerriers".

rédaction de ce chapitre (1573-74, d'après Villey) il n'a pas encore été atteint par les premières attaques de la gravelle, il a vu son père souffrir et mourir de cette maladie héréditaire dans sa famille et qui le guette. C'est le *hic et nunc*, le quotidien, l'inquiétude d'une situation personnelle, qui, par l'entremise de Pline, fait irruption dans la phrase sur les maladies qui peuvent amener au suicide – dont la plus atroce est la pierre à la vessie... Le texte passe tout cela sous silence, et ce silence prend une allure d'exorcisme : mais dans la litote et l'allusion, le sujet avoue ici son angoisse.

2) Le débat sur la légitimité du suicide n'a pas de solution dans le texte. Aucune conclusion explicite n'intervient pour donner raison aux tenants de l'une ou de l'autre opinion : la question semble rester *sub judice*. Une réponse est indiquée pourtant, implicitement, dans la partie finale du chapitre, que nous allons lire, et dans le titre, dont nous allons enfin saisir le sens. Conclusion et titre semblent signifier conjointement le désir du sujet d'échapper au doute qui le tourmente – donc la pertinence dramatique de ce même doute en ce qui le concerne.

Au lieu donc de se prononcer, de manifester sa pensée, le scripteur nous informe qu'«il y a eu des polices qui se sont meslées de reigler ce doubte» ; et il cite, en les disposant selon une sorte de *climax*, les cas de Marseille, de Céa et de «certaine nation hyperborée» dont parle Pline. A Marseille, en effet, les lois autorisaient la mort volontaire, sous réserve de l'approbation du sénat et du magistrat à qui il revenait de juger «les occasions legitimes de mettre la main sur soy» ; à Céa, où le suicide était également autorisé par la loi, la femme nonagénaire qui se donne la mort en présence de Sextus Pompée n'a aucune raison valable de hâter sa fin : sa décision, prise en toute sérénité, n'a d'autre but que d'achever en beauté une existence heureuse, de peur que son prolongement ne lui réserve des souffrances ; enfin, dans la nation hyperborée dont parle Pline, «pour la douce temperature de l'air les vies ne se finissent communement que par la propre volonté des habitans» qui «las et sous de vivre [...] ont en coustume au bout d'un long aage apres avoir fait bonne chere, se precipiter en la mer du haut d'un certain rochier, destiné à ce service». C'est ainsi que se termine le texte dans la version de 1580, par ces trois exemples de pays où la mort volontaire était officiellement admise.

On comprend mieux, à partir de là, le sens général du chapitre, qui serait en somme : dans certains cas le suicide peut être considéré comme raisonnable, quoiqu'il soit très malaisé d'en juger (voir les suicides insuffisamment motivés ou hâtivement décidés) ; il vaudrait mieux sans doute que la question soit réglée par la loi, comme cela se faisait parfois : on autorisait le suicide non seulement quand on jugeait qu'il y avait des raisons fondées (Marseille), mais aussi quand il ne s'agissait que d'éviter une souffrance prévue (la femme de Céa qui, en raison de son âge si avancé, ne peut s'attendre qu'à entrer dans un autre état), et même quand il était simplement question d'achever la vie avant qu'elle ne nous achève, sans qu'aucune souffrance ne soit prévisible (sous le ciel si doux de la nation hyperborée) ; alors le suicide pourrait être à plus forte raison justifié dans les cas de souffrance réelle. Bref, l'écrivain, qui se débat dans le dilemme – le suicide est-il acceptable, désirable, est-il la plus belle mort parce que la plus volontaire, ou bien s'agit-il d'un péché irrémissible, comme l'établit le dogme catholique ? –, qui se rend compte de la difficulté de «reigler ce doubte», et qui n'oserait pas personnellement le résoudre, souhaite en somme que des lois rendent cette action légitime – en d'autres termes, il souhaite pouvoir contempler l'éventualité de mettre fin à ses jours sans avoir de comptes à rendre à personne, même pas à sa propre conscience.

On comprend mieux aussi la fonction du titre, qui désigne surtout la *légitimité officielle* du suicide, indiquée par le terme «coustume». Ce n'est pas la "prudence" de Montaigne qui expliquera cette formule, où se trouve précisément souligné (j'avais promis de le montrer) l'aspect le plus inquiétant de son propos.

On peut ensuite disséquer d'autres aspects de la question, se demander – bien que cela ne semble pas indispensable – pourquoi, parmi les trois exemples qu'il donne de pays où le suicide était légalisé, Montaigne a choisi de valoriser dans le titre le cas de Céa. Les raisons peuvent être multiples, dont l'euphonie, ou le simple fait que Céa est à la fois plus loin de Marseille et moins vague que cette nation hyperborée qui n'a même pas de nom. Ma lecture peut toutefois apporter d'autres éclaircissements. Si on se place du point de vue d'un Montaigne qui, encore en bonne santé mais menacé par le mal de la pierre, envisage la possibilité de se donner la mort avant que son état physique ne soit compromis, on constate que c'est l'exemple de Céa qui convient le mieux à sa situation. Celui de Marseille, très général, se réfère à des suicides autorisés pour des raisons présentes et concrètes ; celui de la nation hyperborée signifie, par contre, le suicide sans raison aucune (sauf la satiété d'une vie trop longue et douce) ; seule la femme de Céa se donne la mort au moment où il s'agit pour elle d'éviter une prolongation de vie probablement pénible, ou une mort pire, que cette nonagénaire peut logiquement entrevoir. Sa bonne décision intervient au bon moment, avant que son état ne se dégrade : et nous savons le prix que Montaigne attache à l'intégrité de l'être[7]. De plus, son suicide, prémédité et tranquillement résolu,

---

7 Sur ce point très important et sur ses implications, voir *supra*, "Le livre témoin". Mais M. Tetel (*Montaigne*, New York, Twayne, 1974, p. 24-25) décèle dans l'épisode de Céa un exemple de l'ambiguïté de Montaigne qui, en présentant ici «a projection of the death he would

correspond parfaitement à ces images de «morts estudiées et digerées» que Montaigne admire (*De juger de la mort d'autruy*, II, 13, 610a [594]) ; c'est une mort qui ressemble assez à la mort de Socrate, moins tragique mais plus belle aux yeux de l'auteur que celle de Caton, à cause non seulement de sa fermeté, mais aussi de cette sorte de contentement et d'allégresse qu'on ressentait «en ses propos et façons dernieres» (on l'a vu dans II, 11, 425a [404]).

On pourra donc conclure que ce titre – qui vraiment n'a rien de précautionneux – reflète exactement la pensée et le vœu de Montaigne. Ce qui est confirmé par les additions et les variantes dans les éditions suivantes : cette interprétation saute aux yeux si on place le texte dans la perspective des remaniements qu'il subit.

Les additions, nombreuses, ne présentent pas toutes le même intérêt : je ne retiendrai que les plus utiles à ma démonstration.

On se souvient que Montaigne s'était débarrassé en une seule phrase et sans donner aucun exemple de «ceux qui, en mille façons, ont changé à la mort une vie peneuse». En 1588 les histoires de Lucius Aruntius, de Sextilia et de Paxea, de Cocceius Nerva, de la femme de Fulvius, enfin des habitants d'une ville des Indes assiégée par Auguste et des condamnés du temps de Tibère, viennent combler la lacune de la première rédaction. On peut penser que la fonction de ces additions est de mieux assurer l'équilibre du chapitre, de l'enrichir d'un surplus d'informations là où le texte de 1580 pouvait sembler trop laconique : ici comme ailleurs, cette explication simpliste est insatisfaisante[8] et ne résiste pas à l'analyse. Notons que toutes les anecdotes insérées en 1588 ont trait au désir d'éviter non pas des dangers concrets (comme dans la série précédente, de suicides pour «éviter une pire mort»), mais des souffrances morales. Pourquoi Montaigne insiste-t-il sur cet aspect ? Si ce n'était que pour compléter son tableau, on s'attendrait à ce qu'il comble aussi l'autre "lacune" constatée dans la première version : l'absence totale d'histoires qui illustrent la remarque de Pline, que la souffrance causée par certaines maladies peut pousser au suicide. Or, aucune addition ne vient combler ce vide, qui reste tel en 1588. C'est d'autant plus étrange que, juste à la fin du chapitre, Montaigne ajoute une brève phrase conclusive dans laquelle, en reconnaissant implicitement sa position en faveur du suicide, il

like to have», en réalité propose une mort «that in fact rejects suicide, since it occurs at age ninety and looks back to a long and useful life».

8 Je renvoie à l'interprétation du mécanisme des additions que j'ai proposé *supra*, "Cadavres guerriers".

désigne la souffrance comme une des raisons les plus valables à ses yeux : «La douleur et une pire mort me semblent les plus excusables incitations».

Quelque chose donc ne cadre pas dans l'ensemble et dans le mécanisme des additions : la phrase finale souligne justement, avec la «pire mort», le seul aspect (la souffrance) qui n'a pas d'illustration dans le texte. Tout se passe comme si Montaigne, en se relisant, repoussait ou plutôt esquivait une fois encore le fantasme qui le hante : la terreur de la gravelle à laquelle il ne saurait échapper. Il tourne autour du problème, tente d'estomper le cauchemar, de diluer l'anxiété en racontant de nombreuses histoires qui ne touchent que des tourments psychologiques : il ne dit mot de la douleur physique ; mais cette angoisse irrépressible reparaît dans les dernières lignes.

«Tout se passe comme si...», dis-je. L'analyse des phénomènes psychiques obscurs sous-jacents à l'écriture requiert beaucoup de prudence. Cette précaution prise, l'examen des additions de la dernière rédaction semble confirmer ma lecture point par point.

Je ne m'attarderai pas sur les nouveaux exemples que Montaigne introduit dans les différentes sections (suicides pour éviter une pire mort ou une vie pénible, ou bien suicides dans l'espoir d'un plus grand bien) et qui n'apportent aucun élément nouveau. Je m'empresse par contre d'appeler l'attention sur le fait que l'anomalie déjà constatée au niveau B se renouvelle dans les ajouts sur l'exemplaire de Bordeaux : aucune des nombreuses anecdotes qui viennent grossir le texte n'a trait au problème de la maladie en tant que possible incitation au suicide. En revanche – nous touchons là au point névralgique qui révèle d'un coup la lésion, la blessure du sujet –, dans la phrase qui concerne justement les maladies qui, d'après le témoignage de Pline, poussent au suicide, Montaigne insère des modifications capitales. Premièrement, il supprime le mal d'estomac et la douleur de tête, en ne laissant subsister que la pierre à la vessie, le mal qui l'a frappé[9]. Deuxièmement, il force sa source, en remplaçant *on aye accoustumé de se tuer* par *on aye droit de se tuer*, déplaçant ainsi la question du plan de l'habitude – d'un usage passé dans les mœurs – à celui d'une règle susceptible de légitimer l'acte que la loi humaine et la loi divine normalement réprouvent[10]. Le drame du sujet éclate enfin, qui avait été jusque là refoulé, bien que désigné dès le début dans le titre : le nœud du problème est véritablement la *légitimité* du suicide, la nécessité

---

9 Qu'il me soit permis de relever avec étonnement l'explication que P. Henry (*op. cit.*, p. 71) donne de la suppression de ces deux maladies : «One might conjecture that Montaigne ultimately found these either too vague or too frivolous».

10 La différence n'avait pas échappé à Villey. Voir son commentaire de ce passage dans le tome IV (*Sources*) de l'Edition Municipale, p. 182 : «Le texte de 1588 est plus exact que celui du manuscrit de Bordeaux. Pline parle d'expériences, de coutumes, non de droit».

d'une justification pour avoir conçu le projet, jugé condamnable, de se donner la mort. Enfin, la phrase est prolongée par une addition qui renvoie à Sénèque et qui ajoute au mal de la pierre les maladies qui troublent pour longtemps les fonctions de l'âme – ou plutôt : l'addition semble établir une équivalence entre le mal de la pierre et les affections qui compromettent l'équilibre psychique. Voici donc le passage dans sa nouvelle mouture :

> Pline dit qu'il n'y a que trois sortes de maladie pour lesquelles eviter on aye droit de se tuer : la plus aspre de toutes, c'est la pierre à la vessie quand l'urine en est retenuë ; Senecque, celes seulement qui esbranlent pour long temps les offices de l'ame.

En même temps (c'est toujours une façon de parler, puisqu'il est impossible de déterminer la chronologie des interventions à l'intérieur de chaque couche textuelle) la phrase finale subit aussi une modification, par l'insertion de l'adjectif *insupportable* : «la douleur *insupportable* et une pire mort me semblent les plus excusables incitations».

J'en infère que, d'une rédaction à l'autre, Montaigne lutte contre sa peur de la souffrance physique et contre le fantasme du suicide que cette peur fait surgir en lui : car il voit dans la mort volontaire une issue possible pour échapper aux douleurs de la gravelle. Le problème, déjà présent dans la première rédaction, se précise dans les versions ultérieures, confirmant par là ce qu'on a déjà relevé ailleurs : ici aussi Montaigne, en se relisant, se trouve confronté à des «monstres» imparfaitement apprivoisés, toujours prêts à sortir leurs griffes pour mettre en pièces le sujet : de même qu'un symptôme lésionnel révèle la meurtrissure, les additions peuvent indiquer les plaies qui continuent de saigner, les obsessions que le scripteur ne cesse de combattre.

Il se peut d'ailleurs qu'à d'autres moments, à d'autres endroits du livre, Montaigne explicite de façon nette et lucide les problèmes et les angoisses dont au début il n'avait pas clairement conscience, ou qu'il avait évité d'amener à la surface de la page. Lire les inquiétudes du sujet dans un texte qui tend à les effacer – c'est le cas dans *Coustume de l'isle de Cea* – est à mes yeux plus intéressant (je ne me lasserai pas d'insister là-dessus) que de répertorier les passages où ces mêmes inquiétudes se trouvent exprimées : je ne tente pas d'étudier l'individu, mais d'interroger le discours de l'écrivain qui, d'ailleurs, ne se prive pas de dire un peu partout son horreur de la maladie – dans des contextes différents, sans qu'il s'agisse de suicide, donc sans que la maladie soit considérée comme une raison plausible de se donner la mort. Je ne laisserai pas cependant de citer une preuve éclatante, le témoignage poignant du dernier chapitre du deuxième livre (*De la ressemblance des enfans aux peres*, II, 37), vraisemblablement rédigé pendant l'hiver 1579-80, où Montaigne parle longuement de la «colique» qui le tourmente depuis dix-huit mois, mais qu'il craignait par-dessus tout depuis «(son) enfance» (on sait qu'*enfance* est un latinisme pour désigner une période qui va jusqu'à la vingt-cinquième année ou plus), au point d'envisager de mettre fin à ses jours pour échapper à ce mal redoutable... Personne, je crois, n'a jamais songé à lire ce passage bouleversant pour ce qu'il est, à savoir le meilleur commentaire *a posteriori* de *Coustume de l'isle de Cea* :

> J'avoy pensé maintefois à part moy que j'alloy trop avant, et qu'à faire un si long chemin, je ne faudroy pas de m'engager en fin en quelque malplaisant rencontre : je sentois et protestois assez qu'il estoit heure de partir, et qu'il falloit trencher la vie dans le vif et dans le sein, suyvant la regle des chirurgiens quand ils ont à coupper quelque membre. Mais c'estoient vaines propositions : il s'en falloit tant que j'en fusse prest lors, que en dix-huict mois ou environ qu'il y a que je suis en ce plaisant estat, j'ay des-jà appris à m'y accommoder (II, 37, 759a [737]).

Montaigne n'a donc pas eu le noble courage de la femme de Céa : «tant les hommes sont acoquinez à leur estre miserable, qu'il n'est si rude condition qu'ils n'acceptent pour s'y conserver» (*ibid.*). Et c'est parce que cette crainte et cette tentation semblent désormais s'être éloignées de lui, qu'il peut enfin les avouer. Quelques années auparavant, il lui avait été impossible de «mettre en rolle» ses «chimeres». L'écriture, au lieu d'être rédemptrice, n'avait pas su assumer le monstre de la peur de la souffrance : elle n'avait fait qu'enregistrer la tentative du sujet de le maîtriser, en appelant Sénèque, Pline etc. à son secours, et de légitimer la "sortie" que son jugement estimait "raisonnable", mais qui sans doute répugnait à tout son être de chair et de sang.

De plus : juste après, cette même page confirme aussi (comme je le disais) que Montaigne est bien moins sensible aux «souffrances qui nous touchent simplement par l'ame», alors que «les souffrances vrayment essentielles et corporelles, (il) les gouste bien vifvement» (*ibid.*, 759-60a [738]). C'est pourquoi dans *Coustume de l'isle de Cea* il pouvait s'étendre sur les souffrances morales et psychologiques, alors qu'il passait sous silence le problème de la douleur physique, qui le touchait de trop près...

Maintenant que ces souffrances d'abord seulement prévues ont été réellement éprouvées, il lui est permis d'en parler, et même de reconnaître : «je les avoy conceuës par imagination si insupportables qu'à la verité j'en avois plus de peur que je n'y ay trouvé de mal» (*ibid.*, 760a [738]). Montaigne compose donc avec la gravelle, s'en accommode, tout en continuant à penser qu'il est «aux prises avec la pire de toutes les maladies, la plus soudaine, la plus douloureuse, la plus mortelle, et la plus irremediable» (*ibid.*). Il doit admettre toutefois que cette «douleur excessive» lui laisse la faculté «de dire, de penser, de respondre aussi sainement qu'en une autre heure», quoique «non si constamment» (*ibid.*, 762c [740]). A l'épreuve des faits, il constate que sa maladie n'autorise peut-être pas le suicide, puisqu'il peut l'endurer en conservant «les offices de l'ame» (qu'on se souvienne de l'addition C dans *Coustume de l'isle de Cea*, avec l'opinion de Sénèque selon laquelle ne peuvent justifier le suicide que les maladies «qui esbranlent pour long temps les offices de l'ame»). Mais si cela devait dépasser les limites du supportable, la mort volontaire demeurerait une "sortie" possible : «Dieu veuille qu'en fin, si son aspreté vient à surmonter mes forces, elle ne me rejette à l'autre extremité, non moins vitieuse, qui est d'aimer et désirer à mourir. *Summum nec metuas diem, nec optes*. Ce sont deux passions à craindre : mais l'une a son remede bien plus prest que l'autre» (*ibid.*, 760a [739]).

La pensée du suicide, bien que réprouvée, n'a pas disparu : elle demeure présente, toujours motivée par la douleur (à condition qu'elle soit excessive : d'où la phrase finale ajoutée en 1588 et modifiée ensuite sur le manuscrit de Bordeaux). La «coustume de Cea» n'est donc pas à proprement parler justifiée : elle représente cependant le cas limite (le suicide sans réelle souffrance) qui peut faire admettre la tentation («passion à craindre») du suicide à cause de la souffrance : tentation dont Montaigne fait l'expérience, contre laquelle il cherche à lutter, et dont il n'ose parler que lorsqu'il estime l'avoir enfin surmontée, en 1579-80, dans le chapitre qui clôt le livre[11]. Tentation qui l'effraie aussi et le rebute, et qu'il tente d'enrober de l'éclat de la "belle mort" stoïcienne pour se donner du courage[12]. Dans *Coustume de l'isle de Cea* le problème, trop brûlant, littéralement vital, ne peut être traité sur le mode du débat philosophique ni de la confidence personnelle : il est refoulé. Le texte toutefois en porte la trace. Si bien qu'une fois encore le plus important n'est pas ce que le texte dit, mais plutôt ce qu'il montre d'un signe qu'il faut voir : si la femme de Céa peut se donner tranquillement la mort pour éviter une souffrance seulement prévue et peut-être hypothétique, *je* devrais pouvoir suivre son exemple, moi que l'hérédité condamne à une souffrance certaine et que je sais terrible, car j'ai vu les souffrances de mon père ; si la femme de Céa peut légitimement mettre fin à ses jours pour éviter que le malheur n'ait prise sur elle, *je* ne suis pas coupable d'envisager l'éventualité du suicide, moi que la maladie guette et qui vais devenir sa proie. La désignation du titre signifie d'une certaine façon le désir d'innocenter l'idée de la mort volontaire, engendrée chez Montaigne par la crainte de la douleur.

Non pas apologie du suicide, mais expression d'une quête éthique angoissée, ce chapitre parle en somme des affres du sujet, de sa peur de la

---

11 Il me semble qu'il y a là une autre preuve qui étaye la thèse chère à F. Charpentier, et que je partage : en fait les *Essais* de 1580 étaient un point d'arrivée, un livre clos, qui n'aurait peut-être pas été repris si d'autres expériences n'étaient survenues.

12 Je développerai ce thème dans les pages qui suivent, "La théâtralisation du fantasme".

souffrance, de son hésitation devant l'issue possible, de l'écart entre soi et soi, de sa recherche du courage de vivre et de mourir.

13. 2. La théâtralisation du fantasme

La tentation du suicide signifie donc chez Montaigne l'hypothèse (plus que jamais actuelle) de l'euthanasie : au pied de la lettre, la bonne, donc la belle mort, solution éthique et esthétique contre les outrages d'une souffrance excessive. Un point de vue analogue se manifeste à d'autres endroits dans les *Essais* : si l'auteur juge déraisonnable *de fuir les voluptez au pris de la vie*, il semble convaincu «qu'il est heure de mourir lors qu'il y a plus de mal que de bien à vivre ; et que, de conserver nostre vie à nostre tourment et incommodité, c'est choquer les reigles mesmes de nature» (I, 33, 218a [215]). Dans ce sens aussi va le chapitre *Que le goust des biens et des maux depend en bonne partie de l'opinion que nous en avons*, où le *je* écrivant, qui dénombre ceux «qui ont attendu la mort constamment ou recherchée volontairement» (I, 14, 54a [54]), panse l'angoisse du *je* inscrit. C'est ainsi que le fantasme de la belle mort (celle de Caton si souvent évoquée, mais aussi les autres citées dans I, 19, 80b [79], qui rachètent toute une existence) conjure justement la peur de la mort. C'est sans doute la raison la plus profonde (que j'avais expressément laissée de côté) qui explique la fascination qu'exerce sur Montaigne l'épisode de Céa, et par conséquent le choix du titre. Cette scène puissamment évocatrice est d'abord le récit d'un exorcisme.

La *scène* de Céa. On a l'impression en effet d'assister à une véritable représentation. C'est d'ailleurs le seul cas, dans un chapitre qui ne parle que de gens qui se donnent la mort, de suicide effectivement construit comme un spectacle[13]. Ici «le dernier acte de (la) comedie», le «dernier rolle de la mort et de nous» (I, 19, 79-80a [78]) se déroule sous nos yeux dans un décor noblement somptueux : ici le fantasme de la belle mort trouve sa réalisation la plus théâtrale.

D'abord cette scène, à plusieurs égards exceptionnelle, concerne une femme de haut rang. Deuxièmement, le public n'est pas seulement constitué par les proches de la dame en question : un spectateur lui aussi exceptionnel, Sextus Pompée en personne, se trouvant dans l'île, est prié par la dame «d'assister à sa mort pour la rendre plus honorable». Ainsi ce suicide est en tout point extra-ordinaire : un acte solennel qui s'accomplit en pompe, dans

---

13 Du moins aux niveaux A et B ; le suicide de Ninachetuen – ou encore le suicide collectif de Vibius Virius avec d'autres sénateurs de Capoue et celui des habitants d'Astapa –, ajoutés sur l'exemplaire de Bordeaux, sont aussi dans ce sens spectaculaires ; mais, à la différence du suicide de la femme de Céa, ils ont lieu dans des circonstances dramatiques.

des conditions privilégiées, sous les yeux d'un grand chef, témoin et garant, qui honore cette dame de sa présence.

La valeur d'exorcisme de la cérémonie ainsi évoquée est d'autant plus évidente si on tient compte de tout ce qui précède, et que j'ai essayé tout à l'heure de mettre en lumière. Montaigne est pris entre l'angoisse de la mort douloureuse de son père et celle de la mort sans doute semblable qui l'attend. J'insiste sur cet élément fondamental : la peur de la mort qui parcourt tous les *Essais* – de la mort par maladie : car en guerre, dans l'élan du combat, on n'a même pas le temps de voir son visage, d'ailleurs d'autant moins effrayant qu'il est actif – la peur de la mort donc se nourrit pour Montaigne, jusqu'à cette date, d'au moins deux exemples concrets. D'abord la mort de La Boétie, qu'il s'efforce de représenter sous de nobles ornements "à l'antique" dans la *Lettre* qu'il adresse à Pierre Eyquem ; ensuite la mort de ce dernier, dont il ne parle jamais : silence qui ne s'explique pas totalement par l'absence éventuelle de Michel au moment du décès de son père au château. Ces deux apprentissages de la mort sont certainement, pour Montaigne, des apprentissages de l'humiliation physique qui l'accompagne : il découvre que, contrairement au lieu commun tenace, la souffrance n'ennoblit pas, elle dégrade. Ce n'est pas par hasard en somme qu'il embellit le trépas de l'ami et ne touche jamais mot de celui du père... A cette humiliation pourtant il ne cesse sans doute pas de penser : lorsqu'il décline sur tous les tons, tout au long des *Essais*, son horreur de la déchéance ; lorsqu'il lutte de toutes ses forces contre la terreur de la souffrance physique, mal extrême, pire que la peur de la mort, car finalement la mort n'est à craindre qu'à cause de la douleur, «son avant coureuse coustumiere», «le pire accident de nostre estre» (I, 14, 56a [56]) ; lorsque, surtout, à la fin du chapitre *Que philosopher c'est apprendre à mourir* (I, 20, 96a [94]), il décrit le masque lugubre que la mort nous présente lorsqu'elle nous frappe dans nos maisons, dans une chambre sans jour où brûlent des cierges, sur un lit entouré de parents et serviteurs en larmes, assiégé de médecins et de confesseurs : «somme, tout horreur et tout effroi autour de nous»[14].

Atterré donc par l'angoisse de la mort de son père – qu'il a dû ressentir comme un spectacle de dégradation (Pierre Eyquem a été malade sept ans, «trainant une fin de vie bien douloreuse», II, 37, 763a [742]) –, pris entre l'impossibilité de trouver un sens à la laideur de cette fin avilissante et la frayeur d'avoir à subir la même expérience, Montaigne repousse cette hantise : il évite alors de raconter des cas de suicide par souffrance, pour opposer à ces images de mortification une mise en scène somptueuse, un rêve de gloire : se donner la mort en pleine santé, sans qu'aucun signe d'infirmité

---

[14] Pour l'importance de cette page, *cf. supra*, "Le héros de plume".

n'ait encore porté atteinte à l'intégrité de notre être physique ; se donner la mort sous les yeux de Pompée, qui sacralise notre trépas par le charisme de sa souveraineté. Le sujet se place en somme en majesté, son empire rencontre l'empire du monde.

Si je parle d'empire du sujet, c'est que les passages sont relativement nombreux dans les *Essais* où le *je* (ce *je* qui est le véritable lieu du récit) se drape dans une attitude d'autorité et de pouvoir, ou mieux, où l'écrivain – qui s'avoue à plusieurs reprises faible, hypersensible et impressionnable – essaie d'occuper par la parole le lieu de la dominance, pour réagir contre son insuffisance et éviter le face-à-face avec sa propre misère. Ce sont ces textes sécurisants qui, en opposant leurs structures de compensation aux textes de culpabilité, tout aussi nombreux dans le livre, peuvent rendre compte de la façon dont le sujet se construit, obstinément, en niant et en avouant la finitude et le malaise qui le fondent. C'est là qu'on peut déceler les repères et les sutures originelles qui lui permettent de se reconnaître, et finalement de s'installer au centre des *Essais*, pour que sa quête sans relâche y trouve son point de fuite.

Un des exemples les plus frappants est constitué sans doute par *Un trait de quelques ambassadeurs* (I, 17), que j'ai déjà analysé, en y dégageant les mécanismes mis en action par Montaigne pour s'arroger les droits et les pouvoirs du “maître du sens”. Le privilège souverain du «jugement», qui parcourt les *Essais* comme un leitmotiv obsédant, est la prérogative capitale, qui situe le sujet au-dessus de tous ses semblables : que peuvent valoir la science, les connaissances dans tel ou tel domaine – dont d'ailleurs le sujet se déclare dépourvu – face à cette faculté qui l'habilite à décider en qualité d'arbitre ? Et les professions de modestie qui d'ordinaire accompagnent les revendications de ce privilège, si elles manifestent la conscience chez le sujet que ces mêmes facultés qui le distinguent sont faillibles, n'entament pas la certitude qu'il a de son propre droit à les exercer. Autrement dit : la vérité, invisible tant elle est éblouissante, est que cet écrivain si convaincu de la faiblesse de son jugement fait cependant de cet instrument imparfait le sceptre avec lequel il gouverne le monde – parce que de toute façon personne en ce monde, à l'exception de quelques esprits choisis de l'Antiquité, ne saurait le manier mieux que lui. On peut tirer des *Essais* tout un jeu de citations pour étayer cette thèse : à savoir que tous les efforts du sujet sont voués à satisfaire conjointement une instance autocritique et une instance d'autolégitimation, ce qui revient à annuler l'une par l'autre. Dans les méandres de ces contradictions Montaigne s'égare à plaisir, avec une simplicité rusée – et c'est là tout l'intérêt de ces pages captivantes. Car le sujet qui se pose en juge ne tolère pas que les autres s'attribuent un pouvoir analogue, qu'ils se mêlent de juger ceci ou cela ;

et, pour ce qui le concerne, il ne supporte pas non plus qu'on puisse le juger, il ne se plie pas aux avis de son prochain. Si par exemple il permet qu'on le contredise dans la conversation, s'il affirme même : «Je festoye et caresse la verité en quelque main que je la trouve, et je m'y rends alaigrement» (III, 8, 924b [902]), il reconnaît quelques lignes plus loin (et quelques années plus tard car il s'agit d'une addition sur l'exemplaire de Bordeaux) que le plus souvent il s'est rendu aux critiques par courtoisie et non par conviction : «pourveu qu'on n'y procede d'une troigne trop imperieuse et magistrale, je preste l'espaule aux reprehensions que l'on faict en mes escrits ; et les ay souvent changez plus par raison de civilité que par raison d'amendement : aymant à gratifier et nourrir la liberté de m'advertir par la facilité de céder ; ouy, à mes despans» (*ibid.*, c). Sa complaisance cache en somme le peu de cas qu'il fait des attaques qu'il reçoit : s'il se déclare fier de sa victoire sur lui-même lorsqu'il se laisse «plier soubs la force de la raison de (son) adversaire», il se rétracte aussitôt en avouant qu'il «ne donne à sa reprehension que l'authorité qu' (il) veut» (*ibid.*, 925b-c [902-3]). Autant d'exemples de l'exquise virtuosité dont il fait preuve pour expliquer comment, tout en se montrant respectueux des opinions d'autrui, au fond il s'en moque complètement[15]. Roi chez lui («J'ay mes loix et ma court pour juger de moy, et m'y adresse plus qu'ailleurs», III, 2, 807b [785]), il n'est vraiment pas sensible aux... mouches :

> je me sers rarement des advis d'autruy, si ce n'est par honneur de ceremonie, sauf où j'ay besoing d'instruction de science ou de la connoissance du faict. Mais, és choses où je n'ay à employer que le jugement, les raisons estrangeres peuvent servir à m'appuyer, mais peu à me destourner. Je les escoute favorablement et decemment toutes ; mais, qu'il m'en souvienne, je n'en ay creu jusqu'à cette heure que les miennes. Selon moy, ce ne sont que mousches et atomes qui promeinent ma volonté. Je prise peu mes opinions, mais je prise aussi peu celles des autres (*ibid.*, 814c [792-93]).

Une fois encore, la science et la compétence dont les autres sont pourvus se trouvent reléguées au rang d'accessoires et d'instruments par rapport à la prérogative souveraine du «jugement» que le sujet s'attribue et qu'il entend exercer de façon exclusive.

L'occupation du lieu du pouvoir par le sujet est ainsi évidente chaque fois qu'il est question de ce privilège. Le *je* a beau déclarer que ses forces sont défaillantes : ses protestations de faiblesse dans tous les domaines sont neutralisées par l'affirmation souvent hautaine de sa capacité de juger qui absorbe et résume en elle toutes les autres facultés. C'est un thème que

---

15 J. Starobinski aussi (*Montaigne en mouvement*, Paris, Gallimard, 1982, p. 169) observe : «tout en cherchant à retenir le regard des autres, il affiche le plus grand dédain pour le jugement qu'ils porteront sur lui».

Montaigne module avec autant de vigueur que d'adresse, déployant, dirait-on, une science consommée pour légitimer ses curieuses contorsions intellectuelles : dans ces pages déroutantes, quelle valeur accorder aux professions d'humilité par rapport aux déclarations les plus orgueilleuses qui les côtoient et qui prennent la tournure du désaveu ? Art subtil du détour et du leurre, de la part de ce chevalier de la sincérité ? De toute évidence, je le répète, la question ne se pose pas en termes de «bonne foy» ; paradoxalement, ce serait prendre à contre-pied la vision des hommes et du monde qui nous est proposée dans les *Essais*, réduire et trahir le mouvement particulier de la démarche de Montaigne, sa manière spécifique de poser les problèmes, ou pour mieux dire son problème : car il s'agit pour lui de maîtriser dans et par l'écriture ce qui l'oppresse. Ses associations audacieuses, ses démentis, ses contradictions innombrables sont autant de passerelles verbales jetées par-dessus des ravins profonds, pour tenir en échec les puissances surgissant de l'abîme. Il s'agit pour lui de s'emparer de la tour de guet, de s'y installer pour exercer son rôle de sentinelle, le seul qui lui permette de résister aux assauts destructeurs de ses «monstres». Il s'agit en somme, pour lutter contre l'anéantissement, de faire jouer toutes les défenses, d'endosser une armure de guerre qui protège les parties les plus sensibles de sa personne, bref de masquer sa fragilité, se parant en paroles d'autres prérogatives. Si, par exemple, le sujet est incapable de vertu, il clame qu'au moins il sait la reconnaître et l'apprécier, alors que les autres n'ont pas la vue assez forte ni assez nette pour en concevoir la splendeur (I, 37, 229-30a [225-26]). Si bien que, faute d'avoir l'âme héroïque dont il rêve, il se fabrique une sorte d'héroïsme mental compensatoire qui non seulement lui permet de mépriser les âmes faibles, mais aussi de juger des âmes fortes, en décidant en l'occurrence de la valeur du jeune Caton... D'ailleurs, après avoir dit qu'il n'est pas en mesure de traiter ce sujet et qu'il veut seulement faire lutter ensemble les cinq poètes latins qui chantent les louanges de ce personnage, Montaigne intervient (dans les additions à ce même chapitre, sur l'exemplaire de Bordeaux) pour établir une échelle de valeurs, en affirmant, en dernière analyse, qu'il est plus aisé de faire de la poésie que de la connaître, que pour la connaître le jugement est insuffisant, mais que lui a eu, dès sa première enfance, le don d'être pénétré et transporté par elle (*ibid.*, 231-32 [227-28]). C'est ainsi que le *je*, supérieur aux autres par sa faculté de juger, finit par déclarer sa supériorité même dans un domaine où le jugement à lui seul serait impuissant : et par là il s'attribue une fois encore le rôle de "maître du sens", l'autorité de juger et choisir.

On retrouve le schéma de compensation que je viens d'esquisser de façon sommaire notamment dans tous les chapitres qui traitent des qualités nécessaires à un gouverneur ou à un homme politique. C'est là que, de glissements en retournements, les affirmations de maîtrise de soi se transforment en autant d'affirmations du droit à la maîtrise sur les autres : il s'agit bien pour le sujet de se saisir de l'empire du monde. C'est donc là surtout qu'on voit à l'œuvre cette théâtralisation du fantasme, autrement dit cette mise du *je* en personnage dans un contexte fantasmatique, littéraire ou historique, qui permet au sujet de contrebalancer ses manques, de se poser en chef malgré ses faiblesses avouées.

Entendons-nous : il n'est pas fréquent de voir Montaigne se statufier en se plaçant sur un socle plus ou moins mythique ; il sait bien qu'on ne se grandit pas en se raidissant et il multiplie – on l'a assez souligné – les postures naturelles et les gestes nonchalants. Cependant plusieurs passages des *Essais* attestent que ce guetteur lucide s'enveloppe parfois d'un manteau de rêves pour cacher sa détresse, sa déception d'homme qui attendait de l'existence plus qu'elle n'a pu lui accorder, et qui occupe en imagination la place que le destin lui a refusée. Car Montaigne n'a pas choisi de se tenir dans l'ombre, de jouer un second rôle. S'il a renoncé à la carrière des armes, à la vie mondaine, à une charge de magistrat (qui déjà n'était qu'un pis-aller), il n'a pas refusé pour autant la reconnaissance publique, il n'a pas opté pour le silence, l'inexistence sociale, l'effacement. Son mépris de la foire aux vanités ne va pas aussi loin, ce gentilhomme paresseux n'est finalement pas tout à fait indifférent au succès. Au contraire. Seulement voilà : les *Essais* eux-mêmes sont un pis-aller (il l'a assez dit), la gloire des lettres est risible, il faut exister «ailleurs qu'en papier» (II, 37, 784a [764]). Alors l'écrivain s'abandonne sans l'avouer à des rêveries de gloire militaire, il continue à fantasmer sur ce qu'il ferait s'il était chef d'une armée… Si bien qu'à force de fantasmer sur des images guerrières, c'est à cheval et en majesté que le sujet se pose lorsque, après avoir évoqué les figures de César, Pompée, Alexandre, «fort bons hommes de cheval», il ajoute immédiatement une référence à ses propres prouesses de cavalier (I, 48, 289a [278] ; la statue équestre de Montaigne : c'est au moins cela qu'on peut voir dans le chapitre *Des destriers*, un des plus opaques sans doute).

Or, c'est dans la perspective d'une vie active que l'écrivain peut récupérer également son travail d'écriture, justifier sa vie par le livre de sa vie. Parce que chaque fois qu'il est amené à refuser ou à se refuser un rôle public, ce sont ses *Essais* qui lui permettent de s'attribuer de toute façon un rôle moral : s'il est incapable de conduire une armée ou de gouverner un peuple, par son livre il peut cependant apprendre aux autres à bien faire selon prudence et justice. Le mot du général athénien Iphicrate (cité d'après Plutarque) conviendrait aussi bien pour définir l'attitude de Montaigne : «Un Roy doit pouvoir respondre comme Iphicrates respondit à l'orateur qui le pressoit en son invective, de cette maniere : Et bien, qu'es-tu pour faire tant le brave ? es-tu homme d'armes ? es-tu archier ? es-tu piquier ? – Je ne suis rien de tout cela, mais je suis celuy qui sçait commander à tous ceux-là» (I, 40, 251b [244-45]). Le plus intéressant ici étant sans doute le contexte : car ce passage prend place dans un chapitre où Montaigne cherche à rabaisser «la perfection du bien parler» qui ne saurait «apporter quelque gloire sortable à un grand personnage», pour insérer enfin dans cette page, sur l'exemplaire de Bordeaux, sa protestation contre ceux qui s'arrêtent «au langage des Essais», dont ils mésestiment ainsi le fond... alors qu'il n'y a guère d'autres livres qui offrent une matière plus riche, plus substantielle. *Non est ornamentum virile concinnitas*, disait Sénèque. En d'autres termes : les *Essais* ne sont pas l'ouvrage d'un écrivain, mais l'entreprise d'un homme qui, tout en déclarant «je ne suis propre qu'à suyvre [...] je ne me fie pas assez en mes forces pour entreprendre de commander, ny guider» (II, 17, 654a [638]), s'estime tout de même capable d'éclairer et diriger ses semblables.

Je n'insisterai pas davantage sur cette hantise du grand homme qui habite l'imaginaire du sujet : il est clair que, frustré dans son rêve de posséder les qualités d'Alexandre, d'Épaminondas ou éventuellement de César (II, 36, *Des plus excellens hommes* : très significativement, en dépit de la présence d'Homère au premier rang – mais Homère est le chantre de hauts faits guerriers ! – ce sont souvent les hommes d'action, les *condottieri*, les chefs qui emportent l'admiration de l'écrivain), Montaigne essaie de trouver d'autres arguments pour *se justifier* (justifier sa vie). Dans cette opération d'autosécurisation et surtout d'autojustification, le sujet est amené à s'installer dans une situation de prééminence, diversement selon le contexte. Je n'indiquerai rapidement qu'un seul autre passage à mon avis fort intéressant à cet égard (en particulier pour ce processus de théâtralisation du fantasme qui nous va ramener incessamment à l'île de Céa d'où nous étions partis).

Ce texte, qui pourrait fonctionner comme un contre-exemple (c'est naturellement pour cela que je le choisis), figure au chapitre *De l'inequalité qui est entre nous*, où se trouve développé le discours des désavantages du pouvoir[16]. Les arguments sont attendus : les passions agitent les rois ainsi que le commun des hommes ; les maladies, la vieillesse, la mort les frappent aussi, et leurs richesses ne leur servent de rien s'ils ne savent en jouir ; le sceptre peut être lourd, il est plus aisé et agréable de suivre que de guider... De plus, un autre inconvénient non négligeable de la position royale réside dans le fait qu'on est «espié et contrerollé» jusque dans ses contenances et pensées, «tout le peuple estimant avoir droict et interest d'en juger» (I, 42,

[16] Pour une lecture "politique" de ce chapitre, *cf.* D. L. Schaefer, «Of Cannibals and Kings : Montaigne's Egalitarianism», *Review of Politics*, XLIII, 1 (1981), p. 43-74 (notamment p. 60 sqq.). Cet article a été repris par l'auteur dans son livre *The Political Philosophy of Montaigne*, Cornell University Press, 1990.

265b [256] ; on voit réapparaître ici l'idiosyncrasie du sujet qui refuse d'accorder au «vulgaire» le privilège du jugement et qui n'accepte pas qu'on le juge). A tout cela s'ajoutent les paroles de Hiéron qui (d'après Xénophon) dit que l'abondance excessive des plaisirs en ôte le goût ; qu'en outre il ne peut «aller et voyager en liberté, estant comme prisonnier dans les limites de son païs ; et qu'en toutes ses actions il se trouve enveloppé d'une facheuse presse» et privé, par contre, «de toute amitié et societé mutuelle, en laquelle consiste le plus parfait et doux fruit de la vie humaine». Ici (c'est l'essentiel) les propos du tyran, jusqu'à présent rapportés sous forme de discours indirect, glissent au discours direct, à la première personne, et demeurent sur ce registre jusqu'à la fin du paragraphe (je le cite partiellement pour abréger) :

> Car quel tesmoignage d'affection et de bonne volonté puis-je tirer de celui, qui me doit veuille il ou non, tout ce qu'il peut ? [...] Si mes subjectz ne m'offencent pas, ce n'est pas tesmoignage d'aucune bonne affection. Pourquoy le prendrai-je en cete part-là puis qu'ils ne pourroient quand ilz voudroient [...] Ma hauteur, m'a mis hors du commerce des hommes : il y a trop de disparité et de disproportion. Ilz me suivent par contenance et par coustume [...] leur liberté estant toute bridée par la grande puissance que j'ay sur eux : je ne voy rien autour de moy que couvert et masqué (*ibid.*, 266a [257-58]).

Il faut noter qu'il ne s'agit pas ici d'un calque de la source : chez Xénophon, en effet, Hiéron s'exprime le plus souvent de façon impersonnelle, en parlant du "tyran". Par contre Montaigne, en utilisant la première personne, assume tout court le *je* de Hiéron, s'identifie au personnage, parle pour lui, avec son langage (*mes subjectz, ma hauteur, me suivent, la grande puissance que j'ay sur eux* ...) : il se met en somme à la place du roi, en s'introduisant dans sa subjectivité, et... en s'installant sur son trône.

Ce surgissement du *je* est d'une grande importance, précisément à cet endroit où apparemment, au nom de la faculté de vivre heureux, Montaigne parle contre les faux avantages de la royauté (et de toute charge publique en général) : en réalité le fantasme du pouvoir le poursuit à tel point que, pour le repousser, pour en diminuer l'attrait, il se place sur le trône de Hiéron, au siège même de l'autorité souveraine.

En conclusion : Montaigne entretient avec le pouvoir une relation ambiguë qui demande d'autres analyses attentives : en effet, la tentation a toujours été grande pour la critique d'isoler dans les *Essais* les passages référentiels, où le discours mimétique de l'auteur clame sa volonté de présence au monde, et d'ignorer la tension où le texte cherche difficilement son équilibre, par ailleurs toujours fragile. On est encore loin de pouvoir établir un diagramme exact des parcours de cet écrivain. Beaucoup de travail reste à faire pour dévoiler les mécanismes de la mise en scène, et découvrir peut-être ce portrait inverse que Montaigne nous a légué de lui-même, sans doute à son insu. Il s'agit par exemple (je n'ai donné que l'indication de quelques pas à faire dans cette direction) de mettre en lumière précisément les scènes que le sujet bâtit autour de ses obsessions. Il ne faut pas négliger le rôle dans les *Essais* de la «force de l'imagination» (I, 21), source de terreur mais aussi pouvoir illusionniste grâce auquel le sujet peut l'emporter sur ses faiblesses, en transgressant les limites de sa raison.

De Céa à Syracuse le *je* parcourt un pays onirique où il peut réaliser son désir. Pressé par la menace d'une fin douloureuse et avilissante, il se perd et se rachète dans la vision d'une mort volontaire, majestueuse et spectaculaire ; d'une certaine façon, l'"“autre scène” passe la rampe, le fantasme est théâtralisé, et la remontée peut se faire pour le scripteur vers cette existence difficilement gagnée sur la crainte de la souffrance et la tentation du suicide. C'est encore et toujours grâce à l'illusion et au pouvoir de l'écriture que le sujet, frustré dans ses aspirations de gloire, dans sa volonté de puissance, parvient à apaiser ses blessures : s'asseoir en paroles sur le trône de Hiéron n'est qu'un leurre, mais il permet au désir de nier les avantages princiers sans se nier lui-même. L'imaginaire risque d'être aliénant, mais il peut aussi servir à la conquête de sa propre liberté.

Or c'est bien de cela qu'il s'agit dans les *Essais*. En refusant la dégradation physique et morale, en se posant, dans l'intégrité de ses facultés, en juge et maître du monde, en s'installant à la place du roi, le *je* ne fait en somme rien d'autre qu'établir son empire pour ne pas sombrer dans le néant.

CHAPITRE 14

VAINQUEURS OU VAINCUS : DE QUEL CÔTÉ SUIS-JE ?

Il me plaît de clore mon livre par une analyse du chapitre initial des *Essais* qui me semble s'offrir naturellement à ma perspective de lecture. Mais je n'aurais pu aborder ce texte énigmatique avant d'être arrivée au terme de mon parcours. Je puis à présent montrer plus aisément que dans ce chapitre, ainsi que dans les autres – mais peut-être plus que partout –, le propos logique exhibé en clair s'entrelace avec un sens caché qui nous ramène une fois de plus aux fantasmes du sujet.

Par divers moyens on arrive à pareille fin (I, 1) a fait l'objet de nombreuses études mais on n'en a cependant pas deviné le secret[1]. On s'accorde en général sur le fait que dans l'édition de 1580 ce chapitre liminaire suivait un parcours discursif clairement articulé et présentait une certaine symétrie, que les ajouts ultérieurs ont détruite. En synthèse (car je ne saurais résumer les analyses plus ou moins subtiles qui ont été consacrées à ce texte) : on assiste dans la version primitive à une problématisation de l'exemple – d'où, essentiellement, la place initiale de ce chapitre, rédigé ou complété probablement à une date assez tardive. La question posée est de savoir comment, une fois vaincu, on peut avoir la vie sauve. Il est à souligner que c'est justement le point de vue du vaincu que le scripteur adopte ici : «La plus commune façon d'amollir les coeurs de ceux qu'on a offensez, lors qu'ayant la vengeance en main, ils *nous* tiennent à leur mercy, c'est de les émouvoir à commiseration et à pitié : toutes fois la braverie, la constance, et la resolution, moyens tous contraires, ont quelque fois servi à ce mesme effet».

Les anecdotes racontées mettent en œuvre seulement la deuxième possibilité : les larmes des vaincus n'obtiennent aucun résultat, c'est leur courage qui pousse le vainqueur à la clémence. Mais surtout, ce qui est problématique est le rapport entre la situation et la solution, qui dépend de l'imprévisibilité du comportement de l'homme, «sujet merveilleusement vain,

1 Je me contente de renvoyer à l'analyse de E. M. Duval, «Le début des *Essais* et la fin d'un livre», *R. H. L. F.*, LXXXVIII, 5 (1988), p. 896-907 : il cite en note la plupart des études précédentes, parmi lesquelles je voudrais mentionner celle, très fine, de Lino Pertile, «L'esordio di Montaigne», *Rivista di Letterature Moderne e Comparate*, XXXV, 1 (1972), p. 50-61.

divers et ondoyant» : si bien que non seulement «par divers moyens on arrive à pareille fin», mais on peut, par ces mêmes moyens, n'arriver nulle part (L. Pertile), ou encore, en inversant la formule du titre – qui précisément s'avère insuffisante – «par pareils moyens on arrive à diverse fin» (E. Duval). C'est ce que semble montrer l'exemple final de Sylla, sur qui une généreuse vertu n'eut aucun effet.

Sur les additions de 1588 et de l'exemplaire de Bordeaux les avis sont partagés : selon certains, les interventions, tout en embrouillant le fil du chapitre primitif, en confirment le sens ; selon d'autres, elles l'altèrent profondément... Je n'entre pas dans la perspective de ces lectures, car je voudrais en tenter une autre d'une nature différente, qui vise à déterminer l'investissement du sujet dans le texte et à montrer par là le rôle fondamental des *exempla.* Comme le dit Derrida, un texte n'est un texte que s'il cache au premier regard, au premier venu, la loi de sa composition et la règle de son jeu. Pour tenter de découvrir cette règle, revenons rapidement à la rédaction de 1580 ; nous verrons ensuite les ajouts.

Le sujet, avons-nous dit, dès le premier paragraphe se situe *du côté des vaincus.* A travers les exemples cités, il constate qu'une attitude courageuse de la part de ceux-ci frappe les âmes généreuses et fortes des princes vainqueurs (Édouard, Scanderberg, Conrad III), alors que le peuple est plutôt sensible aux plaintes : quoique la fierté d'Épaminondas ait pu susciter l'admiration des Thébains, on peut dire qu'en général le vulgaire, ainsi que les femmes et les enfants – donc les natures faibles et molles – se laissent davantage toucher par les larmes et les pleurs.

Or, en 1588, l'écrivain insère après les exemples d'Edouard, de Scanderberg et de Conrad III, une intervention personnelle, en déclarant : «L'un et l'autre de ces deux moyens m'emporterait aysement. Car j'ay une merveilleuse lascheté vers la misericorde et le pardon». Il se met donc *dans la situation du vainqueur* pour dire qu'il serait davantage sensible à la pitié que frappé par le courage. Cette confidence sur son propre caractère apparaît comme un aveu de la faiblesse de sa nature («*merveilleuse lascheté*») ; aveu assorti d'une réflexion du sur-moi stoïcien qui définit la pitié «passion vitieuse».

Une autre addition se situe à la fin du chapitre, où l'on voit entrer en scène Alexandre, qui se montre cruel et insensible devant le courage de Betis. Le texte s'achève donc, en 1588, sur la question : «Seroit-ce, que la force de courage luy fut si naturelle et commune, que pour ne l'admirer point, il l'estimast et respectast moins ?» La possibilité d'admirer le courage est-elle donc inversement proportionnelle à sa propre dose de courage ?

Apparemment, c'est ici l'excellence du courage d'Alexandre qui le rend insensible.

Sur l'exemplaire de Bordeaux Montaigne ajoute, tout de suite après l'exemple d'Épaminondas, une autre histoire qui va dans le même sens, mais qui se rattache également à celle de Betis : car le courage du capitaine Phyton, tout en laissant insensible Denys l'Ancien (ainsi que la valeur de Betis laisse insensible Alexandre), semble impressionner en revanche la foule de ses soldats (comme l'attitude d'Épaminondas étonne le peuple thébain). Ensuite, à la fin du chapitre, dans l'assez longue addition concernant Alexandre, l'écrivain continue de s'interroger sur la cruauté extraordinaire du grand empereur, qu'il semble attribuer, en dernière analyse, à sa nature colérique.

Je ne crois pas que tous ces ajouts détruisent la structure logique du texte de 1580, ni surtout que l'insertion de l'exemple d'Alexandre annule ce qui, selon certains, faisait l'intérêt de la version primitive : le retournement, dans la conclusion, de la proposition contenue dans le titre. Comme si tout l'intérêt du propos de Montaigne pouvait résider dans le fait d'avoir inversé le sens d'une maxime… ! Les compilations, les recueils de *leçons*, sont pleins d'exemples qui se contredisent : Montaigne ne ferait donc que suivre cette ornière ? Disons plutôt que s'il emprunte ces tracés, c'est pour se poser des questions sur lui-même. Et que de toute façon l'écriture suit d'autres cheminements que ceux de la logique. Ce qui guide l'écrivain n'est pas le souci de *construire un texte* bien agencé, d'obéir à un parcours conceptuel rigoureux, mais d'articuler de façon à peu près cohérente un propos dont l'origine est cependant émotionnelle. Si le texte primitif est mieux bâti, c'est qu'en 1580 Montaigne avait cherché à contrôler ses pulsions, à résister à ses fantasmes. En revenant sur son livre, il laisse s'y glisser ce qu'il avait tenté d'abord de repousser. L'attitude qu'il finit par adopter – inconsciemment – pourrait être rapprochée, pour aller vite, de celle de Rousseau : «Le lecteur n'a pas besoin de savoir tout cela, mais j'ai besoin, moi, de le lui dire» (*Confessions*). En d'autres termes, les besoins du texte ne coïncident pas avec le besoin du sujet (ainsi que je l'ai montré pour d'autres passages des *Essais*)[2].

De ce point de vue, la question posée par ce chapitre est moins celle de l'instabilité de la nature humaine – que le discours rationnel développe – que celle de la «pitié, passion vitieuse aux Stoïques» qui sourd de l'inconscient et serpente entre les lignes. Tout le débat du texte – ce débat obscur dont précisément le texte ne parle pas de façon explicite – concerne l'opposition des natures faibles et des natures fortes. Dans la première catégorie se placent les femmes, les enfants et le vulgaire, qui demandent miséricorde lorsqu'ils sont vaincus, et sont prêts pour leur part à céder à la pitié. (Notons que le

2 *Cf. supra*, "Cadavres guerriers".

peuple, dans ce texte, est toujours suppliant : même le soldat épargné par Scanderberg crie merci avant de se résoudre à un «honorable parti» ; quant au peuple thébain qui se rend devant la fierté d'Épaminondas, il ne le fait pas par respect de sa vertu, mais par «estonnement et admiration», de même que les soldats de Denys seront frappés d'«estonnement» devant le courage de Phyton, dans l'exemple ajouté sur le manuscrit de Bordeaux). Dans la deuxième catégorie, celle des natures fortes, se situent les grands capitaines, les gentilshommes, mais aussi les gentilles femmes (celles dont la générosité s'impose à Conrad III), bref les âmes nobles et héroïques, chez qui le courage et la fierté l'emportent sur la sensibilité : vaincus, ils ne crient pas merci, vainqueurs, ils méprisent ceux qui supplient.

Or, c'est en faisant attention aux exemples, plus qu'à l'articulation logique du discours, qu'on s'aperçoit de cet enjeu secret du texte. La règle énoncée tout au début de la première rédaction (le moyen le plus sûr d'amollir les cœurs de nos ennemis est de susciter leur pitié) n'est démontrée par aucun récit : c'est un axiome abstrait, dont on dirait qu'il n'est là que pour permettre de parler du contraire. En effet, il n'est question dans les exemples que de courage et d'admiration pour les âmes fortes, tandis que larmes et supplications sont dépréciées : le sujet, en somme, cache sa faiblesse. En 1588 il se découvre, en se déclarant sensible à la pitié, et il révèle en même temps ce qui avait gouverné la version précédente : comme les stoïciens réprouvent cette "passion" (qui est justement le lot des natures faibles), l'écrivain ne pouvait s'avouer pitoyable. Le "prix" de cet aveu, comme on l'a vu, est le déplacement du sujet du côté des vainqueurs : la confession se compense par l'occupation du lieu de la dominance.

S'étant installé ainsi dans la peau d'un vainqueur – en l'occurrence d'un de ces *condottieri* qu'il admire tant, le grand Alexandre (personnage dont on sait la fascination qu'il exerce sur l'écrivain) – Montaigne est amené à s'interroger sur l'insensibilité de celui-ci. De toute évidence son attitude l'intrigue : cette anecdote va «directement contre (ses) premiers exemples». D'abord parce que, à la différence d'Édouard, de Scanderberg et de Conrad, Alexandre se durcit devant le courage du vaincu ; mais essentiellement et surtout parce que «le plus hardy des hommes», ce héros si magnanime, en dépit de sa noblesse d'âme ne respecte pas le courage. C'est une contradiction que l'écrivain n'arrive pas à s'expliquer, et qui continue de le travailler encore au niveau de l'exemplaire de Bordeaux, où l'addition de l'exemple de Denys l'Ancien finit par placer sur le même plan le plus grand homme, Alexandre, et l'odieux tyran de Syracuse. Les raisons de ce comportement aberrant sont enfin données, quoique sous forme d'hypothèse : la cruauté, la colère et la vengeance (d'autres passions redoutables dont Montaigne parlera spécialement dans d'autres chapitres). La nature faible et pitoyable du sujet se trouve ainsi implicitement réévaluée par rapport à la nature forte, mais cruellement implacable, du grand empereur.

J'en conclus que Montaigne se trouve confronté ici à sa maladive fragilité, qu'il ne cessera de combattre par ailleurs. L'homme «ondoyant et divers» qui figure dans ce chapitre quasiment comme un emblème de tout le livre, c'est bien lui, Michel de Montaigne, dans sa lutte pathétique, dans sa tentative réitérée de prendre la mesure de ses égarements. Du côté des vaincus, il n'est pas sûr de savoir faire preuve de hardiesse, mais il aspire sans doute à s'identifier aux personnages courageux qu'il évoque et surtout à son cher Épaminondas, qu'il admire presque sans réserve ; du côté des vainqueurs, s'il se reflète dans l'image d'Alexandre, c'est aussi, peut-être, pour amorcer à l'aide de cet exemple extrême l'analyse de son propre penchant à la cruauté et à la colère[3]. Les personnages des *exempla* visualisent en somme les images tapies aux tréfonds de l'inconscient de Montaigne : ce sont les habitants d'un monde de fautes indéchiffrables et de sentiments énigmatiques.

---

3 *Cf. supra*, "Le vertige sadique" et "Le crime impuni". Selon D. L. Schaefer (*The Political Philosophy of Montaigne*, Cornell University Press, 1990, p. 251-62), dont l'analyse est cependant très différente de la mienne, le thème fondamental de I, 1 est précisément l'interrogation sur les moyens de maîtriser la colère, la cruauté et la vengeance.

CONCLUSION

LA MISE EN "JE"

Fautes indéchiffrables, sentiments énigmatiques...*Monstres et chimères*... Espace du désir, lieu de l'indicible...

On voit bien, en refermant ce livre, que mon but a été de déceler chez Montaigne l'émergence du besoin d'écrire — ce dont on s'est finalement assez peu soucié jusqu'ici. Saisir la naissance de ce projet fondamental autour duquel sa vie s'organise a signifié redécouvrir le rôle primordial pour lui de la lecture et surtout d'un certain mode de lecture. Il est temps à présent de reprendre ce que je disais dans mon *Introduction* à propos de l'imprégnation culturelle de l'époque pour essayer de déterminer la façon dont Montaigne parvient à cerner le lieu de son écriture — de son salut par l'écriture — tout en rassemblant les matériaux des recueils de *leçons* qui étaient à la mode à la Renaissance.

On a dit que l'essentiel, dans les *Essais*, ce qui fait leur originalité, est le montage, grâce auquel le parcours d'un développement conceptuel se trouve modifié : c'est ainsi que Montaigne parviendrait à «ne faire montre que du (sien)», tout en accumulant les «fleurs estrangeres» (III, 12, 1055b [1032]). Cette interprétation assez banalisante ne rend pas compte à mes yeux de l'extraordinaire nouveauté des *Essais* : c'est pour tenter de mieux la définir que j'ai voulu analyser de plus près la valeur de l'*exemplum* et l'usage très particulier qui en est fait dans le texte.

Certes, Montaigne semble se laisser guider par des concepts qu'il manie avec toute la liberté et la souplesse de son "jugement" ; mais aucun texte, même le plus spéculatif, n'est issu simplement d'un itinéraire mental au pays abstrait des idées : l'intime, l'affectif, le corps - on l'a bien montré - sont présents un peu partout dans les *Essais*, et les fantasmes du scripteur sont véhiculés par les personnages, les décors, les histoires, c'est-à-dire les *exempla* qu'il tire de ses lectures et à travers lesquels il "essaie" de se comprendre.

La lecture est avant tout un apprentissage de soi : les textes des grands morts, ou de quelques contemporains majeurs, sont pour Montaigne un chemin d'approfondissement qui le ramène à soi. Mais comment se trouver soi si ce n'est en s'identifiant à l'agent d'une action ou au sujet d'un acte moral, bref au personnage d'un récit ? *Exemplum*, avant d'assumer le sens de "modèle", d'exemple à suivre (ou à éviter), signifie échantillon d'expérience. De là l'importance qu'il faut accorder aux recueils d'exemples (tels les *Apophtegmata* de Lycosthènes ou le *Theatrum vitae humanae* de

Theodor Zwinger, que Montaigne a mis à contribution de façon sûrement plus abondante que ne le dit Villey[1]), en plus des récits que l'écrivain rencontre chez les historiens, qui sont, comme on le sait, sa «droitte bale» (II, 10, 416a [395]).

C'est dans sa bibliothèque, séparée de l'habitation domestique, à distance de la famille, que Montaigne se reconnaît dans ses fantasmes en vivant par imagination les aventures des hommes dont il lit les histoires. La bibliothèque est un lieu théâtral où des scènes inspirées par la lecture et représentées fictivement dans l'esprit de l'écrivain – scènes dont ses démons intérieurs sont les personnages obsessionnels, qui revêtent les dépouilles des acteurs des *exempla* – lui permettent de s'illimiter dans toutes les vies qu'il ne saurait vivre, de mettre à nu les fractures de sa vie réelle. Il nous faut lire ainsi, je l'ai montré, tous ces chapitres des *Essais* où s'accumule un grand désordre de petits faits, où nous sommes mis en présence d'une somme de cas particuliers dont Montaigne se refuse à déduire la moindre règle.

Légendes, actions héroïques, épisodes de cruauté ou de délire, évocations bouffonnes... les *exempla*, anecdotes brèves, parfois elliptiques, sont des séquences de fiction, de petits tableaux au décor mobile qui représentent autant de rencontres fantasmées : et les *Essais* apparaissent comme un grand spectacle avec une multitude de personnages, où se côtoient des guerriers, des bandits, des saints, des empereurs, des philosophes : autant de masques du sujet.

Masque ou miroir du sujet, l'anecdote est en quelque sorte le lieu où s'inscrit le fantasme du scripteur, la coquille où se moule son inconscient. Entre les eaux mémorielles de ses lectures et les abîmes de son être, ses rêveries étranges jettent des passerelles : et la rêverie, comme on sait, ne représente pas une fuite de la réalité, mais un moyen d'y accéder. Les "scènes" auxquelles on assiste dans les *Essais* sont de théâtrales cérémonies de la réminiscence et de la culture où, dans le jeu dramatique de l'analogie ou de l'identification, se distille la vérité du sujet, le suc de son aventure intérieure.

Cette utilisation de l'*exemplum* forme précisément la charnière entre le genre des *leçons* et l'écriture de la subjectivité telle qu'elle se pratique dans les *Essais* : dans l'*exemplum* le sujet se découvre et l'écriture devient engendrement de soi. C'est dans ce sens que Montaigne parvient à «ne faire montre que du (sien)» tout en utilisant le discours des autres, le discours de l'encyclopédie de la Renaissance.

---

1 Les liens entre les *Essais* et le *Theatrum vitae humanae* de Theodor Zwinger feront l'objet d'un travail ultérieur.

Pascal tenait pour les deux principaux défauts de Montaigne «qu'il faisait trop d'histoires» et «qu'il parlait trop de soi». Mais l'auteur des *Pensées* ne savait pas que ces deux défauts n'en font qu'un : la tendance de Montaigne à multiplier les anecdotes est encore une façon de parler de soi. C'est à mes yeux l'une de ses découvertes fondamentales.

De toute évidence, il a eu l'intuition de l'existence au fond de nous d'un lieu de l'obscur, ce qu'il appelle les «profondeurs opaques» de son esprit (II, 6, 378c [358]). Il y a en effet quelques passages dans les *Essais* où il fait allusion à ces profondeurs de lui-même dont il ressent parfois les bouillonnements secrets, et qu'il essaie d'explorer par l'écriture. J'en signalerai ici surtout trois, en plus de celui du chapitre *De l'exercitation* auquel je viens de faire allusion.

Il y a par exemple cet endroit souvent cité de l'*Institution des enfans* où, déjà en 1580, l'écrivain avoue son désir insatisfait de pénétrer dans le pays inconnu qui s'étend au-delà des frontières de son jugement :

> mes conceptions et mon jugement ne marche qu'à tatons, chancelant, bronchant et chopant : et quand je suis allé le plus avant que je puis, si ne me suis je aucunement satisfaict. Je voy encore du païs au delà : mais d'une veue trouble, et en nuage, que je ne puis desmeler (I,26, 146a [144]).

Il y a encore, toujours dans la première rédaction, ce passage du chapitre *Qu'il ne faut juger de nostre heur qu'après la mort* où, à propos de l'avertissement de Solon («que les hommes, quelque visage que fortune leur face [...] ne se peuvent appeller heureux jusques à ce qu'on leur aye veu passer le dernier jour de leur vie»), Montaigne observe que cet avis ne se rapportait sûrement pas au seul problème de l'incertitude des choses humaines :

> je trouve vraysemblable, qu'il aye regardé plus avant, et voulu dire que ce mesme bonheur de nostre vie, qui dépend de la tranquillité et contentement d'un esprit bien né et de la resolution et asseurance d'une ame reglée et bien assenée, ne se doive jamais attribuer à l'homme, qu'on ne luy aye veu jouer le dernier acte de sa comedie, et sans doute le plus difficile. En tout le reste il y peut avoir du masque [...] Mais à ce dernier rolle de la mort et de nous, il n'y a plus que faindre, il faut parler bon François, il faut monstrer ce qu'il y a de bon et de net dans le fond du pot (I, 19, 79-80a [77]).

Montaigne sent qu'il y a quelque chose de plus profond. Ici commence peut-être une interrogation sur le sujet, sans qu'on quitte cependant le plan rationnel. Ce qui est indiqué est le lieu du *ça* ; ce texte ne révèle rien précisément parce que l'écrivain dit qu'il y a quelque chose à révéler, mais il ouvre le chemin aux *Essais*, en désignant leur lieu, qui est le lieu de l'indicible. Montaigne travaillera pour l'occuper par la parole, en se préparant à la mort de toutes les façons, tout en sachant bien que cela ne sert à rien : car la parole est toujours un masque, les «beaux discours de la philosophie» peuvent n'être qu'un masque, qui tombera seulement lorsque le sujet cessera de parler. C'est pourquoi les *Essais* sont renvoyés à l'*essai* (à l'épreuve, à la pierre de touche) de la mort, au tribunal du dernier jour, où seulement apparaîtra «le fond du pot», ce que nous avons en nous, l'inconscient, et les «*verae voces [...] pectore ab imo*» dont il est question dans les vers de Lucrèce cités à la suite. En somme, Montaigne continue à parler, et à parler de la mort, en attendant que l'instant de sa mort parle pour lui.

Il y a enfin cette addition de 1588 à la fin du chapitre *Des prognostications*, où Montaigne introduit le démon de Socrate :

> Le demon de Socrates estoit à mon advis certaine impulsion de volonté, qui se presentoit à luy, sans le conseil de son discours

en ajoutant une confidence personnelle :

> Chacun a en soy quelque image de telles agitations. J'en ay eu, auxquelles je me laissay emporter si utilement et heureusement, qu'elles pourroient estre jugées avec quelque chose d'inspiration divine (I, 11, 44b [45]).

L'inspiration divine est encore niée, comme dans le texte de la première rédaction. Mais en attribuant à une «impulsion de volonté» ces élans que chacun sent en soi, Montaigne n'en reconnaît pas moins que nous sommes parfois poussés par des mouvements qui échappent à notre raison («sans le conseil de (notre) discours»). S'il nie l'origine surnaturelle de ces impulsions, il admet implicitement le rôle de l'inconscient, l'existence du *ça*.

Il n'accorde cependant pas d'espace "légitime" à ce continent immergé dont il perçoit et indique l'existence. Ses obsessions, ses fantasmes, il n'en parle pas directement, il n'en fait pas l'objet de son propos. Il n'aime pas ces forces qui échappent au contrôle de sa raison, ces intervalles nocturnes où l'on s'absente de soi-même pour ensuite "revenir à soi" (comme on dit), sans trop savoir d'où, de quel ailleurs on revient.

Il veille à ce que le temps soit en ordre, la conscience claire, quand même le sujet ne serait pas fermement assuré de soi. Ce qui le dépossède de lui-même, il n'en parle que peu. Il sait que le langage ne peut pas dénouer le mystère de l'être – qui cependant le fascine. D'où cette écriture nourrie de subtiles analyses et de sentences à valeur de vérités éternelles, mais aussitôt dénoncées par des démentis, des silences ou des retournements de situation. Ce livre inattendu, si étrange et si dérangeant, qui s'emploie à dérégler patiemment les oppositions fondatrices de nos cadres de pensée, est en réalité le discours d'un "je" qui essaie de dominer les forces obscures : non pas pour imposer un individu sans faille, mais pour assurer l'emprise de la raison sur les ténèbres. Il s'agit pour lui, comme pour Marc Aurèle, d'évacuer τὰς φαντασίας, de résister à l'agitation de son esprit (νευροσπαστίαν)[2].

De ce point de vue, le "je" est un garde-fou : c'est le moyen de conserver, en toutes circonstances, son quant-à-soi critique, un regard froid et vierge de tout saisissement, une position légèrement surplombante, en évitant l'immersion dans le paysage inconnu. Ce "je" qui n'est sans doute jamais identique à lui-même, qui varie selon les circonstances et les occasions du discours, garde toujours sa prérogative essentielle, celle du jugement, et son rôle de sentinelle aux frontières de l'inconnaissable.

J'ai cru pouvoir identifier deux types d'interventions du "je", qui définissent précisément ce rôle de garde-fou, et qui appartiennent souvent aux rédactions tardives (1588 ou manuscrit de Bordeaux) :

1) Le "je" intervient pour nier sa sujétion à une "passion", pour se déclarer exempt de ses assauts.

C'est ce genre d'interventions que l'on trouve, par exemple, au début et à la fin du chapitre *De la tristesse*, au niveau de l'édition de 1588. Montaigne modifie l'*incipit* par la phrase «Je suis des plus exempts de cette passion», et il ajoute à la fin : «Je suis peu en prise de ces violentes passions. J'ay l'apprehension naturellement dure, et l'encrouste et espessis tous les jours par discours» (I, 2, 11b et 14b [15 et 17]).

2) Le "je" intervient au contraire pour avouer une faiblesse.

Prenons le cas du chapitre *Nos affections s'emportent au delà de nous*, où à propos de la pudeur excessive de l'empereur Maximilien, dont il avait parlé dans la première rédaction, Montaigne ajoute en 1588 : «Moy, qui ay la bouche si effrontée, suis pourtant par complexion touché de cette honte» (I, 3, 18-19b [22]). Intervention non défensive, mais assurément plus salutaire que la précédente, dans la mesure où se reconnaître malade est déjà se guérir.

Ce deuxième type d'intervention du "je" peut présenter une variante, là où l'aveu de la rédaction de 1588 est démenti ou supprimé par une correction ultérieure. On en trouve un exemple encore dans le chapitre *De la tristesse* : à propos de l'impuissance passagère des amoureux, Montaigne ajoute d'abord «accident qui ne m'est pas incogneu», pour ensuite raturer ces mots sur l'exemplaire de Bordeaux. Suppression qui prouve en tout cas l'incertitude du sujet, qui signifie que la bataille contre les forces obscures n'est jamais définitivement gagnée.

Ces additions permettent précisément au sujet, en s'exprimant à la première personne, de se démarquer des attitudes dont il a parlé de façon

---

2 *Cf.* les *Pensées* de Marc Aurèle, VII, 17, 29; VIII, 29.

"impersonnelle" et qu'il a illustrées à l'aide d'exemples. On a vu que c'est dans ces histoires, dans les anecdotes qu'il accumule, qu'est enfoui le secret de Montaigne et que, loin de chercher les marques de l'inscription du sujet dans le seul discours assumé par le "je" linguistique (ce discours "personnel" qu'on a si souvent circonscrit comme espace de la "peinture du moi"), il convient de se rendre compte que les lieux d'ancrage les plus profonds de la subjectivité se situent précisément dans les parties dites "impersonnelles". Il s'agit à présent de définir, dans le rôle du "je", l'autre face de la médaille. Or, c'est ici que se joue le dépassement du niveau autobiographique, en ce sens que le "je" du texte ne coïncide pas avec le sujet de l'écrivain. En tant que forme du sujet, ce "je" est très important : c'est le moyen qu'a l'auteur de s'approprier l'ensemble de la réalité, d'intérioriser les choses conformément à sa nature et à son histoire. Mais c'est aussi en même temps ce qui l'arrête au seuil de l'analyse introspective. Montaigne, qu'on définit volontiers comme un arpenteur lucide du chemin qui conduit au plus profond de soi, qui semble poursuivre, dans ses phrases labyrinthiques, les sinuosités de la nature humaine, gomme le plus souvent – et naturellement sans s'en rendre compte – ce qui lui tient trop à cœur.

Le "je" fonctionne donc parfois comme un masque, son discours peut constituer un écran. Il sert de digue au violent désordre d'un non-dit dont il a pour tâche d'interdire et de signifier le tumulte.

Là où le "je" n'intervient pas, le trou noir est intact. Regardez le chapitre *Des pouces*, si opaque, dont j'ai tenté de deviner le sens ; regardez encore *L'Histoire de Spurina*, sur laquelle personne n'a jeté un peu de lumière[3]. Ces lieux de l'obscur résistent : car tout ne veut pas être dit, car il n'est pas permis de franchir la frontière de l'inconnu, car il est défendu de lever certains masques. Les longs exercices de lucidité n'amènent qu'à prendre conscience de l'existence du trou noir, qui reste indescriptible. Tout ce qui est dans le trou est le partage du "il", tandis que le rôle du "je" est l'observation, le jugement, le regard froid, parfois la distance ironique ou l'humour complaisant. L'écriture des *Essais* vit de ce balancement entre le "il" et le "je", et son enjeu est bien dans cette stratégie protectrice par laquelle "je" négocie le lieu de son énonciation. Seule l'étude minutieuse et en diachronie (à travers les éditions successives de l'œuvre) du fonctionnement du système personnel dans les *Essais* pourrait permettre d'évaluer cet enjeu.

Sur la base des analyses faites jusqu'ici, je peux quand même affirmer que le "je" assure pour Montaigne la saine gestion de ses angoisses et de ses

---

[3] Pour *L'Histoire de Spurina* , cf. ma communication «Montaigne et le *Theatrum vitae humanae*» au colloque *Montaigne et l'Europe* (Bordeaux 1992), actes p.p. Cl.-G. Dubois, Mont-de-Marsan, Editions InterUniversitaires, 1992, p. 31-45.

fantasmes. C'est l'instrument qui lui sert à faire un usage réglé de sa "folie", tirant même parti de ses dons de théâtralisation pour la neutraliser et à la fois la rendre féconde : car les intervalles nocturnes où notre "moi" s'annule, s'estompe ou s'affaisse, ces phases d'absence, ces voyages ailleurs, alimentent l'énergie créatrice du scripteur. De ces plages de faiblesse où l'on perd connaissance, de ces tunnels où l'identité se défait, le "je" renaît pour imposer l'ordre de la pensée et des mots à une réalité en train de se dissoudre.

Qu'on se souvienne du passage célèbre : «L'ame qui n'a point de but estably, elle se perd» (I, 8, 32a [34]), et de l'autre qui lui fait écho : «il semble que l'ame esbranlée et esmeuë se perde en soy mesme si on ne luy donne prinse» (I, 4, 22a [25]). Montaigne doit fixer son esprit par le travail, par l'écriture, pour se sentir en quelque sorte "amarré". Il n'appartient pas à la famille des artistes qui savent se perdre, et que Sartre enviait pour cela : «Pour atteindre l'authenticité – disait-il – il faut que quelque chose craque... Mais je me suis préservé contre les craquements. Je me suis ligoté à mon désir d'écrire». Montaigne aussi s'est préservé grâce à l'écriture, qui est un barrage contre l'hémorragie du moi.

ÉTUDES CITÉES

Barrière P., *La Vie intellectuelle en Périgord, 1550-1800*, Bordeaux, Delmas, 1936.

Barrière P., *Montaigne gentilhomme français*, Bordeaux, Delmas, 1948.

Beaujour M., *Miroirs d'encre*, Paris, Seuil, 1980.

Beaujour M., «*Consideration sur Ciceron* (I, XL) : l'allongeail comme marque générique : la lettre et l'essai», *actes du Colloque International Montaigne, (1580-1980)*, Duke University - University of North Carolina, Paris, Nizet, 1983, p. 16-35.

Benveniste E., *Problèmes de linguistique générale*, Paris, Gallimard, 1966.

Blanchard M. E., «Le sujet en histoire littéraire : tradition et trahison», *Œuvres et Critiques*, VIII, 1-2 (1983), p. 9-28.

Blanchard M. E., *Trois portraits de Montaigne : essai sur la représentation à la Renaissance*, Paris, Nizet, 1990.

Blanchot M., *Le Livre à venir*, Paris, Gallimard, 1959.

Blum C., «La peinture du moi et l'écriture inachevée. Sur la pratique de l'addition dans les *Essais* de Montaigne», *Poétique*, XIV, 53 (1983), p. 60-71.

Blum C., «De la *Lettre sur la mort de La Boétie* aux *Essais*, allongeail ou répétition ?», *R. H. L. F.*, LXXXVIII, 5 (1988), p. 934-43.

Blum C., *La Représentation de la mort dans la littérature française de la Renaissance*, Paris, Champion, 1989, 2e édition.

Boase A. M., *The Fortunes of Montaigne*, London, Methuen, 1935.

Boon J. -P., «Emendations des emprunts dans le texte des *Essais* dits "stoïciens" de Montaigne», *Studies in Philology*, 65 (1968) p. 147-62.

Bowen B. C., *The Age of Bluff. Paradox and Ambiguity in Rabelais and Montaigne*, Urbana, University of Illinois Press, 1972.

Bowen B. C., «Speech and Writing in the 1580 Text of *Du parler prompt ou tardif*», *actes du Colloque International Montaigne (1580-1980)*, Duke University-University of North Carolina, Paris, Nizet, 1983, p. 54-74.

Brody J., *Lectures de Montaigne*, Lexington, French Forum Publishers, 1982.

Brousseau-Beuermann C., *La Copie de Montaigne. Etudes sur les citations dans les "Essais"*, Paris, Champion, 1989.

Brown F. S., «*De la solitude* : A Re-examination of Montaigne's Retrait from Public Life», *Kentucky Romance Quarterly*, XIX, 1 (1972), p. 137-46.

Brush C. B., «Montaigne Tries out Self-Study», *L'Esprit créateur*, XX, 1 (1980), p. 23-35.

Brush C. B., «Un autopotrait n'est pas une autobiographie», *Œuvres et Critiques*, VIII, 1-2 (1983), p. 153-67.

Butor M., *Essais sur les Essais*, Paris, Gallimard, 1968.

Campagnoli R., *Forme, maniere, manierismi. Scritti sul Cinquecento francese*, Bologna, Pàtron, 1979.

Cave T., *The Cornucopian Text. Problems of Writing in the French Renaissance*, Oxford, Clarendon Press, 1979.

Charpentier F., «Accepter la mairie : un déchiffrement», *Les Écrivains et la Politique dans le Sud-Ouest de la France autour des années 1580*, actes du Colloque de Bordeaux (1981), Presses Universitaires de Bordeaux, 1982, p. 37-44.

Charpentier F., «L'absente des *Essais* : quelques questions autour de l'essai II, 8, *De l'affection des peres aux enfans*», *B. S. A. M.*, série VI, 17-18 (1984), p. 7-16.

Charpentier F., «Ecriture et travail du deuil dans les *Essais*», *R. H. L. F.*, LXXXVIII, 5 (1988), p. 828-38.

Charpentier F., «Figure de La Boétie dans les *Essais* de Montaigne», *Revue française de psychanalyse*, 1 (1988), p. 175-89.

Charpentier F., «"Pour qui escrivez-vous ?". La figure du lecteur dans le troisième allongeail», *Le Parcours des "Essais". Montaigne 1588-1988*, Colloque international Duke University – Chapell Hill University, Paris, Aux Amateurs de Livres, 1989, p. 71-80.

Charpentier F., «Un langage moins ferme», *Montaigne Studies*, II, 1, 1990, p. 48-59.

Clark C., «Talking about souls : Montaigne on human psychology», *Montaigne : essays in memory of Richard Sayce*, Oxford University Press, 1982, p. 57-76.

Coleman D. G., *The Gallo-Roman Muse : Aspects of Roman Literary Tradition in Sixteenth-Century France*, Cambridge University Press, 1979.

Coleman D. G., «Catullus in Montaigne's 1580 version of *De la tristesse*», *Bibliothèque d'Humanisme et Renaissance*, XLII (1980), p. 139-44.

Coleman D. G., *Montaigne's "Essais"*, London, Allen and Unwin, 1987.

Coleman D. G., «*De l'exercitation* (II, 6) : la fonction des ajouts», *R. H. L. F.*, LXXXVIII, 5 (1988), p. 949-55.

Compagnon A., *Nous, Michel de Montaigne*, Paris, Seuil, 1980.

Compagnon A., «On ne peut rien dire de si absurde qui n'ait été dit par quelque philosophe», *Columbia Montaigne Conference Papers*, Lexington, French Forum Publishers, 1981, p. 47-59.

Compagnon A., «L'écriture de l'instant dans les *Essais*», *R. H. L. F.*, LXXXVIII, 5 (1988), p. 839-48.

Conley T., «Un test de style», *Œuvres et Critiques*, VIII, 1-2 (1983), p. 195-209.

Cottrell R. D., *Sexuality / Textuality. A Study of the Fabric of Montaigne's "Essais"*, Columbus, Ohio State University Press, 1981.

Croquette B., *Etude du livre III des "Essais" de Montaigne*, Paris, Champion, 1985.

Davis N. Z., «A Renaissance text to the historian's eye : the gifts of Montaigne», *Journal of Medieval and Renaissance Studies*, 15, 1 (1985), p. 47-56.

Debenedetti G., *Quaderni di Montaigne*, Milano, Garzanti, 1986.

Defaux G., *Marot, Rabelais, Montaigne : l'écriture comme présence*, Paris-Genève, Champion-Slatkine, 1987.

Defaux G., «Ecriture et *essai* chez Montaigne», *Montaigne et les "Essais". 1588-1988*, actes du Congrès de Paris, (janvier 1988), Paris, Champion, 1990 (*B. S. A. M.*, série VII, 13-14-15-16 [1988-89]), p. 93-118.

Delcorno C., *Exemplum e Letteratura. Tra Medioevo e Rinascimento*, Bologna, Il Mulino, 1989.

Derrida J., *De la grammatologie*, Paris, Editions de Minuit, 1967.

Derrida J., *Otobiographies. L'enseignement de Nietzsche et la politique du nom propre*, Paris, Galilée, 1984.

Desan Ph., *Naissance de la méthode*, Paris, Nizet, 1987.

Didier B., *Le Journal intime*, Paris, P. U. F., 1976.

Duval E. M., «Rhetorical composition and "open form" in Montaigne's early *Essais*», *Bibliothèque d'Humanisme et Renaissance*, XLIII [1981], p. 269-87.

Duval E. M., «Le début des *Essais* et la fin d'un livre», *R. H. L. F.*, LXXXVIII, 5 (1988), p. 896-907.

Ehrlich H.-H., *Montaigne : la critique et le langage*, Paris, Klincksieck, 1972.

Elbaz F., «Le profit du change», *Littérature*, 55 (1984), p. 74-84.

Entin-Bates R. L., «Montaigne's Remarks on Impotence», *Modern Language Notes*, 91, 4 (1976), p. 640-54.

Foucault M., «L'écriture de soi», *Corps écrit*, 5 (1983), p. 3-23.

Frame D. M., *Montaigne's Discovery of Man*, New York, Columbia University Press, 1955.

Frame D. M., *Montaigne. A Biography*, New York, Harcourt, Brace and World Inc., 1965 (trad. française, Paris, Champion, 1994).

Friedrich H., *Montaigne* [1949], trad. franç. de R. Rovini, Paris, Gallimard, 1968.

Fumaroli M., «Michel de Montaigne ou l'éloquence du for intérieur», in *Les formes brèves de la prose et le discours discontinu*, Paris, Vrin, 1984, p. 27-50.

Garavini F., *Itinerari a Montaigne*, Firenze, Sansoni, 1983 (à paraître en traduction française en 1994 aux éditions Champion, Paris, sous le titre *Itinéraires à Montaigne*).

Garavini F., «De l'usage de la pierre dans les affaires religieuses d'Europe», *Montaigne et l'histoire*, actes du Colloque de Bordeaux (1988), Paris, Klincksieck, 1991, p. 201-9.

Garavini F., «Montaigne et le *Theatrum vitae humanae*», *Montaigne et l'Europe*, actes du Colloque de Bordeaux, (1992), Mont-de-Marsan, Editions Interuniversitaires, 1992, p.31-45.

Gardy Ph., «Montpellier-Clapas ou les plaisirs partagés de l'*oraliture*», *Revue des Langues Romanes*, LXXXIX, 1 (1985), p. 73-91.

Gardy Ph., «Tradition occitane et passage à l'écriture : l'obsession de l'oralité», *Kalevala et traditions orales du Monde*, Colloques Internationaux du CNRS, Éditions du CNRS, 1987, p. 511-22.

Genette G., *Introduction à l'architexte*, Paris, Seuil, 1979.

Genz H. E., «First traces of Montaigne's progression towards self-portraiture», *Symposium*, XVI, 3 (1962), p. 206-12.

Glauser A., *Montaigne paradoxal*, Paris, Nizet, 1972.

Goyet F., «A propos de "Ces pastissages de lieux communs" (Le rôle des notes de lecture dans la génèse des *Essais*)», première partie dans le *B. S. A. M.*, série VII, 5-6 (1986), p. 11-26, et deuxième partie, *ibid.*, 7-8 (1987), p. 9-30.

Gray F., *La Balance de Montaigne : exagium / essai*, Paris, Nizet, 1982.

Gray F., «Éros et écriture : *Sur des vers de Virgile*», *Le Parcours des "Essais". Montaigne 1588-1988*, Colloque international Duke University - Chapell Hill University, Paris, Aux Amateurs de Livres, 1989, p. 263-72.

Greenberg M., «L'écho de Montaigne», *Œuvres et Critiques*, VIII, 1-2 (1983), p. 115-25.

Gutwirth M., «Montaigne pour et contre Sebond», *R. S. H.*, XXXIV, 134 (1960), p. 175-88.

Gutwirth M., «Montaigne et les causes perdues de l'histoire», *Montaigne. Regards sur les "Essais"*, Waterloo, Ontario, Wilfrid Laurier University Press, 1986, p. 99-100.

Hadot P., «Réflexions sur la notion de "culture de soi"», *Michel Foucault philosophe*, Rencontre internationale (Paris, janvier 1988), Paris, Seuil, 1989, p. 261-68.

Hall K., «"Certain Mutations" : Thoughts on the Evolution of One of Montaigne's Earliest *Essais*», *L'Esprit créateur*, VIII, 3 (1968), p. 208-15.

Hallie Ph. P., «The Ethics of Montaigne's *De la cruauté*», *O un amy ! Essays on Montaigne in Honour of Donald M. Frame*, Lexington, French Forum Publishers, 1977, p. 156-71.

Henry P., *Montaigne in Dialogue*, Anma Libri (Stanford French and Italian Studies), 1987.

Holyoake J., *Contextual and Thematic Interference in Montaigne's "Essais"*, Sheffield Academic Press, 1986.

Ithurria E., «Le Lycosthènes, ou Montaigne et l'Europe», *Europe*, LXVIII, 729-730 (1990), p. 112-27.

Jeanneret M., «Rabelais et Montaigne : l'écriture comme parole», *L'Esprit créateur*, XVI, 4 (1976), p.78-94.

Jeanneret M., *Des mets et des mots*, Paris, Corti, 1987.

Jeanneret M., «Je parle au papier», *Europe*, LXVIII, 729-730 (1990), p. 14-25.

Kritzman L. D., *Destruction / Découverte. Le fonctionnement de la rhétorique dans les "Essais" de Montaigne*, Lexington, French Forum Publishers, 1980.

Kritzman L. D., «Pedagogical Graffiti and the Rhetoric of Conceit», *Journal of Medieval and Renaissance Studies*, 15, 1 (1985), p. 69-83.

Kushner E. «Des brides pour un cheval eschappé...», *Rhétorique de Montaigne, actes du Colloque de la Société des Amis de Montaigne* (Paris, 14-15 décembre 1984), Paris, Champion, 1985, p. 49-58.

Kushner E., «Monologue et dialogue dans les deux premiers livres des *Essais*», *actes du Colloque International Montaigne (1580-1980)*, Duke University - University of North Carolina, Paris, Aux Amateurs de Livres, 1989, p. 103-20.

La Boétie E. de, *Mémoire sur la pacification des troubles*, p.p. M. Smith, Genève, Droz, 1983.

La Charité R. C., *The Concept of Judgment in Montaigne*, The Hague, Nijhoff, 1968.

La Charité R. C., «Montaigne's Early Personal *Essays*», *The Romanic Review*, LXII, 1 (1971), p. 5-15.

Lafont R., *Renaissance du Sud. Essai sur la littérature occitane au temps de Henri IV*, Paris, Gallimard, 1970.

Lafont R., *Le Travail et la Langue*, Paris, Flammarion, 1978.

Leake, R. E., *Concordance des "Essais" de Montaigne*, 2 volumes, Genève, Droz, 1981.

Lejeune Ph., *L'Autobiographie en France*, Paris, Colin, 1971.

Lestringant F., «Le Cannibalisme des *Cannibales* (I)», *B. S. A. M.*, série VI, 9-10 (1982), p. 27-40.

Lestringant F., «La négation des *Cannibales* : Montaigne et Pasquier», dans *Le parcours des "Essais". Montaigne 1588-1988*, Colloque International Duke University - Chapell Hill University, Paris, Aux Amateurs de Livres, 1989, p. 225-37.

Limbrick E., «Le Héros et le Sage : engagement politique, détachement philosophique», *Ronsard et Montaigne. Écrivains engagés ?*, éd. par M. Dassonville, Lexington, French Forum Publishers, 1989, p. 103-16.

Magnien M., «"Latiniser en Fançoys" : citation et imitation dans les *Essais*», *Montaigne in Cambridge*, Proceedings of the Cambridge Montaigne Colloquium (7-9 april 1988), Cambridge, 1989, p. 7-23.

Malvezin Th., *Michel de Montaigne, son origine, sa famille*, Bordeaux, 1875.

Mannoni O., *Clefs pour l'Imaginaire ou l'Autre Scène*, Paris, Seuil, 1969.

Marchand J., «Documents originaux relatifs à Montaigne et à sa famille», *B. S. A. M.*, série IV, 19 (1969), p. 9-42.

Marin L., *La Voix excommuniée*, Paris, Galilée, 1981.

Martin D., *Montaigne et la fortune : essai sur le hasard et le langage*, Paris, Champion, 1977.

Maskell D., «Montaigne correcteur de l'exemplaire de Bordeaux», *B. S. A. M.*, série V, 25-26 (1978), p. 57-71.

Maskell D., «Quel est le dernier état authentique des *Essais* de Montaigne ?», *Bibliothèque d'Humanisme et Renaissance*, LX (1978), p. 85-103.

Maskell D., «The Evolution of the *Essais*», *Montaigne : essays in memory of Richard Sayce*, Oxford University Press, 1982, p. 13-34.

Mathieu-Castellani G., «Le jeu de l'histoire et du discours dans l'*Heptaméron* de Marguerite de Navarre», *Cahiers de l'U. E. R. Froissart*, 3 (1978), p. 102-17.

Mathieu-Castellani G., «La notion de genre», *La notion de genre à la Renaissance*, Genève, Slatkine, 1984, p. 17-34.

Mathieu-Castellani G., *Montaigne. L'écriture de l'essai*, Paris, P. U. F., 1988.

McKinley M. B., «"Salle / Cabinet"» : Literature and Self-Disclosure in *Sur des vers de Virgile»*, *Columbia Montaigne Conference Papers*, Lexington, French Forum Publishers, 1981, p. 84-104.

McKinley M. B., *Words in a Corner. Studies in Montaigne's Latin Quotations*, Lexington, French Forum Publishers, 1981.

Mehlman J., «La Boetie's Montaigne», *The Oxford Literary Review*, IV, 1 (1979), p. 45-61.

Meijer M. S., «*Des postes* et *Des pouces* : Plaisanteries ou points de repère ?», *Columbia Montaigne Conference Papers*, Lexington, French Forum Publishers, 1981, p. 105-18.

Meijer M. S., «L'ordre des *Essais* dans les deux premiers volumes», *Montaigne et les "Essais", 1580-1980*, actes du Congrès de Bordeaux [1980], Paris-Genève, Champion-Slatkine, 1983, p. 17-27.

Ménager D., «Improvisation et mémoire dans les *Essais*», *Rhétorique de Montaigne*, actes du Colloque de la Société des Amis de Montaigne (Paris, 14-15 décembre 1984), Paris, Champion, 1985, p. 101-10.

Merleau-Ponty M., *Signes*, Paris, Gallimard, 1960.

Meschonnic H., *Les États de la poétique*, Paris, P. U. F., 1985.

Meschonnic H., *La Rime et la Vie*, Lagrasse, Verdier, 1989.

Morrissey R. J., *La Rêverie jusqu'à Rousseau*, Lexington, French Forum Publishers, 1984.

Nakam G., *Montaigne et son temps, les événements et les "Essais"*, Paris, Nizet, 1982.

Nakam G., «Michel de Montaigne maire de Bordeaux : à la mairie et dans les *Essais*», *B. S. A. M.*, série VI, 13-14 (1983), p. 7-28.

Nakam G., *Les "Essais" de Montaigne, miroir et procès de leur temps*, Paris, Nizet, 1984.

Nakam G., Montaigne. *La manière et la matière*, Paris, Klincksieck, 1992.

Naudeau O., *La Pensée de Montaigne et la Composition des "Essais"*, Genève, Droz, 1972.

Nicolaï A., *Montaigne intime*, Paris, Aubier, 1941.

Norton G. P., «Strategies of fluency in the French Renaissance text : improvisation and the art of writing», *Journal of Medieval and Renaissance Studies*, 15, 1 (1985), p. 85-99.

Norton G. P., «The Horatian Grotesque in Renaissance France : The Genesis of a Poetic Formula», *The Romanic Review*, LXV, 3 (1974), p. 157-74.

Pérouse G. A., «La lettre sur la mort de La Boétie et la première conception des *Essais*», *Montaigne et les "Essais", 1580-1980*, actes du Congrès de Bordeaux (1980), Paris-Genève, Champion-Slatkine, 1983, p. 65-76.

Pertile L., «*"An vivere tanti est ?"* Considerazioni sulla morte di La Boétie», *Studi Francesi*, 44 (1971), p. 201-8.

Pertile L., «L'esordio di Montaigne», *Rivista di Letterature Moderne e Comparate*, XXXV, 1 (1972), p. 50-61.

Pizzorusso A., *Da Montaigne a Baudelaire. Prospettive e commenti*, Roma, Bulzoni, 1971.

Pizzorusso A., *Ai margini dell'autobiografia*, Bologna, Il Mulino, 1986.

Pouilloux J. -Y., *Lire les "Essais" de Montaigne*, Paris, Maspero, 1969.

Regosin R. L., *The Matter of my Book : Montaigne's "Essais" as the Book of the Self*, Berkeley, University of California Press, 1977.

Regosin R. L., «Sources and Resources : the "Pretexts" of Originality in Montaigne's *Essais*», *Sub-stance*, 21 (1978), p. 103-15.

Regosin R. L., «Figures of the self : Montaigne's Rhetoric of Portraiture», *L'Esprit créateur*, XX, 1 (1980), p. 66-80.

Regosin R. L., «Le miroüer vague. Reflections on the example in Montaigne's *Essais*», *Œuvres et Critiques*, VIII, 1-2 (1983), p. 73-86.

Regosin R. L., «The text of Memory : Experience and Narration in Montaigne's *Essais*», *The Dialectic of Discovery : Essays on the Teaching and Interpretation of Literature presented to Lawrence E. Harvey*, Lexington, French Forum Publishers, 1984, p. 145-58.

Rendall S., «The Rhetoric of Montaigne's Self-Portrait : Speaker and Subject», *Studies in Philology*, LXXIII, 3 (1976), p. 285-301.

Rendall S., «*Mus in pice* : Montaigne and Interpretation», *Modern Language Notes*, 94, 2 (1979), p. 1056-71.

Rendall S., «Montaigne and the principle of non-correction», *Le parcours des "Essais". Montaigne 1588-1988*, Colloque International Duke University-Chapel Hill University, Paris, Aux Amateurs de Livres, 1989, p. 253-62.

Rigolot F., *Les Métamorphoses de Montaigne*, Paris, P. U. F., 1988.

Schaefer D. L., «Montaigne's Political Reformation», *Journal of Politics*, XLII (1980), p. 766-91.

Schaefer D. L., «Of Cannibals and Kings : Montaigne's Egalitarianism», *Review of Politics*, XLIII, 1 (1981), 43-74.

Schaefer D. L., *The Political Philosophy of Montaigne*, Cornell University Press, 1990.

Schlossman B., «From La Boétie to Montaigne : the place of the text», *Modern Language Notes*, 98, 5 (1983), p. 891-909.

Screech M. A., *Montaigne and Melancholy. The Wisdom of the "Essays"*, London, Duckworth, 1983.

Simonin M., «Poétique(s) du politique : Montaigne et Ronsard prosopographes de François de Guise», *Ronsard et Montaigne. Écrivains engagés ?*, éd. par M. Dassonville, Lexington, French Forum Publishers, 1989, p. 83-101.

Solmi S., *La salute di Montaigne*, Milano, Ricciardi, 1952.

Stapfer P., *La Famille et les Amis de Montaigne*, Paris, Hachette, 1896.

Starobinski J., *Montaigne en mouvement*, Paris, Gallimard, 1982.

Supple J. J., *Arms versus Letters : the Military and Literary Ideals in the "Essais" of Montaigne*, Oxford University Press, 1984.

Tenenti A., *Il senso della morte e l'amore della vita nel Rinascimento*, Torino, Einaudi, 1957, (trad. franç. *Sens de la mort et amour de la vie à la Renaissance en Italie et en France*, Paris, L'Harmattan, 1983).

Tetel M., *Montaigne*, New York, Twayne, 1974.

Tetel M., «Montaigne et Pétrarque : irrésolution et solitude», *Journal of Medieval and Renaissance Studies*, 4 (1974), p. 203-20.

Tetel M., «Ronsard et Montaigne : entre l'égocentrisme et l'altruisme», *Ronsard et Montaigne. Écrivains engagés ?*, éd. par M. Dassonville, Lexington, French Forum Publishers, 1989, p. 71-81.

Thibaudet A., *Montaigne*, Paris, Gallimard, 1963.

Todorov T., *Critique de la critique*, Paris, Seuil, 1984.

Tournon A., *Montaigne. La glose et l'essai*, Presses Universitaires de Lyon, 1983.

Tournon A., «Les prosopopées ironiques dans les *Essais*», *Rhétorique de Montaigne*, actes du Colloque de la Société des Amis de Montaigne (Paris, 14-15 décembre 1984), Paris, Champion, 1985, p. 113-21.

Tournon A., *Montaigne «en toutes lettres»*, Paris, Bordas, 1989.

Trinquet R., *La Jeunesse de Montaigne*, Paris, Nizet, 1972.

Villey P., *Les Sources et l'Évolution des "Essais" de Montaigne*, 2 volumes, Paris, Hachette, 1908, 2e édition, 1933.

Weller B., «The Rhetoric of Friendship in Montaigne's *Essais*», *New Literary History* (The University of Virginia), 9 (1978), p. 503-23.

Wilden A., «*Par divers moyens on arrive à pareille fin* : a Reading of Montaigne», *Modern Language Notes*, 83, 4 (1968), p. 577-97.

Zweig S., *Montaigne*, Paris, P. U. F., 1982.

INDEX

INDEX DES CHAPITRES DES *ESSAIS* ANALYSÉS OU UTILISÉS

INDEX DES NOMS CITÉS

Cet index ne concerne pas les personnages cités dans les *Essais* et par conséquent dans ce volume avec la fonction d'*exempla.*

TABLE DES MATIÈRES

IMPRIM'VERT®

Achevé d'imprimer par Corlet,
Condé-en-Normandie (Calvados), en décembre 2021
N° d'impression : 174230 - dépôt légal : décembre 2021
Imprimé en France